AF508618

NOUVELLE RELATION D'UN VOYAGE

FAIT AUX INDES ORIENTALES

Contenant la description des Isles de Bourbon & de Madagascar, de Surate, de la côte de Malabar, de Calicut, de Tanor, de Goa, &c.

Avec l'Histoire des Plantes & des Animaux qu'on y trouve, & un Traité des Maladies particulieres aux pays Orientaux & dans la route, & de leurs Remedes.

Par Mr. DELLON, Docteur en Medecine, Auteur de la Relation de l'Inquisition de Goa.

AMSTERDAM,

Chez PAUL MARRET, Marchand Libraire dans le Beurs-straat, à la Renommée.

M. DC. XCIX.

0. 1617.

0 1617

A
MESSIRE
JACQUES BENIGNE
BOSSUET,

EVESQUE DE MEAUX,
Conseiller du Roy en ses Conseils,
cy-devant Precepteur de Monseigneur
le Dauphin, premier Aumonier de
Madame la Dauphine.

ONSEIGNEUR,

Puisque c'est à vôtre Grandeur, que je suis redevable de l'heureuse fin de mes Voyages, j'ay crû qu'il étoit de mon devoir de luy en presenter la Relation, & je ne pouvois mesme sans ingratitude chercher aujourd'huy un autre Protecteur, que celuy par les

* 2

ton-

EPISTRE

bontez duquel je joüis de la liberté. Ie n'ay
que faire de dire icy au Public, tout ce qu'il
sçait de vôtre merite, ny toutes les rares
qualitez, qui vous ont fait choisir par le
plus Grand & le plus Sage Roy de l'vnivers
pour une œuvre aussi importante, que celle
de l'Education de Monseigneur le Dauphin.
Ie ne parleray pas non plus, MONSEI-
GNEUR, ny de vos Doctes & Excellens
Ouvrages, ny de vôtre zele ny de la benediction que Dieu donne à vos Travaux,
ny de vôtre incomparable Doctrine, que vous
faites servir toute entiere à la pieté : outre
que ces choses ne sont ignorées de personne,
il faudroit, MONSEIGNEUR, un stile
plus élevé que le mien, pour les celebrer dignement ; mais ce que je ne puis taire, c'est
que vous estes mon Liberateur, & que je
suis avec tout le respect possible,

MONSEIGNEUR,

DE VÔTRE GRANDEUR,

Le tres-obeïssant & tres-obligé Servi-
teur, DELLON.

PRE-

PREFACE.

UN accident impreveu, m'ayant obligé de partir precipitament des Indes, dans un temps où je n'y fongeois point du tout, m'a empeché d'y faire beaucoup de remarques, qui n'auroient peut-être pas été moins utiles qu'agreables. Depuis mon retour j'écrivis cette petite Relation pour fatisfaire feulement, à la curiofite de quelques-uns de mes Amis, & ce n'eft qu'aprés en avoir été long-temps follicité que j'ay confenti qu'elle parût en public.

Il fe pourra faire que ceux qui fe donneront la peine de la lire n'y trouveront pas tout ce qu'ils en auront attendu, mais du moins les puis-je affûrer, qu'ils n'y verront rien qui ne foit fincere & veritable: ce n'eft pas fur le recit d'autruy que j'écris, c'eft ce que j'ay veu moy-même pendant un Voyage de dix années. J'ay obfervé la brieveté autant qu'il m'a été

* 3

pof-

PEFACE.

poſſible, & j'ay évitê de rapporter un grand nombre d'avantures, qui en groſſiſ-ſant les Volumes, ne font d'ordinaire que les rendre plus ennuyeux.

AVER-

AVERTISSEMENT
DU
LIBRAIRE.

QUoi que nous ayions plusieurs Relations des Indes Orientales, & que celle-ci ne paroisse pas fort considerable à cause de sa petitesse, on ne doute pourtant pas qu'elle ne plaise beaucoup par les choses curieuses & particulieres qu'elle contient, & par l'exactitude & la sincerité avec laquelle elles sont raportées. Les Indes Orientales sont d'une tres-vaste étenduë : elles ont deja fourni de la matiere à un grand nombre de Voyageurs, & elles en fourniront encore sans doute à bien d'autres qui voudront se donner la peine de parcourir tous les diférens Royaumes qu'elles renferment. Il seroit à souhaitter que Mr. Dellon eut pû achever le voyage qu'il meditoit, il est certain qu'etant aussi habile & aussi sincere qu'il paroit l'être, il nous auroit donné un plus gros volume, où il nous auroit appris bien des choses singulieres, qui ont pû echaper à ceux qui l'ont precedé. Mais de terribles obstacles le detournerent de son dessein, & l'obligerent malgré
lui

AVERTISSEMENT

lui de retourner en Europe. Il ne nous dit pas dans ce livre quels furent ces obstacles, mais il l'a fait dans un autre, c'est dans sa Relation de l'Inquisition de Goa qui a été imprimée il y a peu d'années en ces Provinces, sur l'edition qui en avoit été faite à Paris en 1688. avec Privilege du Roy. Quoi qu'on sçeut deja assez ce que c'est que l'Inquisition qui est etablie en Espagne, en Italie, en Portugal & en plusieurs autres endroits, on a été bien aise de voir ce qu'en a dit, un Catholique Romain, & d'apprendre de sa propre bouche les rigueurs qu'on y a exercées contre lui pendant environ quatre années qu'il a été detenu dans ses prisons. Mais ce qui a paru plus étrange, c'est que pendant qu'on permet de publier des écrits dans lesquels on demontre avec la derniere évidence les injustices & les violences de cet épouvantable Tribunal, on en commette dans le même tems de beaucoup plus grandes. Ce qui nous fait voir que bien souvent les hommes ne conviennent pas des mêmes mots, quoi que dailleurs ils s'accordent parfaitement bien sur les choses.

T A-

TABLE

DES CHAPITRES

Contenus en cette premiere partie.

Fin de de la Table de la premiere partie.

TABLE
DES
CHAPITRES
Contenus en cette seconde partie.

TABLE.

TRAI-

TABLE.

TRAITE'

Des Maladies particulieres aux païs Orientaux & dans la Route, & de leurs Remedes.

Fin de la Table de la 2. partie.

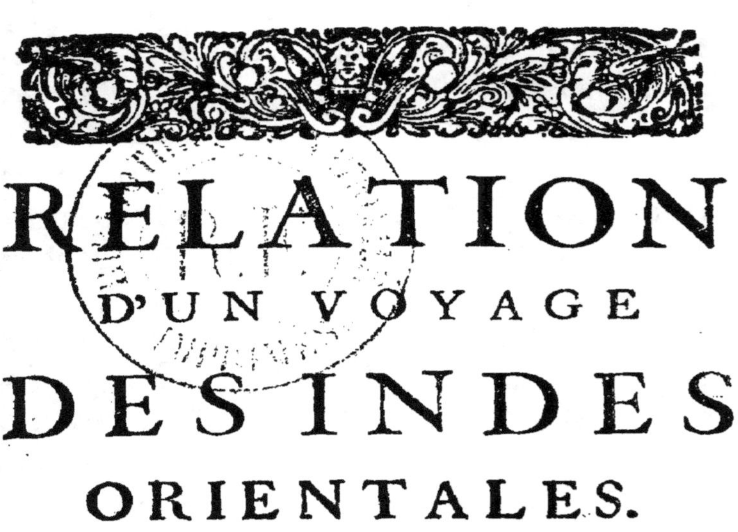

RELATION
D'UN VOYAGE
DES INDES
ORIENTALES.
PREMIERE PARTIE.

CHAPITRE PREMIER.

Départ de France.

LA curiosité est une chose naturelle à tous les hommes, mais la jeunesse a plus de penchant à se satisfaire que ceux qui ont passé ces premiers feux : J'eus la passion de voyager dés mon enfance, & aprés avoir achevé mes études, je partis de Paris sans aucun dessein déterminé que

Part. I.   A   celuy

celuy de quitter la France, & de chercher dans le commerce des Etrangers la
connoiſſance de leurs mœurs. J'arrivay
au Port Loüis l'année 1667. & la Compagnie Royale faiſant alors un embarquement, j'entray à ſon ſervice dans le
Vaiſſeau nommé la Force, d'environ
400. tonneaux, commandé par le Sieur
Marchand, qui ſortit du Havre accompagné de l'Aigle d'or, le 20. Mars 1668.
au bruit de nos canons, & de ceux de
la Forhtereſſe ; mais le vent nous man-
quant preſque auſſi-tôt, il falut moüiller l'Ancre ſous l'Iſle de Groy, à deux
lieuës de la terre ferme, où nous demeurâmes juſques au matin, qu'un vent
Nord-Eſt enfla nos voiles, & nous pouſ-
ſa en pleine mer.

D'abord les incommoditez ordinaires
attaquerent ceux qui n'avoient jamais été
ſur cet Element ; je payay le tribut comme les autres, mais le temps me fit une
habitude de cette fatigue : Nous ne vîmes que la mer & le Ciel juſques au 28.
que nos Sentinelles découvrirent quatre
voiles un peu au deſſus du vent. La
guerre qui étoit alors entre la France &
l'Eſpagne nous fit craindre des ennemis ;
nôtre Capitaine diſpoſa ſon équipage à
com-

combattre, pendant que l'Aigle d'or, plus leger que noître Vaisseau, gagna le vent, & s'approcha de ceux que nous avions veus ; On sçût que c'étoit des François qui alloient en Terre-neuve, & nous continuâmes nôtre route. Une tempête de dix-huit heures nous fatigua cruellement le lendemain, & nous sortions à peine de ce danger qu'un autre plus considerable nous menaça ; nôtre vaisseau faisoit une si grande quantité d'eau que les deux pompes ne suffisoient pas. Nos gens accablez du travail étoient déja convenus avec les Officiers de l'Aigle d'or qu'on avoit avertis, qu'il falloit relâcher en France ; mais après une recherche plus exacte ou plus heureuse que les premieres, on trouva la voye d'eau qui fût aussi-tost arrêtée, & nous ne songeâmes plus qu'à la joye d'être échapez du danger. Un grand vaisseau nous parut encore à la pointe du jour, l'Aigle se mit à la portée du canon, & fit une décharge pour l'obliger à baisser ses voiles ; mais comme il fit difficulté d'obeïr, on déploya le Pavillon blanc, qui le mit à son devoir. C'étoit un Navire de la Compagnie établie à Dieppe, qui alloit au Senegal trafiquer d'yvoire, de plumes, &

de poudre d'or ; le Capitaine nommé le
Moyne nous suivit quelques jours, &
demeura à l'emboucheure du Niger,
pendant que nous vogâmes vers le Cap
vert, où nous arrivâmes le dernier d'A-
vril.

CHAPITRE II.

Du Cap Vert.

C'Est un endroit de l'Affrique scitué
sous le quatorziéme degré au Nord
de la ligne équinoxiale ; il y a une grande Ance où les Vaisseaux sont exposez
à tous les vents, & l'on n'y en voit guere chercher de l'abry. L'abordage des
Chaloupes est tres-dangereux, & il y
perit des gens qui avoient resisté à de
terribles orages. Les Hollandois habi-
toient une petite Isle proche de la terre ferme dans ce temps, qui avoit eu
autant de maîtres qu'on avoit veu de Nations la souhaiter, & ces derniers ne la
possedoient apparamment que parcequ'on
ne la leur avoit point disputée, elle est
ingrate, & pour y subsister il faut chercher

EAN
Sal
e Bona
ta
Mayo
Praya
S

ISLES du CAP-VERD
Pag. 4
I. de St. Antonio
I. de St. Vincente
OCEAN
Mer
I. de Sta. Lucia
I. de St. Nicolaus
I. Do Sal
Atlantique
I. de St. Iago
de Bona Vista
St. Domingo
de Mayo
Piage
Pta. de Praya
I. del Fuogo
Canijos
I. de Rey
I. de Brava
Bera-corea
OCCIDENTAL

cher des vivres à la terre ferme. Les peuples du Cap vert font beaucoup plus affreux que le reste des Affriquains. La laideur est égale entre les hommes & les femmes : celles qui j'y ay veuës portent leurs enfans derriere le dos, & leur donnent à tetter par deslus les épaules, elles aiment la chasse, font aussi peu chastes que belles, & ne rougissent point de faire publiquement des propositions amoureuses aux étrangers. Quoy que ces Affriquains ayent quelque connoissance de la religion Mahometane, ils observent beaucoup de ceremonies superstitieuses, que l'Alcoran n'enseigne pas. Ils reçoivent assez bien ceux que la fortune conduit sur leurs terres, mais le vol est si commun parmy eux, qu'on doit s'en deffier : la chasse leur fournit abondamment dequoy vivre, & le millet est leur pain ordinaire, parce qu'ils recüeillent beaucoup moins de ris & de bled.

Je ne m'arréteray point à décrire leur maniere de vivre, trop de personnes l'ont fait avant moy & comme je veux être sincere, j'avouë que je ne m'en trouve pas assez bien informé, n'ayant demeuré parmy eux, qu'autant qu'il le falut pour prendre quelques rafraichissemens.

A 3

Nous

Nous levâmes les anchres le 12. de May, & les vents étant favorables nous n'eûmes point d'autre incommodité qu'un peu de calme, pendant lequel nous nous occupions à pêcher des Requins, que les Portugais appellent Tuberons, pour le seul plaisir de les tuer. C'est un poisson dont la chair est dure & fort indigeste, il y en a de si grands, qu'ils pourroient avaler un homme, & l'on n'en mange que dans les dernieres extremitez : la femelle porte ses petits & ne fait point d'œufs, j'en ay trouvé jusques à douze d'une pié & demy de long dans le ventre de leur mere, ils sont beaucoup meilleurs que les grands. On pêche d'autres poissons entre les deux Tropiques, que les mêmes Portugais appellent Bonites ; c'est un des plus agreables rafraichissemens de cette mer. Il s'en voit aussi de volans, à peu prés de la grandeur & de la forme des harans ; leurs ailes ressemblent à celles des chauves-souris Ils ne s'en peuvent servir que tant qu'elles sont humides, ce qui les oblige à se plonger souvent dans l'eau. C'est une chose surprenante que la quantité en soit si nombreuse, veu qu'ils ont des ennemis par tout, & qui les poursuivent sans relâche;

les

les oyseaux les persecutent dans l'air. Les
Bonites par une cruelle anthipatie ne leur
font pas plus de quartier dans la mer,
quand ils y veulent chercher un azile,
de sorte qu'ils sont dans la crainte perpetuelle de perir.

Nous passâmes la ligne équinoxiale sur
la fin de May, & le tropique de Capri-
corne le 24. Juin; jusques alors nôtre
voyage n'avoit rien eu que de fort agreable, mais l'eau manqua à ceux de l'Aigle d'or, avec lesquels il falut partager
la nôtre; la nuit suivante il fit fausse route & nous abandonna. Deux jours a-
prés nôtre Vaisseau retomba dans l'accident de faire eau avec tant d'abondance, que la perte en parut infaillible,
parce qu'il n'y avoit point de lieux où
nous pussions relâcher, & nous fûmes
long-temps à n'attendre que le moment
d'une mort cruelle; l'ouverture fut encore découverte, & le remede n'eut pas
plûtôt arrété le mal, que l'esperance de
vivre redonna la vigueur & la joye à
tous ceux à qui la crainte & le travail
les avoit ôtées. Le vent nous devint
fort contraire au passage de ce Cap si celebre, formidable à tous les voyageurs;
enfin nous le doublâmes heureusement

sur

fur la fin de Juillet, & le 7. d'Aouſt nous découvrîmes l'Iſle Dauphine, appellée auparavant de Saint Laurens, & par ſes habitans originaires, Madagaſcar, à la hauteur de 26. degrez Sud, & du côté de l'Oüeſt, ce qui ſurprit nos Pilotes qui avoient crû en être à l'Eſt. Il falut extremement travailler pour doubler le Cap le plus meridional de l'Iſle, à cauſe de l'oppoſition du vent. Ce fut alors que la maladie commença à deſoler nôtre équipage, & que nous vîmes en peu de temps le ſcorbut attaquer les deux tiers de nos hommes ; c'eſt ce fleau cruel que les Mariniers François appellent mal de terre, parce que ce n'eſt que ſur elle qu'on y peut eſpérer du ſoulagement, peu des nôtres en furent exemps, & la rigueur des vents ajoûta une fatigue déplorable à ce malheur, de ſorte que ſans un ſecours miraculeux de la Providence, tout étoit ſur le point de perir. Avec tant de ſouffrances differentes nous ne perdîmes que trois perſonnes dans nôtre bord, & le vent ſe laſſant de nous travailler, nous arrivâmes à la veuë de l'Ile Bourbon, appellée auparavant Maſcareigne le 1. Septembre, mais il nous fut impoſſible de l'ap

pro-

procher que le quatriéme jour : Nous moüillâmes l'anchre vis à vis d'une habitation que les nôtres appellent de Saint Paul, à l'Oüeſt de l'Iſle, & l'on travailla avec toute la diligence poſſible à mettre les malades à terre ; nous perdîmes encore deux hommes, dont l'un fut noyé, & l'autre mourut ſur le rivage,

CHAPITRE III.

De l'Iſle Bourbon ou Maſcareigne.

QUoy que pluſieurs perſonnes ayent parfaitement bien décrit les beautez de cette Iſle, je ne laiſſeray pas de dire ce que j'en ay veu, pour ne point interrompre mon deſſein. Elle eſt ſcituée ſous le 21. degré au Midy de l'Equateur, & diſtante de l'Iſle Dauphine d'environ 150. lieuës ; ſon circuit peut avoir 22. lieuës, & ſa figure eſt preſque ronde ; les François l'habitent depuis prés de 40. ans, & rien ne nous apprend que d'autres peuples l'ayent poſſedée avant eux. Pour être ſous la Zone torride que les anciens ont crû in-

ha-

habitable , l'air que l'on y respire ne laisse pas d'être agreable, & la chaleur que la proximité du Soleil cause pendant le jour, est temperée par les rosées qui tombent toutes les nuits. Il n'y pleut jamais que sur la fin de Février ou au commencement de Mars : pendant ce temps les vents que l'on appelle houragans regnant sur les côtes, empechent les Vaisseaux d'en approcher, parce qu'il n'y a point de ports, & qu'ils n'y pourroient demeurer sans peril. Depuis que les François en étoient en possession jusques au temps que nous y passâmes, on n'y avoit point encore veu de malades : tous les voyageurs affligez d'incommoditez differentes y trouvent ordinairement la santé, & plus de quatre-vingt de nos hommes en firent l'heureuse experience dans l'espace de dix ou douze jours. Cette Isle est arrousée par plusieurs petites rivieres si fertiles en poisson, que pour les traverser à pié, ce qui se peut faire aisement, on est obligé de s'appuyer sur un bâton pour ne chanceler pas, par le nombre & la rapidité des poissons, que l'on prend à la main sans avoir besoin de lignes ny de filets. Nos François ont nommé le côté du Nord païs brû-

brûlé, parce que l'on y voit durant la
nuit des flâmes s'élever de terre , sans
qu'il en reste rien pendant le jour qu'u-
ne grande secheresse , qui rend ces plaines steriles. Il y a une fertilité toute opposée au Nord-Est, que l'on appelle le
beau païs. Les François n'ont rien oublié pour le cultiver, & les fruits, les
grains & les herbages y viennent abondamment; on y trouve d'excellens melons d'eau, que les Indiens appellent patequas, & les Portugais balancias, ils
sont plus gros que ceux d'Europe, ont
l'écorce plus verte, & la chair plus mo-
le , rien au monde ne desaltere mieux,
le goût en est delicieux, & quelque excez que l'on en fasse, il n'en reste aucune incommodité.

Les bananes ou figues d'Inde , n'y
sont pas plus rares, ny moins agreables.
L'arbre qui les porte est bien different
des nôtres, sa plus grande hauteur va
jusques à huit ou dix piez , il ne jette
aucunes branches, & l'on voit seulement
au haut du tronc quelques feüilles qui en
sortent immediatement , il pousse un
bourgeon de la grosseur du bras, qui devient long de trois piez, où les bananes
sont attachées en formes de grappes. Les

feüilles

feüilles ont jufques à fept piez de longueur, & deux & demy de large, le
fruit eft different en goût, en couleur,
& en grandeur ; les plus petites de
ces figues ont environ trois pouces de
long & deux de tour, & les plus groffes
un pié de long, elles jauniffent en meu-
riffant, il y en a cependant quelques-unes
qui demeurent toûjours vertes ; la peau
qui les couvre eft épaiffe & peu attachée à
la chair qui paroît blanche ; le gouft en eft
admirable, & les arbres en font pleins toute l'année.

Les ananas font meilleurs & beaucoup
plus rares que les bananes, ils approchent
de la groffeur de nos melons, la figure en
eft ovale, la couleur jaune, & la peau fem-
blable aux pommes de pin ; ce fruit porte
au fommet un petit bouquet vert tiffù en
forme de couronne, & cela joint à fon excellence, le fait appeller le Roy des fruits;
il eft fort chaud, on le tempere cependant
avec du vin & du fucre, & l'excez en feroit dangereux : Il ne produit point de
graine, & pour le multiplier on ne fait
que tranfplanter quelques rejetons qui
croiffent au pied de la tige, qui n'eft pas
plus haute que celle d'un artichaut, & ne
porte jamais qu'un fruit & une feule fois :
on

on fait la même chose pour les bananiers.

Il y a d'une infinité d'autres sortes de fruits dont la description seroit ennuyeuse, & à laquelle il n'est pas necessaire de s'arrêter. La premiere habitation que les François ont faite à Bourbon est celle que l'on appelle de Saint Paul ; elle est située à l'Oüest de l'Isle, auprés d'un grand étang dont l'eau est bonne à boire, & qui produit quantité de poisson, il n'est qu'à cent pas de la mer, & toutes les fois que les houragans de Mars excitent quelques tempêtes, les flots inondent le petit espace de terre qui separe l'étang & la mer, & mêle son eau salée avec la douce ; mais comme ces orages durent peu, l'étang perd le goût du sel, que ce mélange luy avoit donné.

L'on ignore qui peut avoir conduit des pourceaux & des chêvres dans l'Isle Mascareigne, mais ces animaux s'y sont si fort multipliez, que l'on en rencontre de grandes troupes par tout. On éleve des chiens pour les prendre avec moins de peine, & particulierement les pourceaux qui sont les plus farouches. Comme il n'y a pas plus de 25. ans qu'on

a fait venir des taureaux & des vaches
de l'Isle Dauphine à Bourbon, ils y sont
encore assez rares & mêmes sauvages.

CHAPITRE IV.

Des tortuës, & de quelques autres animaux.

LEs tortuës de terre y sont si communes que ceux qui marchent avec
le plus d'empressement sont souvent obligez de s'arrêter par leur rencontre nombreuse & frequente; la chair en est fort
bonne, & approche du goût du veau,
& l'on tire une huile de leur foye qui
peut servir dans le besoin à la salade.

Celles de mer sont beaucoup plus rares, elles ne viennent à terre que la nuit,
à l'Oüest de l'Isle du côté de S. Paul, &
couvent leurs œufs dans le sable aprés les
avoir soigneusement couverts pour les
cacher aux pourceaux, qui les mangent.
Quand on les veut prendre, il faut observer le temps qu'elles sortent de l'eau,
& lors qu'elles en sont un peu éloignées,
on les renverse en leur passant un bâton
sous le ventre ; celles de terre étant plus

ron-

rondes se retournent plus facilement. Il
y en a des unes & des autres prodigieu-
sement grandes, le goust de leur chair
est different, & celle de mer a une vertu particuliere pour le soulagement de
ceux qui sont attaquez du scorbut: on
a trouvé dans quelques-unes jusques à
800 œufs, gros comme ceux des oyes,
les uns prêts à sortir, & les autres encore sans coque, ils sont fort secs, & n'approchent point de la bonté de ceux des
poules. Cependant la tortuë est d'un
grand secours dans les équipages, on les
peut conserver deux mois vivantes, en
les arrosant tous les jours d'eau salée.

Il y a dans l'Isle Bourbon des pigeons,
des tourterelles, des perdrix, & une infinité d'autres oyseaux, mais sur tout
quantité de perroquets, on les prend
aisément à la main; ou tout au plus avec
un bâton. Le seul où le fusil est necessaire, s'appelle flamand, il est gros comme un dindon, son col & ses jambes ont
quatre ou cinq piez de long, & la difficulté de le prendre le rend plus rare que
les autres.

Quoy que les moineaux ne soient pas
plus gros à Mascareigne que dans les autres pays; la quantité les rend incommodes,

des, ils ravagent les terres enfemencées, & les maifons en font pleines, comme les nôtres de mouches, on les voit fouvent tomber dans les pots & les plats, & brûler leurs aîles au feu que l'on allume dehors, le foleil fatigant affez dans les plus fraîches habitations.

On voit auffi à Bourbon des chauves-fouris groffes comme des poules, mais les François ne les mangent pas comme font les Indiens : il n'y a ny ferpens, ny aucune autre forte de reptile ou d'infecte dangereux, la bonté de l'air les tuë, & c'eft une experience que les François ont faite fur les rats.

Aprés nous être rafraichis dix-huit jours, nos hommes étant entierement remis, & nôtre vaiffeau remply de nouvelles provifions, nous partîmes de Mafcareigne le 22. Septembre, & gagnâmes l'Ifle Dauphine le 29. du même mois, fans aucunes traverfes. Quand nous fîmes à la hauteur de 24. degrez & quelques minutes, la crainte de paffer le Fort Dauphin pendant la nuit, où l'on ne revient qu'avec peine, quand on eft tombé fous le vent, à caufe des courants qui portent au Sud, & des vents Nord-Eft qui regnent fur cette côte, nous moüil-

mouïllâmes l'anchre à la veuë de la pointe d'Itapere, & le lendemain sur les onze heures du matin, nous entrâmes heureusement dans l'Ance Dauphine, où
nous trouvâmes l'Aigle d'or, qui étoit
arrivé depuis quinze jours, aprés avoir
plus perdu que nous, depuis même que
l'équipage étoit à terre, l'air de Madagascar n'ayant pas la même bonté que celuy de Mascareigne.

On preparoit déja ce Vaisseau pour
les Indes avec la Marie, où ils devoient
conduire Monsieur de Faïe, Directeur
de la Compagnie, qui mourut depuis à
Surate : Nôtre arrivée donna d'autant
plus de joye que l'on nous avoit crû perdus, & l'on nous fit une reception fort
agreable.

Le 2. Octobre le Vaisseau nommé S.
Jean, qui avoit le premier passé aux Indes depuis l'établissement de la Compagnie, où il avoit porté Monsieur Caron,
un des Directeurs generaux, partit pour
France. Il étoit commandé par Monsieur de Lopi, neveu de Monsieur de
Mondevergue, alors Lieutenant general
pour le Roy à Madagascar. On songea
en même temps à nôtre équipage, & sa
diligence fut si grande, qu'il se trouva
prest

preſt à partir avec les deux autres, de ſorte qu'ils firent voile tous trois enſemble, pendant que nous demeurâmes à terre.

CHAPITRE V.

De l'Iſle Dauphine.

Madagaſcar, l'Iſle Dauphine, & ſaint Laurens, ne ſont qu'une même choſe : Les habitans naturels luy ont toujours donné ce premier nom ; le ſecond luy vient des François, & le troiſiéme luy fut impoſé par les Portugais, qui en firent la découverte le jour conſacré à la memoire de S. Laurens.

Elle eſt ſcituée en longueur depuis environ le huitiéme degré juſques au 27. degré de latitude meridionale. C'eſt la plus grande Iſle du monde, au moins de celles que l'on connoît ; elle à 750. lieuës de circuit, & eſt temperée autant que le peut être un païs dans cette ſituation ; La nourriture ordinaire des peuples eſt du ris ; il y a quantité de bananes, ananas, cocos, oranges, limons & autres fruits.

fruits. Il y a aussi beaucoup de rivieres grandes & petites, & des étangs tres-commodes quand la pluye manque. Le plus grand commerce est en bœufs ; ces animaux y sont d'une hauteur demesurée, ont une louppe sur le col, qui n'est que de graisse, c'en est l'endroit le plus delicat, & elle pese à quelques-uns jusques à 30. livres.

L'air de Madagascar n'est pas fort bon, quoy que temperé, & celuy du Fort Dauphin a plus de pureté que les autres cantons ; les maladies qui y regnent sont presque toutes contractées dans le commerce des Noirs, qu'il faut aller chercher au travers des rivieres & des montagnes, sans bateaux ny voitures, avec une fatigue que l'extréme chaleur rend pernicieuse, & qui ne peut pas manquer de causer des maux dangereux ; on porte tous les malades au Fort Dauphin, mais la fiévre est si contagieuse sous ce climat, que l'Hôpital en est toujours remply, quoy qu'il en meure tous les jours.

Les habitans de Madagascar se servent de deux sortes de bateaux pour aller sur la mer & les rivieres ; ils appellent les uns canoé ou canots, & les autres
piro-

pirogues. Ceux-cy sont composez de plusieurs planches assemblées, ou plûtôt cousuës les unes & les autres avec un fil d'écorce d'arbre, sans clou, ny étoupe, ny godron ; il s'en fait d'assez grands pour porter 100. hommes : ils peuvent aisément renverser, si l'on n'y est dans un repos continuel, & c'est à la pêche que l'on s'en sert ordinairement.

Les canots sont d'une seule piece de bois, creusée avec de petits coûteaux, dont les Noirs se servent uniquement dans tous leurs ouvrages ; cette espece de gondole n'est pas moins facile à tourner que les pirogues, on ne laisse pas de traverser dedans les plus grandes rivieres, & de les exposer à la mer. J'en ay veu d'assez grands pour porter 100. hommes, & 60 paniers de ris, pesant chacun 20. livres.

CHAPITRE VI.

Du Commerce.

LE Commerce des Etrangers avec ceux de Madagascar est en toiles peintes, cornalines, bracelets, & menilles

les d'argent, de cuivre, ou d'étain ; ils estiment extremement le fer, parce qu'il n'y en a point dans leur Isle, & sur tout l'eau de vie, qû'ils appellent chicaf, qui signifie en nôtre Langue, vin de feu ; ils donnent pour tout cela du vin, des bœufs, des fruits, du miel, dont ils ont abondamment ; quelques fois on en tire de l'or, & c'est l'esperance d'en trouver quelque mine, qui a contribué à l'établissement de la Compagnie ; mais jusques icy toutes les recherches ont été inutiles, & les Grands du Pays appellez Rohandrian, jaloux de nos François, ont fait plusieurs fois des alliances artificieuses, pour les attirer dans des lieux écartez, où ils les massacroient, sous pretexte de leur montrer ces mines. Ces exemples assez frequens ont rebuté les plus curieux, & l'on ignore toujours s'il y a veritablement de l'or à Madagascar, mais selon toutes les apparences, celuy que ces Affriquains possedent ne vient que de la communication qu'ils ont avec les habitans de la terre ferme.

On trouve assez prés du Fort Dauphin des Topases & des Ametistes, que les François ont autrefois fort estimées ; mais le temps a fait connoître qu'elles étoient de peu de valeur. CHA-

CHAPITRE VII.

Des Peuples de Madagascar.

LES habitans de cette Ifle font pref-que tous noirs, traîtres, farouches & fort cruels, ils portent leurs cheveux fort longs; il y en a beaucoup de roux, & d'autres tirant fur le blanc, & ces derniers ont le vifage mieux formé que les autres.

Quand les François aborderent à Madagafcar, ils y trouverent quantité d'habitans auffi blancs que les Européens, & l'on n'a jamais pû fçavoir quelle pouvoit être leur origine: ils s'étoient acquis une fi grande autorité, que les Negres les refpectoient comme leurs Rois; les Loix qu'ils impofoient étoient regulierement obfervées, & les autres étoient leurs efclaves.

L'arrivée des François & la veuë de leurs armes infpira la refolution aux Noirs de fecoüer le joug de ces Maîtres qu'ils s'étoient donnez. Ils ménagerent la faveur des nouveaux venus, & le pouvoir

de

de leurs Tyrans s'affoiblissant avec un peu de temps, le desespoir de perdre ce qu'ils avoient possedé si tranquillement leur fit employer l'artifice & la trahison contre les nôtres ; enfin on en vint à une guerre declarée, les François les exterminerent, & il ne resta de ces familles imperieuses que quelques femmes que la pitié fit épargner.

L'Isle Dauphine est aussi peuplée que la France, on n'y voit point de Villes, mais quantité de Villages peu distans les uns des autres ; les maisons sont de bois, & les portes si basses qu'un enfant de douze ans n'y peut entrer sans se courber ; elles n'ont ny fenêtres ny cheminées, le toit n'est couvert que de fueilles, ou d'une espece de paille qui resiste à la pluye pendant douze ans, sans qu'il soit necessaire d'y travailler, mais le feu y fait souvent de grands desordres ; ils n'ont aucuns meubles que les panniers dans lesquels ils enferment leurs toiles. On peut transporter ces maisons quand elles ne sont pas bien placées, & il y en a qui sont presque toujours errantes.

L'un & l'autre sexe va la tête découverte, & laissent croître leurs cheveux ;

les

les hommes ne portent fur le corps qu'une piece de cotton ou de foye, large de demie aune, & longue d'une aune & demie, qui paffe entre leurs jambes & fait un tour à la ceinture. Les femmes ont de petits corfets qui ne leur couvrent que le fein, dont les manches tombent jufques au poignet, & une badne de toile ou d'étoffe fuffifamment longue & large pour faire le tour de leur corps, & les couvrir depuis la ceinture jufqu'au talon.

Les moins opulentes s'habillent d'étoffe d'écorce d'arbre, qui ne paffe point les genoux, afin d'être plus agiffantes au travail. Les hommes & les femmes font également curieux de bracelets & de coliers, ils marchent les pieds nuds, & fe frottent le corps d'une graiffe puante qui jointe à leur laideur naturelle les rend vilains & defectueux ; ils n'ont point d'autres lits que des nattes fur le plancher, avec des morceaux de pierres ou de bois pour leur fervir de chevet.

Les Rohandrians ou grands Seigneurs fe font porter fur les épaules par leurs efclaves dans une machine qu'ils appellent Tacon, les femmes de qualité ont
une

une pareille voiture, & les François de quelque autorité ne voyagent point autrement. Cette Nation est assez guerriere & fidelle aux Rohandrians : la richesse de ces Roitelets consiste en bœufs & en esclaves, ils sont dans une perpetuelle division avec leurs voisins, & se font des guerres cruelles où les vaincus ne sont point épargnez, ny le sexe des femmes, ny l'innocence des enfans ; quand on leur demande pourquoi ils portent la cruauté si loin, en arrachant impitoyablement les enfans du sein de leurs meres, pour les écraser contre les rochers, ils répondent qu'en les épargnant ce seroit se conserver des ennemis irreconciliables, qui pourroient un jour porter sur eux cette vengeance qu'ils exercent si severement. En effet ils sont tous vindicatifs & n'oublient jamais les outrages. Leurs armes s'apellent Zagaye, c'est une espece de dard dont le bois est souple, & va en diminuant vers le bout par où on le tient, le fer en est ordinairement empoisonné, ils le lancent fort adroitement & se servent aussi de demi-piques que quelques-uns portent avec des rondaches de bois fort épais, ils marchent tous à pied, & l'on n'avoit

jamais veu de chevaux à Madagaſcar, a-
vant que Monſieur de Mondevergue en
eût fait venir des Indes.

Pendant nôtre ſejour au Fort Dauphin, nous eûmes la guerre contre un
des plus puiſſants Seigneurs de l'Iſle, appellé Raſaf : il mit quatorze mille hommes ſous les armes, & on ne leur op-
poſa que cent quarante François & trois
mille Negres qui avoient pris nôtre party. Monſieur de Chamargou qui les
commandoit, ſe faiſoit mener un cheval
en main auquel les peuples imbecilles
rendoient les mêmes reſpects qu'à ſon
Maître.

Les François rencontrerent Raſaf à
la tête de ſon Armée dans une plaine
dont le poſte luy étoit fort avantageux,
il témoigna aſſez de reſolution, mais
le feu des mouſquets intimida les ſiens
de telle ſorte qu'ils ſe diſperſerent ſans
qu'il fût poſſible à leur Chef de les ral-
lier ; enfin Raſaf s'opiniâtrant au combat perdit la victoire & la vie, & les
nôtres demeurerent maîtres de prés de
trente mille bœufs & d'un grand nombre d'eſclaves, qu'ils amenerent au Fort
Dauphin, il en mourut quelques-uns par
le chemin, & le reſte fut partagé entre
les vainqueurs. Cét

Cét heureux succez effraya tous les Rois de Madagascar, l'exemple de Ra-saf les rendit sages, & ils s'empressèrent à rechercher l'amitié de nôtre Nation, les uns vinrent eux-mêmes jurer une alliance perpetuelle, entre les mains de Monsieur de Mondevergue & les plus éloignez envoierent des Ambassadeurs pour la mesme chose. Cependant tres-peu ont observé ce qu'il promettoient, & il y en a eu d'assez lâches pour employer contre les François des armes qu'ils en avoient receuës par presens en jurant la paix ; on les en punit aisément, & leurs rebellions ne font que des contre-temps sans suites.

CHAPITRE VIII.

De la Religion.

CEux de Madagascar donnent si peu de marques de Religion qu'on pourroit dire qu'ils n'en ont aucune. On ne voit chez eux ny Temples ny Prestres : les seuls Rohandrians obser-vent quelques ceremonies, & les occa-

occasions en sont assez extraordinaires. Ce n'est que lors qu'il faut tuer un bœuf, & comme tous les sujets sont esclaves, il n'y a que les Princes qui puissent immoler ces animaux de leur main ; L'usage de se taillader le visage & les bras leur est commun, mais comme ils sont tous ignorans & agissent sans motifs, je n'ay pû découvrir si c'est pour la santé, la pieté ou l'ornement, qu'ils se martirisent de cette sorte. Les plus éclairez d'entr'eux demeurent d'accord qu'il y a un Estre infiny & souverainement bon qui conduit tout, cependant par une indigne obstination ils disent qu'il n'est pas necessaire de prier celuy qui ne fait jamais de mal & reservent leur veneration & leurs vœux pour le demon qui les tourmente. Ils ne croyent point l'immortalité de l'Ame, & n'esperant pas de seconde vie, ils s'abandonnent à tous les excez de la premiere, & ceux que les Missionaires ont baptisez retombent souvent dans le libertinage des autres, trouvant le Christianisme trop severe ; c'est une verité confirmée par l'experience ; & de plus de trois mille que l'on avoit convertis avant que nous arrivassions, à peine en venoit-il vingt à la

Mes-

Meſſe : il eſt vray que pluſieurs François y vivoient d'une maniere à ne pas
édifier ces nouveaux Chrétiens, on fut
obligé de leur interdire les Sacremens &
l'entrée de l'Egliſe, mais cette conduit-
te qu'on regardoit comme un remede
penſa faire naître un Schiſme ; les liber-
tins trouverent un Paſteur tout propre
à les confirmer dans l'égarement, ils é-
tablirent une Chapelle, où ils faiſoient
l'Exercice public, malgré les deſſences
des Directeurs legitimes, mais le Procureur general la fit brûler à la fin.

Le Mariage n'a aucunes regles chez
quelques peuples de Madagaſcar, ils ſe
prennent ſans exiger de promeſſes reciproques & ſe quittent quand ils en ont
envie, la methode eſt toute differente
dans les contrées de Galamboule & d'Antongil, on y garde les femmes, elles
n'y ſont point en commun, & la mort
eſt impoſée à celles qui ſont ſurpriſes
dans quelque infidelité. En quelques
endroits plus Sauvages il ſe fait un mélange affreux ſans aucun égard pour le
ſang.

Je ne ſçay ſi les femmes de Madagaſcar ſouffrent autant que celles de l'Europe dans leurs accouchemens, mais à pei-

ne

ne font elles delivrées, qu'elles vont fe laver dans des rivieres, laiffant leurs enfans fur des nattes, fans en prendre enfuite d'autre foin que celuy de les allaitter.

Ils folemnifent quelques jours par des dances, au fon des inftrumens à leurs ufages, mangeant outre mefure : leurs chanfons ne font point mefurées comme celles des autres Nations, ils recitent fans ordre ce qu'ils penfent, une voix feule commence, les autres forment une maniere de chœur, accordant autant qui leur eft poffible leurs geftes & leurs pas à l'air qu'ils chantent, lequel foûtenu par de petits tambours fait un bruit bizarre qui n'eft point defagreable.

CHAPITRE IX.

Des Feftins.

LA plus commune nourriture des habitans de l'Ifle Dauphine eft du ris cuit avec de l'eau & du fel, qui leur fert de pain; ce n'eft pas que la terre ne pût

pro-

produire du bled : mais la parefle de ceux qui la devroient cultiver les prive de cet avantage. Quoy qu'ils foient tous fort grands mangeurs, ils fupportent conftamment la faim dans les temps de difette : mais quand il leur eft libre de fe repaître, fix hommes mangent aifément un bœuf.

L'ordre qu'ils obfervent dans leurs feftins eft de mettre quantité de ris cuit au milieu de l'aflemblée, qui eft affife à terre ; on étend le bœuf, ou plufieurs, felon que le nombre des perfonnes eft grand, fur fa peau, qui fert de plat ; ils en coupent de grands morceaux chacun en particulier : & aprés les avoir un peu tenus prés du feu avec de petites broches de bois ; ils le devorent fans fe foucier s'il eft cuit, & mangent jufques à la peau, aprés l'avoir un peu grillée pour brûler le poil, & les inteftins fans les nettoyer.

Il y a quantité de raifins dans l'Ifle, Dauphine dont on ne fait cependant point de vin, les Noirs n'en mangent point ; & l'avoient toûjours crû un poifon avant l'arrivée des François. Ils ufent d'une boiffon compofée de miel qu'ils appellent *Tentel*, & le vin *Chiclentel*, c'eft

B 4

à dire

à dire un vin de miel, ou Hidromel; les nôtres n'en boivent point d'autre & s'en trouvent bien.

Il y a dans chaque village une grande halle ouverte par tout, qui n'a que le comble couvert, on met dessous un vaisseau de deux ou trois muids selon que le lieu est peuplé, plein de ce vin de miel, & les jours de Festes le Rohandrian y fait porter des bœufs & du ris, & s'y rend suivy de ses sujets, qu'il regale depuis le matin jusques au soir.

CHAPITRE X.

Des Sauterelles, Crocodiles & Cameleons.

PErsonne n'ignore que Dieu se servit autrefois des Sauterelles pour affliger l'Egypte & remettre Pharaon dans son devoir; c'est un fleau que sa Providence répand encore aujourd'huy dans de certains temps sur les Peuples de Madagascar, on y en voit une quantité si formidable que la terre en est desolée, & les autres animaux sont reduits à mourir de faim, les noirs ne faisant aucunes provisions.

visions. Je fus témoin d'une de ces cruelles inondations dans le mois de Février,
elle dura depuis six heures du matin jufques à midy , & l'air en étoit si plein
qu'on ne voyoit pas le Soleil, quoy qu'il
fift un beau jour, & ce peu de temps
suffit pour gâter toute la terre ; elles ne
font pas plus grandes que celles de France , mais elle volent beaucoup plus long-
temps ; le vent les entraîne, & c'est un
heureux fecours quand il les pouffe vers
la Mer , où elles periffent ordinairement.
Quelques-uns ont crû qu'elles venoient
d'Afrique , mais il y a trop loin de Madagafcar à la terre pour demeurer dans
cette opinion ; les noirs en mangent pour
fe vanger du mal qu'elles leur font , &
j'ay veu des François les imiter qui les
trouvoient bonnes.

On trouve quantité de Crocodiles
dans les étangs & les rivieres de cette
Ifle ; les habitans les appellent *Ja-*
caret, & il eft dangereux de paffer l'eau
même dans les Canots à moins que de
faire du bruit que cet animal fuit ordinairement ; c'est un amphibie auffi-bien
que la Tortuë. Il ne differe du Lezard
qu'en grandeur. Il y en a de trente ou
quarante pieds : dés qu'il eft hors de l'eau,

B 5

où

où il vit, le moindre bruit l'y fait retourner; nous en assommâmes un dans les Indes, où ils n'abondent pas moins qu'à Madagascar; il nous regarda fixement, & ne branla point qu'on n'eut tiré sur luy par hazard entre les écailles, parce que les balles n'eussent pas penetré autrement: quand il fût blessé nous le vîmes courir environ quarante pas, & s'arrêter ensuite faisant un grand bruit de ses machoires, dont l'inferieure est immobile; on acheva de le tuer dans la plaine, où le Prince Onitri, dont je parleray dans la suite, l'envoya querir.

L'experience à fait voir que l'artifice dont on dit que ces animaux se servent pour attirer les passans, n'est qu'une fable, non plus que la bave qu'on a pretendu qu'il répandoit. Dés qu'il sort de l'eau, le courage, l'adresse & la force l'abandonnent.

Un jeune François se baignant un jour dans un étang, que l'on appelle l'étang doux, fût attaqué par un Crocodile, qui le saisit d'abord à la cuisse; quelque douleur que luy fit cette atteinte, il ne perdit point courage: & se servant de toute sa raison, il saisit le Crocodile par sa machoire superieure, qui est la

seule

seule agissante, le tira sur le bord de l'é-
tang avec une vigueur incroyable, &
sortit de ce combat avec six blessûres,
par lesquelles il perdit beaucoup de sang,
il fut aussi-tôt secouru & guery ensuite :
mais ce qui facilita sa victoire, c'est que
le Crocodile n'étoit pas des plus grands.
Les noirs regardent cet animal comme
une Divinité, & jurent par luy dans les
choses qu'ils veulent affirmer : quand ils
ont quelque contestation les parties se rendent sur le bord de l'étang ou de la rivière, celuy qui doit jurer s'y plonge, in-
voque le Jacaret, & le prie de faire connoître la verité en le laissant vivre, ou
le devorer s'il avance un mensonge. Ainsi l'on juge du crime ou de l'innocence
de celuy qui s'expose dans l'eau.

Je diray un mot du Cameléon pour
finir ce Chapitre, c'est un petit animal
assez semblable au Lezard, mais il a le
dos plus élevé, la tête plus aiguë, & la
peau si transparante qu'il paroît toûjours
de la couleur des choses sur lesquelles il
est : la noire cependant est celle qu'il reçoit le mieux ; & il ne conserve les unes
où les autres qu'autant qu'il en est proche.

Comme j'avois entendu dire positive-
B 6   ment

ment qu'ils ne vivoient que de l'air, j'en ay ouvert plusieurs pour satisfaire ma curiosité, que j'ay toûjours trouvez remplis de mouches, ce qui me persuade que c'est leur nourriture ordinaire.

CHAPITRE XI.

Voyage de Galamboule.

PEndant nôtre sejour au Fort Dauphin il arriva plusieurs Vaisseaux des Indes chargez de vivres, qui soulagerent la necessité que nous commencions d'avoir par le ravage des Sauterelles.

Monsieur de Montdevergue étant sur le point de retourner en France, fit équiper un vaisseau qui venoit de Surate, pour envoyer à Galamboule, & aux lieux circonvoisins chercher les choses dont il avoit besoin pour son voyage, & ramener des François qui gardoient de petits Forts, & coûtoient beaucoup à la Compagnie sans luy apporter aucun avantage: On embarqua quantité de malades pour les mener chercher le rétablissement

de

de leur santé à Bourbon, je passay avec eux dans le vaisseau nommé la Couronne, commandé par le Sieur Louvel, & nous fîmes voile le septiéme Avril.

Les difficultez que nous trouvâmes à sortir de l'Ance Dauphine étoient des presages de ce que nous devions souffrir pendant le trajet de Madagascar à Mascareigne; les vents nous arrêterent trente jours, où nous pouvions n'en être que cinq: plusieurs de nos malades moururent pendant ce temps; nous perdîmes nôtre grand mast de Hune dans les violentes agitations de la Mer, & nous fûmes reduits à ne vivre que de ris & d'eau. La mauvaise conduite du Capitaine fit soulever les Matelots, & nous eûmes bien de la peine à empêcher les plus moderez de le jetter dans la Mer; enfin aprés beaucoup de peines differentes nous arrivâmes à la veuë de l'Isle Maurice, habitée par les Hollandois & située vingt-cinq lieuës à l'Est de Bourbon, elle est à peu prés de sa grandeur, & a la même fertilité.

Le lendemain on moüilla l'ancre devant S. Paul, & ce qui restoit de malades furent mis à terre. Aprés avoir fait nos provisions nous partimes pour Galam.

lamboule: Nôtre Pilote étoit Hollandois, & fort yvrogne, il fut plusieurs jours sans pouvoir prendre hauteur; on connut qu'il étoit tombé au Nord pour n'avoir pas assez tenu le vent, & nous n'arrivâmes à Galamboule que le quatriéme Juin.

Cet endroit de l'Isle Dauphine est situé sous le quinziéme degré cinquante minutes au midy, éloigné de quinze lieuës de l'Isle Sainte-Marie; où nous avions une de ces Forteresses que la Compagnie vouloit abandonner pour leur peu d'utilité; on signifia d'abord les ordres de Monsieur de Montdevergue, afin qu'ils se preparassent à s'embarquer quand nous repasserions, & le lendemain nous fîmes voile pour l'Isle de Sainte-Marie, où nous laissâmes le même ordre qu'à Galamboule.

Elle est située au quinziéme degré de latitude meridionale, distante de deux lieuës de Madagascar, en ayant environ quatre de circuit: Elle abonde en fruits, est assez peuplée & produit beaucoup d'ambre gris, que les habitans vendent aux François, en mêlant continuellement aussi avec le Tabac qu'ils fument: L'air en est mal-sain parce qu'il y pleut

con-

continuellement; on y trouve une quantité prodigieuse de Singes differens en fi-
gures & tres-dangereux : Un de nos Matelots en fit l'experience, l'envie de manger de certaines oranges que les Noirs
appellent Vongafés, le fit aller jufques
dans un Bois, où il fut attaqué de ces
animaux, qui luy ôterent fon fufil, le
déchirerent en plufieurs endroits, & s'at-
tacherent fi fort fur luy, que ceux qui
accoururent à fes cris eurent beaucoup de
peine à le leur arracher.

Quand nous eûmes fait ce qui nous me-
noit à Sainte-Marie, on prit la route
d'Antongil, nous gagnâmes l'entrée de
la baye, où nous penfâmes perir, le
brouillard nous cachant par fon épaifleur
une haute montagne, dont nous n'étions
qu'à une portée de moufquet, un rayon
de Soleil nous l'ayant heureufement découverte, nous fûmes moüiller l'ancre
dans le fonds de la baye, à l'abry du plus
grand des Iflots.

CHA-

CHAPITRE XII.

De la Baye d'Antongil, & de nôtre retour au Fort Dauphin.

LA baye d'Antongil est une des plus considerables du monde pour sa grandeur, la bonté de son fonds, la seureté qu'elle fournit aux Vaisseaux, & la fertilité du terroir qui l'environne : Elle a quinze lieuës de longueur, trois de large à l'entrée, neuf au milieu, & va toûjours en étrécissant jusqu'au fonds ; elle peut contenir un grand nombre de Vaisseaux, & enferme quantité de petites Isles, dont la plus considerable est celle de Maroça; c'est auprés d'elle que les bâtimens ancrent parce qu'ils sont à l'abry de tous côtez ; mais si les vents de Sud ou d'Est en favorisent l'entrée, ils en rendent la sortie tres-difficile, & tel entre en peu d'heures qui n'en peut sortir en plusieurs mois.

Les pluyes y sont aussi frequentes qu'à Sainte Marie, & l'air n'y vaut pas mieux : le peuple y vit comme au reste

de

de Madagaſcar, leur Religion approche
un peu plus de la Mahometane ; c'eſt là
que les hommes ſont jaloux de leurs femmes juſques à la fureur, & que l'on punit
les libertines par la mort ; ils ne mangent jamais de chair de pourceau, &
& ont une telle averſion pour cet animal qu'ils font des foſſes profondes, où
ils enterrent ceux qui meurent, afin de
ne les point ſentir en paſſant par deſſus.
Ils n'eſtiment pas plus l'or & l'argent,
que l'étain & le cuivre.

Nous prîmes là quantité de volailles:
Et à compter les marchandiſes que
nous leur donnions en échange au prix
qu'elles coûtoient en France, le meilleur chapon ne revenoit pas à un ſol.

Dés que nous eûmes ce qu'il nous falloit,
nous doublâmes le dernier Cap de la baye
pour repaſſer à Ste. Marie, où nous n'arrê-
tames que le temps qu'il falloit pour embarquer ceux que nous devions reprendre ; quelques uns qui s'étoient mariez
dans le pays aimerent mieux y demeurer
que d'abandonner leurs femmes, que
le Capitaine ne vouloit point recevoir ;
nous en partîmes le treize, & moüillâmes l'ancre le quatorze à la Rade de Galamboule ; qui eſt perpetuellement agitée
quel-

quelque tranquillité que l'air puisse avoir. Quand nous eûmes rassemblé les François, on brûla le Fort : Les Noirs témoignèrent une douleur extrême de leur départ, craignant les habitans des montagnes qui avoient toûjours été leurs irreconciliables ennemis, & donnerent des marques de desespoir quand ils virent embarquer le canon : Leurs larmes nous toucherent, on en receut dans nôtre Vaisseau autant que sa grandeur le pût permettre, & on tâcha de consoler ceux qui restoient par des presens & l'esperance de les venir chercher.

Nous quitâmes ce Port dangereux le vingtiéme du mois à la faveur d'un vent qui nous fit découvrir la pointe d'Itapere éloignée seulement de trois lieuës du Fort Dauphin le vingt-sixiéme.

Les plus habiles ont accoûtumé de moüiller l'ancre pour attendre le jour à cet endroit, afin d'éviter les rochers qui sont dans l'Ance, & le malheur de tomber sous le vent pendant la nuit ; mais nôtre Pilote bien moins prudent que temeraire passa outre aux risques de nous briser contre un écueil, & le jour nous apprit que nous étions au delà de l'Ance. Dans l'esperance d'arriver en peu de

temps

temps nous avions mal ménagé nos vivres, tout nous manquoit hors un peu de ris, & aprés avoir long-temps consulté on resolut de s'approcher de terre & d'y faire descendre tous ceux que nous avions tirez de Sainte Marie & de Galamboule, & nous relachâmes sur le soir dans l'Ance des Gallions, que l'on appelle de ce nom, parce que quelques Gallions Portugais s'y sont autrefois perdus ; il n'y a que trois lieuës du Fort Dauphin, & nous attendions le jour pour débarquer plus aisement nôtre monde. Lors que le vent devint Sudoüest tout d'un coup nous levâmes les ancres aussi-tôt ; & aprés quelques petites difficultez, nous entrâmes à la Thoüée & gagnâmes les autres Vaisseaux sur le midy du cinquiéme Aoust.

Dés que nous fûmes en seureté tout l'équipage fit des plaintes du Capitaine, qui fut aussitôt déposiedé, & le Sieur Lambety, qui avoit déja commandé le Vaisseau, remis à sa place.

CHAPITRE XIII.

Depart de Madagascar pour les Indes.

LE nouveau Capitaine eut ordre dés qu'il fut rétably de se preparer pour le voyage d'Orient avec son vaisseau la Couronne, une Fregate nommée la Mazarine, & le Houcre le Saint Jean.

Comme la saison étoit fort avancée on travailla avec beaucoup de diligence, & les trois Vaisseaux furent en état de faire voile le douziéme d'Aoust ; un vent Nord-est nous fit doubler le cap le plus meridional de l'Isle Dauphine ; mais la Mazarine, qui étoit un Vaisseau usé, perdit le même jour son grand mast de Hune & sa grande vergue, on nous avertit de cet accident ; mais comme nous n'étions pas commandez pour escorter, à & qu'il falloit se rendre promptement Surate, chacun fit route à part Le vent changeoit à mesure que nous en changions, & nous l'avions toûjours en poupe ou largue, qui est encore meilleur, parce que toutes les voiles servent. Nous

Nous paſſâmes à la veuë de la baye de Saint Auguſtin, port de l'Iſle Dauphine, ſituée à l'Oüeſt au vingt-cinquiéme degré de latitude meridionale, & de là nous fûmes à l'Iſle Don Joan avec deſſein de nous y rafraîchir. Les Portugais luy donnerent ce nom, parce que celuy qui la découvrit le portoit : Elle eſt entre l'Aſrique & Madagaſcar, proche de trois ou quatre autres, dont la plus conſiderable eſt l'Iſle de Majota, nous la découvrions à peine que le vent nous manqua, & nous fûmes portez par les courans ſur des rochers dont elle eſt preſque environnée, nous y aurions aſſurement pery ſi le calme eût continué, mais le vent revint & nous reprîmes nôtre route ſans ſonger aux rafraîchiſſemens, craignant quelque accident nouveau.

Nous paſſâmes aſſez prés de l'Iſle de Socotora ſituée proche de la Mer Rouge, & c'eſt de là que vient l'excellent Aloës, appellé vulgairement Creſtin. Nous y eumes quelques jours de calme, & enſuite un coup de vent perilleux qui emporta nôtre grand maſt de Hune, cependant nous voguâmes juſques au 18. Septembre que nous trouvâmes le Honcre de Saint Jean prés des côtes des Indes, duquel nous

étions

étions feparez le premier jour de nôtre départ, nous continuâmes le voyage enfemble, & ce Vaiffeau nous fournit quelques vivres.

Comme la terre des Indes eft fort baffe du côté de Surate, on eft obligé d'y fonder fouvent. Nous trouvâmes le fonds fans l'avoir, dés le dix-huitiéme de Septembre, & le vingtiéme par l'imprudence de nos Pilotes, nous paffâmes par deffus les bancs de fable qui font entre Diu & Daman, Villes appartenantes aux Portugais, dont je parleray dans la fuitte ; la petiteffe de nos Vaiffeaux & le peu de charge qu'ils avoient nous fauva ; le foir du même jour nous découvrîmes les Vaiffeaux qui occupoient la grande rade de Surate, avant que de voir la terre : Et comme les perils que nous avions évitez nous rendoient timides, nous jettâmes l'ancre pour attendre le jour.

Le vingt - uniéme nous vinmes en Rade à deux lieuës prés de l'embouchure de la riviere, & à cinq de la Ville ; on fit partir auffi - tôt des Chaloupes pour donner avis de nôtre arrivée ; mais à peine les avions-nous perduës de veuë qu'un grand vent Sudoüeft nous fit croire qu'elles periroient en chemin ; on jetta toutes
les

les ancres que nous avions ; on mit les
mafts de Hune & les vergues fur le pont:
mais la tempête devint fi furieufe qu'elle
ôta l'efperance du falut aux plus affûrez;
la terre nous pouvoit brifer en un moment fi nos cables avoient manqué, &
cet orage etoit de ceux que les Indiens
appellent l'Elephant, à caufe de fa violence.

Enfin ces frayeurs fe terminerent comme toutes celles que nous avions déjà eu-
ës, & nos envoyez arriverent à Surate
au grand étonnement de tout le monde.
Monfieur Caron nous envoya des vivres,
des Pilotes, & des Matelots pour nous
faire ancrer dans la riviere : mais ils ne
nous joignirent que le vingt-troifiéme.
Le Saint Jean avoit été jetté fur un banc,
d'où la marée le tira heureufement.

Nous nous difpofâmes à entrer dans la
riviere avec le fecours que l'on nous envoyoit : mais elle étoit fi rapide que nous
ne la montâmes pas fans de nouvelles
peines ; à la fin cependant nous gagnâmes le jardin de la Compagnie qui n'eft
qu'à un quart de lieuë de Surate.

Le Vaiffeau fur lequel j'étois fut auffi-
tôt radoubé & chargé pour Mafulipatan,
il partit fur la fin de Nouvembre, le
Saint

Saint Jean fit route pour l'Isle Dauphine, & la Mazarine, qui arriva long-temps aprés, fut depecée, n'étant plus capable de souffrir la Mer.

Comme la Couronne sur lequel j'étois venu à Surate fut commandé pour Masulipatan Ville de la coste de Coromandel, j'en sortis en attendant de nouveaux ordres : Et suivant mon dessein je rapporteray exactement ce que j'ay trouvé de plus remarquable à Surate.

CHAPITRE XIV.

De Surate.

CEtte Ville est située sous le 21. degré de latitude Septentrionale, & c'est le plus considerable Port que le Grand Mogol aye dans tout son Empire : Elle est grande & peuplée, une belle riviere en arrose les murailles, & va se jetter dans la Mer à trois lieuës de là : quand j'y arrivay elle n'étoit pas encore fermée, & les habitans ont obligation de leur seureté au Sevagi, un Prince voisin, qui par ses irruptions frequentes

TTE

SURATTE

tes les a contraints de se fortifier. Les bancs qui sont à l'entrée de la riviere errent, on ne les voit jamais deux années de suite au même endroit, ce qui rend le passage beaucoup plus dangereux.

Les ruës de Surate sont assez belles, mais incommodes, parce qu'on ne les pave point pendant la secheresse, qui dure la moitié de l'année, que les Indiens appellent Esté, quoy que le soleil soit dans son plus grand éloignement. On a soin d'arroser, & particulierement dans les quartiers où demeurent des personnes considerables. Les maisons n'ont qu'un étage, celles du peuple sont couvertes de tuiles, & les plus remarquables ont des terrasses faites d'un plâtre qui n'est pas moins beau que le marbre, & resiste de même à la pluye : il y a un peu d'élevation au milieu pour laisser écouler l'eau ; & beaucoup de personnes y passent les nuits pour respirer un air plus agreable.

Toutes les grandes maisons ont des jardins pour leur servir de cour, environnez de Treilles qui portent du raisin deux fois l'année : Il n'y a ordinairement que ce fruit, mais l'on y voit quantité de

I. Partie. C fleurs

fleurs extraordinaires, celle qu'ils appellent Mougrin, & qui reſſemble à nos
Jaſmins, l'emporte ſur toutes les autres :
Il y a des arbres qui fleuriſſent tous les
jours au Soleil levant & tombent quand
il ſe couche ; & d'autres dont les fleurs
naiſſent le ſoir & meurent le matin ; le
Printemps qui régne continuellement
dans ces climats ne les en laiſſe jamais
manquer.

Il y a chez les Grands, & même chez
le peuple, des bains de pierres d'une
propreté admirable, les Indiens s'en ſervent pour ſatisfaire à leur Religion &
moderer les ardeurs du pays.

Les François, Anglois, & Hollandois occupent les plus belles maiſons de
Surate, celles des Armeniens ne leur ce-
dent gueres, & generalement elles ſont
toutes agreables.

Le negoce y eſt fort conſiderable ; on
y trouve quantité de diamans que l'on
reçoit du Roy de Golconda Tributaire
du Grand Mogol, des perles qui ſe pê-
chent au cap de Comorin, & en pluſieurs endroits du Sein Perſique, de l'ambre gris que les côtes qui ſont au delà
du Cap de Bonne-Eſperance produiſent
abondamment ; du muſc qui vient de
la

la Chine, & de la civette que l'on recueille de l'animal qui porte ce nom.
Il y a de toute forte d'étofles de foye &
d'or, des toilles de coton de la plus grande beauté du monde, de l'indigo, &
quantité de drogues pour la Medecine
qui croiſſent dans le pays, où viennent
d'Arabie : les épices ſe trouvent aux Indes, la muſcade à Malaca, le gerofle
à Macaſar, la canelle dans l'Iſle de Ceilan & le poivre par toute la côte du Malabar, ainſi il n'y a rien de ſi rare, que
les Magazins de Surate ne puiſſent fournir.

Le Gouverneur l'eſt non ſeulement
de la Ville, mais de toute une Province
aſſez grande ; il a un équipage magni-
fique, pluſieurs Compagnies de Cavale-
rie & d'Infanterie compoſent ſa Garde &
le ſuivent : quand il ſort il ſe fait porter ſur un Elephant, où l'on dreſſe une
tente ſous laquelle il peut tenir douze
hommes ou davantage, ſelon la grandeur
de l'animal, ou bien dans un Palanquin, qui eſt une maniere de lit couvert de quelque riche étofle porté par
quatre hommes, c'eſt la voiture ordinaire des perſonnes opulentes, elle eſt plus
douce que nos chaiſes.   On peut entre-
C 2   te-

tenir quatre Porteurs pour vingt francs par mois sans être obligé de les nourrir que lors qu'on les meine en campagne : ceux qui ne peuvent pas avoir de Palanquin, vont à cheval, il y en a de tres-beaux aux Indes, que l'on ameine d'Arabie.

Le Gouvernement de Surate n'est pas une dignité perpetuelle, & ceux qui la posſèdent n'en joüiſſent que quatre ou cinq, ans au plus. On voit à l'Oüeſt de la Ville une Fortereſſe ancienne, environnée d'un foſſé profond : Il y a toûjours une bonne Garniſon dans ce lieu, & un Gouverneur particulier indépendant de l'autre.

Tous les Européens ont du canon chez eux pour ſe deſtendre dans les ſeditions qui ſont frequentes. L'uſage des bains & des étuves eſt commun à Surate : Il y en a de particuliers pour ceux qui veulent être ſervis, & d'autres où l'on ne paye rien pour la commodité du public.

CHA-

Habitans de Suratte.

CHAPITRE XV.

Suite du precedent.

IL y a un quart de lieuë de Surate à un grand Bassin de pierre de taille qu'un riche Baman fit autrefois bâtir, il est d'une vaste étenduë, on y descend par un escalier fort commode, & l'on trouve au milieu un petit Pagode ou Temple consacré aux Dieux des Gentils : & ceux qui se vont baigner y font ensuite leurs prieres. Les avenuës sont toutes pleines d'arbres, & c'est la plus agreable promenade du pays : il y aussi aux environs de Surate de grands jardins parfaitement bien entretenus, dont l'entrée est libre à tout le monde.

Quoy que les Bamans soient les plus riches habitans de Surate & Maîtres du Negoce, les Maures ou Mahometans paroissent cependant plus magnifiques. Quand quelque personne considerable va par la Ville dans un jour solennel, elle est precedée par des trompettes de huit ou dix pieds de longeur, grosses à

C 3

pro-

proportion, qui se démontent & font un bruit agreable & guerrier.

Les chefs des Nations étrangeres pour se conformer à l'usage du pays, font porter devant eux des pavillons de leurs Princes, ou des Republiques qu'ils servent, & font aussi precedez par des trompettes en quelque part qu'ils aillent.

On trouve à une lieuë de la Ville un village qui n'est habité que par des Perses ou Parsis adorateurs du Soleil & du feu, où l'on se va promener pour boire du Tary ou vin de Palmier. Je diray dans la suite de quelle maniere il se fait; c'est un breuvage delicieux. Tout le pays voisin est plat & fertile, on y seme du blé, dés que les pluyes sont finies, environ à la fin de Septembre, & on le recueille au mois de Janvier.

L'air de Surate est bon, il n'y fait jamais de froid, & les chaleurs y sont toûjours supportables.

Le Port de Sovaly est à quatre lieuës au Nord-oûest, tous les Vaisseaux étrangers y abordent; mais ils n'y peuvent demeurer que depuis Octobre jusques en May: L'inconstance des vents rendant les autres saisons dangereuses. De plusieurs

fieurs villages qui environnent le Port, celuy de Sovaly, dont il porte le nom, eft le plus confiderable. Les Compagnies d'Europe y ont auffi des Magazins & des Bureaux fur lefquels leurs Pavillons font arborez. Le Mogol ne permet point à fes fujets de faire entrer leurs Vaiffeaux au Port de Sovaly, de crainte qu'ils ne fraudaffent la Doüane, & ce n'eft que pour les Européens. Ils y attirent un grand nombre de Bramans, Gentils, Maures, & Perfes, qui compofent, pendant le fejour que les Vaiffeaux y font, une maniere de Village portatif divifé en plufieurs ruës, où les Marchands ont leurs Boutiques pleines de tout ce qui eft neceffaire aux gens de Mer.

Dans le temps que les premiers Vaiffeaux François pafferent aux Indes, il arriva un accident qui penfa caufer bien des maux: Un Mahometan vint à bord demander fi l'on n'avoit point de Piftolets à vendre, un Commis luy en prefenta, il en voulut tirer un par les fenêtres; mais celuy qui les vendoit, le trouvant mal-adroit, tira un coup & lâcha trois bales dans le fein d'un jeune enfant, qui fe trouva malheureufement à fa portée. Cette avanture étonna tout le mon-

de, & particulierement le coupable innocent: la nouvelle en fut portée à terre, & paſſa bien-tôt de Sovaly à Surate,
où l'on crioit hautement qu'il falloit exterminer une nation dont les moindres
jeux étoient des cruautez, & les nôtres
furent contraints de ne point ſortir pendant pluſieurs jours. Enfin on accom-
moda l'affaire; le mort étoit gentil, il
n'en coûta que de l'argent, à condition
cependant que ſon meurtrier ne deſcen-
droit point à terre, & qu'il retourneroit
en Europe dans le même Vaiſſeau qui
l'avoit apporté. Il y auroit eu de plus
grandes difficultez à ſurmonter ſi l'enfant
avoit été Mahometan, & la vie du Commis étoit menacée, puiſque c'eſt une loy
indiſpenſable & religieuſement obſervée
parmy eux, c'eſt à dire ceux de la ſecte
de Mahomet, que ſi un étranger & ſur
tout un Chrétien donne la mort à un
Muſulman, nom que tous les Mahometans s'attribuënt & qui ſignifie vray croyant ou fidelle, il ne peut reparer ce
mal que par la perte de la vie.

CHA-

CHAPITRE XVI.

Des differentes Religions.

CE seroit une chose presque impossible & même ennuyeuse de rapporter exactement icy le nombre des Sectes & des Religions qui partagent le culte des Indiens. La Foy du Christianisme y fut plantée par saint Thomas ; & ce Bien-heureux Apôtre y scella de son sang la verité qu'il avançoit : on en a conservé jusqu'à aujourd'huy toute la pureté vers la côte de Coromandel, & avant le commerce de ces peuples avec les Portugais ils ne connoissoient que l'Evangile de saint Mathieu par tout l'Orient ; mais on leur enseigna les autres, & ils furent agreablement surpris d'apprendre que tant de peuples éclairez adoroient Jesus-Christ comme eux, ils different de nous en quelques ceremonies, mais tout l'essentiel est semblable.

Les Portugais qui font briller leur zele par un grand exterieur, ont fait de grands progrez dans les Indes pour l'as-

fer-

fermissement du Christianisme, rien n'est plus beau que leurs Temples & leurs Monasteres ; mais on ne laisse pas de trouver des défauts dans leur pieté.

La severe Inquisition établie dans tous les lieux sujets à l'obeïssance du Roy de Portugal, si sainte de nom, & si terrible dans sa conduite, n'a servy qu'à éloigner les peuples infideles du Baptême de l'Eglise.

Quoy que les Chrétiens n'ayent point l'exercice public de leur Religion dans les terres des Mahometans, on ne leur defend pas le particulier : Il y a des Maisons de Retraite, & les Capucins François en possedent une à Surate. On leur ordonne seulement sur peine de la vie de ne rien enseigner aux Mahometans qui les puisse obliger à se convertir ; & l'on condamne au feu ceux que l'on soupçonne d'avoir reçû quelque legere teinture de nôtre Religion, s'ils ne se justifient par une profession ouverte de celle de Mahomet.

Il y a dans Surate des Chrétiens Armeniens membres de l'Eglise Grecque Schismatique, qui ont leurs Temples comme les Catholiques, les Anglois, Hollandois & autres Nations de l'Europe à pe ; mais l'Infidele Mahomet y triomphe toûjours, & fa fecte eft la plus nombreufe aux Indes & dans les autres parties de l'Afie. Le Grand Mogol en fait profeffion ; & prefque tous fes fujets à fon exemple.

On voit encore dans les Indes une autre forte de peuples nommez Parfis ou Perfes, defcendus de ces anciens Perfans qui furent chaffez par les Mahometans, & contraints de s'expofer aux rifques de la Mer pour conferver leurs vies: Il s'en perdit beaucoup dans le voyage, & trois barques feulement aborderent à la côte des Indes: l'une s'arrêta à Surate, l'au-à Diu, & la troifiéme à Gandivi Bourg fitué entre Surate & Daman. Ils ont peu multiplié, & ne font point riches ; par une loy qui leur eft impofée ils ne peuvent jamais s'armer que d'un petit couteau: Le Soleil & le feu font leurs Divinitez, c'eft un grand crime parmy eux que d'éteindre une chandelle : il n'eft permis tout au plus que de l'agiter quand on ne veut pas qu'elle brûle, & les lampes & les foyers font leurs Temples & leurs Autels. Ils n'enterrent ny ne brûlent les morts, & font feulement une efpece de citerne dans la campagne

où

où il y a une grille de fer pour exposer les corps au Soleil, qui les consomme en peu de temps.

Quoy que tous les hommes qui n'ont point été baptisez, doivent être appellez Gentils, & que les Parsis le soient veritablement, les Indiens meritent mieux ce nom par le nombre de leurs Divinitez. Leur superstition va jusques à l'adoration des bêtes, & ils reçoivent souvent la mort des couleuvres & des serpens pour prix de leur pieté ridicule.

Tous les Gentils respectent les Singes, & ont une veneration particuliere pour le bœuf; ils sont divisez en plusieurs races, lignées, ou sectes, que les Portugais expriment par le mot de *Casta*.

La plus remarquable de toutes est celle des Bramenes, Bramenis, ou Bragmanes; ce sont des Prestres, obligez d'observer inviolablement l'usage de ne rien manger qui ait eu ou qui puisse avoir vie, ne se nourrissans que de legumes, de fruits, & de laitages, & ne beuvant rien qui puisse enyvrer. Leurs jeûnes sont si austeres qu'ils ne font qu'un repas en trois jours. Tous les autres honorent ces Bramenes comme leurs superieurs. Les armes leurs sont defenduës,

&

& ils ne peuvent tuer ny homme ny bête, quand même on les attaqueroit, ce
sont eux qui reçoivent ce que les peuples
offrent à leurs Dieux. Les moins riches
se tiennent le matin sur le bord des rivieres, où ils prient pour ceux qui s'y
viennent purifier avec un peu de Bol ou
de quelqu'autre couleur, qu'ils pretendent avoir la vertu de preserver de tout
accident pendant la journée, & reçoivent ainsi des aumônes qui font subsister
leurs familles.

Les Bamans leur font inferieurs, aussi
ne leur est-il permis d'entrer dans les Pagodes que pour y offrir; ils observent les
mêmes regles que les Bramenes pour le
manger; leur occupation est le negoce;
& l'on n'en void point de plus adroits
qu'eux dans toutes les Indes. Les Bamans & les Bramenes suivent l'opinion
de Pytagore, croyant qu'une ame ne
quitte un corps que pour passer dans un
autre, & c'est par cette raison qu'ils ne
tuént ny ne laissent tuér aucun animal,
il y en a d'assez simples pour faire distribuer des pains aux chiens dans l'esperance que les Dieux feront un jour passer leurs ames dans des corps plus considerables. Les Gentils font divisez en

un

un grand nombre d'autres lignées, & chaque mêtier en compofe une, ils n'ont pas tous la même aufterité; quelques-uns mangent du poiſſon, & d'autres de toutes fortes de viandes, hors du bœuf; on en voit qui font vœu de pauvreté, & paſſent leur vie à mendier, que l'on n'en reſpecte pas moins; ils demandent l'aumône imperieuſement, & diſent avec autorité, donnez-moy telle choſe. Les Campagnes en font pleines, on les voit inceſſamment ſur les routes des Pagodes où l'on peut leur faire du bien, ils font inſolents juſqu'à l'infamie, & laiſſent croître leurs cheveux pour ſe diſtinguer des autres Gentils qui les raſent, à la reſerve de quelques-uns au ſommet de la tête pour marquer leur Religion. Ceux dont les cheveux font grands, ſe ſervent de certaines huiles qui les font croître & épaiſſir, & j'en ay veu de plus de deux braſſes de long. Quelques-uns d'entre ces extravagans appellez Faquirs, font vœu de ſe tenir pluſieurs années dans des Pagodes, debout, les bras levez, croiſez, ou dans telle autre poſture qu'ils s'imaginent, & comme le ſommeil pourroit trahir leur deſſein, ils ſe font attacher dans l'état où ils veulent être, &

paſſent

paſſent ainſi le temps de leur vœu, pendant lequel les Adminiſtrateurs du Pagode ont ſoin de les faire nourrir ; ils demeurent ordinairement droits ou croiſez le reſte de leur vie, les jointures ne pouvant plus fléchir & ayant entierement perdu le mouvement. La plus conſiderable partie des Gentils ſujets du grand Mogol brûlent leurs morts, & l'on en voit peu même dans le reſte de l'Inde qui les enterrent.

CHAPITRE XVII.

Comme les femmes Indiennes ſe brûlent vives avec le corps mort de leur mary.

LEs Hiſtoires des Indes apprennent que dans les premiers Siecles, ces pays furent gouvernez par des Princes Gentils, & que les femmes ennuyées de voir trop vivre leurs maris, les empoiſonnoient ſans ſcrupule ; pluſieurs de ces exemples obligerent les Rois qui n'étoient pas exempts d'un pareil traitement, à faire une Loy qui condamnoit les femmes de quelque âge ou qualité qu'elles

fuſſent

fussent à être brûlées avec le corps de leurs époux, & pour rendre ce décret moins fâcheux, on y joignit l'interêt de la Religion, promettant à ces infortunées une félicité parfaite aprés leur mort. Les Bramines les faisoient honorer comme de petites Divinitez, & la gloire en obligeoit souvent à se faire une vertu volontaire d'une cruelle necessité, & à se voüer elles mémes à la mort sans attendre qu'on les y contraignit.

Aprés une longue suite d'années, les Mahometans s'étant emparez d'une partie des Indes, ils voulurent abolir cette funeste coûtume, mais comme on y laisse la liberté de conscience, la violence n'a point été employée, & on s'est contenté d'ordonner qu'il n'y auroit point de contrainte dans le sacrifice & qu'il dépendroit des femmes Gentilles de mourir avec leurs maris, ou de les survivre.

Les Gouverneurs doivent examiner eux-mêmes, par la volonté de leurs Rois, celles qui se presentent pour être brûlées, & ne rien negliger, afin de les en empêcher par la douceur, mais si elles perseverent dans le dessein de perir, il faut qu'ils y consentent, & les fassent garder de crainte qu'elles ne soient enle-

vées

vées si elles venoient à changer de sentiment. Ces précautions servent à leur faire faire reflexion sur une entreprise si
terrible, & l'on en a veu trembler &
se repentir à la veuë du bûcher, aprés
avoir demandé la mort avec un courage
intrepide.

La ceremonie se fait de cette sorte :
on porte le corps du mort au lieu où il
doit être consumé, les habitans de Surate vont ordinairement à une lieuë de la
Ville, en montant la riviere, dans un
des plus celebres Pagodes de la Province, ayant accoutumé dans ces occasions
de s'approcher des Temples & de l'eau,
on conduit en suite la veuve en triomphe, elle est sur un cheval, couronnée
de fleurs & parée autant qu'elle le peut,
quantité de joüeurs d'instruments l'environnent, ses parens & ses amis la suivent, qui chantent & dancent pour témoigner la joye qu'ils ressentent d'avoir
une Heroïne dans leur famille, ou de
participer à son amitié : quelquefois on
les meine par eau, & alors on attache
le corps mort au bateau, en sorte que la
veuve qui est assise sur un siege, puisse
appuyer ses pieds contre son mary.

Quand on est arrivé, il faut poser le
mort

mort fur le bord de l'eau, où la victime le va laver & elle enfuite, pendant qu'on le porte dans une petite cabane de fept ou huit pieds en quarré compofée de bois fec, couverte de rofeaux, le tout imbibé d'hûile, de refine, & de foulfre, afin qu'elle s'embrafe plûtôt ; on y entre par une porte fort baffe, & quand le mort y eft la fomme fort de l'eau, & fait plufieurs fois le tour du bûcher avec fes habits tous moüillez, aprés elle embraffe fes enfants, & tous ceux qui ont quelque liaifon avec elle par le fang ou par l'amitié, & leur diftribuë ce qu'elle a de plus precieux fur elle ; alors on les fait éloigner de crainte qu'elle ne foit ébranlée par leurs larmes, & elle entre dans le lieu fatal où elle fe doit immoler, quand elle eft affife fur un fiege de paille fouphrée proche du corps de fon époux, un Bramine l'exorte à la conftance, & la confole par l'efperance de rejoindre bien-tôt la plus chere partie d'elle-même ; dans ce temps il luy met un flambeau à la main, & quelques fueillets d'un livre où il a leu auparavant, & fi elle eft affez courageufe elle embrafe le bûcher elle-même, ou fi elle témoigne quelque foibleffe le
Bra-

Bramine luy rend cét office, & ferme
la porte aprés être forty, pendant que
les fpectateurs chantent le bonheur &
la gloire de la victime.

La premiere fois que je fus témoin d'u-
ne de ces tragiques ceremonies, j'en ob-
fervay foigneufement toutes les circonf-
tances, celle qui fe brûloit ne paroiffoit
pas avoir plus de vingt ans, elle regarda avec une conftance furprenante tout
le fpectacle de fa mort, alluma le feu
de fa propre main, & comme je m'étois
placé fort prés du bûcher, je vis qu'elle
leva la tête de fon mary, appuya fon
vifage deffus, baiffa fon voile, & mourut fans faire paroître la moindre foibleffe.

Quelque temps aprés il y en eut une
moins jeune qui voulut accomplir le même vœu; elle avoit fouhaitté la mort a-
vec une ardeur empreffée, & la fermeté
luy manqua quand elle en avoit le plus
de befoin, & à peine fe vit elle dans le
bûcher qu'elle fit des efforts pour en for-
tir, mais les Bramines irritez de fon peu
de courage, la contraignirent à fouffrir
la mort qu'elle avoit cherchée. Quand
les corps font confommez on jette les cendres dans la riviere, & les familles où
il s'eft trouvé de ces femmes genereufes,
font

font extrêmement diftinguées des autres.

Dans les lieux où les Gentils font maîtres abfolus, la Loy eft obfervée dans toute fa rigueur, l'on brûle par force celles qui ne fe viennent point offrir ; mais ce qu'il y a d'étrange, c'eft que les mariages fe font fouvent entre des hommes faits & des filles qui n'ont que fept ou huit ans, qu'on ne laiffe pas d'immoler malgré l'innocence de l'âge, fi elles perdent leurs maris, les parens fe faifant un barbare honneur de les livrer aux rigueurs de la coutume.

Il y a des Royaumes dans les Indes où ces Sacrifices font differents, on fait une foffe profonde où l'on jette le corps du mort, on y allume un grand feu trois jours de fuite, la veuve y eft conduite, & pour ne pas l'épouvanter par la veuë du feu, on le couvre d'un pavillon fait de fueilles de Bananier, & quand elle a fait fes tours & fes adieux, elle fe lance dedans au travers de la paliffade qui ne refifte guere à cét effort.

D'autres enterrent leurs morts dans de grandes foffes, où l'on met les veuves toutes droites, les couvrant enfuite de terre jufques au col, alors le Bramine

ne s'approche, & quand il a fait ses exhortations il étrangle la victime, & acheve de la couvrir de terre.

Le Roy de Maudré n'a jamais moins de trois ou quatre cent femmes, que l'on contraint toutes à se brûler avec son corps, quand il est mort.

On observe une autre coutume aux funerailles des Pinces de la race de Sevagi : on brûle avec son corps tous les Officiers qui l'ont servy pendant sa vie, & cela va à un grand nombre d'hommes. Il y a plusieurs autres petits Royaumes où l'on ne suit pas aux obseques des Grands, des loix moins cruelles que celles dont je viens de parler.

CHAPITRE XVIII.

Des Temples & des habits des Indiens.

Comme les Indiens sont de differentes Religions, tous leurs Temples ne se ressemblent point. Les Mahometans de Surate y ont édifié des Mosquées magnifiques, il y en a plus de deux cens dans cette Ville, mais elles ne sont pas
tou-

toutes confiderables : ils ont les Images en execration, & il n'y a qu'une petite niche du côté de la Mecque, les plus devots ne pouvant pas toûjours aller chercher ces celebres Mofquées, on a marqué pour contenter leur zele plufieurs lieux qui n'ont pour toute gravité, qu'un trou dans la muraille & un baffin pour fe purifier dans le temps de la priere. Ils ne laiffent pas de porter le nom de Mofquée, & c'eft ainfi que l'on en doit diftinguer le nombre infiny que l'on dit être au grand Caire, & en d'autres Villes où la Religion de Mahomet domine.

Selon l'ordre de l'Alcoran le Vendredy eft leur Dimanche, & dans ce jour confacré à la devotion, ils font regulierement leurs prieres & leurs aumônes.

Les Pagodes des Gentils font hors des Villes, & il n'y a que des plus riches qui en puiffent avoir chez eux, l'étenduë en eft toûjours vafte & la ftructure affez belle : tous leurs jours font également devots, & ils n'offrent jamais à leurs Dieux que des chofes inanimées.

Les Parfis qui, comme nous l'avons dit, n'adorent que le Soleil & le feu, n'ont point d'Autels ny de lieux deftinez

nez particulierement à la devotion, l'Image du Soleil étoit autrefois leur Idole; mais depuis qu'ils vivent fous la domination du grand Mogol, ce culte leur eft interdit, & fi quelqu'un en a confervé l'ufage, il doit prendre de grandes précautions pour fe cacher. Tous les fujets de ce Prince portent le Turban de quelque Religion qu'ils foient, avec un peu de difference ; les Mahometans & les Parfis ne rafent point leurs barbes; tous les hommes portent des veftes qui reffèmblent à nos cafaques, les manches en font étroites, mais fi longues qu'elles font plufieurs plis fur le bras, ils ont une efpece de caleçon étroit qui n'eft point ouvert par devant & defcend jufques au talon, les Gentils portent des manieres de jupes : pour des bas c'eft un ufage inconnu dans toutes les Indes, & l'on n'y porte les fouliers qu'en pantoufle.

Les femmes ont les plus beaux cheveux du monde, dont elles prennent grand foin : leurs habits different trespeu de ceux des hommes à la referve de la coëffure ; elles portent des voiles pour fe couvrir le vifage dans les ruës, la propreté eft cherie parmy elles, & les effences precieufes répanduës fur toute leur

per-

personne. On ne les voit pas librement, & la jalousie est si naturelle aux Mahometans qu'ils en prennent jusques à l'excez, pour les moindres sujets qu'on leur en donne, & ceux qui n'ont jamais oüy parler de leur humeur, en comprendront aisément le caractere par l'exemple que je vais en rapporter.

Le Gouverneur de Surate aimoit passionnement une de ses femmes, dont la beauté surpassoit infiniment celle des autres, il eut envie d'en avoir le portrait pour soulager les chagrins de l'absence quand il étoit obligé de s'en éloigner, & ayant appris qu'il y avoit dans la compagnie de France un jeune homme qui peignoit fort bien, il envoya prier les Directeurs de souffrir qu'il vint luy parler, ils le firent avec plaisir, & le Gouverneur ayant proposé son dessein au Peintre, luy promit une recompence digne du service qu'il en exigeoit; le François répondit, qu'il vouloit se surpasser pour le satisfaire sans prétendre d'autre salaire que celuy de l'obliger. Travaillez donc avec toute la diligence que vous pourrez, ajoûta l'Indien. Faites-moy conduire où est la personne que vous voulez qu'on represente, repliqua
le

le Peintre : Quoy ! interrompit le Gouverneur, en rougissant, vous avez prétendu voir ma femme ? & comment voulez vous que je la peigne si elle m'est inconnuë, répondit le François ? retirezvous, poursuivit le jaloux Indien, si vous ne la pouvez peindre sans la voir, j'aime mieux renoncer au plaisir d'avoir son portrait, que d'exposer ses charmes à la veuë d'aucun homme. Voila jusques à quel point va la folie, ou plûtôt l'imbecillité des Mahometans. Le libertinage & les vices regnent cependant chez eux, & les femmes sçavent tromper la plus active vigilance de leurs maris.

Celles des Parsis & des Gentils ne sont couvertes que de corsets justes, qui s'attachent par derriere, les manches en sont courtes, elles ont des bandes d'étoffes selon leur condition, qui font le tour du corps, passent sur leur têtes, & s'attachent à la ceinture; elles sont presque toutes belles, le commerce en est libre, & elles se voüent ordinairement à Venus, hors les Bamanes qui sont un peu plus modestes. Leur magnificence en bijoux est toute aussi grande qu'elles le peuvent, outre les colliers & les bracelets, elles

portent aux pieds des anneaux creux
pleins de gravier, ou de quelque chofe
qui puiffe faire du bruit : leurs têtes font
ornées de petites couronnes d'or enri-
chies de pierreries ; elles ont les oreilles
percées & chargées de pendants, & le
nez où elles mettent une plaque d'or ou
d'argent, fi grande que la moitié de leur
vifage en eft couvert.

On ne peut rien voir de plus propre
que leurs perfonnes, les riches fe lavent
chez elles, & les autres à la riviere depuis la naiffance du jour jufqu'à la nuit,
les Bramenes prient pour elles & gardent leurs habits ; c'eft à dire ceux qu'elles apportent pour changer en fortant
du bain, où elles entrent toutes vétuës;
leur addreffe eft fi grande que tous les
yeux qui les pourroient obferver, ne voyent rien contre la modeftie, elles font re-
ligieufement attachées à leurs Loix, mais
fort voluptueufes.

Aprés trois mois de fejour à Surate,
je fus m'embarquer au Port de Sonaly,
fur le Vaiffeau la Marie, qui alloit avec
celuy de la Force à Batiepatan, prendre
le refte de fa charge en épiceries.

CHA-

CHAPITRE XIX.

Départ de Surate pour le Malabar.

NOus sortîmes du Port de Sonaly le sixiéme Janvier 1670. â la faveur d'un vent agreable, qui continua jusqu'à Rajapour, où la Force s'arrêta, pendant que nous passâmes outre : mais comme j'y ai séjourné dans d'autres temps, je diray ce que c'est, pour ne point interrompre l'ordre de ma Relation.

C'est un lieu scitué dans les terres du Sevagy, un rebelle fameux qui a long-temps occupé le grand Mogol, & le Roy de Visapour son Maître. Justement sous le dix-septiéme degré au Nord de la ligne Equinoxiale, sur la côte de Malabar, environ à vingt lieuës au Nord de Goa, on l'approche par une riviere facile : il y a un petit vilage sur la droite qui n'est habité que par des Pêcheurs, & quatre lieuës au delà on trouve la ville de Rajapour, qui prête son nom à la riviere ; les Vaisseaux du pays qui ne portent gueres que cent tonneaux, ne

D 2

mon-

montent qu'à une petite Isle qui est à moitié chemin, & l'on passe plus avant avec des barques & des chaloupes : quand les eaux sont basses la riviere n'est pas plus difficile à traverser qu'un ruisseau.

Les Anglois y ont autrefois eu une habitation, mais les Indiens les en chasserent. Nôtre Compagnie s'y est établie depuis peu, elle y a une belle maison & un grand jardin proche d'un bassin, d'où il sort une fontaine d'eau chaude, qui n'est pas moins considerable par ses vertus que les plus celebres de l'Europe. Les Montagnes & les Forests du voisinage sont pleines de Singes, que l'on revere dans les terres du Sevagi, & qu'on n'ose tuër sans exposer sa vie. Le Commerce de Rajapour consiste en Salpêtre & en Toiles : mais sur tout en poivre qui s'y recueille abondamment.

Le Sevagi est un Prince puissant, qui s'est si bien servy de sa fortune, que malgré l'importance de ses ennemis il regne aujourd'huy presque depuis Surate jusques à Goa, excepté quelques Villes maritimes qui appartiennent aux Portugais. Ce voisin redoutable fit trembler Goa, où les Vice-Rois tinrent leur Cour l'année 1676. & a porté plusieurs fois la
ter-

terreur à Surate, d'où il a tiré des richef-
ses immenses, fans refpecter les Pagodes
ny les Mofquées : On a remarqué qu'il
ne fut moderé que pour les Nations d'Europe ; il eft vray qu'il pouvoit craindre
leur refiftance, & ce fut peut-être moins
par un motif de confideration qu'il épargna leurs maifons, que par la crainte
d'en trouver l'entrée difficile. Il alla en
1671. à Surate pour la derniere fois, &
n'en fortit qu'après y avoir laiflé des marques de fa fureur, qui ne furent pas aifément rétablies. Il a toutes fes Forte-
refles fur des montagnes ; fes fujets font
Gentils comme luy, mais il fouffre de
toutes fortes de Religions, & eft un des
plus grands politiques du fiecle.

Le Vaifleau la Force s'arrêta donc
dans la riviere du Rajapour, où l'Aigle
d'or étoit arrivé depuis peu de jours, qui
revenoit d'Achem capitale de l'Ifle de
Sumatra, qui n'eft jamais gouvernée que
par des femmes, & où les Reynes tiennent ordinairement leur Cour. Avant
que d'aller à Achem il avoit paflé Mafulipatan Ville du Royaume de Golconda de la côte de Coromandel, où l'on
fait ces belles Chites que nous appellons
Indiennes, dont la peinture ne dure pas

D 3

moins

moins que la toile, sans rien perdre de son éclat. La Compagnie de France a des Bureaux en tous ces lieux.

CHAPITRE XX.

Suite du Voyage de Malabar.

EN continuant nôtre route nous passâmes à la veuë des Forteresses qui sont à l'entrée de la riviere de Goa, dont je parleray dans un autre temps; & nous arrivâmes devant Mirseou le quatorziéme de Janvier, moüillant l'ancre le même jour à l'emboucheure de la riviere.

Mirseou est dans le Royaume de Visapour, environ à dix-huit lieuës au midy de Goa, où nôtre Compagnie a un Magazin pour le poivre. C'est un climat fort agreable & fertile. La premiere chose que l'on trouve en montant la riviere c'est le Bourg & la Forteresse de Mirseou; elle est grande, munie de quantité d'artillerie, & environnée d'un fossé profond: Le Gouverneur de cette Place étoit Persan, extremement civil, & s'appelloit Cojabdella. Dés qu'on l'eût aver-

averty de nôtre arrivée il visita nôtre Capitaine, & nous fit à tous en particulier des honnêtetez, nous invitant à souper, quoy que l'heure du dîner ne fût pas encore arrivée : Nous le suivîmes, les uns dans des Palanquins, les autres à cheval, escortez de ses Gardes avec ses Haut-bois & ses Trompettes.

Quand nous fûmes au Château, il nous mena dans une grande Salle tapissée des plus riches étoffes du Levant, & nous fit asseoir autour de luy sur des Carreaux de la même beauté. Nos interpretes commençoient à peine à s'expliquer pour nous qu'on vit entrer une troupe de Danseuses qu'il avoit ordonnées pour le divertissement de ce jour : Ces femmes n'ont point d'autre occupation que celle de leur danse, qui est fort extraordinaire & tres-peu modeste ; leurs habits sont superbes, elles sont toutes bien faites & parfaitement adroites. Ce bal qui nous parut une nouveauté fort bizarre, dura toute la journée, & nous fatigua extremement ; parce que nous étions à jeun, & plus disposez à faire un bon repas qu'à prêter nos yeux à un spectacle qui ne nous réjoüissoit point, l'heure des flambeaux arriva qui nous fit esperer

perer

perer le souper : on nous conduisit dans
la Cour, où nous vîmes au lieu de tables
les Danseuses recommencer leur exercice ; ensuite on fit quelques feux d'artifice, qui durerent jusques à dix heures,
& nous impatienterent extremement ; enfin on nous conduisit sous un grand dô-
me, où le couvert étoit mis à terre suivant l'usage du pays, ou plutôt de tout
l'Orient ; on servit une infinité de mets,
dont la faim ne nous permit gueres de
distinguer le goût : la boisson fut de la
limonade, que nous prenions dans de
grandes porcelaines avec des cuilieres de
buis, tenant chacune un petit verre :
On nous apporta aprés la viande, une confusion de fruits & de confitures ; la danse succeda encore au festin, & nous ne
quittâmes le Gouverneur que bien tard,
qui nous fit reconduire par ses Gardes
& ses Trompettes jusques à la maison de
la Compagnie.

Le lendemain on le pria de venir voir
nôtre Vaisseau qui étoit en Rade ; il s'y
fit conduire, & distingua tous ceux qui
avoient soupé chez luy par des presens ;
on le reçut au bruit du canon, & tout
le jour fut employé à le regaler. Quand
il partit on luy fit aussi des presens au
nom

nom de la Compagnie & à tous ses Officiers, plus considerables que les siens: & il se retira aussi satisfait de nôtre Nation que nous l'étions de sa civilité.

Le Roy de Visapour n'est pas des moins puissans de l'Inde, quoy que tributaire du Mogol, il professe la Religion Mahometane: mais presque tous ses sujets sont Gentils.

Nous partîmes de Mirseou le dix-neuviéme du mois, & le vingt-deux nous arrivâmes à Baliepatan, où nous trouvâmes une quantité de poivre suffisante pour achever nôtre charge.

Baliepatan est du Royaume de Cananor dans la côte de Malabar, située à 11 degrez deux tiers de latitude Septentrionale: le Bourg de Baliepatan n'est qu'à une lieuë de la Mer, d'une grandeur considerable, habité par de riches Marchands Mahometans.

Assez prés de cette habitation on trouve le Palais du Roy, environné de plusieurs Pagodes magnifiques, & c'est à peu prés en cet endroit que le Prince Gouverneur avoit étably les nôtres pour leur plus grande commodité, attendant quelque endroit meilleur.

Le Vaisseau la Force arriva quelques

D 5

jours

jours aprés le nôtre, & l'on fit diligence pour les dépêcher ensemble, ils partirent le premier jour de Février, & firent voile vers l'Isle Dauphine où ils devoient prendre Monsieur de Montdevergue pour le remener en France.

CHAPITRE XXI.

Du Malabar.

ON appelle communement la côte
de Malabar toute l'étenduë de terre qui est depuis Surate jusques au Cap
de Comorin ; mais pour être plus exacts,
nous ne la ferons commencer qu'au Mont
d'Eli, situé sous le 12. degré au Nord
de l'Equateur, puisque c'est là que les
peuples prennent le nom de Malabares ou
Malavares.

Cette côte a plus de deux cens lieuës
de long, & est divisée en plusieurs Royaumes, dont les Princes sont Gentils ;
& quoy qu'ils possedent peu de terres,
ils ne sont tributaires d'aucuns Rois. Le
plus puissant de tous est celuy de Canonor, les autres le craignent & l'honorent;

on

on l'appelle Colitri, & ce nom suit ordinairement la Couronne de Canonor.
Le Samorin ou Roy de Calicut luy est
inferieur, quoy que ses Etats soient d'u-
ne plus grande étenduë: Ils ne different
ny en mœurs, ny en Religion, ny en
coûtumes; & ce que l'on dira du Roy de
Canonor & de ses sujets, peut servir pour
tous les autres Malabares.

L'air est bon par toute la côte, il n'y
a point de terre en Asie plus fertile; le
ris s'y recueille deux fois par an; elle
abonde en excellens fruits, mais ils sont
bien differens de ceux d'Europe.

Quoy que le cocos n'aye pas un goût
fort delicieux, son utilité merite qu'on
fasse l'eloge de l'arbre qui le porte. Les
Malabares l'appellent *Tenga*, il est droit,
sans aucunes branches, & a ordinairement trente ou quarante pieds de haut;
son bois est spongieux, composé de fila-
mens qui se divisent, & le rendent in-
capable de servir aux bâtimens, si ce
n'est dans sa vieillesse, qu'il devient un
peu plus solide. Les racines en sont
déliées & nombreuses, entrent peu dans
la terre, & paroissent toutes au dehors,
sans que cela l'empêche de resister à la
violence des vents; & il est extraordi-

      naire

naire d'en voir abbatre par les orages.
Il fort du fommet environ une douzai-
ne de feüilles longues de dix pieds, &
larges d'un & demy, divifées comme
celles du Dattier ; & quand elles font
feiches on s'en fert à couvrir les maifons:
on fait de fort belles nattes de leurs filets
les plus fins, & des balais de ceux qui
le font moins : Le milieu de ces feüilles
eft bon à brûler, leur nombre fe trouve prefque toujours égal, parce qu'il en
renaît à mefure qu'elles tombent. On
trouve un gros germe au fommet de l'arbre fait en forme de chou-fleur, beaucoup plus delicat que les nôtres, dix
perfonnes pourroient en être repûs : mais
comme l'arbre meurt dés que ce germe
eft cueilly, on le coupe ordinairement
par le pied, quand on veut s'en donner le regal. Entre le fommet & les
feüilles il y a plufieurs rejettons de la
groffeur du bras, que l'on coupe, &
il en diftille une liqueur blanche, douce, & agreable, que les Tives, ceux
d'entre les Malabares qui cultivent
la terre, vont recueillir le foir & le
matin dans des vaiffeaux qu'ils attachent aux endroits dont elle découle.
C'eft le vin du pays, que l'on appelle
Sou-

Soury, ou Tary, il enyvre comme le nôtre, devient piquant quand on l'a gardé quelques heures, s'aigrit tout-à-fait dans l'espace de 24. heures, & l'on ne se sert point d'autre vinaigre dans toutes les Indes. On en fait de l'eau de vie qui devient des plus fortes après l'avoir repassée plusieurs fois.

Si l'on met cette liqueur nouvellement sortie de l'arbre dans un bassin avec un peu de chaux vive, elle devient comme du miel, dont on se sert pour toutes sortes de confitures ; & si on la laisse cuire plus longtemps, il se forme du sucre, moins bon à la verité que celuy de cannes, mais qui ne laisse pas de servir aux pauvres gens. Les Malabares l'appellent *Iagara*, & les Portugais *Iagre*. Tant que le Tary distille, & que les rejettons de l'arbre sont ouverts, il ne porte point de fruit : mais dés qu'on les laisse croître, il en sort une grosse grappe, où les cocos sont attachez au nombre de dix ou douze : L'écorce en est tendre dans la nouveauté, on le coupe facilement, & il en sort une eau claire & rafraîchissante, dont le goût est fort agreable, il y en a qui en rendent demy septier, & d'autres jusqu'à chopine :

Cette

Cette eau se convertit en chair avec le temps ; elle est d'abord blanche & molle, & c'est alors que les Malabares appellent le cocos *Elenir*, & les Portugais *Lagne*. Quand toute l'humidité est consumée, le fruit s'endurcit & devient épais, & son goût ressemble à celuy des noisettes ; il est trop connu en France pour s'arrêter à dire tous les usages où l'on le met, & la quantité qui en vient de tous côtez, ne luy a rien laissé de rare que la beauté de son naturel. L'arbre en produit trois fois l'année, il y en a de gros comme la tête, qui tombent au moindre vent, & rendent leur voisinage dangereux ; on compose des cordages & des cables avec les filets de l'écorce, qui servent aux plus grands Vaisseaux, & resistent à la Mer : Et comme l'abondance de ce fruit est prodigieuse, outre celuy qui sert dans le pays, il s'en brûle quantité pour faire du charbon dont les Forgerons se servent.

Les Cuisiniers assaisonnent tous leurs mets d'un suc qui sort du cocos en le ratissant ; on en tire aussi de l'huile dont les Indiens mangent, & brûlent. Les volailles & les pourceaux sont nourris du marc, & il y a même des pauvres
qui

qui en font leur pain. Toutes ces grandes utilitez rendent cet arbre precieux, quoy qu'il ne soît pas rare : & l'on peut bien en compofer, non pas un Vaiffeau, comme quelques-uns l'ont écrit, mais une Barque équipée de vergues, de voiles, de cordages, chargée de vivres & de marchandifes ; le tout provenant du feul arbre de cocos & de fon fruit.

Il y a deux autres fortes de Palmiers, dont l'un porte les Dattes, qui ne meuriffent jamais aux Indes ; celuy-là qui n'a que huit ou dix pieds de haut eft fans branches, & pouffe feulement quelques feüilles au fommet comme le cocos, mais beaucoup plus petites ; on en perce le tronc, dont il fe tire avec des tuyaux faits exprés un efpece de liqueur comme le Tary, appellée Neiry elle fert auffi à faire du vinaigre, & de l'eau de vie, mais non pas du fucre. L'autre eft le Palmier Brabo ou fauvage, il porte un méchant fruit que l'on appelle *Trafouli*, le fuc n'en eft pas moins bon que celuy du cocos, l'arbre eft plus grand, & jette des feüilles unies, fi prodigieufes qu'une feule peut couvrir un lit de cinq pieds : On s'en fert à faire des Parafols

fols, ou Sombrairos, en langue Portugaife, qui font auffi utiles pour la pluye que pour le Soleil.

CHAPITRE XXII.

Du Iacque & de la Manga.

LE Jacque eft un fruit fi prodigieux qu'un feul fait fouvent la charge d'un homme ; l'arbre n'eft pas plus grand que nos pommiers, fes feüilles reffemblent à celles du Laurier, & font un peu plus larges ; le fruit eft toujours attaché au tronc, parce que les branches ne le pourroient pas foûtenir ; Il paroit comme de la mouffe dans le commencement qu'il pouffe, la couleur en eft verte jufques dans fa maturité, fa peau reffemble à celle de l'Ananas ; elle eft épaiffe, mais affez molle pour la couper fans peine, en frottant les mains & le coûteau d'huile ou de beurre, pour empêcher la gomme ou le glu de s'y attacher. On trouve dans ce fruit extraordinaire plufieurs endroits partagez, pleins d'une maniere de prunes groffes comme des œufs de poules ; il y en a quelquefois

jufqu'à

juſqu'à deux cens, que dix hommes auroient peine à manger ; leur chair a l'é-
paiſſeur d'un doigt, la couleur en eſt
jaune, & le goût comme celuy de nos
meilleurs Melons ; il y a encore au milieu une chataigne qui ne tient point, &
qui reſſemble aſſez à celles d'Europe:
on ne mange point cette graine qui eſt
la ſemence du Jaca ; c'eſt un fruit mal
ſain, & toujours dangereux, ſi on ne boit
de l'eau aprés.

La Manga eſt d'une autre excellence,
& reſſemble à nos Pavies, on en voit
de rouges, de blanches, & de vertes
quand elles ſont meures ; il y en a de
la groſſeur d'un œuf, & d'autres qui
ſurpaſſent nos plus groſſes poires, la
peau en eſt unie, la chair molle, où le
noyau s'attache de maniere qu'on ne le
peut ſéparer ; toute l'Inde en produit,
mais elles ne ſont pas également bonnes
par tout; celles du Malabar ſont les moindres : on en mange d'aſſez bonnes aux
environs de Surate & de Daman, mais
les meilleures viennent de l'Iſle de Goa.
Elles durent depuis Mars juſques à Septembre ; rien n'eſt meilleur quand on
les confit vertes. Le vinaigre les con-
ſerve auſſi, & c'eſt une eſpece de ſalade

fort

fort commune chez les Indiens. L'arbre en eſt grand comme le Noyer. & ſon bois ſert à toutes ſortes d'ouvrages de Menuiſerie.

* * *

CHAPITRE XXIII.

Du poivre, Cardamome, Canelle & Bethel.

ON plante l'arbriſſeau qui porte le poivre auprés des autres grands arbres pour le ſoûtenir, ſes fueilles reſſemblent à celles du Lierre, & l'odeur en eſt piquante comme le goût. Le poivre ſort par petites grapes qui paroiſſent vertes au commencement, & deviennent rouges quand il eſt meur, & enfin tel que nous le voyons icy, aprés l'avoir expoſé au Soleil ; il n'y en a point de deux ſortes, comme on ſe l'imagine, toute la difference eſt que celuy qu'on appelle noir a ſa peau & le blanc en eſt dépoüillé, ce que l'on fait facilement en le battant avant qu'il ſoit tout-à-fait ſec, ou le frottant aprés l'avoir laiſſé tremper quelque temps dans de l'eau ; ainſi tous ceux qui ont du poivre commun

le

le peuvent blanchir quand il leur plaira.
On en confit au fucre quand il eft vert,
& c'eft un mets fort en ufage chez les
Mogols ; les Indiens en font de ce qu'ils
appellent Achar, nom qu'ils donnent à
tout ce qui fe conferve avec le vinaigre.

Quoy que le poivre vienne en plufieurs
pays, il croît plus abondamment depuis
Rajapour jufques au Cap de Comorin
que par tout ailleurs, le plus gros vient
de Vifapour & de Canara ; celuy des
terres de Malabar, c'eft à dire depuis
le Mont d'Eli jufques à l'extremité Meridionale de la côte, eft plus petit, mais
il produit davantage, & toutes les Nations s'en fourniffent en ce pays pour le
tranfporter dans les leurs.

Le Cardamome fe recueille au Royaume de Canonor fur une montagne à fix ou
fept lieuës de la mer, & c'eft le feul endroit du monde où l'on en trouve. Cette
terre eft d'un grand revenu à ceux qui
la poffedent, il n'y faut ny la bourge,
ny femences, la feule peine que l'on fe
donne, c'eft lorfque les pluyes font cef-
fées, de brûler les herbes quelles ont
fait naître ; le Soleil les feiche en peu
de temps, & leurs cendres fuffifent pour
dif-

disposer la terre à produire le Cardáome.

On en transporte dans toute l'Inde, en Perse, en Arabie, où les peuples ne mangent point de ris à leur goût, si le Cardamome ne l'assaisonne, & tout se consomme en Orient, à la reserve du peu qu'il en faut en Europe pour la Medecine. Il se vent trois fois plus cher que le poivre : il y a aussi de la canelle dans cette côte, mais bien moins bonne que celle de l'Isle de Ceylan, que les Hollandois ont ôtée aux Portugais.

La feuille que les Malabares appellent Betlé, les Portugais Bethel, & les autres peuples de l'Inde Panthlé, merite bien d'avoir icy son rang : Elle naît d'un petit arbre comme le poivrier, & ne ressemble pas moins au lierre que les siennes ; le goût en est aromatique, fort agreable, & sa couleur naturelle verte ; on en fait blanchir sans perdre leur fraîcheur, en les enfermant dans de petits coffres de bois de Bannanier, & les arrosant une fois le jour ; on ne les mâche point sans arecque ; C'est un petit fruit qui ressemble à une noix verte, dont on fait pourrir l'écorce en le moüillant : L'arecque put quand elle est nouvelle, mais le temps & la seiche-

res-

reſſe en purifient la méchante odeur, elle a un goût piquant qui fait cracher; pour s'en ſervir avec le Bethel on met environ gros comme un pois de chaux éteinte & molle, ſur trois ou quatre fueilles de Bethel avec la quatriéme partie d'une arecque, & l'on fait enſuite un petit pacquet du tout, qui ſe peut mâcher long-temps. Il y en a qui ajoûtent à cela quelques grains de Cardamome, un clou de girofle, ou un peu de canelle pour en rendre le goût plus agreable. L'arbre qui produit l'arecque eſt haut, droit, ſans branches, orné ſeulement de quelques fueilles, ſon bois ſert à bâtir, mais plus ordinairemét à faire des mats & des vergues aux Barques, étant trop menu pour les grâds Vaiſſeaux.

Le Bethel avec ſa preparation fortifie l'eſtomac, aide à digerer, & laiſſe une bonne odeur à la bouche, les lévres en rougiſſent, & la ſalive même, ce qui a peut-être donné occaſion de dire qu'il fait ſeigner les gencives; au reſte il a une vertu particuliere pour ſoulager de la pierre, c'eſt ce que j'ay experimenté moy-même ſur pluſieurs de mes amis: & pour confirmer cette verité, il faut ſçavoir que dans tous les lieux ou il eſt en usage,

uſage, ce mal cruel n'attaque perſonne.
Au commencement que l'on ſe ſert du
Bethel, on a des étourdiſſemens terribles, mais on peut les éviter en netto-
yant l'arecque d'une matiere blanche qui
eſt dedans. Les Européens accoûtumez
à l'air des Indes, ne ſe peuvent non plus
paſſer de Bethel que ceux du pays : L'a-
bondance de ſes feuilles ne les rend pas
moins precieuſes, & les Princes s'en font
un delice comme les moindres de leurs
ſujets. Le premier regal qu'on fait en
viſite c'eſt de preſenter un pacquet de
Bethel ; ceux qui ſortiroient ſans en
avoir receu, s'offenſeroient extrêmement,
& l'affront ſeroit égal ſi on le refuſoit ;
cependant on n'eſt pas obligé de s'en ſervir ſur le champ, parce que tous les A-
ſiatiques craignent le poiſon, & ſont naturellement ſoupçonneux.

Il y a dans toutes les Indes, mais ſur
tout dans le Malabar, un arbre aſſez haut,
dont les fueilles ſont comme celles du
laurier, ou peu differentes ; il porte des
fleurs blanches qui ſentent aſſez bon, &
il diſtille le long de ſon tronc une gomme qui ſert pour les Vaiſſeaux : ce que
cet arbre a de particulier eſt que ſes branches aprés s'être élevées tombent vers la
terre

terre où elles prennent racine fi-tôt qu'elles y touchent, & deviennent fi grosses avec le temps qu'on ne peut diftinguer le premier tronc. Si l'on n'empêchoit ces arbres de s'étendre en les coupant, il y n'en faudroit qu'un pour couvrir tout un pays.

Le Malabar produit encore de toutes fortes de legumes comme les nôtres: il y en a auffi qui luy font particulieres, ce font de certaines féves longues de quatre doigts, dont les cofles ont un pied & demy de long; elles viennent en peu de temps, n'ont aucune delicatefle, & il n'y a que les miferables qui en mangent. Les Jardiniers ne les cultivent que pour ombrager des cabinets; leurs palisfades font couvertes d'une autre herbe, dont la tige elt fort déliée, & s'étend par mille jets, elle a une infinité de fueilles femblables à la pinprenelle, & quantité de fleurs rouges faites comme le Jafmin double, qui ne fentent rien & ne fervent qu'au plaifir des yeux: Elles paroiffent au lever du Soleil, & tombent dés qu'il fe couche; on ne laifle pas d'en avoir également tous les jours de l'année, fars qu'il foit neceflaire de femer la plante qu'une feule fois, parce que les graines

qui

qui tombent prennent racine & se renou-
vellent inceſſamment. Les Malabares ſont
moins curieux de fleurs que les Mogols,
& leurs femmes ſe contentent de ſe frotter
d'huile de cocos, ſans rechercher d'autres parfums, quoy qu'il y en aye dans
leur pays.

CHAPITRE XXIV.

*Des animaux, & particulierement
de l'Elephant.*

LEs oyſeaux du Malabar ne ſont
point differens de ceux du reſte de
l'Inde, il y a quantité de Perroquets gros
& petits, de toutes ſortes de couleurs,
l'on en prend ſouvent juſques à deux cent
dans un filet, ce n'eſt point là qu'on leur
apprend à parler, & les ſeuls Européens
ſe donnent cette peine. Le gibier y abonde qui ſe prend fort aiſement, le ſeul
Paon eſt difficile, on ne laiſſe pas d'en
prendre & d'en manger tres ſouvent;
ſes plumes ſont en uſage dans toute l'Aſie,
on s'en ſert à faire des Paraſols pour les
perſonnes de qualité, & des Eventails
enri-

enrichis d'or & de Pierreries. Les Malabares ont aussi chez eux de toutes sortes
de volailles.

L'Elephant doit tenir le premier rang
entre les animaux à quatre pieds, & il le
faut mettre au nombre de ceux que l'on
voit dans la côte de Malabar, quoy qu'il
y soit apporté d'ailleurs. C'est le plus
grand des animaux terrestres : la tête n'est
pas grosse à proportion du corps; il a les
oreilles fort grandes, faites à peu prés comme les aîles des chauves-souris, les jambes rondes & d'égale grosseur par tout,
quoy qu'elles ayent des jointures, il se
sert de sa trompe comme d'une main pour
prendre ce qu'on luy presente, cette partie s'alonge, se retire, & tient si bien ce
qu'elle empoigne qu'il est impossible de
luy rien arracher ; il se sert d'un sabre
aussi adroitement qu'un homme ; cette
trompe est creuse, & lorsque l'Elephant
veut boire, il tire l'eau avec, qu'il laisse
ensuite tomber dans sa bouche. J'en ay
vû quelquefois revenir de la riviere qui
reservoient plus d'un seau d'eau, pour
la jetter aux personnes qui ne leur plai-
soient pas, ou qui leur avoient fait de la
peine, rien n'approche de l'intelligence
& de la memoire de l'Elephant, & j'en

áy été convaincu dans plusieurs occasions.

Toutes les Villes des Indes entretiennent de certaines gens qui ne servent qu'à bálayer les ruës & les maisons ; un garçon de douze ans qui avoit cet employ à Surate, ayant un jour amassé des ordures, & voyant passer un Elephant, en prit avec ses deux mains qu'il luy jetta au nez, l'animal ne témoigna alors aucun mouvement de colere, mais quelques jours aprés l'enfant se rencontrant à son passage, il le prit par le milieu du corps avec sa trompe, & luy fit faire cent tours en l'air avec une violence qui épouventa tous ceux qui le virent, cependant on connut à la fin qu'il n'avoit voulu qu'effrayer celuy dont il avoit été insulté, puis qu'aprés s'en être longtemps diverty, il le remit doucement à terre, & poursuivit son chemin.

Le Vice-Roy de Portugal voulant en envoyer un qu'il avoit, à son Prince, ordonna qu'il fût embarqué dans le premier Vaisseau qui partiroit pour Lisbonne, le Gouverneur de cet animal luy fit comprendre par des discours tels qu'il auroit pû faire à un homme, qu'on vouloit le conduire dans un pays où la plus dure fervitude luy étoit afsûrée ; & cela fit une telle impreffion fur l'Elephant, qu'on ne le pût jamais faire paffer dans le Vaiffeau, & qu'il en coûta la vie à ceux qui voulurent le contraindre ; le Vice-Roy en fut averty, & ne doutant point que cette refiftance ne fût l'ouvrage du conducteur, il luy dit avec des menaces terribles qu'il pretendoit que dans un nombre de jours qu'il marqua , l'Elephant fût difpofé à partir, cet homme qui craignoit la mort , défit tout ce qu'il avoit fait, & par des leçons contraires perfua-da cet animal qu'il étoit deftiné à un Prince qui le combleroit de tous les de-lices de la vie, & on l'embarqua enfuite fans aucune peine.

Tous les grands Seigneurs nourriffent des Elephants, les Rois s'en fervent à la guerre , chargeant leur dos de canon & d'hommes armez ; j'ay vû des Gouver-neurs Indiens allant à la promenade faire dreffer fur un Elephant des tentes, par-tagées de maniere que les hommes & les femmes étoient dans des lieux différens, & qu'il y en avoit même où l'on pouvoit apprêter à manger.

On leur fait une efpece de houffe ; j'en ay veu où l'on avoit employé quatre-vingt aunes de drap, & je peux aſſurer, puis qu'il eſt vray, qu'on en trouve d'infiniment plus grands, ce qui ſe juſtifie par leurs dents, celles des uns n'ayant que trois ou quatre pieds de long, qu'un homme porteroit aiſément, & il en vient de Bombaze & de Moſambique, deux places d'Affrique, de plus de dix pieds, que deux perſonnes auroient peine à ſoulever ; on apporte quantité de ces dents aux Indes, chaque Elephant n'en a que deux, & c'eſt ce que nous appellons yvoire.

Depuis que j'ay connu la verité par experience, je me ſuis étonné pluſieurs fois de ce que tant de perſonnes ont pouſſé le menſonge juſques à écrire que l'Elephant n'a point de jointures aux jambes, & qu'il luy eſt impoſſible de ſe coucher; que s'il tombe par malheur il ne ſe releve jamais ; que pour dormir il s'appuye contre un arbre ; & que le ſeul moyen de s'en rendre maître eſt de ſcier le tronc, où l'on prevoit qu'il peut aller, afin qu'il tombe avec; c'eſt une relation fabuleuſe de ceux qui voyagent ſans partir de chez eux, & tous ceux qui ont été en Aſie ſont convaincus du contraire ; l'Elephant ſe couche ſans peine, fléchit le genouil

noüil quand ſon Maître veut monter
deſſus, & ne dort point autrement que
le cheval ; pour le prendre, quand on
ſçait à peu prés ſa route, il ne faut que
creuſer des foſſes, que l'on couvre de
branches foibles & d'un peu de terre, il
s'y renverſe infailliblement: & c'eſt là
que l'on s'en rend maître, parce que ſa
peſanteur l'empêche de ſe relever. Les
Noirs d'Affrique en mangent, & j'ay
entendu dire que la trompe eſt extrêmement delicate, on en tuë ſouvent pour
avoir les dents, & l'on en trouve auſſi
qui tombent d'elles-mêmes ; la peau eſt
ſi épaiſſe que les balles de mouſquet la
percent à peine quand elle eſt preparée ;
on en éleve de petits que la mort de leurs
meres fait errer à l'avanture.

L'extrême grandeur de cet animal ne
l'empêche point de nager admirablement
bien, & de marcher fort vîte : il n'eſt
pas moins courageux que fort, & rend
de bons offices aux Rois dans la guerre.

Pendant que j'étois aux Indes, un Gouverneur voulut donner à quelques perſonnes conſiderables le plaiſir extraordinaire de voir combattre un Tigre contre un Elephant, leurs tailles ſont bien
differentes ; la legereté du Tigre jointe

E 3

à la

à la force de ses ongles & de ses dents,
le rend extrêmement dangereux; il sau-
toit à la trompe , sous le ventre & sur
le dos de son ennemy , où il faisoit de
cruelles impressions , & l'Elephant le
jettoit bien loin de luy avec sa trompe,
aprés avoir essayé de le fouler aux pieds:
Leur fureur augmentant dans le combat,
le Tigre déchiroit son adversaire par tous
les endroits où il s'attachoit à luy; l'Elephant le pressoit avec une violence terrible, mais avec tant d'essors, la victoire ne
fut ny pour l'un ny pour l'autre, & il en
coûta la vie à tous les deux. On appelle
ceux qui côduisent les Elephans, Cornac,
ils se placent sur le col, où ils se tiennét fermement, sans avoir besoin de bride, ils
portent deux crochets de différente grandeur; le plus petit sert d'éperon, & ils
en frappent l'Elephant à la tête pour le
faire marcher comme il leur plaît, &
ainsi il n'est jamais sans une playe dont
le sang coule presque toujours; le grand
crochet n'est que pour le retenir quand
il est en furie ou en chaleur, & que le
petit ne suffit pas. J'en ay veu dans le
Malabar appartenant au Prince, s'échapper, renverser des arbres & des maisons,
qui ne font pas à la verité de la resistance

ce des nôtres, & contraindre tous les habitans des lieux où ils paſſoient à chercher des aziles ailleurs, & nos retraites
étoient quelquefois pleines de ceux qui
avoient abandonné leurs demeures à la
violence de ces animaux.

Les Rois du Malabar s'en ſervent ſouvent pour châtier leurs ſujets rebelles,
en les faiſant lâcher dans leurs terres pour
en abattre les arbres & les ruïner, &
quand l'Elephant eſt grand, d'un ſeul
effort il jette le plus puiſſant Cocotier
par terre.

Les Marchands en loüent, & s'en ſervent pour tirer les Barques & les Vaiſſeaux à ſec quand ils veulent les radouber. Ces animaux qui font voir la grandeur & la magnificence des Princes, ſervent auſſi aux Bramenes à porter les ſta-
tuës de leurs Dieux aux jours de feſtes,
& il y a des Pagodes qui en entretiennent un certain nombre deſtiné à cet
uſage.

CHA-

CHAPITRE XXV.

*Suitte des animaux du Malabar, où il est
parlé du Tigre.*

DE tous les pays Orientaux le Malabar est celuy où l'on trouve le
plus de Tigres, ce sont des animaux
fameux par leur cruauté ; il y en a de
trois sortes, & ils se distinguent par la
grandeur : le plus petit est comme un
gros chat, & j'en ay veu un de ceux-là
dans la maison de la Compagnie au pays
de Cananor qu'on avoit apporté de Mir-
scou, lequel faisoit presque autant de
bruit qu'un bœuf en criant. On ne le
nourrissoit que de chair : & quand on
luy jettoit un peu de ris, il avoit l'adresse
de se retirer autant que sa chaîne luy pouvoit permettre, pour laisser approcher
des poules ou des canes, qu'il étrangloit;
à la fin il nous échappa : & comme je
fus un des plus empressez à le poursuivre, il me blessa considerablement à la
main, & gagna les champs sans que nous
le pussions attraper.

Le

Le Tigre de la seconde espece est gros comme un mouton ou un petit veau, c'est le plus commun de tous, & celuy qui desole les animaux domestiques, & ravage le pays ; on leur fait une guerre ouverte ; & les Rois pour exciter leurs sujets à la chasse de ces Tigres, promettent pour recompense un bracelet d'or à ceux qui en tuëront ; ce present est si considerable, qu'il éleve celuy qui le reçoit comme les Chevaliers parmy nous, parce qu'il n'y a que le Roy qui peut autoriser à en porter ; & j'ay veu un homme qui en avoit tué un, n'ayant pour toutes armes que sa rondache & son épée, sans en être blessé.

Les Anglois n'eurent pas tant de bonheur à Baliepatan, il en venoit un chez eux la nuit, qui ravageoit tout ; fatiguez des desordres qu'il y faisoit, ils s'armerent & l'attendirent : le premier coup qui fut tiré le blessa, mais cela ne servit qu'à augmenter sa fureur ; il se precipita sur eux, donna la mort à deux ou trois, & se sauva ensuite par où il étoit venu.

J'ay pensé perir par leur cruauté quelque temps aprés mon arrivée au Malabar, la chaleur excessive m'obligeoit à cou-

E 5

cher

cher dehors au milieu de trois grands chiens, qui veilloient pour ma seureté; leurs cris m'éveillerent une nuit: Et voyant qu'ils fuyoient j'appellay du monde; on vint & nous trouvâmes qu'un de nos chiens manquoit, il fallut allumer des torches pour le chercher, mais ce ne fut que le lendemain qu'on trouva ses os dispersez à deux cent pas de la maison. Cette avanture me corrigea de l'habitude dangereuse de coucher dehors.

Le Tigre de la derniere espece est grand comme un cheval, & les Portugais l'appellent Tigre Royal; je n'en ay jamais veu de vivans, mais seulement de leurs peaux, qui couvriroient un lit de six pieds, ce n'est qu'au Nord de Goa qu'on en rencontre, & qu'il est dangereux d'aller seul & sans armes.

J'ay connu un Gentil-homme Portugais, nommé Juan de Siquiera, habitant de Daman, qui avoit une maison de plaisir auprés de cette Ville; deux de ses amis l'y étant allé visiter, aprés les avoir regalez il voulut leur donner le plaisir de la chasse au Sanglier; étant montez tous trois dans un petit chariot avec chacun un mousquet, ils se mirent
en

en chemin, mais à peine avoient-ils
fait quelques pas, qu'ils virent venir un
Tigre Royal par un chemin qui traver-
soit celuy où ils étoient, aprés s'être con-
sultez ils conclurent qu'il falloit tirer
dessus, Juan de Siquera lâcha son coup
qui blessa le Tigre, & le fit tomber sans
aucune apparence de vie ; cette victoire
qui leur avoit si peu coûté les réjoüit, &
ils differerent à enlever leur proye jufques aprés le dejeuné, enviant tous trois
également la peau de ce Tigre, qui est
extrêmement rare. Au retour ils furent
surpris de ne le point trouver, & de
ne voir aucune tronc de sang ; le chariot
ne pouvant approcher des buissons,
Juan de Siquera descendit contre le sentiment de ses amis, chercha la voye, &
trouva le Tigre inondé de son sang :
mais à peine son meurtrier avoit-il parû,
que ce cruel animal fit un dernier effort
pour se jetter sur luy, le renversa par
terre, & le déchira en plusieurs endroits
sans que les deux autres pussent s'opposer à son malheur ; la crainte de leur a-
my les empêcha long-temps de tirer sur
le Tigre, mais voyant que tout le sang
qu'il perdoit ne diminuoit point ses forces, & que le malheureux Siquera ne

 de-

devoit plus être ménagé, ils tirerent & defcendirent, ayant achevé de tuer le Tigre ; le Portugais infortuné avoit la face contre terre, & tout fon corps n'étoit qu'une playe, dans cet état à faire horreur aux plus intrepides, on l'emporta chez luy, où fa veuë répandit la douleur & le defefpoir ; il refpiroit fi foiblement, qu'au lieu de fonger à le fecourir, on n'attendoit que le dernier de fes foupirs ; cependant un Gentil, efclave du bleffé, s'en approcha & promit de le guerir, fi on le luy vouloit abandonner ; quoy que ce fut fans aucune efperance on ne laiffa pas d'y confentir, & l'efclave pratiquant fon remede, qui n'étoit que du lait & le fuc de quelques herbes, remit fon Maître en parfaite fanté avec le temps, & fit une de ces cures merveilleufes, que l'on auroit peine à fe perfuader parmy nous, ne l'ayant nourry que de pain & de lait tant qu'il l'avoit traité. Ce même Gentilhomme qui m'a fait fon hiftoire, confervoit la peau du Tigre, qui avoit plus de fix pieds de long, comme un monument confacré à la memoire de fa funefte avanture, dont il ne parloit point fans émotion.

Pour éviter le Tigre la nuit il ne faut que

que de la lumiere qui le fait fuir, mais le jour on a besoin d'armes à feu ou de fleches pour l'attaquer de loin, quand on n'est pas seur de son coup, il vaut mieux tirer en l'air, parce que le bruit l'épouvante, & qu'une legere blessure ne sert qu'à exciter sa fureur & le rendre plus dangereux.

Le peau de toutes sortes de Tigres est à peu prés de même couleur, son agreable varieté la rend de prix considerable, on s'en sert aux Indes pour couvrir des lits & des Palanquins, & en Europe à plusieurs ornemens ; les guerriers en paroient autrefois leurs chevaux, & il n'est gueres de fourrure plus estimée.

CHAPITRE XXVI.

Suite des animaux, du Iacard, du Bufle, de la Civette, & du Singe.

LE Jacard ou Adive est grand comme un chien mediocre, ressemblant au Renard par la queüe, & au Loup par le museau : on en éleve dans les maisons, mais leur naturel est de se cacher
dans

dans la terre pendant le jour, d'où ils ne fortent que la nuit pour chercher à manger. Ils vont par troupes, devorent les enfans, & fuyent les hommes, leurs cris font plaintifs, & l'on diroit fouvent que ce font ceux de plufieurs enfans de divers âges mêlez enfemble. Les chiens leur font la guerre & les éloignent des maifons, ils precedent ordinairement le Tigre, qui les épargne pour attirer les chiens, & les devorer; & les Indiens qui fçavent cette rufe ont foin d'enfermer ceux qui gardent leurs maifons lorfqu'ils n'entendent crierqu'une Adive; c'eft un animal fans utilité, & qui ne merite pas qu'on s'y arrête davantage.

Le Bufle eft plus grand que le bœuf, à peu prés fait de même, mais il a latéte plus longue & plus plate, les yeux plus grands, & prefque tous blancs, les cornes plates, & fouvent de dix pieds de long, les jambes groffes & courtes. Il eft laid, prefque fans poil, va lentement, & porte des charges fort pefantes. On en voit par troupes eomme des vaches, & ils donnent du lait qui fert à faire du beurre & du fromage; leur chair eft bonne quoy que moins delicate que celle du bœuf: il nage par-

parfaitement bien & traverse les plus
grandes rivieres ; on en voit de privez
mais il y en a de sauvages qui sont extrêmement dangereux, déchirant les hommes ou les écrasant d'un seul coup de tête . Ils sont moins à craindre dans les bois
que par tout ailleurs, parce que leurs
cornes s'arrêtent souvent aux branches,
& donnent le temps de fuir à ceux qui
en sont poursuivis.   Le cuir de ces animaux sert à une infinité de choses, &
l'on en fait jusques à des cruches pour
conserver de l'eau ou des liqueurs ;
ceux de la côte de Malabar sont presque tous sauvages, & il n'est point defendu aux étrangers de leur donner la
chasse, & d'en manger.

On y voit quantité de Civettes, c'est
un petit animal à peu prés fait comme
un chat, à la reserve que son museau est
plus pointu, qu'il a les griffes moins
dangereuses, & crie autrement ; le par-
fum qu'il produit s'engendre comme une
espece de graisse dans une ouverture qu'il
a sous la queuë, on la tire de temps en
temps, & elle ne foisonne qu'autant que
la Civette est bien nourrie ; il s'en fait
un grand trafic à Calicut, mais à moins
que de la recueillir soy-même, elle est
presque toujours falsifiée.   II

Il y a des Singes au Malabar, mais beaucoup moins qu'aux autres parties de l'Inde, & ce n'est que dans les terres du Sevagi & de Canara qu'ils abondent. Les Gentils Orientaux regardent cet animal comme un homme raisonnable qui s'empêche de parler pour éviter le joug du travail. Quelques-uns le respectent comme une Divinité, luy élevent des Statuës, & consacrent des jours à son honneur, ausquels ils ajoûtent des sacrifices, & il est defendu chez tous les Princes Gentils d'en tuer aucun sur peine de la vie.

Quelquefois on voit des troupes de ces animaux par la campagne attaquer des femmes qui portent à manger aux gens de travail, & le leur ôter si elles ne sont secouruës. Les femelles portent leurs petits, ne les quittent jamais & les embrassent étroitement, sautant d'arbre en arbre avec la même legereté que si elles ne portoient rien ; ils font de grands ravages dans les terres, si on ne les en écarte, arrachant les fruits & le ris, & beuvant le Tari dans les vaisseaux où on le recueille.

Cet animal est fier, & fait voir de l'intrepidité, quoy qu'on le dût croire
timi-

timide, par sa perpetuelle agitation. Un de mes amis étant à la chasse dans le Royaume de Canonor, s'assit sous un arbre pour manger quelques confitures ; un gros Singe posté sur le même arbre attendoit qu'il partit pour voir s'il ne laisseroit rien, & cet homme n'étant point observé luy donna un coup de fusil dans le ventre : l'animal sans en paroître ému augmenta sa playe avec les doigts, prit un de ses boyaux, & les tira tous peu à peu, jusqu'à ce qu'il fut expiré.

CHAPITRE XXVII.

Suite des animaux.

ON ne se sert aux Indes des bœufs que pour cultiver la terre, & les Gentils les honorent trop pour en manger. Il y a beaucoup de Sangliers au Malabar dont les Nahers se divertissent à la chasse, tous y mangent des pourceaux excepté les Bramenes & les Nambouris. Il y a aussi du mouton & des Chevreüils.

Les Gaselets occupent encore agreablement

ment les chaſſeurs ; ce ſont des animaux
faits à peu prés comme les Cerfs, excepté qu'ils n'ont point de branches à leurs
cornes, & que le corps en eſt un peu
plus petit ; on les prend au filet, parce que
c'eſt la maniere de chaſſer des Indiens ;
on n'y voit point de lapins, mais beaucoup de lievres, ceux du pays n'en mangent gueres, & s'ils en prennent, ce
n'eſt que pour les vendre aux Europeens.

Il ſe trouve des couleuvres par tout
le monde, mais celles des Indes, & particulierement de la côte de Malabar ſont
trop ſingulieres pour ne s'y arrêter que
legerement ; je doutay long-temps des
hiſtoires que l'on m'en faiſoit, mais enfin je fus convaincu par experience, &
rien n'eſt plus certain que ce que j'en
diray.

Il y en a de groſſes comme le doigt,
longues de cinq ou ſix pieds, & de couleur verte, qui ſont d'autant plus à craindre qu'on les diſtingue difficilement ſur
les herbes & les buiſſons, elles ne fuyent
point le monde, & s'élancent ſur les
paſſans, choiſiſſant preſque toujours les
yeux, le nez, & les oreilles pour s'attacher. Ce n'eſt point par des morſures
qu'el-

qu'elles empoisonnent, mais elles ont
sous le col une vessie pleine d'un venin
subtil qu'elles répandent où elles s'attachent, & l'impression en est si mortelle
qu'il n'y a jamais de remede, & que ceux
qui en sont infectez expirent en moins
d'un heure ; comme elles sont nombreuses & difficiles à remarquer, les personnes considerables se font preceder de
leurs domestiques, quand elles voyagent,
qui frappent les buissons & les branches
pour écarter ces insectes dangereux.

J'ay connu un Indien Chrétien,
qui allant du Basar de Baliepatan au Pagode du même lieu, accompagné d'un
Gentil, luy vit entrer tout d'un coup
une de ces couleuvres vertes, par un côté du nez & sortir par l'autre, où elle
demeura suspendue, & le Payen mourut
sur le champ.

Il y en a d'autres que les Indiens appellent *Nalle bambou*, c'est à dire bonne couleuvre, & les Portugais *Cobra
capel*, parce qu'elle a une peau grande
comme la main qui luy environne la tête, faite en forme de chapeau émaillé
comme le reste de son corps de couleurs
fort vives & agreables à voir. Quoy
que la piqueure de celle-là soit mortelle,
elle n'est pas sans remede.   On

On ne peut trop s'étonner de l'aveuglement des Gentils à l'égard de ces animaux, tous les reptiles leur font en veneration, mais particulierement la couleuvre; ces Statuës font les plus grands ornemens des Pagodes, & rien ne peut ouvrir les yeux de ce peuple imbecile fur cette fuperftition. S'il s'en trouve dans leurs maifons, aprés des prieres ils tâchent de les attirer dehors en leur prefentant à manger, fans employer la violence: & fi la couleuvre s'obftine à demeurer, on luy fait des fupplications eloquentes, comme fi c'étoit quelque perfonne raifonnable.

Le Secretaire du Prince fut mordu par une, dans le temps que j'étois en ce pays, elle étoit groffe comme le bras, & longue de huit pieds; comme ce malheur arriva dans la campagne, ceux qui accompagnoient cet Officier, prirent la couleuvre, & la porterent dans un pot chez le Prince, on fit auffitôt appeller les Bramenes, qui la fupplierent refpectueufement de ne point permettre que celuy qu'elle avoit bleffé, perdît la vie, puifqu'il étoit utile au Roy; le Prince ajoûta que s'il mouroit il la feroit brûler, mais les prieres & les menaces ne fervi-
rent

rent de rien, le Secretaire expira, n'ayant été fecouru par aucun remede naturel ; le Roy fut touché de fa perte : mais s'imaginant que fon favory étoit coupable de quelque crime, puifque les Dieux le punifloient ainfi, il fit porter la couleuvre hors de fon Palais, & la laiffa aller paifiblement, aprés luy avoir fait plufieurs profondes reverences.

Il y a de ces peuples dont la pieté bizarre les fait porter du lait jufques fur les grands chemins, afin que ces divinitez rampantes ne foient pas obligées de chercher de la nourriture plus loin : mais fi leur ignorance eft déplorable, l'artifice des Bramenes doit être detefté. Il en eft de fçavans dans l'Aftrologie, qui ont même le goût des Letteres, & fçavent l'hiftoire de leur Nation ; ceux-là ne peuvent pas croire ce qu'ils enfeignent ; j'en ay confulté plufieurs fois, & un particuliérement avec lequel j'avois affez de familiarité, auquel je reprochois le mauvais ufage que luy & fes femblables faifoient des talents que le Ciel leur avoit donnez, captivant la credulité d'un peuple imbecile, par des fables, dans l'efperance d'acquerir de la reputation, & quelques legers avantages. Il me répondit

dit qu'il m'alloit convaincre de leur probité & des veritez qu'ils enseignoient, par une histoire qu'il me fit de cette sorte. Le principal Bramene d'un celebre Pagode voulant exciter la devotion du peuple qu'il exhortoit, sollicita ses auditeurs de contribuer quelque chose pour faire une couleuvre d'or avec douze œufs de même matiere, laquelle étant mise dans un endroit du Pagode dedié au culte de cette divinite, il esperoit que dans l'espace de six semaines la couleuvre deviendroit vivante, & les œufs éclorroient pour être dans la suite des Dieux protecteurs du Pagode ; cette proposition fut receuë, & le Bramene eut bien-tôt ce qu'il avoit exigé, la statuë fut faite, & portée au Pagode par les Bramenes, suivis d'une foule de peuple ; il y entra seul, plaça le serpent, ressortit de même, & enferma soigneusement les œufs & la mere ; six semaines s'étant écoulées, il retourna avec le même peuple, qui ne trouvant point la couleuvre ny les petits, crut qu'ils étoient effectivement vivans. Ce miracle fut suivy d'une acclamation generale, & chacun s'applaudit d'avoir contribué à la production d'une nouvelle divinité.

Cet-

Cette fable groffiere me fit rire, &
me mit cependant en colere, j'en dis affez au Bramene pour luy faire comprendre l'artifice de celuy dont il vantoit la
foy; mais il me refifta toûjours & je fus
contraint de l'abandonner à fon obftination.

Si les Gentils fe font impofé la loy de
ne pas tuer de couleuvres, cela n'eft pas
defendu aux Chrétiens ny aux Mahometans; on en trouve fouvent dans les
maifons, & j'en ay vû jufques fous nos
lits. Je diray ailleurs les remedes dont
on fe fert pour guerir leurs morfures.

Les couleuvres de la plus extraordinaire efpece font de 20. pieds de long, &
fi groffes qu'il leur eft facile d'avaler un
homme; c'eft cependant la moins dan-
gereufe, parce qu'il eft plus aifé de l'é-
viter. On n'en voit gueres que dans des
deferts, & s'il en vient auprés des villages ou fur les bords de la mer, ce n'eft
qu'aprés des débordemens de rivieres qui
les entraînent; je n'en ay jamais vû de
celles là que mortes, & l'on diroit que c'eft
un gros tronc d'arbre renverfé. J'ay oüy
dire à un Chrêtien qui avoit été Gentil,
que travaillant à la terre au temps de
la recolte du ris avec tous ceux de la mai-

fon,

fon, un petit enfant qu'on y avoit laiſſé
malade ſortit, & ſe coucha ſur des feüilles auprés de la porte, où il s'endormit
juſques au ſoir ; ceux qui revenoient des
champs fatiguez du travail ne ſongerent
point d'abord à luy, mais l'ayant entendu plaindre, ils attribuerent ces plaintes à ſon indiſpoſition, & attendoient
que leur ſouper fût preſt pour le faire
entrer, cependant ces cris continuant,
quelqu'un ſortit & vit une de ces grandes couleuvres qui avoit déja plus de la
moitié du malheureux enfant dans le
corps ; il eſt aiſé de s'imaginer le trouble
qu'un accident ſi funeſte jetta parmy
ceux qui en furent les témoins, & que
la nature intereſſoit, on n'oſoit irriter le
reptile de peur qu'il n'achevât de devorer l'enfant ; & de mille moyens differens que chacun propoſa, on choiſit celuy de couper la couleuvre d'un coup de
ſabre. Le plus adroit en fit heureuſement l'execution : mais comme l'animal
ne mourut pas d'abord pour être ſeparé
en deux, il ſerra le petit corps & l'in-
fecta de ſon venin, en ſorte que l'enfant
expira peu de momens aprés.

Nous entendîmes un ſoir crier une
Adive, que tout le bruit des chiens ne
faiſoit

faisoit point fuir, & nos gens étant sortis avec de la lumiere virent une couleuvre qui l'avaloit, l'ayant apparemment surprise endormie ; on tua l'une &
l'autre : & la couleuvre pour n'avoir que
dix pieds étoit d'une grosseur suffisante
pour engloutir l'Adine.

Le Malabar produit des Crocodiles
de toutes sortes de grandeurs, & ce fut
là que j'aiday à en assommer un, comme je l'ay déja dit.

CHAPITRE XXVIII.

*Dés Peuples du Malabar, & de leurs
coûtumes.*

LEs habitans du Malabar sont bien
faits, presques tous noirs ou fort
bruns, & n'ont rien de difforme comme
les Affricains: Ils laissent croître leurs cheveux fort longs, & ne manquent point
d'esprit, mais ils le negligent, ne s'a-
donnant ny aux Sciences ny aux Arts,
leur grand penchant est à la trahison;
c'est une bagatelle parmy eux que de vio-
ler sa parole. Les Mahometans passent

pour les plus infidelles; mais les Gentils ne font guere de meilleure foy.

Ces derniers font originaires du pays, & par confequent plus puiſſans que les autres; on les diviſe par lignées. La premiere eſt celle des Princes; les Nambouris ou grands Prêtres compoſent la ſeconde, les Bramenes font de la troiſiéme, & les Nahers ou Nobles de la quatriéme. Ceux-là qui naiſſent ſeuls avec le privilege de porter les armes, ne peuvent embraſſer le party du commerce ſans déroger, & ce n'eſt que par là ou par le changement de Religion qu'ils perdent leur Nobleſſe. Les Tives font ceux qui cultivent la terre & recueillent le Tary: on leur ſouffre des armes, mais ce n'eſt que par grace. Les Monconas ou Peſcheurs ne peuvent habiter que les bords de la mer, & ne vivent que de la pêche; on les tient indignes de la guerre, & quelque beſoin qu'on eût de Soldats, ils ne font jamais choiſis. Les Maidats ou Blanchiſſeurs compoſent une autre lignée, auſſi-bien que les Chets, c'eſt à dire les Tiſſerans, & les Tireurs d'huile. Les Pouliats font les derniers & les plus vils de tous, ils demeurent vagabonds, parce que tout le monde les rebu-

bute, & ce font eux dont les autres
fe fervent pour veiller à la garde du ris:
Ils fe retirent fous de petites cabanes de
feüilles de Palmier; c'eft un opprobre
que de les frequenter, ou feulement les
approcher de vingt pas, & c'eft même
une neceffité de fe purifier quand on leur
a parlé de trop prés.   Il n'y a que les lignées qui font au deffous des Nahers qui
puiffent obliger ceux qui les approchent
à fe purifier, & les Princes, les Nambouris, les Bramenes & les Nahers fe
peuvent toucher librement les uns les
autres, fans être neceffités à fe laver.

Lors qu'un Nambouri, Bramene,
ou Naher, trouve un Pouliat dans fon
chemin, il luy crie d'auffi loin qu'il le
voit, de s'enfuïr; & s'il n'obeït pas affez
promptement, il peut l'y contraindre à
coups de moufquet, on de fléches, étant
libre de tuer ces miferables, pourvû
qu'ils ne foient pas dans un lieu privile-
gié.   Si un Naher veut éprouver fes armes, il luy eft permis de le faire fur ceux
de cette lignée malheureufe, de quelque
âge ou fexe qu'ils foient, fans en être
inquietez, & cette infortune qui eft attachée à leur baffeffe, fait qu'ils ne fe
multiplient gueres, il leur eft défendu de

F 2

s'ha-

s'habiller d'aucunes sortes d'étoffes, ny de toilles, & ce n'est qu'avec des feüilles, qu'ils couvrent quelque partie de leur corps. Le mépris que l'on en fait les rend negligens & mal-propres, ils mangent indifferemment de toutes sortes de charognes, & d'insectes : mais ce qui augmente l'horreur des Gentils, c'est de leur voir manger des bœufs qui meurent naturellement. On ne reçoit aucuns presens de ces infortunez, ny pour les Dieux, ny pour le Prince, si ce n'est de l'or ou de l'argent, encore le leur fait-on poser assez loin à terre, & les Gardes qui sont Nahers le vont ensuite ramasser, leur parlant de loin, & leur répondant de même sans les laisser approcher. On condamne souvent des Pouliats à payer de grosses sommes : & comme il paroît étrange que des gens bannis de toute societé, & qui vivent sans occupation y puissent satisfaire, il faut sçavoir que les Malabares ont la folle habitude d'enterrer l'or ou l'argent qu'ils possedent, sans en jamais rien ôter ; c'est ce que les Pouliats cherchent avec soin, & c'est aussi le moyen qui les enrichît. On les croit sorciers, il n'y a point de malignité dont on ne les accuse ; &
quoy

quoy qu'ils ſoient fort innocens , on les arrête ſur le moindre ſoubçon , & le Prince les condamne à la mort. On n'eſt pas ſi ſevere pour les autres lignées , & il faut des preuves convaincantes , lors même qu'on ne leur impoſe que des peines civiles.

Les Peuples du Malabar & preſque tous les Gentils de l'Inde obſervent exactement cette loy , qu'aucune perſonne ne peut jamais monter à un rang plus élevé que celuy de la lignée où il eſt né , & quelques treſors que l'on aye , celuy qui les poſſede ny ſa poſterité ne changent jamais d'état.

CHAPITRE XXIX.

Des Nahers.

LEs Nahers ſont les Nobles & les plus honnêtes gens du pays, qu'on ne diſtingue pas moins par leur adreſſe & leur civilité que par leur naiſſance ; le temps à etably une loy dans tous les Royaumes de la côte de Malabar , qu'il faut indiſpenſablement obſerver ; c'eſt qu'au-

cun

cun étranger ou d'autre Religion que Gentil, ne peut y voyager sans estre escorté d'un ou de plusieurs Nahers; cette precaution est necessaire, & le Prince ne venge jamais les violences qu'on fait à ceux qui ont manqué. Quand des étrangers veulent passer d'un Royaume à l'autre, les Nahers de celuy où ils sont, ont soin de leur en chercher de l'endroit où ils veulent aller. On paye à ces Nahers chacun huit Tares par jour, qui montent à un demy Fanon, le Fanon est une petite piece d'or valant seize Tares, & la Tare une petite monnoye d'argent qui vaut six deniers. Le Naher n'a que quatre Tares par jour pour garder une maison, mais sa paye est double à la campagne. Ces gens ont une qualité qu'on ne peut trop loüer, c'est qu'ils ne trahissent ny n'abandonnent jamais ceux qu'ils conduisent. S'il perit un homme sous leur protection, ils se font infailliblement tuer avec luy, & ce seroit une lâcheté parmy eux que de le survivre.

J'ay entendu dire une chose qui merite d'être rapportée icy. Deux riches Marchands Portugais venans du Nord, & allans le long de la côte au Midy, prirent
rent

rent des Nahers fuivant l'ufage, & ayant traverfé le Royaume de Canonor, les premiers Guides leur en donnerent d'autres, fujets du Roy de Samorin, ceux-cy furent tentez par la quantité d'argent que les Marchands leur donnerent à porter, & les affaffinerent pour s'en rendre les maîtres : Et comme ils n'ignoroient pas la feverité des loix, ils changerent de pays. Les premiers qui croyoient avoir laiffé ces Marchands en feureté retournerent chez eux, cependant on trouva les cadavres dans la campagne ; & l'affaire ayant été examinée, on fçut le nom des coupables, qui furent découverts & conduits chez eux ; l'argent dont ils avoient encore partie entre les mains, fut témoin inconteftable de leur méchante foy, & il ne fallut point d'autres bourreaux pour les exterminer que leurs femmes & leurs parens, irritez de cette infidelité.

Il y a eu encore une chofe digne d'être remarquée touchant les Nahers : C'eft qu'un étranger en ayant quantité avec luy eft moins en feureté que s'il n'étoit efcorté que d'un de leurs enfans, parce que les voleurs attaquent fans diftinction tous ceux qui ont de la force & des armes pour fe defendre, & qu'ils

refrespectent la foiblesse & l'enfance. Les enfans des Nahers portent en allant par la campagne un bâton tourné environ d'un pied & demy de long, qui a une poignée comme un poignard : mais au lieu de se terminer en pointe, il est gros comme le poing au bout, c'est dequoy ils se servent jusqu'à ce que l'âge leur permette de porter d'autres armes; il n'y a que les fils de Nahers qui se servent de ces bâtons, on ne leur donne qu'un sol & demy par jour : mais quoy qu'on coure moins de risques avec eux, il n'y a que ceux qui manquent d'argent qui s'en servent, & l'on juge de l'opulence des étrangers par leur escorte.

CHAPITRE XXX

Suite des coûtumes.

CEux des lignées les plus élevées n'ont aucun commerce avec leurs inferieurs, particulierement pour le boire & le manger, ils ne peuvent se servir que de mets apprêtez par quelqu'un de leur même naissance ou, d'une plus
noble;

noble ; & cette rigidité s'étend jusques à ne pas prendre de l'eau dans les mêmes puits. Les étangs sont aussi distinguez, chacun a les siens pour se purifier, & il n'y a que les rivieres communes. Les mêmes choses s'observent à l'égard des maisons : s'il arrive que quelque personne inferieure à celuy qui en habite une y entre, les Bramenes y sont appellez, pour en chasser l'impureté avec les ceremonies accoûtumées.

Ils observent regulierement l'ordre des alliances ; & leurs scrupules s'étendent jusques au commerce des femmes ; Un homme peut en épouser une de son rang ou de celuy qui luy est immediatement inferieur, avoir une intrigue amoureuse avec elle : mais non pas quand elle est d'un rang plus élevé, & l'un & l'autre sexe merite la mort, quand il est convaincu de contrevenir à cette loy, excepté les femmes des races de Nambouris ou Bramenes, qui sont seulement conduites au Prince quand on les surprend en des fautes de cette nature. Il peut les vendre en qualité d'esclaves : & comme ce sont ordinairement les mieux faites du Malabar, les étrangers s'empressent de les acheter.

F 5

Un

Un Capitaine Portugais ayant perdu son Vaisseau en arrivant à Cananor, sans aucun espoir de reparer ce malheur, sçachant que la fille d'un Bramene que l'on avoit surprise avec un Tive, devoit être venduë, fut pour l'avoir, & l'acheta, l'ayant trouvée fort agreable ; il passa par chez nous avec son esclave, où nous le regalâmes de nôtre mieux. Quelques-uns interrogerent l'Indienne sur son avanture, elle fit d'abord difficulté de répondre : mais aprés avoit pleuré, elle nous dit qu'étant élevée chez un oncle depuis la mort de sa mere, elle alloit tous les jours travailler dans ses terres, avec des filles de son âge, qu'un jeune Tive qui luy avoit plû, & à qui elle avoit parû trop agreable, malgré l'inégalité de leur naissance, & la severité des loix, se rendit maître de son cœur, & la fit resoudre à le recevoir chez son oncle, où elle l'introduisit par une foiblesse malheur use ; que la fortune cruelle les ayant découverts dés la premiere fois, la vie du Tive avoit été immolée à l'offense que la famille recevoit, & qu'on l'avoit conduite au Prince, de qui le Portugais la venoit d'acheter, pour satisfaire à la coûtume. Ses larmes nous per-

persuaderent qu'elle avoit tendrement aimé ; & de tout ce que nous étions, il
n'y en eut pas un qui ne la plaignit. Le
Portugais sentoit déja plus que de la pitié pour elle ; & la jalousie naturelle à
ceux de sa Nation l'obligea à se separer de
nous, emmenant la jeune Malabare, qu'il
fit baptizer ; je l'ay depuis veuë plusieurs fois chez luy.

Quand un homme inferieur à une femme est convaincu d'en être favorisé, on
les conduit les fers aux pieds chez le Prince
jusques à l'execution de la loy. Ceux de la
lignée de la criminelle font en droit pendant trois jours, à commencer de celuy
de la punition, de tuer tous ceux qu'ils
rencontreront de la lignée des coupables,
sans exception de sexe ny d'âge ; mais
seulement dans le ressort du Gouvernement où la faute a été commise ; les Nahers ont ce pouvoir sur les Tives, &
les Chetes ; ceux-cy sur les Mocovas, &
ces derniers sur les Pouliats. Pour les
Nambouris & les Bramenes ils ne peuvent tuer personne, & n'ont que la liberté de livrer les victimes au fort qu'on
leur prepare ; cet usage est cruel, mais
ce qui épargne du sang dans ces occasions,
c'est qu'on garde les accusez quel-

que-

quelfois huit jours : & pendant ce temps
ceux qui doivent craindre peuvent s'é-
loigner.

CHAPITRE XXXI.

Suite des coûtumes.

ON tuë impunément les Pouliats,
dont personne ne venge la mort,
& l'on ne punit pas même du dernier
supplice celle de ceux qui sont plus considerables. La Justice ne regle point
la vengeance, & c'est seulement le ressentiment des parens : Il n'en est pas de
même du larcin, ce peuple en abhorre
le vice, & le châtie si severement que
l'on auroit bien de la peine à éviter la
mort, en volant une grappe de poivre,
ou quelque chose d'aussi peu de valeur.

Il n'y a point de prisons dans le Malabar, les prisonniers sont peu gardez,
& on ne fait que leur mettre les fers aux
pieds jusques à la mort, ou la liberté.
Toutes les causes civiles ou criminelles
sont plaidées devant le Prince, par les parties ; on peut produire des témoins : &
quand

quand l'accusation est douteuse, les accusez
sont receus à leur serment, qui se pratique
ainsi ; on fait rougir le fer d'une hache,
& celuy qui doit jurer s'étant approché,
on met une feüille de Bananier sur sa
main, & le fer chaud ensuite, qu'il jette
à terre dés que la rougeur est éteinte ;
aprés un des Blanchisseurs du Prince,
qui tient une serviette moüillée d'eau de
ris, luy enveloppe la main, & lie le
linge avec un cordon que le Roy scelle
de son cachet : trois jours aprés on y regarde, & s'il ne se trouve point de mal
il passe pour innocent, & est declaré
parjure si le feu a fait quelque impression. C'est le Prince qui prononce l'Ar-
rest où il n'y a jamais d'appel, s'il est
pour mourir on l'execute sur le champ,
conduisant le patient hors du Palais : Et
comme chacun fait gloire d'obeir au Prince, il n'y a point de bourreaux, & ce
sont les Nahers de sa Garde qui en servent ordinairement. Si le crime même
est contre la loy, les parens du coupable
s'empressent de répandre son sang, pour
reparer la honte qu'il fait à leur famille.
Le supplice ordinaire est de traverser le
corps avec une lance, le couper par quartiers, & le pendre aux arbres.

II

Il y a dans chaque Royaume de la côte de Malabar plusieurs familles de Princes qui ne composent qu'une lignée Royale, distinguée de toutes les autres. Dans chaque Etat, lorsque le Roy vient à mourir le plus ancien Prince luy succede, sans qu'il y aye jamais d'opposition, ainsi l'on n'y voit gueres de jeunes Souverains : Ceux qui parviennent à cette dignité, choisissent celuy de leurs sujets qui a le plus d'intelligence pour le faire Lieutenant general, & luy abandonner le soin des affaires considerables : C'est la plus importante Charge, & quoy qu'elle soit mise à l'enchere, le Roy peut cependant en gratifier qui bon luy semble. On a pour la remplir plus d'égard au merite qu'à l'élevation, parce qu'elle en donne assez ; & un Naher ou un Cheti en étant revêtu se peut faire obeir par les Princes mesmes : mais il ne laisse pas d'y avoir des personnes de famille qui ont quelquefois cette suprême autorité. Toutes les lettres & patentes ne sont expediées que sur des feüilles des Palmier sauvage , où l'on écrit avec un poinçon de fer.

Dés que le Roy est assuré du zele & de la capacité de son Lieutenant general,

ral, il abandonne tout à sa conduite, & se retire dans un lieu tranquille où on luy fournit les necessitez de la vie conformement à son état: le Gouverneur reçoit tous les droits, fait la paix quand il veut, sans être obligé d'en conferer qu'avec le Roy, si sa vieillesse ne luy ôte pas la connoissance ; il ne s'assied jamais devant luy, ne fait entrer personne de sa Garde dans son appartement, & ne luy parle que la bouche couverte de sa main ; ceux qui manqueroient à ces marques de respect, pourroient être dépoüillez de leur dignité, parce que le Roy se reserve toujours la liberté de les casser, mais cela n'arrive gueres, & l'on est circonspect quand on a tout à craindre.

Lors que le Roy de Cananor sort, il est porté sur un Elephant ou dans un Palanquin, ayant une couronne d'or massif sur la teste, faite comme un bonnet, du poids de cinq cent Ducats ; elle ne sert jamais qu'à luy ; c'est le Gouverneur qui la donne quand il est creé, & celle du Roy mort, se met dans le tresor de son Pagode. Quand le Souverain marche il est suivy de Nahers, accompagnez de tambours & de trompettes mé-

lez

lez d'autres inſtrumens de guerre. Il y a des Officiers qui ne ſont que pour marcher devant les Gardes, & crier, qu'on ſe retire, le Roy vient; tous les Princes, quand ils ne vont pas avec luy, ſont accompagnez de la meſme pompe, & les Princeſſes auſſi; & ſi le Gouverneur eſt Prince, il en joüit par le droit de ſa naiſſance, non pas de ſa Charge; s'il n'eſt point de famille Royale, il n'a que ſes Gardes, ſans inſtrumens ny perſonne qui faſſe laiſſer le chemin libre en criant devant luy.

CHAPITRE XXXII.

Suite des coûtumes.

QUoy que dans l'Etat politique les Princes ſoient au deſſus des autres hommes, en matiere de Religion chez les Gentils ils ſont au deſſous des Nambouris & des Bramenes.

Avant que de parler du Mariage, il faut remarquer que les enfans tirent leur Nobleſſe de la mere, & qu'on les tient de ſa lignée, & non pas de celle du pere,

pour

pour des raisons que l'on verra dans la suitte.

Les Princesses épousent des Nambouris & des Bramenes, & les enfans qui naissent d'elles sont Princes & successeurs legitimes de la Couronne en leur rang : mais comme le nombre des Princesses n'est pas grand, les Nambouris & les Bramenes épousent aussi des personnes de même rang qu'eux ; & les enfans de ces femmes sont Nambouris ou Bramenes selon la qualité de leurs meres.

Les Princes n'épousent point de Princesses, mais des Naheres, dont ils engendrent des Nahers, & non pas des Princes.

Les Nahers se marient à des femmes de leur lignée ou de celle qui leur est immediatement inferieure comme les Mainats, ou Cheti. Les autres lignées ont la même liberté de prendre des femmes de leur condition ou d'un degré plus bas, mais il a déja été dit que les femmes ne se peuvent mes-alier sur peine de la vie.

Les Princes, les Nambouris, les Bramenes, ou les riches Nahers ont une femme à eux seulement, qu'ils tâchent d'obliger par un traitement doux à ne

pas

pas chercher d'autre mary , cependant ils ne peuvent l'en empêcher quand elle a le cœur inconstant , pourvû que ce ne soit pas un homme au dessous d'elle.

Les femmes des Gentils Malabares ont le droit d'avoir autant de maris qu'il leur plaît , au contraire des Mahometans , sans que cela cause des desordres. Les hommes qui portent des armes, les quittent à la porte de la femme , afin que s'il en venoit un autre , il connût que la place est prise.

Les promesses qu'ils se font en s'épousant ne durent qu'autant qu'ils se plaisent, & dés que l'amour est finy , ils se separent sans murmurer; le gage de l'himen est ordinairement un morceau de toille que le mary donne à sa femme , pour se couvrir.

Cette liberté de prendre tant de maris & de les quitter quand on veut , fait que les enfans ne connoissent presque jamais leurs peres , & c'est cette raison qui fait dépendre leur qualité de celle de leurs meres ; les fils n'heritent point , ce sont des neveux qui recueillent les successions , parce qu'on ne peut douter qu'elles ne leurs soient duës , encore il faut que ces neveux soient fils de sœur.

Les

Les Mahometans tous foigneux qu'ils font d'enfermer leurs femmes, ne laiſſent pas d'obſerver cet uſage dans le Malabar à l'égard des biens de ſucceſſion.

Les filles ſe marient ordinairement à douze ans, & l'on en voit qui ont des enfans avant cet âge. Elles font preſque toutes petites, & ce font apparemment les mariages precipitez qui les empêchent de croître. Les vieilles font generalement l'office de ſage-femme, celles qui accouchent ſe lavent comme les Africaines, dés qu'elles font delivrées, & n'ont pas plus de ſoin de leurs enfans. Toutes les femmes Malabares font propres, & agreables, les grandes plaiſent moins que les autres ; la pluralité des maris exempte ces Indiennes du cruel uſage de ſe brûler vives avec le corps mort de leur mary, comme font ailleurs celles qui n'en ont qu'un.

CHA-

CHAPITRE XXXIII.

Des habits.

IL y a peu de différence entre les habits des hommes & des femmes Malabares, leurs cheveux sont longs & noirs, ils vont nuds jusques à la ceinture ; les Princes sont de même, & s'ils mettent quelquefois des vestes, elles ne sont jamais attachées par devant. Ils se ceignent d'un morceau de toile qui leur tombe sur les genoux, & ne portent ny bas ny souliers ; toutes les femmes de qualité des autres pays se font distinguer par des étoffes d'or & de soye : mais au contraire dans le Malabar il n'y a que celles de basse condition qui s'en servent, & les Nahers ny les autres qui sont au dessus ne portent que de la toile de coton blanche. Les plus opulens ont des ceintures d'or & des bracelets d'argent ou de corne, dont ils se parent : L'on ne voit aucunes pierreries aux femmes excepté quelques bagues ; les hommes & les femmes ont les oreilles percées dés leur

en-

enfance; ils se servent de menilles d'or, mais cela n'est permis qu'à ceux à qui le Roy en donne pour recompense de quelque belle action : leurs oreilles sont si longues qu'elles tombent sur les épaules, & les trous en deviennent si grands par le soin qu'ils prennent de les élargir, que l'on y passeroit le poing, ils y mettent des pendants pesant jusqu'à deux onces chacun. Tous les Malabares rasent leur barbe, quelques-uns portent des moustaches, & d'autres n'en ont point du tout.

Les maisons sont generalement de terre, couvertes de feüilles de cocotier, & il est rare d'y en trouver de pierre : Ils ont pour tous meubles quelques paniers & des pots de terre pour apprêter ce qu'ils mangent; leurs tasses sont de même, les Rois n'en ont point d'autres & ne se font pas distinguer par la vaisselle d'argent; ils ne brûlent que de l'huile de coco pour s'éclairer, & tournent toujours le dos à la lumiere en mangeant. Il n'y a point de cheminée chez eux, le feu se fait dehors, parce qu'ils n'ont jamais froid. Comme il n'y a point du tout de bled dans cette partie de l'Inde, on ne s'y nourrit que de ris; leurs mets

sont

font fans delicateſſe & leurs lits des planches couvertes, chez les riches de ſuperbes tapis, & chez les pauvres de nattes ſeulement. On ne voit gueres de villages au Malabar, les habitations y ſont diſperſées, chacun a ſon enclos; Et comme ils ne peuvent pas tous étre auprés des rivieres, & qu'ils ne ſe ſervent jamais de l'eau de leurs voiſins, ils ont des puits en particulier.

CHAPITRE XXXIV.

De la richeſſe des Pagodes.

LEurs Pagodes ſont magnifiques, on en couvre de cuivre, & même d'argent, & il y a toujours auprés des baſſins proportionnez à la grandeur du temple pour ſe purifier. Le nombre des Bramenes ſe regle par le revenu du Pagode ; on y diſtribuë tous les jours une quantité de ris aux pauvres du voiſinage, & aux étrangers paſſans de quelque Religion qu'ils ſoient, à la reſerve que les Gentils entrent & les autres demeurent dehors à couvert, cependant on

leur

leur permet auſſi d'y coucher, ſi la nuit les ſurprend.

Quoy que les Pagodes ayent un revenu fixé, le peuple ne laiſſe pas d'y apporter tous les jours des offrandes que les Bramenes reçoivent pour les preſenter à leurs Dieux : Et comme ce ne peut être rien d'animé, c'eſt ordinairement du ris, du beurre, des fruits, des confitures, de l'or ou de l'argent : Mais l'on donne les métaux bien plus rarement que le reſte. Les Bramenes qui ſe nourriſſent avec leurs familles de ces offrandes, perſuadent aiſément à ces peuples groſſiers que les Dieux ont mangé ce qui leur à été preſenté : & l'on croit n'avoir plus de ſujet d'en douter, d'abord qu'on rapporte dehors les plats vuides.

Les plus riches Pagodes ont des terres conſacrées aux Dieux, qui leur appartiennent, & c'eſt un crime irremiſſible que d'y répandre du ſang dans les plus innocentes occaſions, on n'épargne qui que ce ſoit : & ſi quelque coupable s'éloigne pour éviter la mort, on execute le plus proche de ſes parens, afin d'expier le crime qui a été commis contre la Majeſté des Dieux.

Pen-

Pendant que j'étois en ce pays, deux Nahers paſſant par le Baſar ou Bourg de Baliepatan, virent un riche Marchand Mahometan qui recevoit quantité d'argent en Ducats, & reſolurent de l'aſſaſſiner pour ſe rendre maîtres de ce qu'il avoit. Ils le ſuivirent, le percerent de pluſieurs coups dés qu'ils crurent être hors des terres du Pagode de Baliepatan qui ſont d'une grande étenduë, & ſe retirerent à Calicut ſous la domination du Samorin ; le corps du Mahometan fut trouvé, les Bramenes ſe tranſporterent ſur le lieu, & declarerent que l'aſſaſſin ſoüilloit les terres du Pagode ; on en porta les plaintes au Prince Onitri qui fit faire une exacte perquiſition ; enfin on démêla les noms des criminels qui étoient freres, & l'on fut dans leurs maiſons les ſommer de comparoître devant le Prince ; comme ils ne ſe trouverent pas, l'on prit leur oncle déja ſi accablé d'années qu'il ne pouvoit marcher ſans être ſoûtenu ; Onitri l'interrogea ſur l'éloignement de ſes neveux, & ayant répondu qu'il en ignoroit les motifs, le Prince ajoûta qu'il luy donnoit huit jours pour les faire revenir ; mais que ce terme expiré on procederoit con-

tre

tre luy ; l'infortuné vieillard prit d'inutiles soins pour rappeller ses neveux, & le jour qui succeda au dernier des huit, il fut condamné à la mort, & executé malgré son innocence, ses larmes & sa vieillesse.

CHAPITRE XXXV.

Des Idoles.

OUtre les idoles des Gentils, qui ne representent rien de ce qui est dans le monde, ils en ont de ces animaux, que j'ay dit qu'ils adorent. Mais leurs plus profonds respects sont pour le Soleil & la Lune. Ils se réjouïssent quand elle est nouvelle, & font un grand bruit quand elle s'éclipse, pour chasser, disent-ils, le dragon qui la veut devorer. Ils saluënt les Dieux & les Rois de la même maniere, & ont tant de veneration pour la vieillesse, qu'un Naher quelque puissant qu'il soit n'est jamais assis devant un plus âgé que luy, quand il seroit son ennemy.

Ils comptent par les Lunes, & ne peu-

peuvent marquer au jufte en quels temps
font les fêtes qu'ils doivent folemnifer,
& tout cela dépend du caprice des Bramenes; ces Prêtres jeûnent exactement,
ceux du voifinage s'approchent du Pagode d'où l'on tire les Idoles pour les
mettre fur des Elephans fuperbement pa-
rez, qui les menent en triomphe dans
les villages, expofant leurs fimulacres à
la veuë des peuples, qui fe profternent
à terre pour marquer plus de veneration:
quantité de Nahers environnent l'Elephant, tenant des éventails attachez à
de longues canes pour chaffer les mouches, dont les Bramenes difent que les
Dieux font incommodez, mais plûtôt
pour s'exempter eux-mêmes de cette peine : pendant que l'on fait retentir un
bruit confus de divers inftrumens & de
cris de joye, un Bramene court de tous
côtez, portant à la main un fabre à deux
trenchans, ayant des fonnettes à la poignée ; & aprés avoir fait mille poftures
extravagantes, que le peuple regarde
comme myfterieufes, il fe donne plufieurs coups fur la tête, & offre fon fang
à ces Dieux, qu'il ne connoift pas, &
dont il ne peut étre connu.

Aprés avoir parcouru les lieux qui font
mar-

marquez pour ce jour, on retourne au Pagode comme on en eſt ſorty. Il y a d'autres ceremonies parmy ces peuples que l'honnêteté ne permet pas de dire. On brûle les corps des Princes, des Nambouris, des Bramenes, & des Nahers, & l'on enterre ceux de toutes les autres lignées.

CHAPITRE XXXVI.

Des Armes.

LEs Malabares qui peuvent porter des armes s'en ſervent fort adroitement, on prend un ſoin particulier d'inſtruire la jeuneſſe dans cet exercice, & les enfans ont à peine la force de marcher qu'on leur donne un arc & dès fléches pour faire la guerre aux oyſeaux. Il y a dans chaque Royaume des Academies où on les envoye, qui ſont entretenuës par les Rois; les Indiens font toutes leurs armes & n'en prennent que la matiere chez les étrangers. Leurs mouſquets ſont extremement legers, quoy qu'ils ayent ſix pieds de long, & chaque Naher a un moule

G 2

pour

pour ſes bales, ils appuyent la croſſe ſur la jouë, & non pas contre l'épaule quand ils tirent, & tous leurs coups ſont juſtes; ils ſe ſervent de la lance, du ſabre, & de l'arc, & poſſedent ſi parfaitement ce dernier, que j'en ay vû ſouvent tirer deux fleches en l'air l'une aprés l'autre, dont la ſeconde perçoit la premiere. Leurs arcs ont ſix pieds de longueur, & les fleches trois; le fer en eſt large de trois doigts, & long de huit; ils ne les portent pas dans un carcois comme ceux de Surate, où ces armes ſont plus petites, & en tiennent ſeulement ſept ou huit à la main; avec cela ils ont encore un couteau large d'un demy pied & long d'un & demy, attaché au côté, avec un crochet de fer, c'eſt dequoy ils ſe ſervent en ſe battant de prés; ceux qui portent le ſabre ont auſſi la rondache : Leurs armes ſont toûjours nuës, & ils ont grand ſoin de les nettoyer.

La jeuneſſe fait ſouvent l'exercice devant le Prince, & les plus illuſtres du Royaume; ceux que l'on croit aſſez habiles invitent dans un jour choiſi des témoins pour juger de leur capacité, on donne des prix à ceux qui les meritent; ce ſont de vrais combats, & ces fêtes cruelles coû-

coûtent toûjours la vie à plusieurs de ces jeunes hommes.

Quand les Nahers ont quelque démêlé de famille, ils choisissent de part & d'autre un ou plusieurs hommes de basse condition entre leurs vassaux, qu'ils nourrissent bien, & les font apprendre à combattre : Quand ils sont sçavans, on convient d'un jour & d'un lieu, le Prince s'y rend avec toute sa Cour, & les combattans des deux partis armez de couteaux destinez uniquement à cet usage, se battent nuds jusques à la mort des uns ou des autres, & la querelle est decidée en faveur du party du vainqueur, qui quelquefois ne survit gueres sa victoire.

Les Malabares sont naturellement patiens & peu susceptibles de colere ; ils ne se vangent jamais lâchement, le poison est presque inconnu parmy eux, & leurs ressentimens se manifestent par des voyes honorables.

Ils vont à la guerre sans ordre, c'est-à-dire qu'ils n'observent ny rangs ny marche reguliere ; toute la gloire des vainqueurs ne consiste qu'au pillage ; les Rois ne se soucient point d'augmenter leurs Etats, & rendent dés que la paix est fai-

 te

te tout ce qu'ils peuvent avoir conquis
pendant la guerre.

CHAPITRE XXXVII.

Des Mahometans.

LEs Mahometans du Malabar def-
cendent des étrangers qui s'y font
autrefois habituez pour l'utilité du commerce, parce que les Gentils, & fur tout
les Nahers, n'en peuvent faire aucun,
tout ce qui entre au pays & ce qui en
fort leur paſſe par les mains. On appelle les villages où ils vivent, Bazars, c'eſt-
à dire Marchez ; les plus riches font fur
le bord de la mer, ou à l'emboucheure
des rivieres, pour la commodité des Negocians qui font ordinairement Européens.

Ces Mahometans font de méchante
foy, il y en a quantité de Corfaires qui
pillent indifferemment tout ce que la mer
leur offre de plus foible qu'eux, & ils
font cruels fans moderation à leurs efclaves ; leurs Barques font faites comme nos
Galeres, elles portent jufques à cinq ou
six

fix cent hommes, par toute la côte de l'Inde, & vont même à la Mer Rouge; ils les appellent Paro: on ne les voit jamais ou rarement attaquer des Européens dans des bâtimens de quelque defense, & la ruse les fait plus souvent reüssir que la force ny le courage.

On n'a rien à craindre dans les Bazars, quand on est accompagné de quelque Naher, les larcins sont punis à terre, & le brigandage n'est libre que sur la mer, les Rois ne voulant point entrer dans le détail des avantures qui arrivent sur cet élement, où le fort doit toûjours à ce qu'ils pretendent, être maître du foible. Les Prêtres payent au Roy la dîme de tout ce qu'ils prennent en argent ou en esclaves; rien ne met à couvert de leurs insultes, ny le voisinage, ny la Religion, ny même les passeports signez des Seigneurs qui leur sont en veneration.

Quelque amitié que vous ayez contractée avec eux sur terre, ils ne laissent pas de vous charger de fers, si le fort vous fait tomber entre leurs mains sur la mer, jusques à ce que l'on puisse payer sa rançon; ils sont plus ignorans & plus farouches que les autres Mahometans, &

G 4

on

on ne les diſtingue des Gentils que par la barbe, les turbans & les veſtes.

Quand ils prennent des Gentils ou des Maures, ils ſe contentent de les piller ſans les faire eſclaves, s'ils n'en eſperent un grand prix ; les Chrétiens en ſont traitez plus cruellement, & ſi on ne les rachete pas d'abord, on les voit perir dans la ſouffrance, excepté quelques lâches qui embraſſent leur culte pernicieux, & deviennent leurs favoris, & commandent leurs plus grands Paros. Lorſqu'ils en mettent quelqu'un en mer, la plus preſſante envie qu'ils ayent, eſt de l'arroſer du ſang des premiers Chrétiens qu'ils rencontrent. De tous les Européens, les Portugais ſont ceux qui ont le plus éprouvé leurs cruautez ; c'eſt ce qui a obligé cette Nation à leur faire une guerre ouverte, & les plus determinez menent ſouvent de ces Corſaires juſques à Goa, quand ils en peuvent vaincre ; on les met en Galere ou dans la Caſa de Polvera, c'eſt-à-dire la maiſon des poudres, où leurs amis, par une avarice inoüie, les laiſſent languir & même expirer dans les fers. On veut quelquefois racheter des Capitaines, mais les Portugais qui ne perdent jamais le

ſou-

souvenir des injures refusent de les af-
franchir.

Les Mahometans du Malabar font obligez de suivre toutes les coûtumes du pays, excepté celles qui s'opposeroient directement à leur Religion. Ils ne parent point les Mosquées, & ne songent qu'à amasser des tresors.

CHAPITRE XXXVIII.

Etablissement à Tilcery.

COmme nous étions fort mal logez à Baliepatan, & trop loin de la mer, dés que les Vaisseaux la Marie & la Force furent partis pour France, nous sollicitâmes le Prince Onitri de nous marquer un autre endroit ; ce qu'il accorda à la faveur de quelques presens ; il mena luy même des nôtres dans une terre de son apanage appellée Talichere, que nous avons depuis nommée Tilcery, cette place est située à quatre lieuës au Midy de Baliepatan, & à trois de Cananor.

Cana-

Cananor est sous l'onziéme degré quarante minutes de latitude Septentrionale, le Port qui en est beau pendant l'Esté devient fort dangereux en Hyver, c'est l'endroit le plus consfderable du Royaume qui porte ce nom ; & celuy où les Portugais s'arrêterent quand ils découvrirent les Indes : On y voit encore aujourd'huy une tour bâtie de pierres qu'ils avoient apportées de Lisbonne, environnée de murs , sur lesquels il y a plus de cent pieces de canon ; la Ville fut ensuite bâtie auprés du Fort, & ces étrangers se rendirent redoutables à tous les habitans du pays; il n'y a point de riviere à Cananor , & l'on n'y aborde que par une petite Baye.

Les Indiens se servirent des Hollandois que le Roy de Cananor protegea, pour borner l'autorité des Portugais: & quoy que ces derniers fissent une vigoureuse resistance , les autres les chasserent , secondez des Nahers, & s'étans rendus maîtres de tout ils raserent la Ville & n'ont conservé que le Fort.

Il y a un grand Basar au Midy, occupé par des Marchands Maures, où une personne considerable de leur Religion commande sous l'autorité du Roy

&

& de son Lieutenant general. Celuy
que j'y ay vû s'appelloit Aliraja, & étoit
Roy de quelques-unes des Isles Maldives; c'est un climat sain & fertile où il
se fait un grand trafic de tout ce que
l'Inde produit: il n'y a pour tous chemins que de petits sentiers, parce que
l'on n'y a jamais vû ny chariots ny ca-
rosses, & que les Elephans, les Palanquins & quelques chevaux sont les voitures ordinaires. C'est là que croissent
quantité de ces cannes, que l'on appelle Bambou; elles deviennent grosses
comme la cuisse, & longues de vingt
ou trente pieds; on les coupe quand
elles sont encore tendres pour faire des
Achars, ou confitures au vinaigre, &
on en plie avant qu'elles soient seches,
pour servir aux Palanquins, mais celles
qui sont parfaites se vendent jusques à
deux cent écus.

Les Hollandois de Cananor n'ont pas
mieux contenté les Indiens que les Portugais avoient fait, & si la fierté des
premiers rendit leur societé insupporta-
ble, la ferocité des autres n'accommode
pas mieux leurs voisins, qui protege-
roient volontiers ceux qui voudroient
prendre leur place.

G 6

En

En allant au Midy à une lieuë de Cananor, on rencontre Carla, un village
qui n'est habité que par des Tives & des
Cheti, où il se fait de bonnes toiles,
qui conservent le nom du lieu. On trouve
une autre lieuë plus loin toujours au
Midy, Tremepatan, ou en langue du
pays Talmorte, qui est encore un Bazar
de Marchands Maures, fort puissant.
Assez prés de là sur une éminence, est
une Forteresse où les Rois & les Princes
se retirent quand ils passent par là, quoy
qu'il n'y aye point de garnison entretenuë.   Une belle riviere coule le long
du Bazar, & va se jetter dans la mer à
cent pas de là ; elle est large, mais si
peu profonde que des Vaisseaux au dessus de cent tonneaux n'y pourroient pas
entrer ; devant son embouchure environ
à une lieuë en mer il y a quantité de
rochers, & une petite Isle inhabitée où
l'on ne va que pour chasser ; c'est un endroit commode pour les Barques que le
mauvais temps surprend ; il n'y a point de
Corsaires à Tremepatan, mais ceux qui
viennent des autres lieux se cachent
quelquefois derriere l'Isle pour surpren-
dre les Vaisseaux.

CHA-

CHAPITRE XXXIX.

Départ de Baliepatan.

AVant que de parler de Tilcery, il faut sçavoir que Messieurs de Flacour, & de la Serine êtant partis avec le Prince Onitri, pour aller prendre possession de cette place, je restay à Baliepatan pour faire transporter tout ce qui nous appartenoit à nôtre nouvelle demeure, & je suivis les Barques avec une escorte de Nahers. Nous passâmes la Forteresse de Cananor & le village de Carsa sans rencontrer aucuns Paros, mais en approchant de Tremepatan, nous en vîmes sortir un de derriere l'Isle, qui venoit droit à nous ; on m'assura que c'étoit des Pirates ; & pour éviter le danger de passer auprés d'eux, je fis entrer nos Bateaux dans un petit ruisseau, & les laissant en garde à de nos gens, je fus à Tilcery par terre avec deux Nahers, où je trouvay le Vaisseau la Ville de Marseille, commandé par Mr. Perotin, qui avoit été Lieutenant

dans

dans celuy fur lequel j'étois venu de France au Fort Dauphin ; quand j'eus donné avis de ce qui m'amenoit, on mit quatre Pierriers dans une Chaloupe avec une vingtaine d'hommes armez, qui furent à la veuë du Pirate dégager nos Bateaux fans obftacle.

Le Vaiffeau dont je viens de parler fut auffi-tôt chargé de poivre, de Carda-mome, & de Canelle, & partit pour Perfe, laiffant avec nous le Reverend Pere Gabriel de Chinon Capucin, qui avoit été envoyé en qualité de Miffion-naire dans le Malabar, par le R. P. Ambroife de Preüilly, Religieux du mê-me Ordre, & Superieur des Miffions des Indes.

L'endroit que le Prince Onitri nous avoit donné ou plutôt vendu, eft fitué fous l'onziéme degré & demy au Nord de la ligne, à une lieuë de Tremepatan, à trois de Cananor, à quatre de Baliepa-tan, & au Midy de tous. On voit au-prés de la mer un endroit êlevé, dans lequel il y a deux ou trois cent Coco-tiers, avec une maifon au milieu, bâ-tie de bois & de terre, & plus bas une enceinte pleine de Cocotiers, & d'au-tres arbres fruitiers, environnée d'une
espece

espece de foslé : du côté de la terre est un petit Bazar de Maures, & auprés une Molquée fort mal bâtie, & plus mal entretenuë, où les Mahometans font leurs prieres ; il a par tous les environs de belles terres appartenant à de riches Nahers, & fur le bord de la mer deux villages de Moucoüas, ou Pefcheurs Gentils.

Tilcery étoit au Prince Onitri, qui s'en défit, comme j'ay dit, en faveur de la Compagnie Royale, ne trouvant rien de plus commode pour elle dans toutes les terres du Roy, il ne s'en referva que la Seigneurie.

On bâtit d'abord avec les materiaux du pays une maifon pour nous loger, & des magazins pour les marchandifes, que l'on fortifia autant qu'il fut poffible, afin d'éviter le vol & la furprife.

Dans ce temps-là le Pere Gabriel fut attaqué d'une perilleufe dyfenterie, & demanda un Paudite ou Medecin Indien, croyant qu'il feroit plus habile qu'un autre dans fon pays ; celuy qui vint promit de le guerir en trois jours, contre toutes fortes d'apparences, & fit un remede dont on luy donna, par fon ordre une cuillerée le foir & le matin, qui é-

toit

toit composé, à ce que je pus juger, d'Opium, que les Indiens appellent Amphiom, d'huile & de Jagre, ou Sucre de Cocos ; ce remede termina en effet la maladie du Pere, mais ce fut par sa mort, le vingt-septiéme Juin 1673. Cette perte nous priva des consolations dont nous avions besoin dans un pays idolatre, n'ayant plus de Pasteur & il ne nous resta que le souvenir d'un homme venerable par son âge & par sa vertu, honoré des Mahometans & des Gentils même qui l'avoient pratiqué.

Pour assurer l'établissement de la Compagnie à Tilcery, on fut obligé d'entretenir à la solde cent cinquante Nahers, un assez long espace de temps, parce qu'on nous donnoit tous les jours quelques alarmes : les Indiens étans jaloux de la beauté de nos bâtimens, & ne meditant rien moins que de nous égorger, il fallut aller demander la protection du Prince; mais comme il ne pût venir alors en personne, ceux dont nos ouvriers dépendoient, leur defendirent de nous servir, & traverserent nos desseins autant qu'ils pûrent, cependant aprés mille difficultez, Onitri vint declarer qu'il nous protegeoit, fit châtier ceux qui nous avoient trou-

troublez , & nous laissa dans un état tranquille , ayant demeuré prés de six mois dans le voisinage de Tilcery , pour tenir les mutins dans leur devoir.

CHAPITRE XL.

Voyage de Monsieur de Flacour chez le Samorin.

LES Hollandois qui n'ont jamais pu s'accorder avec aucun Prince de l'Inde , renouvellerent cette même année la guerre avec le Samorin , qui est le plus puissant Roy du Malabar , les deux partis combatirent long-temps , sans que la victoire se voulût declarer ; mais enfin les Hollandois en furent favorisez ; & ayant repoussé les Indiens , ils démolirent plusieurs places , pillerent des Pagodes, & attaquerent une Forteresse appellée Batacota, ou Trianvaxa Calota Batacota: comme elle étoit fort importante , le Samorin ne negligea rien pour la defendre; mais le bruit des canons êtonnant les Nahers, & le Prince se voyant pressé sans esperer de secours de ses voisins , qui ne vouloient point rompre avec les Hollandois, eut recours aux Europeens : Les Portugais ne pouvoient l'assister, & peut-être aussi n'eût-il pas voulu leur fournir les moyens de se rétablir dans ses Etats ; ce fut donc à nous qu'il s'adressa: & quoy que la guerre ne fût pas encore declarée entre la Hollande, comme cette Nation nous avoit déja traversez dans tous les établissemens des Indes, on embrassa le party du Samorin, & Messieurs de Flacour & Coche, partirent de Tilcery avec un plein pouvoir de traiter alliance avec luy; on les reçut avec beaucoup de joye & entre plusieurs articles, le Roy Samorin fit une donation autentique d'un endroit de son Royaume nommé Alicote, avec toutes ses dépendances, à la Compagnie, consentant que non seulement elle y fit un établissement, mais luy en cedant la souveraineté. Ce lieu n'est pas éloigné de Cochin, & il y a une riviere où des Vaisseaux d'un port raisonnable peuvent entrer.

Les Hollandois ayant appris la negociation de Monsieur de Flacour, redoublerent leurs efforts, & le Prince pour obliger les François à le secourir leur

pro-

promit encore la Place affiegée, & en
fit publier l'acte dans le Camp des ennemis, mais ce fut fans effet, les Hollandois pouffèrent leurs progrez, & Monfieur de Flacour, qui avoit pris la de-
fenfe du Fort, fut contraint de fe retirer, aprés de grands efforts ; les Nahers
perdirent courage, & la Forterefle fut enfin démolie. Le Samorin qui ne pouvoit plus foûtenir la guerre, voyant que
le fecours qu'il attendoit de Surate n'arrivoit point, fit propofer la paix aux
Hollandois, qui l'accepterent ; les Articles en furent fignez ; & Monfieur de
Flacour revint fans avoir pû fervir un
Prince tout plein de bonnes volontez pour
nôtre Nation. Comme il ne fit la paix
que dans le deffein de recommencer la
guerre, dés que nos Directeurs luy auroient envoyé du monde, il obligea Monfieur de Flacour à laiffer Monfieur Coche dans fa Cour, en attendant l'execution des promeffes que la Compagnie
Royale luy avoit faites.

CHA-

CHAPITRE XLI.

Nouveaux troubles à Tilcery.

CEpendant nos ennemis, dont la preſence du Prince Onitri avoit calmé quelque temps la fureur, recommencerent à nous troubler dés qu'il fut éloigné de Tilcery ; nous avions à craindre non ſeulement les Nahers & d'autres Gentils, mais auſſi les Corſaires de Bargara & de Cognaly, qui ſongeoient à venir piller nos magazins, & nous aſlaſſiner s'ils ne pouvoient nous prendre vivans. Il fallut alors obtenir de nouveaux Nahers du Prince, pour nôtre ſeureté, nous nous precautionnâmes autant que nous le pûmes, reſolus de perir plûtôt que de devenir les eſclaves de ces Infidelles.

Quelque temps aprés le depart de Monſieur de Flacour, pour aller chez le Samorin, on vit paroître un Vaiſſeau du côté du Midy, qui portoit le pavillon blanc ; nous déployâmes auſſi-tôt le nôtre, & l'enſeigne vint à terre, nous apprenprendre que c'étoit le Saint François appartenant à la Compagnie, commandé par le Sieur Vimont, & que Monsieur Pilavoine Bourgeois de Paris étoit dedans en qualité de directeur ; ce Vaisseau étoit party de France pour Surate, & aprés avoir doublé le Cap de Bonne Esperance, une cruelle tempête les avoit batus, jusques à emporter les mats & quelques Matelots ; & le Navire faisant eau de tous côtez, les officiers avoient fait vœu, s'ils échappoient, d'aller visiter le corps de Saint François Xavier dans le lieu où il repose à Goa. L'orage s'étant appaisé, ils relácherent à Batavia, Ville de l'Isle de Java, appartenant aux Hollandois, & la plus grande qu'ils possèdent en Orient ; ils avoient là trouvé ce qui leur étoit necessaire, & alloient satisfaire leur vœu à Goa pour se rendre ensuite à Surate.

Ce vaisseau ne fut que vingt-quatre heures à nôtre Rade, pendant lesquelles nous y fîmes porter de toutes sortes de rafraîchissemens, & les Officiers ayant appris les craintes continuelles où nous étions, nous laisserent des sabres, des armes à feu, de la poudre, & une barique d'eau de vie. La veuë de ce Vaisseau, celle de

nos

nos armes, & le bruit que nons répandî-
mes qu'il devoit bien-tôt arriver un grand
nombre de François à Tilcery, donnerent quelque terreur à nos ennemis, &
modererent un peu leur fureur. Le Saint
François partit, & amena Monſieur
Deshayes, qui ne ſe plaiſoit pas au Malabar, & demandoit depuis long-temps
à en ſortir.

Au retour de Monſieur de Flacour
de chez le Samorin, on fit ſignifier aux
Hollandois de Cananor, la donation que
ce Prince avoit faite à la Compagnie Royale, mais ils n'entendirent pas mieux
raiſon là-deſſus que ceux de Cochin.

CHAPITRE XLII.

Arrivée de pluſieurs Vaiſſeaux.

LE Vaiſſeau la Ville de Bordeaux,
qui venoit de Surate, & devoit aller
à Maſcate Ville de l'Arabie, dans le Sein
Perſique, arriva à Tilcery. Les Portugais avoient édifié une Fortereſſe dans
cette porte de l'Orient, d'où les Arabes
les

les chaſſèrent, & nôtre Compagnie y
établit depuis un Bureau.

Monſieur Petit commandoit ce Vaiſſeau, qui s'arrêta peu à nôtre Rade &
partit pour Mangalor, où il devoit ſe
charger de ris : nous apprîmes que Monſieur Caron Directeur general devoit
paſſer dans peu chez nous, & que tout
étoit preparé pour ſon voyage de Bantam, ainſi nous nous diſposâmes à le
recevoir. On mit des ſentinelles pour
obſerver s'il ne paſſoit point de Vaiſſeaux vers le Nord, & nous commencions
à croire qu'on nous avoit trompez
quand le Saint Paul parut, qui fut bien-
tôt ſuivy du Vautour, & du Saint François, ſur lequel étoit Monſieur Caron,
qui alloit établir un Bureau à Bantam,
proche de Batavia, quand il eut examiné l'état où nous étions à Tilcery, il
continua ſa route.

Le Prince Gouverneur ſçachant ſon
arrivée vint pour le viſiter, mais il étoit
à la voile, le temps luy ayant offert des
vents favorables. Monſ. Caron envoya
faire ſes excuſes à Onitri avec un preſent,
& le Prince en uſa de même à ſon égard,
envoyant une Chaloupe aprés luy.

On parloit il y avoit longtemps d'eta-

blir

blir un Bureau à Sirinpatan, appellé en langue vulgaire Padenote, & Monſieur Caron avant ſon depart laiſſa l'ordre à Monſieur de Flacour d'en faire inceſſamment le voyage. Il me choiſit pour l'y accompagner, ſans que les pluyes qui tombent ſans dicontinuation dans le Malabar pendant ſix mois, & qui commençoient à inonder le pays, fuſſent capables de l'arrêter; quoy que nous n'euſſions que vingt-cinq licuës à marcher, je tâchay de luy faire comprendre qu'il devoit differer ſon depart pour quelque temps, mais il perſevera dans ſa penſée que nous trouverions les chemins plus faciles.

CHA-

CHAPITRE XLIII.

Depart de Tilcery.

NOus partîmes le seiziéme Juin 1671. avec des Guides & des Nahers, ayant pour tous habillemens des chemises & des caleçons, & des especes de sandales à nos pieds, nous couvrant chacun d'un Parapluye de feüilles de Palmier. Dés le premier jour nous trouvâmes les eaux si hautes, qu'elles nous alloient jusques à la ceinture: & il fut impossible de faire plus de deux lieües: L'on nous logea avec peine dans un petit Bazar, où nous nous sechâmes facilement, parce que nous n'étions couverts que de toile. Aprés avoir passé une tres-méchante nuit, nous nous remîmes en chemin pendant un petit intervalle de beau temps, qui ne nous dura gueres; comme il falloit marcher dans l'eau, les Sansuës s'attachoient à nos jambes, & nous ne pûmes soûtenir cette fatigue que jusques à midy; nous logeâmes chez des Maures, & aprés dîner Monsieur de Fla-

I. Partie. H cour

cour fut visiter un Naher, Seigneur du quartier, quoy que sujet du Roy de Cananor, sa permission étoit necessaire pour passer plus avant, & afin de l'obtenir on luy fit un present. Nous trouvâmes les chemins moins difficiles le lendemain, mais par l'ignorance de nos guides, aprés avoir marché quatre heures, nous nous trouvâmes au même endroit d'où nous étions partis le matin. La colere n'étoit pas de saison, & il fallut necessairement nous confier encore à ceux qui nous avoient égarez, ne trouvant point d'autre secours ; La pluye redevint violente, & nous ne rencontrions que des lieux pierreux, ou de larges fossez pleins d'eau, que sa rapidité rendoit dangereux à traverser sur des arbres & des planches. Enfin nous gagnâmes un Bazar de Mahometans proche de la riviere qui passe à Cogualy, on nous y receut humainement, & le mauvais temps nous contraignit d'y séjourner un jour.

Tout ce que nous avions passé n'étoit rien au prix de ce qu'il nous restoit à souffrir ; l'idée que l'on nous en donnoit m'obligea à solliciter Monsieur de Flacour de ne passer pas outre, ceux chez qui nous étions luy en confirmoient le dan-

danger, mais il n'écouta rien, & voulut executer son entreprise avant le retour de Monsieur Caron.

Pour moy à qui l'on n'avoit rien ordonné, & qu'aucun devoir n'engageoit à faire ce voyage, l'interest de ma vie me fit resoudre à quitter Monsieur de Flacour, auquel je n'étois point utile, trouvant la commodité d'une riviere, dou je pouvois gagner la mer; je me mis donc dans un canot, refusant des armes, dont je ne croyois pas avoir besoin, quoy que je n'eusse qu'un Maure maître du canot & son garçon avec moy, & j'esperois aller coucher ce jourlà à Bagara, chez Couteas Marcal, riche Marchand Mahometan, & tres-fameux Pirate, avec lequel je devois terminer quelques affaires. Je passay à Cotta, ou Cogualy, un Bazar qui porte le nom du plus redoutable Corsaire de cette mer, qui en est Seigneur, & je me croyois déja à Bagara, quand des Pirates qui me virent, détacherent un Bateau pour venir à moy. Comme je sçavois que tout ce que ces gens-là prennent sur l'eau est à eux, je fis promtement gagner le rivage; mais j'y étois à peine, que le Maître de mon canot, & celuy

qui devoit porter mes hardes, s'éloignerent de moy, & me laisserent à la
mercy des brigands, qui abandonnerent
le canot, pour me poursuivre. Je connus alors la faute que j'avois faite de ne
pas prendre une arme à feu, dont il m'eût
été facile de me servir contre deux hommes qui n'avoient que chacun une lance;
ils me porterent des coups tous à la fois,
& me forcerent de m'embarquer avec
eux, n'ayant point de témoins de leur
violence. Ils me menerent à Cogualy,
où je fus regardé comme le premier esclave François, & ensuite je fus conduit chez leur chef, qui croyoit que je
pouvois fournir quelque somme considerable; mais ne me trouvant rien, il
me demanda pourquoy j'avois quitté
Monsieur de Flacour, & s'il devoit re-
passer par son Bazar, je répondis que je
n'en sçavois rien; & pour conclusion
on apporta des fers, qu'on mit auprés
de moy, en attendant qu'il eût decidé
de ma destinée. La fortune voulut
qu'il fist reflexion à nôtre alliance avec
le Samorin, dont il étoit sujet, & à la
loy qui leur défendoit de rien prendre à
terre, ny même sur la riviere. On re-
porta les fers, & par un retour que je
n'espe-

n'esperois pas, le Corsaire devint civil, & m'offrit un lit dans sa maison; mais comme je n'aspirois qu'à me voir libre, je le priay de me laisser partir pour Bargara, où je voulois aller le même soir, pour des affaires d'importance, il y consentit & me fit presenter, pendant qu'on me preparoit un Bateau, quantité de confitures, dont je pris par bienseance, sans en vouloir manger, craignant le poison, quoy qu'il soit moins connu chez les Malabares que chez les autres Nations.

Aprés avoir pris congé du Pirate, j'entray dans l'Almadie, qui me devoit porter à Bargara, où je trouvay en arrivant le Canot, qui m'avoit abandonné avec mes hardes; le Maître me dit qu'il m'avoit toûjours attendu: & un Pescheur m'apprit qu'il étoit arrivé un François au Bazar. Je fus le chercher d'abord, & je trouvay que c'étoit Monsieur de la Serme l'aisné, qui revenoit de Calicut; cette heureuse rencontre dissipa tout le chagrin que mon avanture m'avoit donné, je luy rendis compte de tout ce qui m'étoit arrivé: & comme il avoit déja parlé au Corsaire de Bargara, nous partîmes ensemble le lendemain pour Til-

H 3

cery

cery qui n'en étoit qu'à trois lieuës, où nous arrivâmes avant midy. Mon retour y surprit tout le monde, & il n'y eut personne qui ne me dit que j'avois eu raison de ne me point exposer sans necessité aux fatigues d'un voyage dangereux de toutes les manieres.

RELATION
D'UN VOYAGE
DES INDES
ORIENTALES.

SECONDE PARTIE.

CHAPITRE PREMIER.

Voyage de Tanor.

L E Sieur de la Serine avoit acheté quantité de poivre à Calicut & à Tanor, qu'il falloit aller faire peser & embaler, afin que les Vaisseaux le trouvassent prêt en arrivant. Nous partîmes donc luy & moy pour ces deux lieux, qui sont au Midy de Tilcery.

 Le

Le premier village qu'on trouve en y allant est Meali; il y a tout auprés un petit Basar, & dans le village il ne demeure que des Tives. La riviere qui passe en ce lieu est toûjours pleine de bâtimens mediocres, & l'on ne peut pas trouver un meilleur terroir.

Bargara est à deux lieuës de Mealy; c'est un des plus considerables Basars, de toute la côte, tant pour le grand negoce qui s'y fait, que pour la richesse des Pirates qui l'habitent: Il n'y a point de riviere, ainsi les Corsaires & les Marchands, sont obligez de faire échoüer leurs Barques & leurs Paros, sur le bord de la mer, quand il faut les radouber, ou que le mauvais temps les tourmente. Le Royaume de Cananor finit à Bargara; un Naher en est le Seigneur, & quoy qu'il soit sujet du Roy Colitri, c'est à luy que l'on paye le tribut. Assez prés du Basar il y a un petit golfe, qui sort de la riviere de Cognialy, & qui est fort utile aux Corsaires.

A demie-lieuë de Bargara l'on trouve le Basar, que les Malabares appellent Cota, ou Cognialy; ce premier nom signifie une Forteresse, & l'autre est celuy du Corsaire qui y commande.

Cota

Cota est une Peninsule, dont l'accez est fort difficile, par l'endroit même où il n'y a point d'eau, à cause de la vase que la mer y apporte & y entretient. La riviere porte des Vaisseaux de trois cent tonneaux, mais l'entrée en est incommode, il y a une petite Isle à l'embouchure, où les Navires & les Paros se mettent à couvert.

Le Seigneur de Cognialy est un fameux Pirate, qui a toujours dix ou douze Paros en mer, portant chacun cinq à six cens hommes; ses sujets sont Corsaires à son exemple, & tous riches & fiers jusques à l'insolence. Ils se souleverent autrefois contre le Samorin leur Roy, qui fut obligé d'implorer le secours des Portugais pour ranger ces rebelles à leur devoir. Le Samorin les assiegea & les pressa du côté de la terre, pendant que les autres les attaquoient par mer: mais la flote des uns perit, & l'armée des autres aussi sans avoir soumis les Corsaires. L'année suivante ne leur fut pas si favorable, & les Portugais ayant fait une descente, prirent vivant le Chef des revoltez, qu'ils menerent chargé de fers à Goa, où il fut lapidé par les enfans, pour venger tout le mal qu'il avoit fait aux Etrangers.

H 5

Un

Un de ſes neveux a ſuccedé à ſes brigandages & à ſon autorité, aprés s'être
ſoumis au Roy. Il a continué de courir les mers, & s'eſt rendu la terreur de
de l'Orient. La Fortereſſe qui donne
le nom à ce Baſar, n'en eſt pas fort éloignée. C'eſt là que commence le Royaume du Samorin : On compte ſept
lieuës juſques à Calicut, & l'on rencontre dans cet eſpace trois ou quatre petits villages, qui ne meritent pas qu'on
s'y arrête.

CHAPITRE II.

De Calicut.

Calicut, qu'on appelle en langue
du pays Coi-cota, tire ſon nom de
ces deux mots, dont l'un ſignifie un
coq, & l'autre une fortereſſe, parce
que ſelon la tradition des Malabares, le
Royaume du Samorin ne s'etendoit pas
autrefois plus loin que le chant d'un coq:
& quoy que ſes Etats ſoient fort augmentez, cette Place qui en eſt la plus
conſiderable a toûjours conſervé le nom
de Calicut. Elle

Elle est située sous l'onziéme degré
de latitude Septentrionale, & est à onze
lieuës de Tilceri. Le plus beau commerce des Indes s'y est fait autrefois, &
quoi qu'elle soit fort déchuë de son ancien
lustre, il ne laisse pas d'y avoir encore
quantité de riches Marchands. Ce fut
là que les Portugais aborderent quand
ils découvrirent les Indes Orientales, le
sejour du Roy rendoit alors la Ville de
Calicut florissante, & ce Prince les y
receut favorablement, & leur promit
de s'y établir : mais ils ne sçurent pas
profiter long-temps de sa bien-veillance,
& s'étans oubliez jusques à l'outrager,
& à maltraiter ses sujets, il fut sensible
à leur ingratitude, & les chassa sans les
vouloir souffrir davantage.

La terre de Calicut est basse & sujet-
te à des inondations frequentes ; il n'y
a point d'année que l'eau n'en couvre
quelque partie, & la Forteresse que les
Portugais avoient bâtie assez loin du rivage, se voit à plus de deux lieuës en
mer, à demy submergée, & les Barques passent aisement entre elle & la terre : Ces inondations sont causées par les
vents de Sud-oüest ; qui soufflent le long
de cette côte depuis May jusques à Sep-

H 6

tem-

tembre, & je vis pendant que j'y étois
perir entierement l'habitation des Anglois, qui n'étoit bâtie que depuis peu
d'années. Ces ravages ont fort contribué à éloigner le negoce de Calicut, &
Goa s'étoit enrichie de ces pertes, parce que la plûpart des Marchands s'y é-
toient retirez. Goa est la plus considerable des villes que les Portugais possé-
dent en Orient , & les richesses immenses que le commerce y fit venir de
toutes parts, ayant porté les Portugais
à insulter une infinité de Marchands,
ceux-cy se sont enfin retirez à Surate,
où le plus beau negoce des Indes est aujourd'huy.

Il y a encore un grand Basar à Calicut
composé de quatre ou cinq grandes ruës
assez regulieres ; un village de Moucou-
as, & quantité de maisons de Tives,
ce qui tout ensemble compose une espece de Ville assez grande.

Depuis que le Samorin n'y demeure
plus, il y a en sa place un Gouverneur,
qu'ils appellent Rajador, il loge dans
le Palais du Roy, & l'on voit encore
dans la Cour une grosse cloche, & quelques canons de fonte, qui ont été tirez
de la Forteresse des Portugais.

Le

Le fable de ce rivage eft mêle de morceaux d'or tres - fin , que chacun peut aller chercher ; les plus gros que j'aye veu, valoient environ quinze fols, & les ordinaires quatre ou cinq, cependant beaucoup de perfonnes en vivent : & quand on a permiffion du Rajador, on peut emporter du fable chez foy pour trouver l'or plus commodement, moyennant certaine fomme pour cent pauvres.

Les Anglois font établis depuis long-temps à Calicut, mais leur maifon ayant été fubmergée, ils furent obligez d'en faire bâtir une autre dans un lieu plus élevé & moins dangereux. Comme dans ces pays éloignez tous les Europeens fe rendent des civilitez reciproques , & que ce feroit une efpece d'injure de paffer où il y en a fans loger chez eux , nous fûmes au logis des Anglois qui nous receurent parfaitement bien, nous y reftâmes même plus long-temps que nous n'avions crû , à caufe d'un Paro de Corfaires, qui attendoit que nôtre Bateau fortît du Port pour nous attaquer. Cependant leur obftination à ne point quitter la Rade, nous determina à partir, & nous fimes ramer en plein jour, affez prés de terre,

re, pour y pouvoir promptement defcendre fi nous étions pourfuivis : mais
comme ces voleurs n'attaquent gueres
que ceux qui manquent de force ou de
courage, nôtre refolution leur perfuada
que nous avions beaucoup de l'un & de
l'autre, & ils ne nous attaquerent point:
mais ce danger n'étoit pas le feul qui nous
menaçoit, & il n'y avoit pas deux heures
que nous l'avions évité, qu'une autre Barque moüillée pres de terre, nous donna de
nouvelles alarmes. Comme il n'y avoit
point de maifons de côté n'y d'autre, &
que nos Nahers & nos Mariniers nous
afsûroient que c'étoient là des Pirates, nous
confultâmes quelque temps fur ce que
nous devions faire, & le plus feur nous parut de defcendre à terre pour attendre l'é-
loignement du Paro, ou aller à pied à Tanor pendant que nôtre Almadie tâcheroit
de paffer à la faveur de la nuit. Cependant ce deffein ne fut pas executé, & nous
nous déterminâmes comme nous avions
déja fait ; nous paffâmes les armes à la
main, entre les Pirates & la terre, &
nous arrivâmes fur le foir à Tanor.

CHA-

CHAPITRE III.

De Tanor.

TAnor est le principal lieu du petit Royaume, qui porte ce nom, il est à cinq lieuës au Midy de Calicut, ou n'y trouve point de riviere, & les Vaisseaux qui y viennent, moüillent à la rade, où ils ne sont seurement que pendant l'Esté. Les habitans du Basar sont de riches Mahometans, & il y a sur le rivage deux grands villages de Pescheurs, dont l'un est habité par des Chrétiens, & l'autre par des Gentils; assez prés du premier village, on voit une petite Eglise avec une place devant, où l'on a élevé une Croix fort haute. Le Roy loge loin de la mer, à une lieuë de là, & laisse un Gouverneur pour exercer la Justice sur ses sujets Gentils, où Maures, lequel n'a aucune autorité sur les Chrétiens ; le droit de les punir quand ils manquent étant reservé au Directeur de l'Eglise. Les Jesuites la possedent depuis long-temps, & ont soin d'y en-

vo-

voyer de personnes capables de faire tous les jours de nouveaux Chretiens. Celuy qui remplissoit cette place, quand j'y passay, s'appelloit Mathias Fernandes, qui y étoit depuis sept ou huit ans, & qui parloit parfaitement bien la langue du pays.

Quoy que le Royaume de Tanor n'ait pas plus de huit ou dix lieuës en quarré, le Roy n'est cependant ny inferieur ny tributaire à aucun autre du Malabar. Il a conservé une étroite liaison avec les Portugais, depuis qu'ils sont aux Indes, & ceux-cy ont aussi soigneusement cultivé son amitié. Comme la mes-intelligence, qui étoit entre nous & les Hollandois, tendoit à une entiere rupture, & que ce Prince avoit été de tout temps leur mortel ennemy, nous n'avions pas manqué de rechercher son amitié, & nous luy portâmes alors quelques presens de la part de la Compagnie.

Le terroir de Tanor, est fertile, l'air sain, & la chasse & la pêche faciles : Le poisson y sert de nourriture aux habitans, & il n'y a que les personnes aisées qui mangent de la volaille & des Cabrits, le bœuf y étant defendu, comme chez tous les autres Gentils. Aprés a-

voir

voir fait ce qui nous avoit menez à Tanor, nous prîmes par terre le chemin de Calicut, où nous avions déja renvoyé nôtre Almadie.

CHAPITRE IV.

Départ de Tanor.

COmme nous partîmes tard de Tanor, nous ne pûmes aller qu'à Chali, à deux lieuës de là, où nous passâmes la nuit ; c'est un lieu qui appartient au Samorin, il est composé d'un Basar, & de plusieurs maisons de Tives, & il y a une riviere qui peut porter des Barques de cent tonneaux, mais qui sert plûtôt de retraite aux Pirates, que d'azile aux Marchands. Nous logeâmes chez un Tive, où nous vîmes pratiquer les bizarres ceremonies que les Gentils observent, quand ils veulent obtenir la santé de leurs proches.

Un neveu de nôtre hôte, qu'il aimoit tendrement étoit reduit à l'extremité, par la violence d'une fievre continuë, l'oncle n'avoit rien negligé pour le soulager ;

lager; mais comme le mal resistoit au remede, il eut recours aux superstitions de sa Religion, & fit appeller les Bramenes du Pagode voisin, pour visiter le malade: il en vint un, qui commença par imposer silence à tous les assistans, & se faire apporter un grand bassin de bois couvert de feüilles, où il mit des cocos tendres, & des secs, des Bananes, du Jagre, du ris cuit & du cru, du poisson rôty, & une tasse pleine de Tary. Le Bramene plaça tout de sa main, en marmotant quelques paroles, qu'il accompagna de postures ridicules & extravagantes. On mit autour du bassin plusieurs bougies allumées, & entre chacune un bâton de même grosseur, couvert de fleurs. Quand le Bramene eut achevé sa priere, il fit approcher un des spectateurs à qui il donna une des bougies allumées pour mettre dans sa bouche. A peine luy avoit-il obey, qu'il fit des grimaces de possedé, & c'est alors qu'on les croit en état de prononcer des oracles, & qu'ils décident de la mort ou de la guerison des malades. Mais celuy que je vis n'étoit pas un demon fort habile, puisqu'il promit la santé d'un homme qui mourut

peu

peu de jours aprés. Nous partîmes le jour suivant de Chaly, & arrivâmes le lendemain de bonne heure à Calicut, où nous vîmes les Anglois qui achevoient de démenager à cause de l'inondation; nous en partîmes le même jour, & allâmes coucher à une lieuë de là; le jour d'aprés nous couchâmes à Bargara, & le suivant à Calicut.

CHAPITRE V.

Voyage de Baliepatan.

LEs Vaisseaux que la Compagnie d'Angleterre envoye tous les ans pour charger du poivre, à la côte de Malabar, étans arrivez à la Rade de Baliepatan, j'y allay avec un autre de mes amis, pour apprendre des nouvelles d'Europe & de Surate; nous gagnâmes l'embouchure de la riviere avant midy, & la maison des Anglois au moment qu'ils s'alloient mettre à table. Leur Bureau de Baliepatan est à plus d'une lieuë & demie de la mer, bâty sur une éminence sur le bord de la riviere, dans

laquel-

laquelle les Vaiſſeaux ne peuvent entrer ;
les Commis & les Capitaines nous receurent avec beaucoup d'honnêteté,
nous y paſsâmes la journée fort agreablement : mais craignant de nous engager
dans la débauche, nous en partîmes la
nuit ſuivante, aprés avoir donné quelques heures à nos Mariniers pour ſe re-
poſer, & arrivâmes le matin à Tilcery,
où les Anglois nous rendirent nôtre
viſite peu de jours aprés.

Comme ces plaiſirs nous étoient aſſez
rares & d'eux-mêmes aſſez mediocres ;
j'avouë qu'il commençoit à m'ennuyer
beaucoup en ce pays, & j'avois écrit
pluſieurs fois à nos Directeurs, pour
les obliger à me retirer de Tilcery, re-
ſolu d'en partir ſans ordre, ſi l'on
differoit plus long-temps à me l'accorder.

Nous retournâmes encore à Tanor,
& ce fut dans ce ſecond voyage que
nous apprîmes la mort du jeune Tive ;
dont on avoit predit la gueriſon. Nous
ne reſtâmes en ce lieu que peu de jours,
& ſi-tôt que nous eûmes reglé nos affaires, nous reprîmes la route de Tilcery
par mer.

Comme l'on ne va point le long de
cette

cette côte, fans la crainte d'être attaqué par des Corfaires, nous nous mîmes au large, & nous éloignâmes du rivage, où ils font ordinairement ; nous avions à peine fait une lieuë que nous fûmes attaquez par un fi grand nombre de poiffons gros comme des Maquereaux qui fe jettoient dans nôtre Almadie ; que ce qui nous avoit d'abord paru une avanture agreable, nous fit enfin craindre un naufrage. Nous fîmes nôtre poffible pour en rejetter une partie dans l'eau, pendant que nos Mariniers redoublerent leurs efforts pour approcher de terre. Dés que cet orage eut ceffé, nous quittâmes le rivage une feconde fois, & ce retardement fit que nous n'arrivâmes à Calicut qu'aprés minuit. Les Anglois, leurs domeftiques & nous, vêcumes le jour fuivant du poiffon qui étoit entré dans nôtre Batteau, & nos Mariniers en vendirent encore plufieurs corbeilles. Nous ne reftâmes là que deux jours, & ayant envoyé l'Almadie, nous retournâmes par terre à Tilcery.

CHA-

CHAPITRE VI.

Retour du Sieur de Flacour.

LE Sieur de Flacour revint de Sirin-patan vers la fin de Novembre, qui nous apprit ce qu'il avoit souffert pendant son voyage, pour lequel il avoit employé trente-cinq jours, quoy qu'il n'y eût que trente lieuës, prest à être submergé mille fois par des torrens effroyables, où il avoit vû perir plusieurs personnes de sa suitte : mais l'heureux succez de sa negociation luy faisoit oublier toutes ces fatigues. Les marchandises qu'on peut tirer de Sirinpatan sont de belles toiles, & du Santal, qui croît si abondamment dans ce pays, que le Roy & les Grands ont des chambres qui ne sont faites que de ce bois. Il y a aussi quantité de tres-beau Salpêtre naturel, qui n'a besoin que de tres-peu de purification, & le tout à bon marché. Le Sieur de Flacour apporta des échantillons de ces toiles de la moitié plus belles pour leur prix que celles qu'on

trou-

trouve à Surate. On acheta du poivre pendant le reste de l'année, pour charger les Vaisseaux qui devoient venir;& au commencement de Janvier 1672. la Provence arriva de Surate pour le prendre : Le Sieur Petit commandoit ce Vaisseau, où il n'y avoit que sept François, le reste de l'équipage étant de Mahometans. Nous apprîmes par cette voye l'arrivée du Sieur Blot, Directeur de la Compagnie, qui envoyoit ordre au Sieur de la Serine de quitter le Malabar, pour retourner à Surate. J'étois au desespoir de ce que l'on ne parloit point de moy : mais comme ces Mrs. étoient de mes amis, je leur fis trouver bon que je m'embarquasse, n'étant pas d'humeur à ensevelir ma jeunesse & ma curiosité dans ce coin de l'Inde. Le Sieur de Flacour fit quelque difficulté à me laisser aller, ne pouvant se resoudre à rester seul : mais je surmontay tout, & me disposay à partir lorsque le sieur Petit seroit de retour de Tanor & de Calicut, où il étoit allé charger les marchandises que nous y avions acheté. Pendant son absence, un Vaisseau du Roy, nommé le Grand Breton, monté de soixante pieces de canon & commandé par le Sieur du Clos, arriva à

nôtre

nôtre Rade. Deux petites Flûtes avec lesquelles il étoit party de France l'avoient quitté depuis quelques jours, ils alloient joindre Monsieur de la Haye, qui étoit party un an avant eux, & portoit dequoy payer les Troupes. Le vent les avoit separez, & le Sieur du Clos étoit incertain si les flûtes alloient devant, ou si elles venoient aprés luy. La veuë du pavillon blanc, que nous arborâmes, les obligea d'approcher, mais ils ne s'arrêterent qu'un jour, pour prendre des rafraîchiſſemens ; il n'y avoit que quatre heures que ce Vaiſſeau étoit party, quand le Sieur Petit arriva de Cali, & nous nous diſposâmes à faire voile la nuit ſuivante.

Ce même jour, ſur le ſoir, on apperçut un petit Vaiſſeau, qui ayant remarqué nôtre pavillon, s'approcha de la terre, & fit partir ſa Chaloupe, qui n'arriva que de nuit à bord de la Provence, elle portoit le Lieutenant d'une des Flûtes de la compagnie du Grand Breton, & cet officier ayant ſçu que nous devions partir la même nuit, ne deſcendit point à terre; nous convinſmes enſemble, que le Sieur Barbot ſon Capitaine mouilleroit l'ancre, juſqu'à ce que nous levaſſions

vaſſions les nôtres, dont nous l'averti-
rions par un coup de canon.

CHAPITRE VII.

Départ de Tilcery.

IL étoit environ deux heures aprés minuit du 20. Janvier, quand nous donnâmes le ſignal, le Capitaine de la Flûte leva auſſi-tôt les ancres à nôtre exemple,
un vent de terre aida à nous mettre au
large, & nous gagnâmes la Barre de Baliepatan à ſa faveur, pour y prendre le
Santal que le Sieur de Flacour y avoit
envoyé.   Il y fallut reſter juſques au
vingt-deuxiéme, & avant que de mettre
à la voile, on découvrit une grande Barque, que nos Matelots Maures aſſurerent
être un Paro de Corſaires.   On ſe mit
en état de le pourſuivre, & la Flute
courut d'un côté, pendant que nous allions de l'autre, pour tâcher de l'enfermer ; mais aprés leur avoir long-temps
donné la chaſſe & tiré deſſus quelques
coups de canon, ils s'échaperent de nous,
& en peu d'heures nous les perdîmes de

II. Partie.   I   veuë.

veuë. Nous avions visité les Officiers de la Flûte, qui furent ravis d'apprendre des nouvelles du Grand Breton, & qui ne desiroient rien tant que le joindre au plutôt. Aprés avoir tenu le large pendant le jour, nous approchions de terre la nuit, ce que tous les Vaisseaux qui voyagent le long de cette côte sont obligez de faire, pour se servir du vent de terre, qui ne souffle qu'aprés minuit. Le vingt-quatriéme aprés midy nous vîmes Mangalor, où nous avions resolu de nous divertir avec le Sieur Barbot & ses Officiers.

Ce ne fut pas sans difficulté que nous gagnâmes la Rade, à huit heures du soir ; la Flûte n'y moüilla que le lendemain, mais aussi elle ne fut pas en danger de se perdre, comme nous, qui nous fiant sur ce que quelques-uns des nôtres étoient déja venus en ce Port, hazardâmes d'approcher de trop prés la Barre, qui est extrêmement dangereuse, & nous étant mis pendant la nuit dans la Chaloupe pour aller à terre, l'obscurité nous fit manquer l'endroit, par où l'on peut entrer surement dans la rìviere. Nous pensâmes perir plusieurs fois par les brisans extraordinaires qui remplis-

soient

soient inceſſamment nôtre Bateau, mais enfin nous arrivâmes heureuſement. La Flûte jetta les ancres le matin proche de nôtre Vaiſſeau, & les officiers étans venus à terre, nous employâmes cette journée & la ſuivante à nous divertir : mais le Sieur Barbot impatient de joindre la flote de Monſieur de la Haye nous dit adieu, & partit le lendemain.

Mangalor eſt une des plus importantes Places du Royaume de Canara, elle eſt à dix-huit lieuës de Baliepatan ; elle a une fort bonne Rade, & pendant les pluyes les Vaiſſeaux entrent dans la riviere, qui eſt large & profonde ; mais comme il y a des bancs de ſable, qui en rendent l'entrée perilleuſe, il faut choiſir le temps des grandes marées. L'on voit ſur une éminence aſſez élevée un grand Bourg peuplé de Marchands Gentils & Mahometans, & du même côté on trouve le Bureau des Portugais, qu'ils appellent en leur langue *Feituria*. Toutes les Fortereſſes qui ſont dans les Ports du Canara appartenoient autrefois aux Portugais, mais les Canarins laſſez de les ſouffrir, comme les autres peuples de l'Inde, les chaſſerent pendant la derniere guerre qu'ils ont eu avec les Hol-

lan-

landois. Les Portugais n'ont rien negligé depuis qu'ils ont eu la paix, pour reprendre les Places qu'on leur avoit ôtées, & leurs Armées Navales courant continuellement la côte, le commerce du Canara fut interrompu de telle sorte, que le Roy touché de la misere de son peuple, demanda la paix, & offrit à Loüis de Mendonça Vice-Roy des Indes, de luy remettre entre les mains les Forteresses de Mangalor & de Barçalor; mais les Portugais n'y pouvant entretenir des Garnisons suffisantes, se font contentez d'établir des Bureaux ou Feiturias dans ces deux Ports, pour y recevoir la moitié des Doüanes de tout ce qui y entre ou qui en sort, remettant à un temps plus favorable à se mettre en possession des Places.

Le Roy de Canara & la plus grande partie de ses sujets sont Gentils, & le reste Mahometans. On n'observe point parmy eux de distinction de lignée, ny les coûtumes des Malabares : & quoy qu'ils soient voisins ils se font une guerre continuelle, où les Canarins sont presque toujours malheureux. Leurs manieres approchent fort de celles qu'observent les sujets Gentils du Mogol,

dont

dont le Roy de Canara eft tributaire.

Le teint des Canarins eft bafané, ils ont la taille mediocre, les cheveux longs, & s'habillent comme les Gentils de Surate : Ils font tous Soldats & adroits, s'entendent parfaitement bien à miner, & ont plus d'ordre dans leurs combats que les Malabares, mais ils font moins déterminez. Ceux qui font attachez au negoce, quittent librement leur pays pour aller debiter ce qu'ils ont, chez les étrangers. La bizarrerie avec laquelle ils folemnifent leurs grandes fêtes, eft furprenante : On porte les idoles en triomphe fur un char orné de fleurs, monté fur quatre roües fort grandes, où l'on attache entre l'extremité & le nœud, de gros crochets de fer, fur lefquels ceux qui veulent fignaler leur zele fe jettent à corps perdu : & s'y étant acrochez ils tournent enfuite comme les roües : D'autres fe couchent à terre, pour être écrafez fous le poids du chariot ; & tous periffent de cette forte, avec la vaine opinion d'obtenir l'immortalité en mourant pour la gloire de leurs Dieux.

La maniere dont les criminels font punis dans le Canara me paroît digne

 d'être

d'être remarquée : On les expose nuds, pieds & mains liées, sur le sable, au plus grand Soleil, pour y être consommez peu à peu par la chaleur & par les mouches ; & de peur qu'ils ne trouvent quelque repos en demeurant au même endroit, où la terre se pourroit rafraîchir, on a soin de les retourner de temps en temps, jusqu'à ce qu'ils soient morts.

L'air de tout le Canara est fort pur, le pays tres-agreable & tres-fertile : & quoy que le Royaume soit petit, c'est pourtant luy qui fournit tous les Europeens de ris, & outre cela on en porte quantité à Achem, Bantam, Socotora, Moqua, Maseare, Balsora, Mosambique, Bombase, & en beaucoup d'autres lieux.

CHAPITRE VIII.

Départ de Mangalor.

L A Flûte du sieur Barbot, partit de Mangalor le vingt-six, & nous le vingt-sept. Le lendemain nous passâmes devant Barçalor, où nous ne nous arrêtâ-

arrêtâmes point pour arriver le même jour à la Rade de Mirseou. Aussi-tôt que nous eûmes moüillé l'ancre, nous allâmes saluer le Gouverneur Cojabdella, dont j'ay déja parlé, qui avoit eu de terribles affaires; on l'avoit accusé d'être concussionnaire, & aprés avoir comparu devant son Roy, on luy avoit fait souffrir les rigueurs d'une longue prison, & d'autres indignitez: mais enfin le temps le justifia, sa probité fut connuë, & il rentra dans les Charges qu'on luy avoit ôtées. Le souvenir de ces chagrins reçus l'occupoit encore quand nous le vîmes, mais cela n'empêcha pas de nous bien recevoir; Il témoigna un déplaisir sensible de ce que la Compagnie abandonnoit ce lieu, & ce ne fut qu'avec beaucoup de peine qu'il vit embarquer tous les effets qu'elle y avoit; l'assurance que nous luy donnâmes qu'elle y devoit bien-tôt faire un établissement plus solide, le consola un peu, & il écrivit aux Directeurs à Surate pour les en solliciter. Nous partîmes de Mirseou le 29. & le matin du 30. nous découvrîmes l'escadre des Vaisseaux du Roy, composée de treize voiles, commandée par Monsieur de la Haye. L'Admiral s'ap-

pro-

procha d'abord avec un autre Navire pour nous reconnoiftre, & nous aprî-mes que Monfieur Caron étoit dans l'un de ces Vaiffeaux; le fieur Petit fut auffi-tôt le trouver, & à fon retour nous pour-fuivîmes nôtre route; il nous dit que la Flote alloit vers le Sud, & qu'on par-loit de faire un établiffement dans l'Ifle de Ceylan.

Le foir nous découvrîmes les Forte-reffes qui font à l'entrée de la riviere de Goa: mais comme il eft dangereux de s'approcher de la Rade la nuit, nous n'y moüillâmes l'ancre que le lendemain au matin, qui étoit le dernier de Janvier.

CHAPITRE IX.

Arrivée à Goa.

GOa eft une Ville fituée fous les quinze degrez au Nord de l'Equa-teur; le Roy de Vifapour la poffedoit autrefois, mais les Portugais en font au-jourd'huy les Maiftres.

La riviere qui y conduit eft une des plus belles du monde, & les Vaiffeaux y entrent quelques grands qu'ils foient:

Elle

GOA

Elle est divisée par une Isle, qui porte
le nom de Goa, qu'elle a donné à la Ville, parce qu'elle est bâtie dessus. Cette Isle est ovale, & a environ sept lieuës
de circuit, une de ces pointes vient jusques à la mer, égalant les deux Caps de la
terre ferme, en sorte qu'il se fait comme
deux Ports differens, presque également
favorables aux Vaisseaux.

La pointe Meridionale de la terre ferme s'appelle Cabo de Rama, sur lequel
on a bâty le Fort de Mourmougon, qui
defend l'entrée de ce côté; il y a toujours
dedans une bonne Garnison, & quantité de pieces d'artillerie.

Sur l'extremité de l'Isle, qui divise les
deux entrées, il y a une autre Forteresse,
qui tire son nom d'un Convent de Recolets, dont l'Eglise est consacrée à la sainte Vierge, & s'appelle *Nossa Senhora Do-
cabo*: & sur le Cap Septentrional de la
terre ferme, on voit la Forteresse d'A-
goada, ainsi nommée parce qu'il y a de
tres-bonnes eaux, & que tous les Vaisseaux s'y en fournissent.

Le Fort d'Agoada est plus puissant &
plus important que tous les autres, parce que c'est le meilleur endroit où les
Vaisseaux puissent mouiller l'ancre,

&

& qu'ils y passent necessairement à la portée du Canon pour aller à Goa ; le Viceroy s'y retire plusieurs fois l'année, dans une maison, qui pourroit passer en Europe pour un Palais. A trois lieuës de la Ville il y a d'autres Forts, que l'on ne garde point, & des deux côtez du rivage, quantité de belles maisons qui appartiennent aux habitans de Goa, avec de gros villages que les Portugais appellent Aldea ; les jardins y sont pleins d'arbres, chargez toute l'année de fleurs, de feüilles, & de fruits. Pangim, qui est à une lieuë de la Ville, est un grand village ou Aldea, qui surpasse beaucoup de Villes en beauté, c'est un lieu où toutes les personnes de qualité ont des Palais pour se retirer pendant la chaleur. Les jardins répondent à la beauté des édifices, & tout en est admirable.

On trouve à moitié chemin de Pangim à Goa l'Eglise de Nossa Senhora de Ribaudar ; les Portugais disent qu'un de leurs Vaisseaux, qui venoit de Lisbonne, ayant pris hauteur au Cap de Bonne Esperance, fut battu la nuit suivante d'une tempête furieuse, & qu'aprés avoir craint long-temps le naufrage, les vents étant calmez, ils s'étoit trou-

trouvé à l'ancre dans la riviere de Goa, devant le lieu où l'on bâtit une Eglise en memoire de ce miracle. On peignit en memoire le Vaisseau sur la porte, & il y a deux Croix de pierres au bord de la riviere pour marquer la longueur de ce Navire, qui avoit fait plus de deux mille lieuës en une nuit.

La Casa de Polvera est vers la Ville; on y met les criminels pour servir le temps que porte leur Sentence, & tous les Malabares que les Portugais prennent en mer.

Les Vaisseaux qui arrivent à Goa depuis le vingtiéme May jusques à la fin d'Aoust, sont obligez d'entrer dans la riviere, du côté de la Forteresse de Mourmougon, parce que la Barre de celle d'Agoada demeure fermée pendant ce temps là, & n'est libre que le reste de l'année.

Tous les Navires qui viennent dans la bonne saison, peuvent avancer jusques à la Ville, & moüiller l'ancre sous les fenêtres du Vice-Roy.

CHAPITRE X.

De Goa.

CEtte Ville a été une des plus florif-
santes des Indes; mais elle perdit
de ces avantages dans les dernieres guerres des Portugais, & des Hollandois;
c'eft cependant la plus confiderable que
ces premiers poffedent en Orient; le Vice-Roy y fait fon féjour, & la Juftice
s'y difpenfe fouverainement. La moitié de la Ville eft bâtie fur un penchant
an bord de la riviere, & l'autre dans un
fonds, où la chaleur eft fi exceffive,
que les habitans font obligez de fe retirer
à Pangim, quand les ardeurs du Soleil
deviennent trop violentes. Les places
& les ruës de Goa font belles, elle eft
enceinte de murailles foibles, parce que
les avenuës font affez gardées; on exerce la Juftice dans le Palais du Vice-Roy,
& les Portugais appellent cette Cour
Relaçam; on y peut appeller de toutes
les Juftices fubalternes de Goa, & des
autres endroits de l'Inde, appartenans
aux Portugais. Il

Il n'y a que de belles maisons à Goa,
mais un peu obscures, parce que les vi-
tres sont d'écaille d'huitre bien coupée.
L'Eglise Cathedrale est dediée à sainte
Catherine, c'est un grand Vaisseau sans
agrément ; le Palais de l'Archevêque en
est proche, & la maison de l'Evêque,
c'est-à-dire du Grand-Vicaire, qui n'est
jamais d'une moindre dignité, & qu'on
appelle Bispo d'Anelt. Ensuite est l'Al-
jouvar, où l'on met les prisonniers pour
les affaires Ecclesiastiques. Devant la
Cathedrale, dans une grande place, est
cette maison formidable, dont le seul
nom imprime la terreur ; c'est la severe Inquisition, que les Portugais appellent *Santa Casa*, ou *Casa d'o santo Offi-
cio*.

Il y a dans la Ville un Convent de
Filles, dont la vie austere est bien opposée
à la liberté de celles de Portugal ; on a tant
de veneration pour leur vertu, & si
bonne opinion de la sainteté de l'Inquisition, que les Portugais de Goa leur at-
tribuent toutes les prosperitez dont ils
jouïssent.

Il y a aussi à Goa plusieurs Paroisses,
& des Convents de tous les Ordres ; les
Jesuites y possedent trois belles Eglises,

ſes, dans l'une deſquelles le corps de François Xavier repoſe, & trois maiſons, où
des Rois pourroient loger, avec quantité de terres aux environs de la Ville,
dont ils tirent un grand revenu. Toutes
les Egliſes ſont tres-belles, & l'Hôpital
particulierement. Quoy que l'Egliſe
des Theatins ne ſoit pas des plus magnifiques, elle eſt cependant des plus belles & des plus regulierement bâties qui
ſoient à Goa ; elle eſt dediée à *Noſſa Senhora da divina Providentia*.

L'édifice de l'Egliſe de la Miſericor-
de n'a rien qui le faſſe diſtinguer des autres, mais la Societé qui l'entretient &
luy donne ce nom, merite qu'on s'y arrête. Elle s'appelle en Portugais *Irman-
dad da Miſericordia*, & ceux qui la compoſent *Irmaous da Miſericordia* ; les bons
Bourgeois de la Ville & ceux de la premiere qualité, ſans en excepter le Vice-
Roy, ſe font honneur d'être du nombre
de ces freres qui celebrent deux grandes
fêtes dans l'année ; le Jeudy Saint, parce que dans ce jour nôtre Seigneur fit paroître ſa plus grande humiliation, en la-
vant les pieds de ſes Apôtres, & les nour-
riſſant de ſa chair ; & le jour de la Viſi-
tation que la ſainte Vierge rendit à ſa cou-

ſine ;

fine; cette fête est la plus solemnelle pour eux, parce qu'ils font sous la protection de celle que l'Eglise universelle appelle Mere de misericorde; ils portent quand ils vont en Procession, une espece de surplis noir; & les Confreres s'assemblent le lendemain de cette derniere fête pour proceder à l'élection des Officiers de leur Corps. Ils font un Prieur qu'ils appellent Prouvedor: il n'y avoit autrefois que des Nobles qui le pouvoient être; mais la richesse des Marchands les a introduits à cette dignité. Tout y va au profit des pauvres, & un Prouvedor qui fait bien sa charge, y met dans son année plus de vingt mille livres du sien. Outre le Prouvedor, il y a un Thresorier, un Procureur, & un Prouvedor, ou Procureur des prisonniers, qui font toûjours les plus honnêtes gens du corps; les deux derniers distribuënt les aumônes, & follicitent les affaires des pauvres prisonniers, tant pour le civil que pour le criminel, & obtiennent souvent leur grace aprés même qu'ils font condamnez. Le Prouvedor du corps a foin de toutes les affaires, & foulage fecretement les veuves, les orphelins, & tous les miferables. Tous les Confreres font obligez

gez de visiter les pauvres malades, de visiter les prisonniers, d'ensevelir les morts, de les porter en terre, d'accompagner les patiens au supplice, de les consoler jusques au dernier soupir, & de faire prier Dieu pour eux aprés leur mort. Toutes les charges de cette Confrairie sont annuelles, afin que chacun y puisse entrer ; & quoy qu'il en coûte, il n'y a personne qui ne les brigue. C'est une Congregation sincere, où la charité regne glorieusement : Elle est établie dans toutes les Villes & Bourgades de la domination Portugaise, & il n'y en a point qui n'aye une Eglise de ce nom, qui observe les mêmes regles ; elles ont chacune leur fonds particulier, & n'ont rien de commun les unes avec les autres.

CHAPITRE XI.

Des Habitans de Goa.

ON peut distinguer les habitans de Goa en veritables Portugais, qu'ils appellent Reinols, en Mestices nez de Portugais & de femmes Indiennes, ou Noi-

Habitans de Goa

Noires ; ceux-là font en plus grand nombre que les autres.   Il y a auffi de veritables Indiens, mais convertis à la Foy
Catholique ; les efclaves font Cafres,
ou Indiens.   On voit encore à Goa des
Bannians, que les Portugais traitent a-
vec douceur, parce qu'ils font utiles au
negoce ; tout leur eft permis hors l'exerce de leur Religion ; & ils font mis à
l'Inquifition comme les Chrétiens Apof-
tats, quand on les peut convaincre d'a-
voir enfraint les Loix.

Les perfonnes de qualité fe font porter
dans des Palanquins par leurs efclaves,
& ne vont à cheval que pour accompagner le Vice-Roy à la campagne, & s'e-
xercer à des courfes de Bagues ou de
Taureaux.

La facilité que les efclaves trouvent
à Goa pour fe dérober à leurs Maîtres,
& fuir dans des pays d'où l'on ne les
peut faire revenir, oblige à rendre leur
fervitude plus douce, & la bonté qu'il
faut avoir neceffairement pour eux, les
rend fiers jufques à l'infolence ; il y en a
beaucoup qui volent, fans que les exemples feveres qu'on en donne, les intimide ;
ils ne font armez que de groffes cannes,
dont ils affomment ceux qu'ils veulent
voler.

voler. Un Gentil-homme revenant seul d'une maison qu'il avoit aux environs de Goa, armé d'un poignard & de son épée, fut attaqué par un de ces Negres, qui le menaça de luy fendre la tête avec sa canne, s'il ne luy donnoit son argent ; comme il ne pouvoit se mettre en defense sans courir risque d'être assommé, il obeit au Cafre, mais il laissa adroitement tomber l'argent, l'esclave s'occupa à le ramasser, & pendant cela le Gentilhomme luy donna plusieurs coups qui luy ôterent la vie.

Les mœurs des Portugais sont trop connus en France pour s'amuser à les décrire icy, l'on sçait qu'ils sont devots jusques à la superstition, amoureux jusques à la folie, & jaloux sans aucune moderation. Les femmes de Goa n'aiment pas moins les hommes bien-faits que celles de Lisbonne : & quoy qu'on les observe exactement, elles trouvent les moyens de se satisfaire ; & s'il arrive qu'elles n'y reussissent pas, leur ressentiment ne manque pas d'éclater contre ceux qui en sont la cause.

Un jeune Anglois qui étoit à Goa pour des affaires de la Compagnie, fut trop remarqué par une Dame Portugaise en

passant.

paſſant dans la ruë: Elle avoit un de ces cœurs où le feu prend facilement, & l'agrément de l'étranger y faiſant d'abord une impreſſion violente, elle envoya une de ſes eſclaves qui n'étoit pas novice dans un pareil employ, ſolliciter l'Anglois de la venir voir; le jeune homme receut ce compliment avec indifference, quoy que la captive l'eût aſſuré que l'époux de la Dame n'y étoit point, & que la fortune ne pouvoit pas lui procurer une avanture plus agreable. Il ſe rendit à ſes importunitez, promit ce qu'elle demandoit, & elle retourna ſatisfaite annoncer à ſa Maîtreſſe que l'Anglois étoit diſpoſé à la viſiter. Son impatience amoureuſe luy fit mettre l'eſclave en ſentinelle deux heures avant celle du rendez-vous; mais le Cavalier manqua de parole, & la malheureuſe captive quitta ſon poſte, aprés avoir attendu une partie de la nuit, & éprouva la fureur de ſa Maîtreſſe, qui voyant ſon eſperance trompée, luy donna mille coups de bâton; & l'accuſant de s'être mocquée d'elle, elle ne la quitta point qu'elle ne luy eut promis d'aller reprocher à l'Anglois toute ſa mechante foy.

La Negre deſolée le trouva heureuſement

ment pour luy dire sa déplorable avanture, le priant d'avoir pitié d'elle, & d'accorder une visite à cette femme, dont la passion s'étoit si cruellement signalée sur son corps : Il luy promit encore, & fut peut-être plus fidelle, mais il partit peu de jours aprés.

Les Portugais & les Metices sont habillez aux Indes comme l'on est en Portugal, à la reserve qu'ils n'ont point de bas, & que leurs hauts-de-chausses tombent jusques aux talons pour garantir les jambes de l'ardeur du Soleil.

Les vêtemens des femmes sont differens de ceux des Dames de Lisbonne, elles ont des demies chemises de Mousseline tres-fine & fort claire, moins pour se couvrir que pour empêcher les mouches de les incommoder. Elles ne passent point la ceinture, & les manches tombent sur le poignet. Leurs juppes sont de toille blanche qui vont à my-jambes, elles portent par dessus, suivant leur condition, des pieces d'étoffes de couleur qui font deux tours, & descendent plus bas que les talons ; elle n'ont point de bas non plus que les hommes, & ne portent que des pantoufles. On ne les voit à l'Eglise, où elles vont dans

des

des Palanquins, que sous des voiles, &
leurs plus proches parens ne se trouvent
que rarement où elles sont.

Il y a plus de Prêtres Noirs à Goa
que de veritables Portugais ; ils portent
des habits longs, & sont assez reguliers
dans l'exterieur.   Les Religieux ont des
maisons en Ville pour loger des esclaves:
& comme la chaleur est excessive à Goa,
j'y en ay vû s'habiller de taffetas, de la
couleur de leur Ordre.

CHAPITRE XII.

De nôtre sejour à Goa.

ON trouve dans la riviere de Goa
plusieurs petites Isles extremement
fertiles, & à un endroit de la terre ferme, dont le Sevagi est Seigneur, une
belle fontaine couverte d'arbres, ou les
Dames se vont divertir dãs des Chaloupes
dorées, que les Portugais appellent *Balons*.

Nôtre premier soin en arrivant fut
d'aller visiter le Pere Corneille de S. Cyprien Prieur des Carmes Déchaussez,
qui étant François nous receut avec toute

te l'honnêteté poſſible, & le lendemain nous vîmes Monſieur Martin, un riche Marchand, qui nous arrêta chez luy pendant trois jours, & nous mena à cette fontaine ſi utile aux plaiſirs des Dames de Goa ; elle étoit occupé par des femmes, quand nous y arrivâmes, & il fallut attendre qu'elles ſe retiraſſent pour en approcher, afin de ne rien faire contre la coûtume ny le reſpect qu'on doit au beau ſexe.

On fit venir pour le moins vingt danſeuſes qui s'exercerent à la clarté de pluſieurs flambeaux, au ſon de divers inſtrumens, & nous divertirent agreablement : Il y en avoit de parfaitement bienfaites, que pluſieurs des nôtres approcherent de prés, Monſieur Martin fit ſeul la dépenſe de ce regal ; le jour ſuivant nous fîmes nos affaires pour nous embarquer le 5. Février.

CHA-

CHAPITRE XIII.

Départ de Goa.

LE vent nous fut contraire en sortant de la Barre ; & ce fut avec peine que nous passâmes à la veuë de Bengourla, place située dans les terres du Sevagi, environ à huit lieuës au Nord de Goa ; nous voulions aller à Rejapour, mais le temps ne le permit pas, & il fallut descendre à Achara, aussi de la domination du Sevagi, pour renouveller nos provisions.

Nous n'étions qu'a une lieuë de terre, quand nous découvrîmes six grandes Barques, qu'on crut d'abord être au Seigneur d'Achara ; Messieurs Petit, de la Serine & moy nous mîmes dans la Chaloupe, avec sept Matelots Maures, & un Interprete, mais en approchant du Port, nous reconnûmes les Barques pour des Paros de Corsaires, qui portoient plus de 1500 hommes.

Quoy que nos Mariniers dussent moins craindre que nous, parce qu'ils étoient

Maho-

Mahometans, ils ne laiſſerent pas de s'effrayer juſques à vouloir ſe jetter en mer, pour gagner la terre à la nage, mais nous les arrêtâmes malgré eux, les forçant de ramer vers le rivage, puiſqu'il n'y avoit point d'autre moyen d'éviter le peril, où nôtre imprudence nous expoſoit ; nôtre reſolution leur donna des forces, & ils nous éloignerent en peu de momens de la portée du canon des Malabares, qui n'avoient cependant témoigné aucune envie de tirer ſur nous.

On nous avertit en arrivant à terre, que ces Corſaires avoient pris depuis peu un Bot, c'eſt à dire un petit Vaiſſeau qui n'a qu'un maſt, appartenant à la Compagnie, valant avec la charge environ vingt-cinq mille livres, qu'ils avoient vendu au Gouverneur d'Achara, & nous vîmes en effet ce bâtiment échoüé dans la riviere.

Comme il n'étoit reſté que trois François dans nôtre Vaiſſeau nous n'étions pas ſans inquietude, quoy que le Sevagi fut dans nos intereſts ; Monſieur Petit étoit plus embaraſſé que les autres, comprenant bien alors qu'il avoit manqué, d'abandonner ſon bord pour aller dans

un

un lieu où la Compagnie n'avoit aucun interest : pour comble de chagrin les vents s'opposoient à nôtre retour, & ces extremitez firent resoudre le sieur Petit à se mettre dans un petit Canot de pêcheurs, conduit par deux hommes, & nous laisser à terre. Cette entreprise luy reussit heureusement ; il gagna son bord sans obstacles, & alors nous fûmes dire aux Pirates que nous ne venions en ce lieu que pour racheter le Bot qu'ils avoient pris ; que nôtre Vaisseau mettoit à la voile pour les couler à fonds ; que nous étions forts de vingt pieces de canon & de cent cinquante hommes : ils ne douterent point de cette menace, quand ils virent avancer le Vaisseau, & la crainte les fit aller vers le Sud avec une promptitude incroyable.

Quand ils nous eurent laissé le Port libre, nous fîmes nos affaires, & partîmes d'Achara avec les vents favorables, qui nous pousserent le même soir dans la riviere de Rajapour, dont je ne diray rien icy, parce que j'en ay parlé ailleurs. Nous en partimes le lendemain, & à peine avions-nous fait une lieuë qu'on découvrit un Vaisseau du côte du Nord, portant le pavillon blanc ; c'étoit le Vau-

II. Partie.   K   tour,

tour, appartenant à la Compagnie, qui retournoit en France, & devoit paſſer à Bantam, pour y laiſſer Monſeigneur l'Evêque d'Heliopolis qui alloit à Siam, mais qui fut arrêté contre ſon intention aux Iſles Philippines par les Eſpagnols, & conduit de l'Amerique en Eſpagne, d'où il fut en Italie, & en France; comme on le peut voir dans les Relations que Meſſieurs les Miſſionnaires ont fait imprimer. Nous fûmes tous ſaluer ce Prelat, & nous entendïmes la Meſſe dans ſon bord le jour de ſaint Mathias. Les vents nous traverſerent le reſte de nôtre voyage, & quoy qu'il n'y aye que quatre-vingt lieuës de Rajapour à Surate, nous ne pûmes nous y rendre que le vingtiéme Mars.

CHAPITRE XIV.

Arrivée du ſaint Eſprit.

APrés avoir été un jour à la rade de Surate, on nous ordonna d'entrer dans le baſſin de Sovaly : & comme rien ne m'arreſtoit dans le Vaiſſeau, je fus

ſaluer

faluer nos Directeurs Meſſieurs Blot &
Baron.

Le Vaiſſeau le Saint eſprit, du Port
de 600. tonneaux, commandé par Monſieur le Rond, qui apportoit Monſieur
Gueton Directeur general avec ſon fils,
arriva de France à la grande Rade, a-
prés avoir été huit mois & demy en mer,
& couru le danger de s'embaraſſer dans
les Iſles Maldives, d'où l'on ne ſe ſauve
preſque jamais.

Tout l'équipage étoit infecté du ſcorbut, & à peine reſtoit-il ce qu'il falloit
d'hommes pout ſerrer les voiles ; dés
que l'on ſçut ſon arrivée, on envoya des
Pilotes pour le faire entrer à Sovaly, je
fus chargé du ſoin des malades, & l'air
de la terre joint aux remedes, remit en
peu de temps les plus deſeſperez en parfaite ſanté.

Ce Vaiſſeau fut auſſi-tôt preparé pour
Bantam, avec un autre plus petit nommé la Perle, chargé de ſavon & de blé,
ce dernier fit voile au commencement
de May, & le Saint François étant party à la fin d'Avril pour aller en Perſe,
j'eus ordre de m'embarquer ſur le Saint
Eſprit : nous ne faiſions qu'attendre le
dernier ordre, lorſque le Navire fit eau

 abon-

abondamment, quoy qu'il fût neuf: il fallut le décharger & on jugea à propos de ne le point expofer à la mer, parce qu'on y trouva des défauts confiderables. On ôta les canons pour le faire entrer dans la riviere, mais il toucha fur un banc de fable, & fut brifé dans l'efpace de 24. heures.

La perte de ce Vaiffeau chagrina tout le monde, on tâcha d'en tirer quelque chofe, mais il en coûta la vie à des ouvriers qui tomberent dans la riviere, & furent entrainez par le courant.

CHAPITRE XV.

Mort de Monfieur Blot.

JE paffay le temps des pluyes à Surate, & quoy qu'il y eut quelque divifion entre les Directeurs, on ne laiffoit pas de s'y divertir affez bien : mais alors nous fûmes affligez par la mort de M. Blot, un des plus confiderables, qu'une fiévre violente emporta en neuf jours.

Suivant la coûtume des Européens, on envoya prier les chefs des Anglois, & des
Hol-

Hollandois d'affifter aux funerailles ; ils s'y trouverent avec tout leur monde, & quantité de Marchands Armeniens & Mahometans.

Tous les François étoient en dueil, les uns à cheval, & les autres dans des Palanquins, & un Carrofle couvert de noir porta le corps au Cimetiere de nôtre Nation, environ à un quart de licuë de la Ville.

Comme les pluyes furent extraordinaires cet hyver là, il y eut des débordemens d'eaux terribles, & la riviere groffit de telle forte, que les meilleurs cables ne pûrent refifter à fa rapidité ; il y eut des Vaiffeaux qui échoüerent, d'autres furent brifez, & un du Mogol fut entraîné en mer, avec un feul homme dedans, fans qu'on en aye entendu parler du depuis ; un autre de 1800. tonneaux appartenant à ce même Prince, fut porté fi avant fur la terre, que quand la riviere fe retira il s'en trouva à une licuë.

Nous aprîmes à peu prés dans ce temps que Monfieur de la Haye avoit paffé à l'Ifle de Ceylan, où l'on vouloit faire un établiffement ; mais ce deffein n'ayant pas reuffi, il étoit allé à S. Thomé,

K 3

dans

dans le Royaume de Golconda pour acheter des vivres, que ceux qu'il avoit envoyez à terre ayant été maltraitez, il y étoit descendu, & avoit emporté la Ville d'assaut, qu'il defendoit courageusement contre toute la puissance du Roy du pays. Cette nouvelle étoit surprenante, mais plusieurs Lettres nous la confirmerent.

L'on équipa le Saint Jacques au commencement d'Octobre, Monsieur Fermanel le commanda, j'eus ordre de m'y embarquer, & nous partîmes sans sçavoir directement où nous allions, parce que nos ordres étoient cachetez, & qu'on ne devoit les ouvrir qu'à vingt lieuës de Surate. Nous jugeâmes que les Directeurs avoient été secretement avertis, que la guerre étoit declarée entre nous & la Hollande : & comme nos forces n'étoient pas égales dans les Indes, la crainte de perdre le Saint François, les avoit obligez à faire partir nôtre Vaisseau pour l'escorter à son retour ; on nous ordonnoit aussi de visiter tous ceux qui se trouveroient plus foibles que nous, & de prendre tout ce que nous pourrions sur les Hollandois.

Quoy que les vents fussent peu favorables,

rables, nôtre voyage ne laiſſa pas d'être heureux, nous vîmes le Cap de Raſalgate, qui eſt à l'entrée du ſein Perſique, du côté du Midy, & aprés l'avoir doublé, nous côtoyâmes l'Arabie, & paſſâmes à la veuë de Maſcate Ville tres-importante, où les Portugais édifierent autrefois une Forttereſſe inacceſſible, qui les rendoit Maîtres du ſein Perſique, mais ils la perdirent par l'avarice d'un Gouverneur qui vendoit aux Arabes les proviſions qu'il avoit, un prix exceſſif, dans l'eſperance qu'il luy en viendroit de nouvelles: mais avant cela il fut aſſiegé par le Roy du pays, qui emporta la place, & contraignit les Portugais de ſe rendre à diſcretion; depuis ce rems là, ils ont toûjours continué la guerre, ſans pouvoir recouvrer ce qu'ils avoient perdu. Nous paſſâmes en ſuivant toûjours la côte, juſques au Cap de Moſandon, où le Golfe commence à devenir ſi étroit qu'on voit la terre des deux côtez; un peu au delà du Cap on découvrit un Vaiſſeau, que nous tâchâmes d'approcher ſuivant l'ordre que nous en avions. Comme il nous évitoit, on tira un coup de canon à balle, aprés avoir arboré le pavillon, & le Capitaine vint nous dire que le Vaiſ-

K 4

ſeau

seau appartenoit à des Marchands de Surate, qui avoient un Passeport de la Compagnie.

Aprés cela nous découvrîmes l'Isle d'Areque, qu'on prit d'bord pour celle d'Ormus à cause du broüillard, mais cette erreur ne dura pas long-temps, & pour passer entre les Isles d'Areque & Quichemiche, nous ancrâmes proche de la derniere, à cause de la violence du vent. Cette nuit fut cruelle, & nous craignions avec raison de perdre nos cables, & de perir contre les rochers. Au point du jour on leva les ancres, & nous fûmes moüiller au Port du Bander-Abassy, ou Gameron, proche du Saint François, qui n'y étoit que depuis deux jours. Il venoit de Bassora, Ville d'Arabie, située sur l'Euphrate, dont les Turcs s'emparerent l'année 1669.

CHA-

CHAPITRE XVI.

De Gameron & d'Ormus.

LE Bander-Abaſſy, eſt une Ville du Royaume de Perſe, qui porte ce nom, parce que le feu Roy Schah-Abas la fit reparer : elle s'appelloit autrefois Gameron, & eſt ſituée au nord de la ligne, ſous le vingt-ſeptiéme degré ; elle eſt grande & peuplée de Marchands Perſans, & étrangers : Tous les Vaiſſeaux de l'Inde y vont, & c'eſt le paſſage des marchandiſes que l'on diſtribuë en Perſe. Les maiſons n'ont que deux étages, & le haut eſt fait en terraſſe, où il y a des cabinets, pour éviter le Soleil & joüir de la fraîcheur. Les ruës ſont étroites, les places peu vaſtes, & les perſonnes de qualité ſe retirent dans les montagnes, depuis Avril juſques en Septembre ; pendant ce temps-là les ſeuls Negocians demeurent à la Ville ; la ſituation de cette Place contribuë beaucoup aux incommoditez de la chaleur ; il y a proche de ſes murs du cô-

K 5

té

té de l'Est, une montagne, sur laquelle on trouve quantité de ces roses, qu'on appelle de Jerico, qui s'ouvrent quand on les met dans l'eau, & se reserrent lorsqu'on les en retire. Les montagnes de l'Arabie sont de l'autre côté du Golfe, qui n'a pas plus de huit lieuës de trajet, & la reflexion du Soleil tombe sur la Ville & dans le Port; où les Mariniers souffrent extremement, ayans pour surcroist d'incommodité les vents embrazez du Midy, qui suffoquent de telle sorte, que plusieurs personnes en sont mortes subitement.

Il n'y a point de fontaine dans cette Ville; l'eau même des puits est salée, & si l'on en veut boire de bonne, il faut la chercher à une lieuë de là. Cela n'empêche point qu'on ne la conserve fraîche dans les plus grandes chaleurs, en la mettant dans des vaisseaux d'une espece de terre, qui rend l'eau comme la glace, quand on les expose au vent. Le terroir du Bander-Abassy est sec, & produit peu de chose, mais il n'en est pas de même à quelques lieuës de là; on y boit d'excellent vin de Chiras, & d'un autre blanc qui se fait en l'Isle de Quichemiche, où le raisin n'a point de pepins.

Les

Les Européens ont des Bureaux à Gameron, & la liberté du commerce y est toute entîere. Tous les Perses sont Mahometans comme leur Prince, mais il y a des Gentils établis, ausquels on souffre des Pagodes & des bains publics. Ce fut là que je vis de ces arbres, dont j'ay dit ailleurs que les branches touchent la terre, & prennent racines, où 6000. hommes auroient pû se mettre à couvert; j'y trouvay aussi un Gentil, dont les cheveux avoient plus de quinze pieds de long, il étoit de ceux qu'on appelle Faquirs.

Je ne demeuray pas assez à Gameron pour entrer dans une parfaite connoissance des mœurs des habitans; les hommes y sont assez civils, & les femmes amoureuses & bien-faites: ce n'est pas un crime parmy eux que d'en procurer le commerce aux Etrangers, & les plus considerables en font gloire.

Il y a trois Isles devant la ville de Gameron, dont la plus grande est au Nord, éloignée de trois lieuës de la terre ferme: elle s'étend le long de la Côte vers Congo, Place distante de 15. lieuës de Gameron, d'où les Portugais tirent la moitié des Doüanes; c'est cette premiere

qu'on

qu'on appelle Quichemiche. Areque eſt
au mi ly, elle eſt baſſe, inhabitée, & n'a
pas plus de trois lieuës de circuit; nous
penſâmes nous perdre entre ces deux Iſles
en paſſant au Bander-Abaſſy.

L'Iſle d'Ormus n'eſt qu'à un grand
quart de lieuë au midy d'Areque; la terre en eſt plus haute, mais elle n'a guere
plus de circuit: elle porte des montagnes
de ſel, dont la blancheur ſe voit de loin.
Le terroir en eſt rouge, ſec, & par conſe-
quent ſterile, il n'y a que de l'eau de citerne, & l'on eſt obligé d'y en porter de
la terre ferme. Les Portugais s'y ſigna-
lerent par l'édification d'un Fort, que
l'on voit encore aujourd'huy avec toute
ſon artillerie. Le Roy de Perſe les en
chaſſa, avec le ſecours des Anglois; & ce
Prince reconnoiſſant, leur donna en faveur de ce ſervice, la moitié des Doüanes
du Bander-Abaſſy. Il s'eſt contenté de dé-
poſſeder les Portugais, leur laiſſant la liberté de venir dans ſes Ports, & d'y faire
le ſejour qu'ils veulent. On pêchoit autrefois de tres-belles perles entre cette Iſle
& la terre ferme, mais à preſent l'on n'y
en trouve que de petites, & même rarement.

CHA-

CHAPITRE VI.

Départ de Gameron.

COmme on ne nous avoit envoyez en Perse, que pour escorter le S. François jusques à Surate, nous ne demeurâmes au Bander-Abassly qu'autant qu'il le fallut pour regler les affaires dont les Officiers étoient chargez. Nous partîmes de cette rade le dixiéme Decembre, & ce fut avec beaucoup de peine que nos Vaisseaux sortirent du sein Persique, où les vents changeoient presque à tous momens; quelques jours aprés on découvrit quatre voiles, dont la veuë nous étonna, croyant que c'étoit des Hollandois qu'il faudroit combattre : on fit mettre derriere un petit Vaisseau Marchand de Surate, qui accompagnoit le nôtre, mais il n'étoit pas besoin de ces precautions, & les Navires étoient François, commandez par Messieurs le Rond, Toüillant, & de Jonchère; le quatriéme qui venoit de Surate avoit un Capitaine Hollandois, qui servoit aupara-

paravant de Pilote à la Compagnie, &
l'on eut peine de le laiſſer aller, quoy
qu'il eût ſon paſſe-port, & un congé de
nos Directeurs. Ces Meſſieurs qui ſça-
voient de quelle importance étoit le S.
François, avoient encore dépeché ces
trois Vaiſſeaux, pour nous venir joindre,
avec ordre de nous rendre tous dans le
port de Bonbaje, afin d'éviter la Flote
Hollandoiſe, qu'on diſoit être partie de
Ceilan pour venir à Surate.

Il y eut quelque différent entre les
Capitaines du S. François & du S. Paul,
parce que celuy qui commandoit le dernier portoit le Pavillon au grand maſt,
avec ordre au Capitaine de l'autre d'ôter
le ſien, dés qu'on le luy auroit ſignifié,
quoy qu'il l'eut porté pendant tout le
voyage, mais ces querelles ne produiſi-
rent que d'inutiles reſſentimens, & il fallut obeïr aux Maîtres.

Quoy que le vent fût contraire dans la
ſuite, nous paſſâmes le 6. Janvier 1673. à la
veuë de Diu, où les Portugais ont une Ville, qui fut il y a quelques annees, pillée par
les Arabes : Le vent Nord-eſt nous favoriſa alors, & nous vîmes la terre de Baçaim le dixieme. On envoya chercher
des Pilotes pour nous conduire dans le

Port

Port de Bonbaye, qu'une pointe de rocher qui avance plus d'un quart de lieuë dans la mer rend extremement dangereux. Enfin les guides nous y menerent heureusement le 12. du mois; c'est un endroit admirable, où les rochers ne sont à craindre que lors qu'on ne connoist point le pays. Les Portugais le possedoient, & ce fut en faveur du mariage de l'Infante de Portugal avec le Roy d'Angleterre, qu'ils le cederent aux Anglois: Ces derniers y ont bâti une belle Forteresse, où celuy qui preside pour eux dans les Indes demeure ordinairement. Il y a un commencement de Ville, & les Anglois pour favoriser l'établissement du commerce, reçoivent tous ceux qui veulent y aller, sans distinction de Religion ny de pays, les laissant libres, & exempts de tous droits pendant l'espace de dix années. On nous y favorisa extremement, & je ne doute point que la Ligue qui étoit alors entre la France & l'Angleterre contre la Hollande, ne fut cause de ce bon traitement. Nous vismes dans le Port un grand Vaisseau Hollandois que les Anglois avoient pris en revenant de Perse.

Dés que nous fûmes à Bonbaje on en donna

donna avis aux Directeurs de Surate, qui ordonnerent de nous y rendre incessamment. Nous partismes le 30. Janvier, & moüillâmes à la rade de Surate le 2. Février. Le saint Jean de Bayonne y étoit avec la Flute de Monsieur Guillo, tous deux de la Flote de Monsieur de la Haye; ils alloient à S. Thomé conduire Monsieur le Directeur Baron, qui partit le 8. accompagné encore du S. Jacques, pour aller au secours de Mr. de la Haye, qui étoit assiegé par l'armée du Roy de Golconda, dans la Ville qu'il avoit prise.

Je receus à mon retour de Perse des Lettres de mon pere, que M. Caré Prêtre m'apporta; il les avoit laissées à M. Petit, pour me les rendre, étant obligé d'aller en diligence à S. Thomé, porter à M. de la Haye des ordres de France, d'où il étoit venu par terre.

Dés que M. Baron fut parti, M. Gueton se prepara au voyage de Perse, où il devoit aller en qualité d'Ambassadeur; quád son équipage fut prest, il s'embarqua, malgré les bruits qui couroient que la Flotte Hollandoise étoit le long de la coste; & comme le temps que je devois servir la Compagnie étoit plus qu'accomply, je le lui

lui repréſentai avant ſon départ, & j'obtins un congé, pour aller où je voudrois : il partit de Sovaly le 20. Février, & je me diſpoſay avec joye à quitter Surate, pour ſatisfaire ma curioſité.

CHAPITRE XVIII.

Départ de Surate.

MOn deſſein étoit en quittant Surate, de viſiter toutes les Villes que les Portugais ont le long de la Côte juſques à Goa, pour paſſer enſuite dans le pays de Bengala, & comme il eſt toujours avantageux d'être recommandé par des perſonnes de merite, je m'addreſſay au R. P. Ambroiſe de Preüilly, Capucin, qui me donna une Lettre pour le P. Jouan de Fonſeca, Recteur du College des Jeſuiſtes de la Ville de Daman, où je devois aller d'abord, par laquelle il le ſupplioit de me favoriſer de ſes recommandations dans les autres endroits que j'avois envie de voir.

Je pris congé de tous mes amis, & partis de Surate le 3. Mars, dans un petit

petit caroſſe tiré par deux bœufs, accompagné ſeulement de celuy qui le conduiſoit. Nous couchâmes prés d'une maiſon où mon guide trouva ce qu'il luy falloit. Le lendemain nous arrivâmes à Gandivi, & quoy que j'euſſe un paſſe-port, les Gardes firent quelques difficultez pour mes hardes : Le Gouverneur plus équitable me les fit rendre, & je partis avant le jour, pour gagner de bonne heure le bord de la riviere de Daman, où mon guide me laiſſa. Je paſſay cette riviere, & la Langue Portugaiſe que je ſçavois, me rendant tout facile, on me mena chez un Indien, qui faiſoit profeſſion du Chriſtianiſme, & logeoit les Voyageurs. Sa maiſon étoit de paille, & l'endroit où je devois coucher tout découvert, pour mieux joüir de la fraîcheur. Cet homme s'occupoit à faire de l'eau de vie de Tary, & ſa maiſon étoit proche des murs de la Ville, dont il faut dire quelque choſe avant que de paſſer à ce qui me regarde.

Elle fut bâtie par les Portugais, qui l'ont conſervée juſques à preſent ; il y a vingt lieuës de Surate, & environ quatre-vingt de Goa : elle eſt petite, mais

forte

forte & propre ; les ruës en font droites, on ne les pave point, afin de marcher plus commodement pendant les pluyes. Toutes les maifons font bien bâties,
& les Eglifes extrêmement parées, fur
tout la Paroiffe & la Chapelle de la Mi-
fericorde. Il y en a quatre autres, des Je-
fuites, des Jacobins, des Auguftins &
des Recolets ; les habitans de Daman
paffent pour les meilleurs Cavaliers de
l'Inde, ils ont une fois refifté à 40000.
hommes, que le grand Mogol envoyoit
pour les affieger. C'eft un Gouvernement fort confiderable, & celuy qui le
poffedoit quand j'y fus s'appelloit, Manuel
Fortado de Mendonça, coufin germain,
mais bâtard du Viceroy. La riviere
paffe au pied des murs de la Ville, elle
eft bonne quand les Vaiffeaux y font en-
trez, & s'il en a pery quelquefois, ce
n'a été que dans des débordemens rapides, qui les entraînent à la mer, quand
on n'a pas la prévoyance de les bien attacher. Il n'y a qu'une portée de canon
de la mer à la Ville, & l'on voit fur
l'autre côté du rivage, le Fort de Saint
Jerôme, qui fert extrêmement à la de-
fenfe de Daman ; les Portugais l'eftiment
plus que le refte des Places qu'ils poffedent

dent en Orient, & il n'y a que des Soldats blancs dans la Garnison, le temps ny la faveur n'ayant pû y faire entrer les Noirs. Le nombre est toujours de quatre cens, indispensablement obligez d'y coucher toutes les nuits, & s'ils y manquent sans la permission du Gouverneur, qui ne l'accorde que rarement, ils sont privez de leur solde ce jour là, pour la premiere fois, & cassez sans retour pour la seconde. Le Gouverneur ne dépend point de celuy de la Ville ; ils sont trois ans dans ce poste, comme par tous les autres Gouvernemens des Portugais.

L'air de Daman est extremement agreable, & les principaux habitans ont des Aldea, où ils vont passer le temps de la recolte.

CHAPITRE XIX.

De mon sejour à Daman.

UN peu avant mon arrivée à Daman, le Sieur Saint Jacques, fils d'un Medecin François, & un autre jeune homme de nôtre nation s'y étoient

toient mariez. Le dernier avoit épousé la sœur bâtarde d'une Dame importante, nommée Dona Petronilla de la Cerda, mariée en seconde nopces à un Gentilhomme de la premiere qualité. Monsieur Saint Jacques avoit épousé la fille de cette Dame qui s'appelloit Dona Rosa de Mello, dont le nom convenoit à sa jeunesse & à sa beauté. Comme j'avois entendu parler d'eux à Surate, je crus être obligé de les visiter. Les Jesuites ausquels j'etois recommandé me receurent extremement bien, & je vis le Gouverneur, qui aprés de grandes honnêtetez me proposa de rester à Daman, où il n'y avoit que des Medecins Gentils, qui n'ont pour tous avantages que quelques receptes, qu'ils font servir indifferemment à toutes sortes de maux. Je demanday un peu de temps pour me déterminer, étant toujours occupé de cette avidité de voyager ; le Recteur des Jesuites me conseilla d'accepter le party que le Gouverneur m'offroit, m'assurant qu'il contribuëroit de sa part, autant qu'il luy feroit possible, à mon avancement.

Le lendemain je fus voir les François dont j'ay parlé, qui me temoignerent beaucoup de joye de mon arrivée : Je

paſſay

paſſay quelques heures avec eux, & pendant qu'ils me regalerent d'une collation qu'on appelleroit en France un grand feſtin, Monſieur ſaint Jacques demanda à mon inſçu à ſa belle mere la permiſſion de m'arrêter chez eux : & comme je me diſpoſois à les quitter, je vis apporter mes hardes, & il fallut me rendre aux empreſſemens de ces deux François.

Comme on eſt circonſpect chez les Portugais, pour ce qui regarde les femmes, je ne parlay point du tout de celles de mes hôtes ; mais le lendemain ils me propoſerent eux-mêmes de les ſaluer, j'en fis quelque difficulté, & paſſay tout le jour chez des malades pour ne paroître pas trop empreſſé. Cependant je les vis à la fin dans leur appartement, avec la liberté Françoiſe, qui ne leur déplut pas. Elles me firent quantité de queſtions, la Seignora Petronilla fut celle qui s'attacha le plus à m'entretenir, & nous paſsâmes une partie de la nuit enſemble. Je les vis tous les jours qui ſuivirent ; Petronilla me témoigna des bontez extraordinaires : & quoy qu'elle eut trente-neuf ans, il luy reſtoit aſſez de charmes pour plaire. Elle avoit la taille ad-

mira-

mirable, les traits du visage reguliers, & pleins d'agrément, les yeux vifs, l'esprit doux & brillant, & l'humeur complaisante ; nous passions tous les soirs ensemble, & jamais on ne s'est moins ennuyé que je fis pendant trois semaines.

CHAPITRE XX.

De Trapor.

DOna Petronilla demeuroit ordinairement à Trapor, & n'étoit à Daman que pour quelque temps, son mary l'attendoit avant Pâques, & elle me pria de vouloir faire le voyage, qui n'étoit que de dix lieües ; j'y consentis avec plaisir, & le Gouverneur de Daman me l'ayant permis, je partis avec toute cette famille. Le Lundy de la semaine Sainte nous couchâmes à Danou, dont le fils ainé de Dona Petronilla étoit Seigneur ; c'est la qu'est cette montagne qu'on appelle Pic de Danou, parce qu'elle est haute & faite en forme de pain de sucre : & comme il n'y a point d'autre

ter-

terre élevée entre Baſſam & Surate, elle
ſert à faire connoître le pays à ceux qui
abordent à cette côte ; il y a une petite
riviere qui ne porte que des Barques.

Nous trouvâmes le mary de Dona
Petronilla à Danou, qui me receut avec
beaucoup d'honnêteté, & le Mercredy
nous fûmes à Trapor, ou Tarapour ;
c'eſt une petite Ville ſituée ſur le bord
de la mer, à moitié chemin de Daman &
de Baſſaim, elle appartient aux Portugais, & a un Gouverneur qui releve de
celuy de Daman. Les habitans en ſont
riches, la riviere n'y porte que des Bateaux & des Barques mediocres, qui
n'y entrent qu'avec peine. Il y a une
Paroiſſe, une Chapelle de la Miſericor-
de, & une Egliſe de Jacobins ; l'aprés-
midy du Vendredy Saint nous eûmes
un Sermon ſur la Paſſion, dans lequel
on fit pluſieurs pauſes, pour montrer au
peuple tous les points de ces ſacrez myſte-
res. Les femmes ſont ſeparées des hommes par une baluſtrade cachée d'un ri-
deau ; mais ſi on ne les voit pas, elles font
entendre leurs cris, & les coups qu'elles ſe donnent toutes les fois que le Predicateur dit quelque choſe qui excite à
la compaſſion. Cependant avec ces douleurs

leurs affectées, plusieurs abusent de la sainteté de ces jours, en donnant lieu à des avantures où la sagesse n'a guere de part. La Procession sortit aprés le Sermon, elle étoit precedée de plusieurs Penitens, ayant le visage couvert & le dos nud, qui se foüettoient si violemment que leur sang rejailliſsoit partout où ils passoient. Les Bourgeois alloient ensuite chacun un flambeau à la main, & l'on portoit aprés les Prêtres l'Image de Jesus-Chriſt representé tel qu'il étoit à la descente de la Croix, il étoit environné d'une vingtaine de petits negres, masquez & armez de lances, qui avoient à leur tête un Centurion precedé de tambours & de trompettes. Aprés avoir fait le tour de la Ville, ils poserent le Crucifix dans le Sepulchre, qu'on avoit preparé. Ces sortes de ceremonies, qui inspirent la devotion parmy nous, avec une conduite plus reglée, font rire chez les Portugais ; & j'avoüe que j'eus de la peine à m'en empêcher. J'assistay le Samedy à l'Office où je ne vis rien de particulier ; mais le Dimanche de Pâques, aprés avoir accompagné le tres-saint Sacrement, depuis l'Eglise des Jacobins jusques à la Paroisse, j'entendis un Sermon

<table>
<tr><td>II. Part.</td><td>L</td><td>qui</td></tr>
</table>

qui me parut si extraordinaire, que je ne peux m'empêcher d'en rapporter quelque chose icy. Le Predicateur étant monté en chaire, fit le signe de la Croix, & dit; vous sçavez, Messieurs, que le Sermon du jour de Pâques se fait pour trois raisons : la premiere, pour souhaiter les bonnes Fêtes aux Auditeurs: la seconde, pour leur demander les œufs de Pâques : & la derniere pour les faire rire. Pour satisfaire au premier point, je vous souhaite de bons jours à tous: pour le second, si vous m'envoyez des œufs je les prendray : & pour le dernier, je vous diray que je rencontray hier le gros Gregoire, à qui je demanday, dis-moy, voleur, feras-tu toûjours le personnage de Pilate à la Passion; tout le monde fit alors un éclat de rire, & l'Orateur descendit, laissant à chacun la liberté de se retirer, sans leur donner seulement la benediction. Je passay les Fêtes à Trapor, & malgré tous les efforts qu'on fit pour m'arrêter davantage, je revins à Daman, comme je l'avois promis au Gouverneur.

CHA-

CHAPITRE XXI.

Retour à Daman.

DOna Petronilla m'avoit procuré la connoissance du Pere Joüan de S. Michel Superieur des Jacobins, avant que d'aller à Trapor, & elle me donna encore une lettre pour l'engager à me servir. Comme j'avois laissé mes hardes dans son Convent, ce fut là que j'allay d'abord ; le Pere m'y arresta jusqu'à ce que je fusse étably, ou que j'eusse demeuré assez long-temps pour voir la Ville, si je ne pouvois me resoudre à y demeurer entierement : J'y restai environ quinze jours, & pendant ce temps le Gouverneur mit tout en usage pour m'arrêter à Daman, & les habitans s'étans joints à luy, l'on me fit des ofres si avantageuses que je ne pus honnêtement refuser des personnes qui témoignoient tant d'empressement pour m'avoir.

Je quittay donc le Convent pour prendre une maison en mon particulier, travaillant à me faire des amis, avec qui il

L 2

me

me restoit toujours assez de loisir pour
me divertir, parce que la Ville n'est pas
grande, & qu'ainsi toutes mes visites se
pouvoient faire en peu de temps. Pendant les premiers jours de mon établissement, j'eus l'honneur d'être appellé chez
une illustre Dame nommée la Senhora
Francisca Pereira, pour une sienne petite
fille qu'elle cherissoit tendrement, & qui
étoit dangereusement malade. J'eus le
bonheur de reüssir dans cette cure, & depuis ce temps cette genereuse personne
eut tant de reconnoissance & de bonne volonté pour moy, que je puis assurer qu'elle a plus contribué que pas un autre à me
faire rester à Daman aussi long-temps que
je fis. Neanmoins quelque estime que
les habitans de cette Ville eussent pour
moy, mon naturel porté à voyager, pour
acquerir tous les jours de nouvelles con-
noissances, en voyant continuellement
quelque chose de nouveau, me fit resoudre à quitter Daman. Je me servis pour
cet effet de l'occasion de la Flote, que les
Portugais envoyent tous les ans à Cambaje. Elle passa sur la fin de Decembre
à Daman pour retourner à Goa, elle étoit
commandée par Joseph de Mello, & elle fut prête à faire voile le dernier jour
de l'an.   CHA-

CHAPITRE XXII.

Départ de Daman.

TOus mes amis ayant essayé en vain de me retenir plus long-temps à Daman, je pris congé d'eux, & m'embarquay sur une des Galiotes de la Flote le dernier de l'an 1673. & nous mîmes à la voile le premier de Janvier 1674. pour aller à Baçaim attendre le reste des Galiotes qui n'étoient pas encore venuës de Cambaje.

Nous arrivâmes à Baçaim le lendemain aprés midy, j'allay à la Ville, où je trouvay le sieur Seguineau Medecin François, qui étoit venu de Madagascar dans le mesme Vaisseau qui m'avoit porté à Surate. Il s'y étoit depuis peu étably & marié, & je receus de luy toutes les honnestetez imaginables.

La Ville de Baçaim est à 20. lieuës au Midy de Daman, & est quatre fois plus grande. Les Eglises y sont riches & magnifiques, les maisons tres-belles, les places grandes, & les ruës fort droi-

tes

tes & fort propres : les murailles n'en
sont pas fortes, mais la riviere qui les arrose, & qui porte & contient seurement
les plus grands Vaisseaux dans toutes
saisons, attire le negoce dans cette Ville,
& la rend tres-considerable.

L'on y trouve plus de Noblesse qu'à
Goa, d'où vient le Proverbe Portugais,
Fidalgos de Baçaim, c'est à dire Gentil-
homme de Baçaim ; les terres d'alentour
sont fertiles & produisent du ris abondamment. L'on voit dehors & assez
prés des Portes la fameuse Eglise de *Nossa
Senhora do remedio*, qui aprés avoir été
long-temps consacrée aux fausses Divinitez, est devenuë un Temple, où le vray
Dieu est adoré. Sur le maître Autel est
l'Image miraculeuse de la tres-sainte Vierge. L'on dit qu'un voleur voulant autrefois prendre la riche couronne qu'elle a
sur la teste, se cacha dans l'Eglise,& quand
les portes furent fermées, monta sur
l'Autel pour executer son dessein impie,
qu'alors la Couronne & le sacrilege de-
vinrent immobiles, & qu'il fut pris en
cet état lorsque l'Eglise fut ouverte.
L'endroit du front de l'Image, où ce
scelerat avoit appuyé son pouce, est
resté si éclatant, que l'on diroit de loin

que

que c'eſt une étoille brillante ; cette clarté paroit moins lors qu'on s'en approche, & ſi l'on vient à la toucher, on n'y remarque plus rien d'extraordinaire. Les Gentils & les Maures, auſſi bien que les Chrétiens, font tous les jours des vœux en ce ſaint lieu pour l'heureux ſuccez de leurs affaires : & comme l'on y apporte continuellement des offrandes, il y a des richeſſes immenſes.

Nous ne reſtâmes à Baçaim que juſques au ſeptiéme, que levant les ancres nous prîmes la route de Goa, où nous arrivâmes le quatorziéme au ſoir. Je deſcendis à terre le lendemain, & ayant trouvé des avantages conſiderables dans cette grande Ville, dont j'ay déja parlé, j'y reſtay juſques en l'année 1676. Alors des affaires extraordinaires qui me ſurvinrent, ne me permettant pas de reſter plus long-temps aux Indes, malgré le deſir que j'avois de continuer mes voyages, il me fallut partir pour retourner en Europe. Je profitay de l'occaſion qui ſe preſenta d'un Galion Portugais, dans lequel je m'embarquay, ayant obtenu la permiſſion du Viceroy & du Capitaine.

L 4

CHA-

CHAPITRE XXIII.

Mon depart des Indes.

LE 27. de Janvier 1676. le Vaiſſeau nommé *San Pedro de Ratel*, du port de plus de 1500. tonneaux, commandé par le ſieur Simon de Souſa, partit de la Barre de Goa pour Lisbonne. Auſſitôt que nous fûmes à la voile, le Capitaine me fit appeller, & me pria de vouloir prendre le ſoin de ſon équipage, pendant le voyage, m'aſſurant qu'il avoit refuſé des Chirurgiens de ſa Nation qu'on luy avoit voulu donner, & qu'il n'ayoit pris qu'un Barbier pour le ſeigner & raſer, ſe confiant que je ne refuſerois pas de prendre la peine de tout ce qui regarderoit les malades. Cette propoſition m'étoit trop avantageuſe pour ne la pas accepter, je remerciay tres-humblement celuy qui me la faiſoit, & dés lors je fus conſideré comme le Medecin du general & de l'équipage.

Le vent nous favoriſa juſques à la ligne équinoxiale, où nous fûmes arreſtez quelques

ques jours par les calmes, mais le vent s'étant remis au beau, nous continuâmes nôtre route heureusement jusques au 13. degré au Sud. Le vent devint alors inconstant ; mais comme il n'étoit pas violent, nous ne laissions pas d'avancer toujours. Nous passâmes beaucoup à l'Est de l'Isle Dauphine, & sur la fin du mois de Mars, nous approchâmes de la hauteur du Cap de Bonne Esperance, où nos Pilotes avoient dessein d'aller reconnoître la terre, afin que leur estime en fût plus juste de là en avant. Le vent qui étoit à l'Est, & par consequent en poupe, se fortifia un peu pendant la semaine Sainte, & il augmenta de telle sorte le Mercredy Saint, qu'on fut obligé de quitter l'office, pour serrer promptement les voiles, le vent ne nous permettant d'avoir que la seule Misene à my-mast. L'agitation du Vaisseau étoit grande, mais cependant nous allions toujours, & nous étions assez loin de la terre pour n'en point craindre les accidens. Le matin du Jeudy le vent changea tout d'un coup à l'Oüest, avec tant de violence que nous doutâmes si nôtre Vaisseau y pourroit resister. Il fallut changer de route & obeïr au vent : &

L 5

quoy

quoy que nôtre Bâtiment fut fort bon, il y entroit tant d'eau que les deux pompes pouvoient à peine suffire pour le vuider. Les plus habiles & les moins timides étoient effrayez, mais apres 24. heures de crainte, le vent s'étant remis à l'Est avec moderation, on remit le Cap sur la terre, que nous vîmes le matin du Samedy Saint sur les neuf heures proche le Cap des Eguilles, où nos officiers ne voulurent pas descendre, parce que nous n'avions besoin de rien. Il fallut nous y arrester cependant à cause des calmes, jusques au lendemain des Festes, qu'à l'aide d'un vent de Nord-Est, nous doublâmes le Cap de Bonne Esperance sans le voir, parce que nous nous étions mis au large pour éviter de nouveaux calmes. Nous trouvâmes vers cet endroit les débris d'un Vaisseau, que la derniere tempête avoit apparemment fait perir, & sur la nuit on en découvrit un qui tenoit une route opposée à la nôtre. Comme il est toujours dangereux de negliger quelque chose sur la mer, nos Officiers firent mettre les armes en état, mais il parut si loin de nous à la pointe du jour, que ces precautions furent inutiles.

Le

Le Scorbut commença dés le mois
d'Avril à persecuter nôtre équipage ; &
quelque soin qu'on prît d'en arrester le
progrez, il ne se passoit gueres de jours
qu'on ne jettât quelque corps à la mer.
Les calmes se joignirent à cette peine,
& apres les avoir essuyez, un vent heureux nous poussa vers le Bresil, ou nous
avions ordre d'aller, & nous en découvrîmes la terre à l'endroit de la Baye de
tous les Saints, le 19. de May au matin. Des Pescheurs qui nous virent, vinrent avant midy à nôtre bord, & nous re-
solûmes d'entrer dans le Port le même
jour sous la conduite de ces hommes, qui
penserent nous faire perdre sur un banc
de sable, où par bonheur nous ne touchâ-
mes que legerement.   Un Vaisseau aussi
grand que le nôtre y avoit fait naufrage
pendant la nuit, quelques années auparavant, sans qu'il se fut sauvé que tres-
peu de personnes, de plus de mille qui
étoient dedans.   Le jour qui nous favo-
risoit, la douceur du temps, nôtre diligence, & plus que tout cela la bonté Divine,
nous empêcherent d'être brisez.   Nous
nous éloignâmes du banc, & ayant passé la nuit à l'ancre, nous entrâmes le
vingtiéme de May dans le Port, & allâ-

L 6   mes

mes moüiller devant la Ville, qui porte même nom que la Baye, aprés avoir perdu vingt-cinq hommes depuis Goa jusques en ce lieu, y en ayant encore plus de trois cens si fatiguez du Scorbut, que pour peu que nous eussions tardé en mer, ils auroient infailliblement pery.

CHAPITRE XXIV.

Mon arrivée au Bresil, & sa description.

PEndant le temps que j'ay sejourné au Bresil, je liay amitié avec un Marchand Espagnol d'origine, mais étably depuis long-temps dans cette côte. Il me procura beaucoup de bonnes habitudes, & me rendit des services considerables. Quoy que plusieurs personnes ayent écrit du Bresil, je ne laisseray pas de dire icy brievement ce que j'y ay remarqué.

Le Bresil est la côte Orientale de l'Amerique, où les Portugais, qui en ont fait l'entiere découverte, ont bâti des Villes qu'ils possedent tranquillement, aprés avoir vigoureusement & long-temps re-

sisté

fisté aux Hollandois. C'est un pays fort agreable, l'air y est bon & temperé par des pluyes frequentes, qui moderent les ardeurs du Soleil. Il y a quantité de fruits qui croissent dans les campagnes sans être cultivez, comme les citrons, limons, oranges, ananas, bananes, goujaves, & plusieurs autres. L'on y trouve aussi du raisin, mais moins communement qu'en Europe.

Les cannes de sucre y viennent en telle abondance que les habitans en feroient beaucoup davantage s'ils croyoient en avoir le debit. C'est de là que l'on tire aussi cet excellent Tabac, qui se fait distinguer d'avec celuy des autres lieux, & c'est encore dans le Bresil que les melons d'eau, ou patequas sont d'une bonté extraordinaire. L'ail & l'oignon n'y viennent point, & il est inutile d'en semer; ceux qui en veulent le font venir de Portugal.

Il y a beaucoup de cocos au Bresil, moins gros que ceux des Indes Orientales, qui servent à faire des boëtes & des tabaquieres, parce qu'ils sont fort épais, & parmy ceux-là on en trouve de si petits, que chacun n'est propre qu'à faire un grain de Chapelet.

On

On ne tire point là du Tary des Cocotiers pour en faire du sucre & de l'eau
de vie, comme en Orient, parce que les
cannes produisent suffisamment de l'un,
& qu'on y porte de meilleure eau de vie
de Lisbonne.

CHAPITRE XXV.

Suite du Bresil.

OUtre le bois qui porte le nom du
pays, on y voit encore des arbres
extraordinaires, entre lesquels est celuy
qui distille le baume, qu'on appelle de
Perou ; l'on en fait de petits coffres pour
serrer les bijoux des Dames, qui parfu-
ment tout ce que l'on met dedans. L'on
recueille du bled dans la partie Meridionale de cette côte, mais les terres de la
Baye de tous les Saints en sont dépour-
vuës comme beaucoup d'autres. On en dit
deux raisons: la premiere, parce que la terre n'y est pas disposée : & l'autre, qui est
peutêtre la meilleure, à cause d'une quantité effroyable de fourmis, qui mangent
le grain avant qu'il puisse prendre racine.

ne.　Quoy qu'on seme par tout du millet & du ris, le Mandioc, ou la farine
qu'on en fait est la nourriture ordinaire
des Bresiliens; les François l'appellent
Cassave, & les Portugais *Farina de Pao*.
La racine de Mandioc se cultive comme les Batates, la coupant par morceaux,
& l'enfoüissant dans la terre, elle devient
fort grosse; sa couleur est blanche: & si
l'on en mange avant qu'elle soit preparée, on court risque de perdre la vie;
on luy ôte sa qualité dangereuse en la
mettant dans l'eau, & l'y laissant jusqu'à
ce qu'elle soit parfaitement amollie, on
la tire alors pour la faire secher, la faisant encore tremper & secher de nouveau, & reïterant autant de fois qu'il est
necessaire pour la dépoüiller de ce qu'elle a de mauvais, & quand elle est ainsi
preparée on la reduit en farine grosse
comme de la poudre à canon, elle est
toujours pesante & presque insipide, &
cause des obstructions à ceux qui n'y
sont pas accoûtumez. L'on fait de cette
farine de petits gâteaux, qu'on appelle
Bejous, ils sont plus appetissans, mais
leur qualité n'est pas meilleure.

Comme l'on apporte à la Baye du bled,
du Rio de Janeiro, & de la farine de
Por-

Portugal, l'on n'y manque pas de pain, & il y est seulement un peu plus cher. L'on y trouve aussi abondamment de l'huile, du vin, des toiles, des étoffes, & de toutes les autres choses necessaires à la vie, qu'on y fait venir d'Europe. La viande, le gibier, & le poisson s'y trouvent communement, & l'on y donne à un prix fort mediocre les fruits & les confitures.   Ce pays ne laisse pas d'avoir ses incommoditez; il y a de certains petits vers, dont je parleray dans le traité des maladies, qui suit cette Relation, & des fourmis de plusieurs sortes ; ceux dont la couleur est rouge, & la grosseur mediocre sont répandus par tout, & couvrent les campagnes, par des monceaux, que l'on prendroit de loin pour de petits Villages. Les Villes n'en sont pas exemtes; ces animaux y font une guerre perpetuelle aux rats & aux serpens, & la grandeur des uns succombe infailliblement sous le nombre des autres.

CHA-

CHAPITRE XXVI.

Des habitans du Bresil.

POur ne pas faire une distinction ennuyeuse, je diray en peu de mots, que les Bresiliens originaires idolâtrent encore, & qu'il y a beaucoup de Sorciers parmy eux, ou qui passent pour tels ; ils sont superstitieux, ils n'ont point de temples ny de festes particulieres, & ils invoquent le Diable. Ils portent les cheveux longs, leur teint est basané, vont nuds, sont braves, adroits, & ennemis irreconciliables de ceux qui les ont offensez. Leurs armes sont des fleches, qui au lieu de fer ont des arrestes de poisson : & si quelques-uns se servent de fer, ce n'est que depuis qu'ils frequentent les Europeens. Ils sçavent cultiver la terre, & s'occupent ordinairement à la chasse & à la pesche : ils mangent de toute sorte de viande, supportent constamment la faim, & ne font gueres de provision. Leur naturel les porte à la guerre, qu'ils se font conti-

nuel-

nuellement. Quand ils prennent leurs ennemis prisonniers, ils les engraissent, les tuënt publiquement, & les mangent avec une cruauté inoüie. Ils n'enterrent point leurs morts, & leur coûtume est de les devorer, souvent même avant qu'ils soient expirez. Quand les maladies paroissent mortelles, ils tuënt ceux qui souffrent, de peur qu'ils ne maigrissent; & pour n'en rien perdre, ils font secher les os & les mangent en forme de boüillie. Lorsque nous les appellons cruels, ils répondent que nous sommes des impies, de laisser manger nos amis & nos parens aux vers, dans le sein de la terre, pendant que nous leur pouvons donner nôtre corps pour sepulture.

Les Portugais qui sont au Bresil y vivent comme dans les autres lieux où ils sont habituez. Ils ont bâty des Forts, font la guerre à ceux qui ne leur veulent pas obeir, & sont en état de ne craindre ny les Bresiliens, ny ceux d'Europe, qui voudroient les troubler.

Comme les farouches Bresiliens n'épargnent pas les Portugais qui tombent entre leurs mains par le sort de la guerre, ou par quelque surprise, les autres ne sont pas moins rigoureux quand ils les

peu-

peuvent attraper, & au lieu d'une mort, ils leur en font fouffrir mille dans l'efclavage, ce qu'ils peuvent éviter en fe foumettant volontairement aux vainqueurs, ou fuyant en d'autres pays, quand ils font les plus foibles. Les Portugais foigneux d'étendre leurs conquêtes, envoyent continuellemenr des Partis contre les Barbares, & fortifient foigneufement les lieux dont ils font maîtres. Lors que j'y étois on difoit qu'ils s'étoient avancez jufques à plus de 80. lieuës de la mer. Ils ont foin d'inftruire les Brefiliens qui vivent parmy eux, libres ou efclaves dans le Chriftianifme, & il y en a même qui ont époufé des femmes de ce fang barbare, qui pour être blanches & bien faites, ne laiffent pas d'avoir toujours quelque chofe de fauvage, qui les fait diftinguer des autres. Le grand nombre d'efclaves que les Portugais ont en ce pays, & la maniere cruelle dont ils les traitent, ne leur donnant pas le neceffaire, & les châtiant avec excez pour les moindres fautes, fait qu'il arrive fouvent de grands defordres dans leurs Villes & par les campagnes. La plûpart de ces captifs font des Negres qu'on amene d'Angola & de Guinée pour travailler au fucre & au tabac.

bac, on les vend au marché comme des bêtes, & ceux qui ont de grandes terres en achetent plufieurs centaines, qui font gouvernez par des Commis, fouvent plus cruels que les Maîtres : d'autres qui n'ont pas de biens à cultiver laiffent la liberté à leurs captifs de travailler à ce qui leur plaît, moyennant certaine fomme qu'ils exigent d'eux tous les mois, ou toutes les femaines. Le mauvais traitement que les uns reçoivent, & la taxe qu'on impofe aux autres, à laquelle ils ne peuvent pas toujours fatisfaire, les oblige quelquefois à courir les champs, où ils pillent tout ce qu'ils rencontrent, pour fe venger des tourmens qu'on leur a fait fouffrir. S'il y a du danger à la campagne, il ne s'en trouve pas moins à aller de nuit par la Ville ; & quelque foin que l'on ait de châtier feverement ceux que l'on peut prendre, les autres ne laiffent pas de continuer leurs brigandages.

CHA-

CHAPITRE XXVII.

De la Ville & du Port de la Baye de tous les Saints.

LA Baye de tous les Saints est située sous le quinziéme degré au Midy de la ligne ; le Port qui communique son nom à la Ville, est un des plus grands & des plus commodes de tout l'Ocean : Il y a quelques bancs de sable à un des côtez de l'entrée, que l'on peut éviter en prenant des Pilotes du pays, lors qu'on approche la côte. L'entrée & le fonds sont presque Est & Oüest, l'on ne tourne que tres-peu vers le Nord pour aller moüiller devant la Ville, & quand on est une fois entre les deux Caps, l'on n'a plus rien à craindre. On peut jetter les ancres seurement par tout, & la Baye est si grande qu'elle pourroit contenir plusieurs milliers de Vaisseaux. Elle est environnée par tout de terres hautes, dont la veuë est fort agreable, & plusieurs petites rivieres s'y viennent perdre. L'on s'occupe fort à la Baye

à la

à la pesche de la Balaine, depuis Juin jusques en Septembre : Peu de gens ignorent que ce poisson prodigieux se prend avec un petit dard, attaché à une forte fisselle ; les Pescheurs croisent dans des Batteaux, pour observer quand la Balaine paroîtra ; quand elle est blessée elle fuit, tant qu'elle est en vie on lâche la corde qui tient le dard, quand elle a perdu tout son sang elle meurt & nage sur l'eau ; l'on approche alors, & la marée étant haute on la tire à terre pour la depecer. L'on brûle dans tout le Bresil l'huile qui se tire de ce poisson, les Negres & les pauvres gens en mangent la chair, & l'on ne voit que rarement des personnes riches s'en nourrir.

Lors qu'on a avancé deux lieuës dans ce Port, l'on trouve la Ville qui porte le même nom : les Vaisseaux moüillent devant à une demie lieuë de terre. Cette Ville est à droit en entrant, elle est située sur une haute montagne, dont elle occupe le haut & le bas, ce qui fait que la plûpart de ses ruës sont en penchant. Elle est la plus grande de celles que les Portugais possedent au Bresil, & le siege du principal Gouverneur de cette côte.

Quoy

Quoy qu'il n'ait pas d'autorité fur les autres il marche devant tous, & l'on parloit, lors que j'y étois, que l'on y devoit envoyer un Vice-roy, auffi abfo-lu dans le Brefil, que celuy de Goa l'eft aux Indes : l'on attendoit auffi un Evê-que pour remplir le Siege, qui vaquoit depuis plufieurs années, & l'on croyoit que lorfque le Gouvernement feroit changé en Vice-royauté, l'Eglife devien-droit Metropolitaine. Il y a un Parle-ment, dont le reffort s'étend par toute la côte, l'autorité n'en eft pourtant pas tout à fait abfoluë, & les affaires criminel-les font refervées à celuy de Lisbonne, auffi bien que les caufes civiles, dont les fommes paffent mille livres. Cette Ville eft grande & peuplée, les Eglifes y font magnifiques, le Palais du Gou-verneur, qui occupe l'endroit le plus élevé, eft fuperbe, le Parlement s'y af-femble ; toutes les maifons en font bien bâties, le commerce y attire toute forte de Nations, & l'on y trouve des mar-chandifes de toutes les fortes.

CHA-

CHAPITRE XXVIII.

Mœurs du Pays.

JE ne sçay si le libertinage est aussi grand par tout le Bresil qu'il l'est à la Baye de tous les Saints, où les femmes mêmes qui passent pour avoir quelque vertu, ne font point scrupule de parer leurs esclaves, pour les mettre en état de vendre plus cher les infames plaisirs qu'elles donnent, & l'on peut dire que le vice y regne souverainement. Tous les étrangers y sont considerez, & particulierement les François : la jalousie qu'ils causent, les rend quelquefois odieux, & leur produit souvent de terribles affaires, ainsi qu'on le verra par l'exemple suivant.

Un jeune François, qui pratiquoit la Medecine au Bresil, fut appellé par une Dame pour traiter sa fille qui étoit malade ; comme elle étoit jeune, bien faite, & riche, le Medecin n'épargna pas ses soins pour la guerir promptement, il eut le bonheur de plaire à la malade & à sa

mere,

mere, de forte que la fanté étant rétablie
on luy propofa de l'époufer, & les Nopces fe firent fans éclat.   La fortune de ce
jeune homme luy attira des ennemis, qui
exciterent un Gentilhomme, mary de la
fœur aînée de fa femme à le faire aflaffiner,
luy reprefentant qu'il y avoit de la lâcheté à fouffrir dans fa famille un jeune Chi-
rurgien, qui ufurpoit le nom de Medecin, & qui peut-être étoit heretique.
Cet homme qui avoit plus de richeffes
que de bon fens, fuivit les avis qu'on luy
donna, fe plaignant d'abord de la honte
qu'il recevoit, par une alliance fi mé-
prifable; & n'oubliant rien pour infpirer
fes fentimens aux autres parens : mais les
ayant trouvez plus moderez que luy, il
vint à la Ville avec un nombre de fes amis,
attaqua de nuit la maifon de fa belle-fœur
& y maffacra un jeune homme qu'ils prirent à la taille pour celuy qu'ils cher-
choient, & qui s'étoit caché au premier
bruit, fe retirant aprés cette belle execution.   Le monde accourut aux cris des
femmes, & cette action paffant auffi-tôt
aux oreilles du Juge criminel, il envoya
des Gardes chez le François pour empêcher un fecond attentat, qu'on fut fur le
point d'entreprendre, quand le Gentil-

<table>
<tr><td>II. Partie.</td><td>M</td><td>homme</td></tr>
</table>

homme sçût que le mort n'étoit pas son
beau frere. Pour éviter des suites plus
fâcheuses, il fallut que le François quit-
tât le Brefil, & il partit pour Lisbonne,
après avoir été gardé soigneusement juſqu'à son embarquement. J'ay sçû depuis, étant à Lisbonne, qu'il follicitoit
un ordre du Prince pour y faire venir sa
femme avec les effets qu'elle avoit au
Brefil.

CHAPITRE XXIX.

Départ du Brefil.

LA grande Flote qui part tous les ans
de Lisbonne pour toutes les Villes
du Brefil arriva au mois de Juin. Le General alla au Rio de Janeiro pour escorter les Vaiſſeaux qui y étoient envoyez,
& cependant nous nous preparâmes à
partir auſſi-tôt qu'il feroit de retour, ce
qui ne fut qu'à la fin du mois d'Aouſt.
Comme nous étions chargez & prefts à
faire voile, dés que les Vaiſſeaux des derniers venus furent pourvus de rafraîchiſ-
femens, nous levâmes les ancres & forti-

mes

mes au nombre de trente voiles, de la Baye de tous les Saints, le troisiéme Septembre au matin. Vingt-deux des Vaisſeaux de nôtre Flote étoient pour Liſbonne, huit pour la Ville de Porto.

Les vents commencerent à nous traverſer dés le premier jour, & continuerent à nous être contraires prés d'un mois, en forte que nous ne pûmes doubler le Cap de ſaint Auguſtin qu'à la fin de Septembre. Les Vaisſeaux deſtinez pour Porto étant les meilleurs voiliers de la Flote, ſe ſeparerent de nous, dans l'eſperance d'arriver plûtoſt en Portugal, mais cette ſeparation leur coûta cher, & les Corſaires d'Alger en prirent deux, ainſi que nous l'apprimes à nôtre arrivée à Lisbonne.

Le vent changea à la hauteur du Cap de ſaint Auguſtin, & nous fut favorable, juſques à celle du Cap Vert. Ce fut à peu prés dans ce temps, que nous vîmes en paſſant l'Iſle appellée *Fernand de Norogna*, du nom de celuy qui en fit la découverte. Autrefois ceux qui manquoient d'eau, y alloient pour en faire, mais quelques voyageurs y ayant laiſſé des chiens, ces animaux y ont multiplié de

M 2

telle

telle forte qu'ils l'ont renduë inacceffible.

Depuis les dix degrez ou environ de la ligne, le vent changea encore, & nous fut oppofé tout le refte du Voyage, mais comme il n'étoit pas violent, nous avancions toujours un peu, jufques à ce qu'une tempête épouvantable nous battit fous le 36. degré, où plufieurs Vaiffeaux de nôtre Flote perdirent des mafts, des vergues & des voiles. Enfin aprés avoir bien fouffert, nous découvrîmes à l'Eft l'Ifle *Terceira*, qui appartient aux Portugais, où leur Roy a été gardé long-temps, & d'où on ne l'auroit pas tiré, fi l'on n'eût apprehendé que quelqu'un l'enlevât. Ce fut le vingt-uniéme de Novembre que cette Terre parut à nos yeux; & fi la faifon n'eût pas été fi rude nous nous y fuffions rafraîchis : mais comme il n'y a point de Port, & que les Rades ne font pas fûres, nous paffâmes outre, & découvrimes le foir du vingt-troifiéme l'Ifle de faint Michel, devant laquelle nous paffâmes la nuit à la Cape. Le lendemain tous les Vaiffeaux envoyerent leurs Chaloupes à terre chercher des rafraîchiffemens, fans pourtant moiiiller l'ancre, afin d'être plus prefts à faire voile, s'il fe levoit quelque orage,

ce

ce qui eft affez ordinaire dans cette faifon.
L'Ifle de faint Michel, la Terceira, &
les adjacentes, font aux Portugais, il s'y
recueille beaucoup de bled, dont la meilleure partie fe tranfporte en Portugal.
Nos Chaloupes étant revenuës le foir du
vingt-quatriéme nous pourfuivîmes nôtre route avec un vent Nord-oüft qui ne
dura pas long-temps, fe changeant à
l'Eft, & puis au Sud, avec tant de force, que cette tempête me parut la plus
cruelle de celles que j'avois veuës. Elle
dura dix jours avec une violence incon-
cevable. Nôtre Vaifleau s'ouvrit & fit
eau de toutes parts, tout fembloit nous
conduire à la mort, & quelque foin que
nous priffions de faire du bruit le jour,
& d'allumer des feux pendant la nuit,
l'obfcurité qui étoit prefque toujours
egale, & la grandeur de la tempête dif-
perfa tous les Vaiffeaux, & le nôtre ref-
ta feul, aprés avoir perdu toutes les voiles, à la referve d'une Mifene, que
tout l'équipage offrit par vœu à la tres-
fainte Vierge, dont nous éprouvâmes
vifiblement la protection dans cette rencontre. Nous étions dans un defor-
dre qui ne fe peut exprimer, & les
vagues hautes comme des montagnes

M 3

pafpassoient continuellement par dessus nôtre Vaisseau. Le jour rendoit toutes ces choses en quelque façon supportables, mais nôtre trouble redoubloit la nuit, & nous étions toûjours dans l'attente d'une mort cruelle. Un nouvel accident acheva de nous ôter l'esperance, & fit trembler les plus intrepides.

Nous avions des masts de hune & de vergues, pour changer en cas de besoin, cela étoit fortement attaché au milieu du pont, & n'avoit point branlé depuis que nous étions en mer : Nos deux Chaloupes étoient là-dessus posées l'une dans l'autre, & la petite étoit pleine de cochons qu'on apportoit du Bresil pour en faire des presens en Portugal, parce qu'ils étoient d'une grandeur extraordinaire : le roulement du Vaisseau étant fort grand & ayant duré tant de jours, les cordes qui attachoient toutes ces choses se rompirent, & le tout suivit le mouvement du Navire, que nous crûmes être brisé au premier choc, que ces masts, ces vergues, & ces batteaux donnerent contre le bord : chacun tourna alors ses vœux vers le Ciel, en attendant le dernier moment. Comme il y avoit parmy nous des personnes de differentes Nations, & que chacun le plaignoit, & invoquoit le secours du Ciel en sa langue, cela formoit un bruit triste & lugubre, qui augmentoit le trouble & la frayeur. Enfin l'on arrêta tout cela d'abord que le jour parût, parce que personne n'avoit osé l'entreprendre pendant l'obscurité, de peur de se faire écraser, comme les pourceaux l'avoient été, & par la bonté Divine le temps s'éclaircit, le Soleil parut, les vents s'appaiserent, & le danger cessa.

CHAPITRE XXX.

Suite du Voyage, & l'arrivée de la Flote à Lisbonne.

APrés avoir reparé tous les desordres que la tempête avoit causé, nous changeâmes plusieurs fois de route pour chercher les autres Vaisseaux, mais nos soins étant inutiles, nous mîmes le Cap sur la terre pour gagner le Port de Lisbonne.

Le soir de l'onziéme Décembre nôtre Sentinelle découvrit un grand Vaisseau qui venoit à nous, que nous appreher-

dâmes

dâmes être un Corſaire d'Alger, ce qui obligea nos Officiers à ſe mettre en defenſe, ſi l'on les attaquoit ; la nuit qui ſurvint ne nous permit pas de reconnoître ce Navire ; & comme il porta le feu juſques au jour, nous en fîmes de même pour témoigner plus d'aſſûrance. Nous reſtâmes en veuë juſques au lendemain, & chacun ayant travaillé de ſon côté pour s'approcher, nous reconnûmes que c'étoit un des Vaiſſeaux de la Flote. Nous allâmes de compagnie le reſte du jour, & le lendemain 13. du mois nous vîmes la terre de Portugal, & approchâmes ſur le ſoir de la Barre de Lisbonne, où nous ne pûmes entrer à cauſe que le vent devint contraire. Nous croiſâmes devant ſans moüiller l'ancre, le reſte de la Flote ſe joignit à nous le 14. excepté deux vaiſſeaux, qui arriverent quelques jours aprés, & le 15. au matin nous entrâmes heureuſement dans le Port avec une joye qu'il eſt plus facile de ſentir que d'exprimer. Nous allâmes moüiller les ancres devant le Palais du Prince, qui étoit monté ſur une terraſſe pour nous voir entrer, pendant que le rivage étoit bordé d'une foule innombrable de peuple qui ſolemniſoit nôtre arrivée par ſes acclamations. CHA-

CHAPITRE XXXI.

Du Port de Lisbonne.

JE restay six mois à Lisbonne pour voir les beautez de cette grande Ville, j'eus l'honneur d'y voir Monsieur Fabre, premier Medecin de la Reine de Portugal, de qui cette Princesse, & tous les grands du Royaume avoient une estime toute particuliere; il eut la bonté de m'offrir sa maison, & je receus de luy des services si considerables, pendant mon sejour en cette Ville, que le seul moyen qui me reste pour les reconnoître est d'avoüer ingenûment que je ne puis le faire dignement.

Quoy qu'il y aille tous les jours des François à Lisbonne, & que ceux qui n'y ont pas été en puissent aisement apprendre les particularitez par une infinité de livres qui en traittent : j'espere cependant qu'on ne trouvera pas mauvais que j'en disc icy un mot en passant.

Le Tage, que les Portugais appellent *Tejo*, est assez fameux par sa grandeur, &

M 5

par

par l'or qui se trouve dans le sable sur lequel il roule; il arrose plusieurs belles Provinces, passe au pied de la celebre Ville de Lisbonne & y forme un des plus beaux & des meilleurs Ports du monde.

Il est située entre les trente-neuf & quarante degrez au Nord, on le reconnoît de loin par une montagne, qu'on aple *la Roqua*. Quand on passe la Barre, il faut prendre garde à des bancs de sable qui y sont du côté du Midy. L'on trouve avant que d'y arriver la Ville & le Fort de Cascais; cette Place est à cinq lieuës de Lisbonne, bien gardée, & a un Port où il entre de grands Vaisseaux, mais qui n'y peuvent rester seurement, quand les vents d'Oüest & de Sud-oüest soufflent. Cascais est un Marquisat dont un des plus grands Seigneurs du Royaume porte le nom. L'on rencontre immediatement aprés cette Place, la Barre dont le passage est dangereux, & où il n'est pas rare de voir perdre des navires, quand on neglige de prendre des Pilotes du pays. Un peu aprés à deux lieuës de Cascais il y a deux Forteresses, dont l'une est bâtie sur des Pilotis, au milieu de la riviere, elle s'appelle à *Torre do Bongio*; & l'autre est le Fort de S. Gian, ou saint Julian; ces Places sont bien gardées,

dées, & c'est entre elles & sous la portée
de leur canon que doivent necessairement
passer tous les Bâtimens qui vont à Lisbonne, ou qui en sortent. A moitié
chemin de là à la Ville, on voit la tour
de Belem ou Bethléem bâtie dans la riviere, qui est étroite en cet endroit ; cette
Place n'est pas moins bien gardée que
les autres, & l'on y tient des Commis
qui visitent tous les Vaisseaux sortant du
Port, pour voir s'ils en ont le congé.
Prés de cette Tour est un grand Bourg
devant lequel les Navires moüillent en
attendant leurs dernieres depêches. Il est
bien peuplé, & l'on y trouve toute sorte
de rafraîchissemens. Il y a un Convent de
Bernardins, qui est une des plus rares
pieces du pays, il est consacré à J. C.
naissant, s'appelle Bethléem, & communique ce nom au Bourg & à la Tour,
il fut autrefois fondé par le Roy Dom
Manuel, sous le regne duquel on découvrit les Indes Orientales, l'on voit
dans l'Eglise plusieurs superbes Mauso-
lées des Roys & Reines de Portugal.

De l'autre côté de la riviere & vis-à
vis de Bethléem il y a une grande maison
où les Vaisseaux qui viennent de quelque pays soubçonné de peste, débarquent

M 6

leurs

leurs marchandises pour y faire quarantaine. Depuis Bethléem jusques à la Ville on trouve grand nombre de belles maisons, qui rendent l'entrée de la riviere fort agreable.

CHAPITRE XXXII.

De Lisbonne.

Lisbonne est la Cour des Rois de Portugal, c'est une des plus belles & des plus riches Villes de l'Europe, on y trouve tout ce que les pays étrangers ont de plus precieux. Elle a sept montagnes dans l'enceinte de ses murailles ; sur l'une de ses montagnes est le Château : il y a quantité de belles Eglises & bien fondées. Celle des Jacobins est remarquable à cause d'une Chapelle, sur l'Autel de laquelle est un grand Crucifix en relief enfermé d'une grille de fer, le tres-saint Sacrement y est toujours exposé dans la playe du côté, & l'on voit six cierges de cire blanche & sept lampes brûler continuellement devant. La Chapelle de la Cathedrale où le saint Sacre-

ment

ment repofe eft auffi d'une magnificence extraordinaire.

L'on garde dans le Convent appellé à *Madre de Deos*, un Suaire de N. S. J. C. cette precieufe relique eft montrée au public, l'aprés midy du Vendredy Saint.

Les ruës de Lisbonne font fort étroites, il n'y a que celles qui ont été baties depuis peu où des Carroffes puiffent aller, & c'eft peut-être pour cela que les littieres font beaucoup plus en ufage.

Le Palais Royal eft fur le bord de la riviere, & tout auprés eft la maifon du Prince, qui ne l'a point encore quittée, parce qu'il ne peut occuper le Palais qu'en prenant le titre de Roy, que fon frere porte encore, tout captif qu'il eft dans le Château de Cinthra, à quatre ou cinq lieuës de Lisbonne. Devant ce Palais eft la grande Place Royale, appellée *Tereiro do Paco*, où fe font ordinairement les courfes de bagues & de taureaux.

Il y a dans Lisbonne plufieurs autres grandes places, de tres-belles maifons, & quantité de fontaines, qui ne fervent pas moins à l'embelliffement de la ville, qu'à la commodité des habitans. Les Portugais evitent, autant qu'ils peuvent, la France pour les habillemens, leurs

fem-

femmes font petites & propres, les Dames de la premiere qualité vont le visage
découvert, les autres ont des voiles, mais
elles sçavent bien le relever quand il leur
est avantageux de se faire voir.

CHAPITRE DERNIER.

Départ de Lisbonne, & retour en France.

AYant veu ce qu'il y avoit de plus
remarquable à Lisbonne, je m'embarquay sur un Vaisseau de Bayonne qui
partoit pour France; nous moüillâmes
les ancres le 22. Juillet 1677. devant la
Tour de Belem pour y faire voir nôtre
congé, & le lendemain nous sortîmes en
pleine mer; mais le vent étant devenu
contraire & violent la nuit suivante, nôtre mast de Misene se fendit, en sorte
qu'il fallut relàcher pour le raccommo-
der. Nous ancrâmes le lendemain au
petit Port de Cascais, où j'allay à terre
avec le sieur du Cassé Bayonnois, avec
qui j'avois déja lié amitié; nous y restâ-
mes jusques au vingt-huitiéme, qu'il se
fallut rembarquer pour se mettre en mer.

Le

Le vent continuant à nous être contraire, il nous fallut aller fort au large; nous doublâmes le Cap de Finisterre le quatriéme d'Aoust, & nous cotoyâmes les terres d'Espagne jusques au quinziéme, que celles de France, parurent, & en même temps un Vaisseau qui venoit sur nous. Comme nous n'étions que vingt-cinq hommes & que nous n'avions que six petites pieces de canon, nous changeâmes de route; mais en fuyant celuy-là, nous en apperçûmes un autre, qui fit que nous reprîmes nôtre chemin, & courûmes sur terre à dessein d'y échoüer, si nous étions pressez. Nous passâmes la nuit dans des apprehensions continuelles, & le jour ayant paru nous ne vîmes plus qu'un des Vaisseaux : nous approchâmes alors de la Barre de Bayonne, qui est tres-dangereuse; cependant nous entrâmes heureusement dans la riviere. Ainsi aprés tans de perils & de souffrances que traîne toûjours aprés soy un long Voyage, j'eus la satisfaction de mettre pied à terre en France, le seiziéme d'Aoust 1677.

Fin de la Relation.

TRAI-

TRAITÉ

DES
MALADIES
PARTICULIERES
AUX PAYS
ORIENTAUX,
ET
DANS LA ROUTE,

Et de leurs Remedes.

TRAITE'
DES MALADIES
PARTICULIERES
AUX PAYS
ORIENTAUX,
ET DANS LA ROUTE,
Et de leurs Remedes.

CHAPITRE I.

Du Vomiſſement.

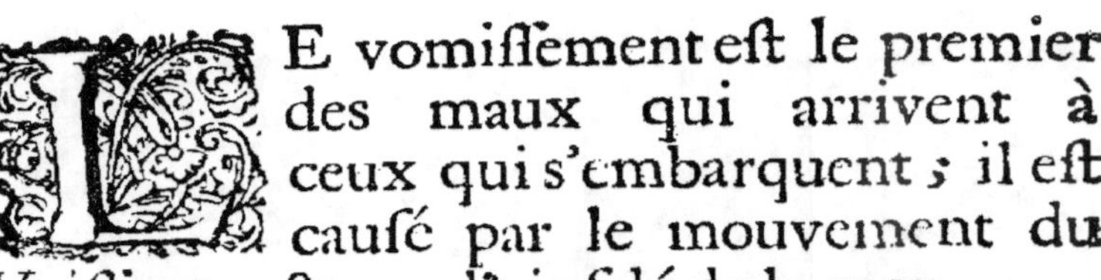

E vomiſſement eſt le premier des maux qui arrivent à ceux qui s'embarquent ; il eſt cauſé par le mouvement du Vaiſſeau, & par l'air ſalé de la mer.

Ce mal pour être commun, n'eſt pas roûjours ſans danger, j'ay quelquefois veu des perſonnes en être ſi fatiguées, qu'il y

avoit

avoit à craindre pour leur vie, & d'autres qui pendant un voyage de trois mois & demy, ne s'en pouvoient garantir qu'en gardant continuellement le lit.

Pour éviter le vomiſſement, il ſera bon de ſe purger avant que de s'embarquer, particulierement ſi l'on s'eſt adonné à la débauche. L'on peut en diminuer la violence ſi l'on eſt déja ſur mer, en gardant le repos, & ſe tenant entre les ponts, pendant les premiers jours du voyage, ſans pourtant s'abſtenir de boire & de manger à l'ordinaire, quand même on devroit le rendre auſſi-tôt, parce que l'on eſt bien moins fatigué en vomiſſant, l'eſtomac étant plein, que lors qu'étant vuide, il fait d'inutiles efforts, qui peuvent quelquefois cauſer de tres-dangereuſes hemorragies.

L'on doit auſſi dans les commencemens ſe nourrir, s'il ſe peut, de viandes de bon ſuc, & de facile digeſtion, boire peu de vin, & ſe priver entierement d'eau de vie, l'experience faiſant voir qu'elle nuit beaucoup dans ces occaſions, bien loin d'y apporter du ſoulagement.

CHA-

CHAPITRE II.

Du Scorbut ou mal de terre.

LE Scorbut, que nos Mariniers a-pellent mal de terre, est le plus cruel de ceux qui affligent les Voyageurs, il est contagieux, & celuy qui se contracte en mer ne se guerit jamais que sur terre.

Les causes ordinaires de cette maladie sont, l'air sec & brûlant de la mer, les alimens salez, & par consequent de mauvais suc, le chagrin qui suit presque toujours ceux qui sont dans de longues routes, la soif que l'on souffre assez souvent, lorsque l'on a plus de besoin de boire, & le peu de soin que les Matelots ont de se tenir propres.

Les officiers & les autres personnes de quelque autorité, sont moins sujettes à ce mal que le commun des gens de mer, parce qu'elles se nourrissent de meilleures viandes, & ont plus de soin & de moyen de changer souvent de linge.

Le Scorbut commence presque toujours

jours à paroître aux gencives, qui deviennent enflées, noires, & puantes, en sorte que non seulement il y faut faire de profondes incisions, mais encore en ôter souvent une quantité considerable de chair baveuse & corrompuë, & déchausser si fort les dents, que l'on les voit toutes trembler & quelquefois tomber.

Ce mal se fait encore voir, par des noirceurs qui viennent aux bras, aux jambes, & aux cuisses, & enfin par tout le corps, sur quoi il faut remarquer que la maladie est d'autant plus dangereuse que ces tâches sont plus étenduës & plus approchantes du cœur.

Cette corruption des gencives & des autres parties, est precedée, ou du moins immediatement accompagnée de dégoûts, lassitudes, defaillances, syncopes, douleurs de tête, des bras & des jambes, flux de ventre, mais rarement de fievre apparente, le poux ne marquant presque jamais que peu ou point d'emotion.

Le sang devenu terrestre & grossier, par les raisons que j'ay cy-devant dites, ne pouvant plus librement circuler dans les petits vaisseaux, qui sont répandus

dans

dans les gencives, dans les extremitez, & dans toute la peau ; commence à s'y arreter, & ces parties ne recevant plus d'esprits, il n'est pas surprenant que la corruption s'y mette, d'où procedent les tumeurs & les noirceurs, & à proportion que cette corruption s'augmente & s'approche du centre, la circulation venant à être empêchée dans les plus grands vaisseaux ; l'on voit croître la violence des accidens, particulierement les syncopes devenir frequentes, qui sont pour l'ordinaire les presages asseurez d'une mort prochaine.

Pour éviter ce mal, qui desole les équipages, les Officiers d'un Vaisseau doivent lorsqu'ils s'embarquent, prendre garde de ne recevoir que de bonnes vituailles, & non pas du biscuit moisi & des viandes corrompuës; ce qu'ils ne font pourtant pas pour n'oser contredire à ceux qui les fournissent, ou pour épargner quelque chose, si eux même les achetent.

Ils doivent aussi avoit soin lorsqu'ils sont en mer, de tenir leur Vaisseau bien net, le faisant balayer & laver tous les jours avec de l'eau salée, l'arrosant & le parfumant aussi deux ou trois fois la semaine, avec de fort vinaigre, pour

puri-

purifier l'air & le rendre plus subtil.

Les particuliers doivent, s'il leur eft poffible, faire provifion de jus de citron, de verjus, roffolis, confitures, & fruits fecs, particulierement de pruneaux, s'abftenir autant que faire fe pourra, d'alimens gâtez, de chair & de poiffon, s'ils ne font frais, ou bien défalez ; manger fouvez du ris, de l'orge, du gruau avec des pruneaux & de la boüillie ; boire de bon vin bien trempé, & ne point endurer de foif, fi faire fe peut, changer de linge, fe laver tres-fouvent la bouche & le corps, pour en ôter l'ordure qui s'engendre aifement lorfque l'on fuë beaucoup, & qui empêchant la tranfpiration, ne contribuë pas peu à la production du Scorbut.

Mais fi l'on en eft deja attaqué, & qu'il paroiffe aux gencives par quelque legere noirceur, il ne faut rien negliger, parce que ce mal fait de tres-grands progrés en peu de temps ; il fera bon, fi l'on abonde en fang, d'en tirer d'abord deux petites paletes, pour luy donner plus de facilité de circuler, fans toutefois ôter les forces, dont on a pour lors un tres grand befoin, l'on pourra enfuite fe purger, laiffant quelques jours en-

entre ces deux remedes. Les lavemens
seroient d'un grand secours, si l'on en
pouvoit prendre frequemment, mais cela n'est gueres possible sur mer, où l'on
ménage trop l'eau, pour l'employer à
cet usage.

Il faut ensuite prendre du jus de citron ou du vinaigre, avec du sel, &
s'en laver soigneusement la bouche, frottant les gencives assez fort pour en tirer à
chaque fois le sang grossier qui y est arrêté.

Si le mal se fait voir par des lividitez
des bras, des jambes, & des cuisses, il
les faut souvent laver avec de l'eau de
mer, chaude, & les frotter assez rude-
ment pour exciter une legere douleur,
il est aussi tres-utile de les étuver avec
du sang de Marsoin, lorsque l'on en prend,
l'experience ayant fait voir qu'il a une
proprieté particuliere, pour empêcher
le progrez de ce mal, qui est tout ce
qu'on peut esperer tandis qu'on est en
mer, n'étant pas possible de le guerir
parfaitement que sur la terre, où tous
ceux qui ont le bonheur d'arriver, recou-
vrent infailliblement la santé en peu de
temps, & presque sans le secours des
remedes, pourveu qu'il leur reste assez
de force & de vigueur pour supporter

II. Partie. N les

les syncopes, & autres accidens violens, que leur cause le changement d'air.

Enfin si malgré les remedes, le mal augmente, & si le cœur est déja infecté par les vapeurs malignes, qui luy sont envoyées des parties où est la corruption, il faut se servir des cordiaux de toutes sortes, dont on ne manque pas de faire provision, lors que l'on va en de longs voyages; mais sur tout, d'abord qu'on s'apperçoit du Scorbut il faut entierement s'abstenir des legumes grossiers, ne manger rien de salé, & si l'on n'a ny chair ny poisson frais, ne se nourrir pendant le reste du voyage que de ris, d'orge, & de gruau, & je puis assurer que ce regime de vivre est seul suffisant, avec un peu de bon vin bien trempé, pour arrêter le cours du mal, ce que tous les cordiaux ensemble ne sçauroient faire, si l'on ne s'abstient des alimens salez & de mauvais suc.

Il est avantageux aux malades de descendre à terre dans un pays chaud, ou dans la saison de l'Eté, & s'il arrivoit au contraire que le Vaisseau moüillât dans un endroit où il fit froid ; il faudroit les enfermer & les tenir bien chaudement, parce que la sueur aide fort à leur gueririson ; laquelle doit d'ailleurs presque toute consister dans le bon regime, ne leur donnant que des viandes de bon suc & de facile digestion.

Il est utile, lorsqu'ils commencent à se rétablir, de les seigner, purger, baigner dans l'eau tiede, & leur donner des lavemens, qui leur profitent presque autant que tout le reste.

CHAPITRE III.

Des coliques de Madagascar.

CEux des nôtres qui aimoient le vin, n'en trouvant pas dans l'Isle Dauphine, faisoient leurs débauches avec de l'eau de vie, ce qui joint aux chaleurs du climat & aux frequens voyages qu'ils faisoient dans l'Isle, échauffant la bile, produisoit ensuite les violentes coliques dont ils étoient si souvent attaquez, & que ceux qui vivoient sobrement ne ressentoient que rarement, ou foiblement.

Ces coliques sont de celles qu'on appelle en France, de Poitou, elles étoient accompagnées de fievre, grande alte-

ra-

ration, épreinte, & quelquefois difficulté d'uriner. La violence des douleurs caufoit souvent des convulsions & des paralysies en diverses parties du corps, qui duroient même quelquefois long-temps, aprés que la colique avoit ceffé.

Pour la guerison de ce fâcheux mal, l'on faifoit heureufement les saignées du pied, l'on employoit avec un pareil fuccez les lavemens anodins, les fomentations, les demy-bains tiedes, & les pilules de laudanum, fans lefquelles les malades n'avoient prefque jamais de repos. Mais comme les humeurs étoient fortement enracinées dans les tuniques des inteftins, les remedes plus efficaces ne faifoient qu'irriter le mal, & il falloit s'abftenir des purgations même les plus benignes, l'experience faifant voir qu'on ne les pouvoit feurement mettre en ufage tant que les douleurs fe faifoient fentir.

Les Negres qui ne font pas fi incommodez de la chaleur que les nôtres, qui font les voyages avec bien moins de fatigue, & qui n'ayant point d'autre eau de vie que celle que nous leur donnions n'en beuvoient que rarement, & en petite quantité, n'étoient pas fi fujets aux

co-

coliques que les François, & en étoient
gueris avec plus de facilité.

CHAPITRE IV.

*De la maladie Venerienne en l'Isle
Dauphine.*

CEtte maladie & tous ses sympto-
mes n'étoient pas moins communs
parmy les François que chez les Negres,
les uns & les autres étant également dé-
bauchez. Les nôtres se faisoient guerir
par les Chirurgiens de la Compagnie a-
vec les remedes ordinaires.

Les Negres ne font point de cas des
precurseurs de ce mal, que je ne nomme pas pour raison, & ils ne songent à
se faire traiter que quand ils sont tout-à-
fait infectez, & qu'il n'y a plus lieu de
differer.

Le mercure, l'esquine & le guajac
leur sont inconnus. Si le mal est recent,
ils n'usent que de purgations, & s'excitent à suer ; & s'il est inveteré, ils appliquent un fer rouge, assez grand pour
brûler la plante des pieds & y faire une

pro-

profonde efcarre, laquelle étant tombée
ils laiffent fupurer les ulceres pendant
trente ou quarante jours, gardans cependant une tres exaête diete, & pretendent
par ce moyen êvacuer toute l'humeur
verolique & être parfaitement gueris ;
mais comme ces Infulaires font fort in-
temperans, l'on ne peut fçavoir au
vray s'ils font parfaitement gueris, par
l'ufage de ce cruel remede.

CHAPITRE V.

*Des Maladies des Indes, & premiere-
ment des fiévres.*

LEs Fiévres malignes font rares dans
les Indes, les fimples continuës y
font plus frequentes, entre les intermittentes les tierces & doubles tierces font
les plus communes, leur guerifon eft
difficile, & prefque jamais elles ne font
fans danger.

Les Medecins Gentils, que l'on appelle, Pandites, font gens fans étude,
fans fcience & fans aucune lumiere de
l'anatomie, qui n'ont pour toute connoif-
fan-

sance, qu'un certain nombre de receptes que leurs peres leur ont laissé par
succession, lesquelles ils employent sans
y rien changer, toutes les fois que les
Maladies pour lesquelles elles sont propres, se presentent sans avoir aucun é-
gard à l'âge, au sexe, au tempera-
ment, & aux forces de leurs malades.
Ils sont fort timides & laissent souvent
perir des personnes pour n'oser se servir d'un remede qui leur paroit douteux,
lors même qu'ils jugent le mal mortel,
& la guerison impossible sans cela.

Cependant la longue experience qu'ils
ont du pays, fait qu'ils reüssissent souvent mieux que les Etrangers, & que
ceux-cy sont obligez en certaines occasions de suivre leur methode, s'ils ne veulent se mettre en un peril évident d'a-
voir un mauvais succez.

L'on ne donne jamais aux febricitans,
dans les Indes, ny chair, ny œufs, ny
boüillon gras, & ce seroit risquer la vie
du malade, que de faire autrement : l'on
ne leur donne pour boisson que de l'eau
simple, & pour nourriture, que du Cangé, qui se fait en la maniere suivante.

L'on fait boüillir demi-livre de ris,
dans quatre ou cinq pintes d'eau, jus-
N 4

ques

ques à ce que le ris soit bien crevé, ce qui arrive dans moins d'une heure, l'on passe alors le tout à travers un linge, exprimant fortement le ris, pour en tirer toute la substance, & cela devient en consistance d'une boüillie claire. L'on donne de ce Cangé aux malades cinq ou six fois par jour, environ une petite écuelée à chaque fois, le faisant chauffer quand on le doit prendre, & y mettant un grain de sel pour luy donner un peu de goût. Je diray plus bas dans quelles occasions on met du poivre dans les Cangez.

Le Cangé ne sert pas moins à desalterer les malades qu'à les nourrir, il ne fait pas tant de corruption comme nos boüillons & nos consommez, & il me semble que ce regime a bien plus de rapport à celuy des Anciens, qu'à celuy qui est en usage parmi nous, plustost par la complaisance des Medecins que par leur ordre : en effet n'est-ce pas une chose étrange de voir des personnes prendre beaucoup plus de nourriture étant malades qu'elles ne faisoient en parfaite santé, puisque sept ou huit consommez & les œufs frais qu'òn leur donne dans leurs plus violentes maladies, ont bien plus de suc & beaucoup meilleur, qu'un peu de pain

& de

& de viande qu'elles mangeoient lorfqu'elles fe portoient bien.   Le Cangé a
encore cela de bon qu'il ne degoufte pas
les malades comme font les boüillons, lefquels ne peuvent gueres produire de bons
effets étans pris avec tant d'averfion & de
repugnance.

Si la fiévre eft continuë, l'on ne donne que du Cangé aux malades, fi elle eft
intermittente, l'on leur permet de manger au temps du repos, un peu de pain
& des confitures, mais jamais de viande ni d'œufs, finon aprés que la fiévre
a entierement ceflé, & qu'il n'y a plus
de recidive à apprehender.

La Saignée eft fort ufitée dans les Indes, on la fait avec un heureux fuccez,
& l'experience qu'on a de fon utilité,
fait qu'un Pandite la fait reïterer jufques à vingt fois, fans que les malades
en murmurent, étant bien plus obeïflans
aux ordres de leur Medecin, qu'on ne
l'eft en France, où les malades, les parens, & les gardes prefcrivent pour l'ordinaire au Medecin ce qu'il doit ordonner.

La Saignée du pied fe fait fort communement, & avec beaucoup de fruit,
& j'ay remarqué que non feulement aux

Indes, mais encore dans tous les autres
pays où j'ay été, & en France même il
y a peu de maladies où elle ne soit plus
utile que celle du bras.

Les Indiens se servent de cornets &
de sangsuës dans les maladies où il n'est
pas sûr de seigner.

Les lavemens sont fort en usage, &
comme l'on les compose, avec le séné,
la casse, & les tamarins, de même que
les purgations, l'effet des uns n'est gueres moindre que celuy des autres, où
l'on n'ajoûte d'extraordinaire que des sy-
rops simples de chicorée, de roses, de
limons ou de capilaires. Les remedes
Chimiques sont inconnus aux Pandites,
qui sont surpris, lorsqu'ils voyent un
Etranger faire de si grandes évacuations,
avec des remedes de si peu d'apparence.

Les Pandites, voyant un febricitant
rendre les urines blanches, asseurent aussi-tôt, que la fiévre procede de cause
froide, & sans avoir égard au delire, &
à la phrenesie, qui sont ordinairement
marquez par ces sortes d'urines, ils donnent du poivre aux malades dans leurs
Cangez, & leur en appliquent en quantité, sur la tête pour rechauffer le cerveau,
qu'ils disent être refroidy, n'ordonnant

la

la saignée qu'aprés que les urines paroisfent colorées ; aussi puis-je asseurer que de ceux qui entrent en delire avant que d'avoir été seignez, qui font des urines de cette sorte, l'on en voit rarement échaper, s'ils n'ont le bonheur de tomber entre les mains de quelque Européen , qui raisonne plus juste que ces Gentils ; sur quoy je rapporteray un exemple.

J'étois à Daman depuis quelques mois & malgré l'envie des Pandites , j'étois appellé dans les meilleurs maisons de la Ville. J'avois déja traité avec un heureux succez la fille aînée d'une des premieres Dames du pays , cependant une de ses petites filles, qu'elle aimoit tendrement, étoit malade d'une fiévre continuë avec delire, sans que je l'eusse veuë, cette Dame en étant détournée par un Pandite qui la servoit depuis long-temps, mais les choses allant de pis en pis, elle resolut de m'appeller à l'insçu du Gentil, j'y allay le neuviéme jour de la fiévre, & la trouvant violente aussi bien que le delire, & les urines blanches, desquelles je tirois une conséquence bien differente de celle du Pandite ; aprés avoir remontré le danger où étoit la ma-

lade,

lade, âgée seulement de sept ans, j'ordonnay la saignée: l'Indien arriva dans ce moment, & soûtint en ma presence que la cause de la fiévre étant froide, la petite mourroit infailliblement, si on la saignoit, je méprisay ces foibles raisons, & mon sentiment étant suivy, je retranchay d'abord le poivre des Cangez, en fis ôter plus de demi-livre subtilement batu, qui étoit sur la tête de la malade, je fis reïterer la saignée jusques à six fois, & la fiévre ayant cessé, aprés quelques purgations la petite revint en parfaite santé, contre le sentiment de ce Gentil, qui avoit asseuré sa perte infaillible.

CHAPITRE VI.

Du Mordechi.

LA maladie que les Orientaux appellent Mordechi, n'est proprement qu'une indigestion, elle est frequente dans les Indes, où les chaleurs & les sueurs continuelles rendent les estomachs débiles, elle n'est pas pour cela moins dangereuse, & l'on en voit tres-souvent

mou-

mourir des personnes, en peu d'heures, si ellés ne font promptement fecouruës.

Les excez du boire & du manger, & les alimens de difficile digeftion, pris particulierement le foir, font les caufes ordinaires de ce mal. Ses fignes font grande alteration, douleur de tête, inquietude, fiévre, delire, flux de ventre & vomiflement : le poux eft fort & inégal, les urines rouges ou blanches, mais toûjours claires, tous ces fignes ne fe rencontrent pas toujours dans un même fujet, mais comme le mal eft dangereux, il ne faut rien negliger auffi-tôt qu'on a lieu de le foupçonner.

Le premier & le principal remede que l'on fait à ceux que l'on croit ou que l'on craint être attaquez du Mordechi, eft de leur brûler les pieds, en appliquant un fer rouge & délié comme une broche, en travers fous le talon à l'endroit le plus calleux, l'y laiflant feulement jufques à ce que le malade ait témoigné par fes cris qu'il l'a fenty, on l'ôte d'abord, frapant quelques coups fur le lieu brûlé, avec une pantoufle, pour empêcher qu'il ne s'éleve des veffies, fans y rien mettre davantage.

L'application de ce fer ne fait pas un
grand

grand mal, & pourveu qu'on ne foit pas empefché par d'autres raifons, l'on peût marcher aprés, auffi librement qu'auparavant, neantmoins elle arrefte la violence du Mordechi, en diffipe fouvent tous les accidens fur le champ, & s'il arrive que la fievre continuë encore, elle peut eftre traitée fans danger avec les remedes ordinaires.

C'eft encore dans ces fortes de fiévres, que les Indiens mettent beaucoup de poivre dans les Cangez des malades, auffi bien que fur leur tefte, & ce n'eft ordinairement que par ce regime & par la brûlure, qu'ils la gueriffent, fans y employer la faignée, qui feroit infailliblement mortelle dans les commencemens, & la purgation n'eft mife en ufage s'il arrive qu'elle foit neceffaire, qu'aprés que la violence du mal eft diffipée & qu'il n'y a plus du tout de fiévre.

Je ne doute pas que bien des gens ne trouvent bizarre cette maniere de brûler les pieds, & ne la méprifent peut-eftre, veu le peu de rapport qu'elle paroit avoir avec le mal, pour la guerifon duquel elle eft employée. J'ay eu les même fentimens en arrivant aux Indes, mais il a fallu fe rendre à l'experience, & je

l'ay

l'ay pratiquée tant sur moy que sur
beaucoup d'autres, toujours avec un heureux succez, aprés avoir inutilement
tenté la guerison de quelques personnes
attaquées de ce mal, sans y employer ce
remede.

CHAPITRE VII.

Des flux de ventre.

LEs flux de ventre de toutes les especes, sont frequens, de guerison difficile, dangereux, & souvent mortels,
non seulement dans les Indes, mais encore dans dans la route. Quoy que les
Indiens soient attaquez de ce mal, les
Européens y sont plus sujets, & en
guerissent plus difficilement à cause de
leurs excez de vin & d'eau de vie, qui
ne sont pas en usage chez la pluspart des
Orientaux.

Si la dissenterie est accompagnée de fiévre, ce qui arrive ordinairement, les
Pandites ne donnent à leurs malades que
du Cangé & du ris fort cuit, sans sel,
avec égale quantité de lait caillé aigri,

ce

ce qu'ils prétendent eftre un remede fou-
verain pour ce mal, & duquel cependant je n'ay jamais veu que de funeftes effets ; ils reiterent plufieurs fois la fai-gnée, ne purgent point du tout, & ne fe fervent pas mefme de lavemens ano-dins, quelques violentes que foient les épreintes ou les trachées, de crainte, difent-ils, d'augmenter le mal, ils n'em-ployent que des remedes purement aftrin-gens, pour arrefter promptement le flux de ventre, fans remedier à la caufe, & enfin comme les malades tombent pref-que toujours dans une infomnie fâcheu-fe par la vehemence des douleurs, ils leur donnent plufieurs prifes d'opium, fans aucune preparation, en mettant jufques à dix grains pour châque dofe.

Quoy que les Indiens foient accoutu-mez à l'opium, les Pandites ne voyent que tres-peu des leurs gueris par fon mo-yē, non plus que par leurs autres remedes; mais fi cette methode eft pernicieufe aux Orientaux, elle a été encore plus fu-nefte à ceux de nôtre nation, qui ont voulu hafarder de fe faire traiter par ces Medecins Gentils, & je puis affeurer n'avoir jamais veu entre leurs mains au-cun des nôtres, malade de diffenterie, qui
n'y

n'y ait pery. Ce que les personnes qui connoissent l'effet de l'opium, n'auront pas de
peine à croire, c'est pourquoy j'ay toujours
eu une si grande repugnance à me conformer aux manieres cruelles de ces Gentils,
que j'ay plûtôt souffert que ceux que je
traitois, les appellassent & receussent leurs
remedes de leurs propres mains, que de les
donner moi-même: ainsi qu'il arriva pendant mon sejour dans le Malabar, à un Religieux que je traitois, qui étant malade
d'une grande dissenterie avec fievre, voyant que ce qu'il avoit pris jusques alors,
ne le guerissoit pas, me pria d'agréer, qu'on
appellât un Pandite, lequel étant venu
fit prendre au Pere cinq ou six prises
d'opium, mêlé avec de l'huile & du
jagre, par le moyen duquel la maladie
prit fin par la mort du malade.

J'avois d'ailleurs un sensible déplaisir,
de voir le peu d'effet que produisoient
les remedes dont je me servois, & un
tres-grand desir d'en découvrir qui pro-
curassent efficacement la guerison de mes
malades. Je voyois des Portugais qui
ne se servoient que de cangé, de ris,
de pain & d'eau ferrée, pour le regime
de vivre, dans les flux de ventre, &
qui n'admettoient que des remedes astrin-
gens,

gens, apres quelques legers purgatifs, rejettans entierement le caillé & l'opium des Pandites. Cette methode me paroiſſoit plus ſeure que celle des Indiens. mais elle ne me ſatisfaiſoit pas.

Enfin j'eus le bonheur d'apprendre d'une perſonne qui étoit dans les Indes depuis pluſieurs années, un remede facile à preparer & à prendre, par le moyen duquel, avec le regime qui luy eſt propre, j'ay guery un tres-grand nombre de perſonnes aux Indes, dans la route, & en France depuis mon retour.

Il eſt vray que comme diverſes cauſes peuvent produire le flux de ventre, il y a quelque changement à faire tant au remede qu'au regime, mais cela n'eſt pas mal aiſé, & pourveu qu'un malade ne ſoit pas dans la derniere extremité, de quelque nature que ſoit ſon mal, il peut guerir par ce moyen.

CHA-

CHAPITRE VIII.

De ceux que les Portugais appellent Esfalfados.

L'On voit souvent dans les Indes de ces sortes de malades que les Portugais appellent Esfalfados; ce sont des personnes qui ont épuisé leurs forces aux débauches des femmes; ce qui n'est pas difficile dans un climat, où par leurs sueurs continuelles, il se fait une grande dissipation des esprits: Les Indiens qui sont plus moderez que les Portugais sont aussi plus rarement attaquez de cette incommodité.

La cause est ce que j'ay déja dit; les signes sont, grande secheresse, chaleur, alteration, insomnie, nausée & fiévre continuë, le poux est inégal, paroissant fort & élevé & tout à coup si foible, qu'on a peine à le trouver: les urines fort rouges mais toujours claires.

Comme ce mal est commun & qu'en ordonnant des remedes contraires, on feroit des fautes irreparables, le prudent

Mede-

Medecin doit soigneusement interroger en particulier son malade touchant sa conduite, sur tout si c'est quelque jeune homme qui n'ose s'expliquer en presence de ses parens, parce que la fiévre trompe souvent des Medecins, & l'on a veu des personnes mourir, pour avoir été saignées seulement une fois en cét état.

Toute la guerison consiste à rétablir les forces en nourissant les malades avec des viandes de bon suc & de facile digestion, comme des œufs frais, & des panades faites avec le suc des viandes exprimées ; il leur faut donner pour breuvage de bon vin, plus ou moins trempé, suivant qu'ils y sont accoutumez, & non pas de l'eau ny de la ptisanne, sans avoir aucune apprehension d'augmenter la fiévre, puisqu'au contraire cela sert à la dissiper bien-tôt.

CHA-

CHAPITRE IX.

De la petite Verole.

L'On ne connoît point d'autre peste aux Indes que la petite verole, elle y est contagieuse comme en Europe, & quoy qu'elle dût y être moins dangereuse, à cause que la chaleur ouvrant les pores facilite l'expulsion du venin, elle y fait neantmoins de plus grands ravages, parce que les Pandites n'aydant jamais la nature par aucun remede, elle succombe souvent sous le poids des humeurs. Ces Gentils étoient tous scandalisez, de nous voir ordonner la saignée & les lavemens, avant l'eruption des pustules, & quoy qu'ils en vissent un heureux succez, ils ne pouvoient se resoudre à imiter nôtre conduite.

Les Malabares sont plus cruels que tous les autres Orientaux, envers ceux qui ont la petite verole, & non contens de ne les pas secourir, crainte de gagner le mal, ils mettent les malades dehors & loin des maisons, les exposent sous quel-

que

que arbre, & n'en prennent point d'autre soin, que celuy de leur porter tous les jours du Cangé, qu'ils laissent prés d'eux, sans le leur faire prendre, ne les touchant point qu'ils ne soient entierement gueris & cela fait, comme on le peut aisement juger, que la pluspart en meurent.

CHAPITRE X.

Des morsures de Couleuvres.

ENtre les Couleuvres des Indes, quelques unes sont si pernicieuses, que ceux qui sont infectez de leur venin, meurent aussi-tôt, sans qu'il soit possible de les secourir : telles sont les vertes, dont j'ay parlé dans ma relation du Malabar. Le poison des autres étant plus lent, donne le temps d'y remedier. L'on se sert dans l'Inde d'une pierre que l'on dit se trouver dans la tête de quelques Couleuvres, & que pour cette raison on appelle en Portugais, *Pedra de Cobre*, ou pierre de Couleuvre ; l'on l'applique sur la playe, où elle s'attache, sans qu'il
soit

soit besoin de l'y faire tenir, & lorsqu'elle est imbibée d'autant de poison qu'elle
en peut contenir, elle tombe d'elle-même, l'on la met dans du lait, où elle
se décharge de ce qu'elle a attiré, &
l'on continuë ainsi à l'appliquer, jusques
à ce qu'elle ne s'y tienne plus d'elle-même, ce qui marque qu'il n'y a plus de
danger.   Lors qu'on a mis cette pierre
dans le lait, elle y laisse tout le venin,
& le lait paroît remply d'ordures, & chargé de diverses couleurs.   J'ay souvent
veu l'effet de ces pierres, l'on en trouve peu de bonnes, & beaucoup de con-
trefaites qui n'ont aucune vertu.   Ainsi
lorsqu'on n'a pas une bonne pierre, &
qu'on a été mordu d'une couleuvre, il
faut promptement scarifier la partie, puis
tirer le sang avec un cornet ou une
ventouse, mettre sur la playe des remedes propres à attirer continuellement le
venin au dehors, la laisser long-temps
ouverte, faire diete, mettre toujours du
jus de citron dans ce que l'on mange,
boire de bon vin, & user frequemment
de la poudre de vipere, si l'on en a :
ce sont là ce me semble les meilleurs
cordiaux dont on peut user en ces occasions.

Com-

Comme le poison de ces animaux est extremement subtil, & que le cœur est souvent infecté avant qu'on ait pû faire de remedes, l'on voit perir miserablement un tres-grand nombre de personnes.

C'est la connoissance du danger qui porte quelquefois des gens, à se couper eux-mêmes les parties offensées ; ainsi que le fit un certain Naher pendant mon séjour à Tilscery : cét homme ayant un peu trop bû de Tary, trouva un petite Couleuvre Capel, la prit par la queuë & s'en joüa si long-temps, qu'enfin elle le mordit au doit indice, le Naher malgré son yvrognerie, connoissant le danger où il étoit de perdre la vie, tua le serpent, & se coupa le doigt sur le champ.

CHAPITRE XI.

Du mal que les Portugais appellent Bicho.

LE mot de *Bicho*, en Portugais, signifie un ver de terre, ou une petite bê-

bête : l'on s'en fert auffi pour exprimer trois différentes incommoditez qui font particulieres au Brefil.   La premiere eft caufée par une efpece de ver for long & délié, lequel s'engendre dans les jambes, y caufe de cruelles douleurs, produit des ulceres avec grande corruption, & enfin la grangrene, fi l'on neglige d'y remedier, en ouvrant legerement la peau, & tirant le ver, le tournant au tour d'une éguille, ou d'une petite brochete, doucement, de crainte qu'il ne fe coupe, parce qu'il ne peut plus être tiré fans faire une grande ouverture ; lorfqu'il eft dehors, il faut deterger l'ulcere & le cicatrifer avec les remedes ordinaires.

Le Bicho de la feconde efpece, eft un fi petit ver, qu'il eft imperceptible aux yeux les plus clair-voyans   Il s'en trouve quantité dans les mafures, dans les lieux où l'on bátit, & dans tous ceux où il y a de l'ordure & de la pouffiere : ils s'attachent aux pieds, entrent par les pores fans fe faire fentir, fe mettent entre la peau & la chair, & fouvent entre les ongles.   Les Negres & les Brefiliens qui vont pieds nuds, en prennent facilement, & les Européens, pour avoir des bas & des fouliers, n'en font pas pourtant

tant exempts. Ces petits vers ne font d'abord aucune douleur, & si l'on n'a un grand soin de visiter tous les jours ses pieds, l'on seroit long-temps sans s'en appercevoir : ils croissent dans la peau, font gros comme un pois dans quinze jours, & se font remarquer par leur couleur noire. Il les faut ôter si-tôt qu'on s'en apperçoit, parce que plus ils font gros, plus il y a de difficulté à les tirer & que par un long séjour ils corrompent la partie, & y font des ulceres si malins, que l'on voit assez souvent des Negres avoir les pieds tous décharnez, & les os découverts. L'on ne peut se garantir de ces petits vers, tout le monde en prenant indifferemment, mais ceux qui ont soin d'y prendre garde, n'en souffrent pas beaucoup, en les tirant de bonne heure ; s'ils ont causé de la corruption & fait des ulceres, ils doivent être gueris par les remedes ordinaires ; apres en avoir ôté tous les vers, ou les ayant fait mourir auec du tabac pulverisé.

Les Portugais habituez au Bresil appellent encore Bicho, une inflammation du fondement, qui est également frequente & dangereuse dans ce pays, elle est toujours suivie du mal de tête, d'epreintes,

tes, grande chaleur en la partie malade, & quelquefois de la fiévre. Si l'on la neglige il s'y fait en peu de jours des ulceres venimeux, qui ont donné lieu au nom de Bicho.

Ceux qui se lavent souvent ces parties, sont moins sujets à cette incommodité que ceux qui ne le font pas. D'abord qu'on s'en croit attaqué, il faut étuver plusieurs fois le jour, la partie avec une décoction de limons, à laquelle on ajoutera quelques grains de sel. L'on introduit aussi heureusement dans l'intestin, des petits quartiers de limon, & cela arrête quelque-fois le mal tout court dans son commencement ; s'il y a déja une corruption notable, l'on a de coutume de détremper de la poudre à canon dans de l'eau rose, ou de l'eau de plantain, & de ce liniment l'on en imbibe de petits linges, que l'on met dans le fondement. Aprés l'avoir bien étuvé avec la décoction de limons, quoy qu'il y ait de la fiévre, il faut bien se donner garde de saigner dans cette occasion, l'experience ayant fait connoître que ce remede est fort préjudiciable ; l'on peut seulement donner frequemment des lavemens anodins ou dé-

ter-

tersifs, suivant que la corruption ou l'inflammation, sont plus ou moins grandes, & purger doucement sur la fin.

CHAPITRE DERNIER.

De l'Essence de Perse, & de la Cephalique.

PEndant mon séjour au Bander-Abassy, je connus un Etranger qui avoit de tres belles lumieres, & qui avoit pratiqué la Medecine dans les pays Orientaux, durant plusieurs années ; j'eus occasion de luy rendre quelques services, & cela l'obligea à m'enseigner la preparation de deux Remedes, par le moyen desquels il s'étoit acquis une grande reputation. Le premier est, l'Essence de Perse, que je nomme ainsi, à cause que c'est dans ce Royaume que j'en ay eu le secret.

Elle est un preservatif admirable contre l'Epilepsie, & l'Apolexie, si l'on en prend une ou deux fois la semaine, sur tout pendant l'hyver une cuillerée à jeun, seule, ou meslée avec deux cuillerées d'eau de betoine.

Si

Si l'on en donne une ou deux cuillerées, feule , aux épileptiques, au temps de
leur accez, elle le finit fur le champ.
Elle fait quelques fois le même effet,
aux perfonnes qui font actuellement fur-
prifes d'apoplexie, & l'on peut leur en
donner en même quantité, & s'il eft neceffaire reiterer plufieurs fois en un même jour, fans rien apprehender.

Elle remedie à toutes les vapeurs des
femmes, leur en donnant au temps du
befoin une cuillerée , feule ou mêlée
avec deux cuillerées d'eau de fleurs
d'orange, felon que la vapeur eft plus ou
moins forte.

Elle provoque les mois, en prenant
pendant quelque temps , une cuillerée
à jeun.

Elle facilite l'accouchement, en donnant trois cuillerées feule , au temps des
plus fortes douleurs.

Si l'on en prend une ou deux cuillerées feule ou meflée, auec quatre cuillerées de bon vin, au commencement
du friffon, & que l'on continuë pendant
trois ou quatre accez , elle guerit tres
fouvent les fievres intermittentes.
Appliquée exterieurement, elle guerit
les contufions, les playes recentes, ôte
la

la pourriture des ulceres, & ſi l'on en met d'abord ſur une partie brûlée, il ne s'éleve pas de veſcies.

L'autre remede que j'appris de cét Etranger, & que j'appelleray comme luy, l'eſſence Cephalique, eſt beaucoup plus efficace que le precedent, contre l'Apoplexie, il ne ſe donne qu'au temps du beſoin & non par précaution, on en prend une petite demi-cuillerée à chaque fois, & l'on peut ſans crainte reîterer s'il le faut.

On en peut donner en meſme quantité aux épileptiques, & aux femmes qui ont des vapeurs que cette eſſence appaiſe ſoudainement, auſſi bien que les coliques.

Elle empeſche la douleur des dents, ſi l'on met ſur l'endroit de la douleur un peu de coton qui en ſoit imbibé.

Elle appaiſe la douleur des goutes, en frotant la partie malade. S'en ſervant en la même maniere elle reſout les tumeurs froides : il n'y a preſque point de dartres qu'elle ne gueriſſe, ſi l'on les en frote legerement pendant quelques jours, une ou deux fois le jour.

Il faut remarquer que quelque choſe que j'aye pû dire des vertus de ces deux

re-

remedes, quand il s'agit des maladies inter-
nes, il ne faut pas pour cela negliger les
remedes dont on a coutume de se servir
en ces occasions.

Ceux qui voudront user de ces essences,
les trouveront fidelement preparées chez
Monsieur Ruviere Apotiquaire du Roy,
proche saint Roch.

FIN

LA SESSION

DES

COMITÉS D'ÉTUDES ÉCONOMIQUES

EXPOSITION FRANCO-MAROCAINE DE CASABLANCA

* * * *

LA SESSION

DES

COMITÉS D'ÉTUDES ÉCONOMIQUES

(24-27 OCTOBRE 1915)

PARIS
LIBRAIRIE PLON
PLON-NOURRIT & Cie, IMPRIMEURS-ÉDITEURS
8, rue Garancière (6e)

1917

PRÉFACE

L'un des obstacles les plus sérieux que rencontre, au début, l'action du Gouvernement dans les pays neufs, tient à l'absence d'opinion publique.

La colonie métropolitaine y est, en général, peu nombreuse (ce n'est pas, il faut le dire, le cas du Maroc).

Elle est laborieuse, mais sans guide : les personnalités d'élite, les « têtes-de-file », capables de faire l'opinion et d'être ses porte-paroles, y font le plus souvent défaut.

Enfin, elle ne constitue pas, à proprement parler, une « colonie », c'est-à-dire une équipe travaillant en commun en vue d'intérêts communs. Les efforts sont individuels, et d'autant plus nettement individuels qu'ils sont plus avides et plus âpres. Ces ouvriers de la première heure, qui viennent de débarquer, à la suite des troupes, dans une colonie lointaine, à peine sûre, n'y cherchent pas un établissement durable, mais une fortune rapide. Et c'est leur rôle, à eux, de défricher et de défoncer le sol pour l'arrivée des colons qui restent. Ils travaillent, risquent et passent. Mais quelle opinion commune pourrait exister entre eux ? Car c'est l'idée de l'établissement qui crée dans l'individu la notion de l'intérêt général : seul l'homme qui voit loin, dont l'ambition est à longue échéance, peut sacrifier ses intérêts personnels aux intérêts de tous, c'est-à-dire, en somme, ses intérêts immédiats à ses intérêts lointains. On ne s'unit qu'en vue de l'avenir. Plus la route est longue, plus on sent le besoin de marcher en troupe...

C'est ainsi que, dans une colonie jeune, il y a peu ou point *d'opinion publique. La tâche du Gouvernement n'en est que plus ingrate et difficile :*

Il doit prendre parti avec d'autant plus de prudence et d'énergie que les intérêts sont plus indépendants, plus divergents, plus voraces. Et pourtant, il manque de consultation.

Une fois ses décisions prises, il aurait d'autant plus besoin d'appui qu'il a dû se décider seul. Et pourtant il manque de soutien moral. *Il ne peut qu'être critiqué, en effet, puisqu'il n'y a pas d'opinion, c'est-à-dire pas de majorité. Les mécontents sont-ils une majorité d'opinion? ont-ils raison? ont-ils tort? Nul ne le sait. Toute opinion étant individuelle, chaque critique a la même valeur.*

Obligé d'administrer sans guide et sans soutien, sans conseil et sans approbation, comment le Gouvernement ne serait-il pas arbitraire? Il ne peut pas ne pas l'être. Et cet arbitraire forcé, loin de simplifier sa tâche, paralyse souvent ses efforts.

*
* *

Au Maroc, le problème n'a pas été moins ardu. On n'y a certes pas souffert, au début, d'une indigence d'éléments français. Nulle part la colonisation n'a été aussi rapide, aussi riche en intelligences et en énergies. Les têtes-de-file n'y ont pas manqué. Mais aussi, cette nouvelle terre de l'or, dont les richesses agricoles et minières pullulaient dans toutes les imaginations, a suscité plus d'espoirs, des ambitions plus acerbes peut-être, que toute autre colonie. D'où, là encore, cette dispersion des efforts, cette indépendance des intérêts qui privent le Gouvernement du soutien d'une opinion publique.

Cette opinion, le Gouvernement du Protectorat cherchait pourtant à la reconnaître et à la provoquer. Elle lui était indispensable.

Il créa d'abord des Chambres de commerce. Tentative nécessairement timide. On ne pouvait songer, en effet, à recourir à l'élection. Les membres étaient donc choisis. Mais qui choisir? — Les plus populaires? La colonie était trop jeune encore, trop disparate et trop ardente, pour que de cette confusion d'intérêts pût sortir une opinion, et de ce chaos de personnalités, des hommes. Un peu de temps était nécessaire pour que cet élément troublé se clarifie en déposant... — Les notables? *On connaissait les doyens. Mais parmi les nouveaux, le sort des affaires n'avait pas encore fait son choix... Il fallait donc découvrir, sans lumière, les représentants de la colonie, ou mieux les deviner. On pouvait se tromper. Et le choix du Gouvernement, même judicieux, ne pouvait paraître qu'arbitraire.*

Quant aux attributions des Chambres de commerce, elles n'étaient pas assez nettement fixées pour qu'une collaboration permanente pût s'établir entre l'Administration et ces assemblées. Celles-ci ne faisaient pas partie de la vie de la nation.

On s'explique, dès lors, l'indifférence relative dans laquelle, à l'origine, ont vécu les Chambres de commerce. Un peu négligées et d'autre part assez timides, peu consultées et sans initiative vraie, elles n'ont pu rendre, au début, tous les services souhaitables.

Mais elles n'étaient qu'un essai. Et quelques mois avant la guerre, en même temps que la colonie prenait conscience d'elle-même, ces organismes commençaient à vivre d'une vie propre et utile. (C'est à cette époque que fut créée la Chambre d'agriculture du Rharb : les colons du Rharb, en effet, formaient un noyau déjà dense, dont les intérêts communs demandaient à être soutenus).

Un indice, d'ailleurs, révélait la naissance d'une véritable opinion publique parmi la colonie française du Maroc. Cet indice, c'étaient les critiques mêmes que suscitait l'Administration. Critiques qui se faisaient chaque jour plus hautes et plus concordantes à la fois. Un certain malentendu, fort heureusement dissipé depuis, s'était établi entre les « bureaux » et les colons. Ce malentendu même était bon signe : une opinion naissait.

Et la guerre, là encore, a été pour le Maroc une période de croissance et de maturité.

Dès la déclaration de guerre, surgissent d'un coup les pro-

blèmes les plus aigus : ravitaillement, transports, exportations et importations, — problèmes vitaux pour le pays. Sous peine de laisser le Maroc dépérir, peut-être mourir de faim, il faut dresser tout son plan de vie économique, et agir sans délai...

C'est à ce moment critique qu'apparaît au Gouvernement plus évidente et plus urgente que jamais, la nécessité d'une consultation sérieuse de la colonie. Il fait alors une tentative.

Les Chambres de commerce sont insuffisantes, parce que leur cadre est trop réduit (nombre des membres sont. d'ailleurs, mobilisés) et leurs attributions imprécises. On pense donc à élargir la représentation des intérêts locaux en adjoignant aux Chambres de commerce un certain nombre de notables, pour former des assemblées nouvelles, plus nombreuses, plus complètes. On s'attache à représenter ainsi, dans chaque localité, toutes les maisons de commerce, industries ou entreprises agricoles de quelque importance. Il ne s'agit plus d'un choix restreint, d'une sélection arbitraire : ces assemblées nouvelles constituent, dans chaque centre, de véritables assemblées générales des intérêts économiques de la région. Leurs attributions sont, en outre, précisées.

Ainsi furent créés les Comités d'études économiques, d'abord à Casablanca (2 novembre 1914) et à Rabat (26 novembre 1914), ensuite dans toutes les villes du Maroc.

On voit toute l'importance de cette création, imposée par les nécessités du moment, mais si vivante qu'elle devait leur survivre et durer. Les Comités d'études économiques n'ont pas été seulement, dans une période difficile, les conseils et pour ainsi dire les adjoints des commandants de région pour toutes les questions urgentes ayant trait au ravitaillement ; leur rôle s'est de beaucoup étendu. L'étude de tous les problèmes locaux, de quelque ordre qu'ils soient, y a peu à peu surgi, de l'initiative de tel ou tel membre, et en collaboration avec le pouvoir local. L'Administration, de son côté, a pris l'habitude de soumettre à ces Comités tous ses projets et de prendre leur avis. Ces assemblées, d'origine si modeste, sont donc devenues peu à peu dans chaque région, par la force des choses, et surtout en raison de leurs efforts, l'âme de la colonie et l'organe de collaboration, qui manquait tant au Gouvernement, entre cette colonie et lui. C'est sans doute la plus belle œuvre de ces Comités que d'avoir contribué à créer dans le Maroc une opinion, et non seulement une opinion commune aux administrés, mais commune à l'administration et aux administrés à la fois.

Ce n'était pourtant là qu'un premier stade. Chacun de ces Comités régionaux ne représentait qu'une opinion locale. Des opinions locales peuvent suffire à la rigueur au Gouvernement pour éclairer son jugement dans la décision : entre les conseils différents ou divergents, il tranche, c'est son métier. Mais des opinions locales ne lui suffisent plus comme soutien des décisions prises. Pour confirmer, appuyer ses décisions générales, il a besoin d'une opinion générale. Il fallait au Gouvernement marocain le soutien d'une opinion marocaine.

Tel était le second stade à atteindre.

L'occasion se présentait avec l'Exposition de Casablanca. En même temps que l'étalage de ses richesses et l'inventaire de ses besoins, le Maroc devait faire publiquement son examen de conscience général et tracer en commun son propre programme de vie. De là l'idée d'une réunion de tous les Comités d'études du Maroc, sorte de fédération de ces organismes jusque là séparés.

L'idée paraît logique. Elle n'allait pas cependant sans quelques objections et appréhensions. Les « bureaux » n'ont-ils pas leur pudeur à eux ? Ils hésitent à se montrer pour la première fois en public. C'est, malgré tout, une habitude difficile à prendre... Et puis, que sortirait-il de cette réunion ? des heurts inutiles ? des discussions sans résultat ? Ces séances de « collaboration féconde » ne tourneraient-elles pas en confusion ?...

Objections mesquines, qui ne tenaient pas devant des considérations plus hautes :

L'opinion publique, d'abord, a besoin de connaître les projets qui la touchent. Elle a besoin surtout d'un engagement général du Gouvernement, prononcé en face de tous les intérêts.

Le Gouvernement, d'autre part, a besoin d'une consultation

d'ensemble, qui le fixe sur les tendances de l'opinion au sujet de sa politique générale.

Enfin et surtout, il n'y a rien de tel, pour faire entrer dans l'opinion la notion de l'intérêt général, que de mettre tout simplement en présence les intérêts locaux. Jamais l'explication raisonnée, par a + b, des motifs qui ont imposé au Gouvernement une décision, nuisible à certains intérêts, favorable à d'autres, ne vaudra la confrontation même de ces intérêts divergents. En exposant leurs points de vue qui s'entre-choquent, les administrés eux-mêmes comprennent, sentent la mission propre du Gouvernement. Ils voient par sa lorgnette. Celui-ci, dès lors, de maître, devient arbitre. Et les mêmes décisions, que l'on critiquait du maître, sont acceptées de l'arbitre.

Voilà pourquoi, le 24 octobre 1915, à Casablanca, dans un des bâtiments de l'Exposition, se réunissaient pour la première fois les Comités d'études économiques, disons le mot : les États généraux du Maroc.

Les travaux de cette assemblée forment la matière du présent volume ; ils attestent par eux-mêmes l'utilité de cette tentative et son plein succès pratique. Les rapports des divers Comités, — sortes de « Cahiers » présentés par les régions — et les procès-verbaux des séances constituent peut-être le document le plus exact, le plus complet, le plus vivant qu'on puisse consulter sur le Maroc actuel. Il s'ajoute à cet autre document que sont les conférences prononcées à l'Exposition de Casablanca ; il les complète admirablement, comme l'interrogatoire et les débats complètent les dépositions.

Mais ce que ces rapports et ces procès-verbaux ne révèlent pas, parce qu'ils ne sont, malgré tout, que des comptes rendus, — c'est la physionomie même, et, en un mot, le résultat moral de ces réunions. Là réside pourtant leur véritable réussite.

Chaque Comité local s'était concerté, longtemps à l'avance, pour établir, à la demande du Gouvernement, des rapports sur toutes les questions intéressant la région. Ces rapports avaient été transmis à la Résidence. Les Directions avaient eu le temps de les examiner et de les méditer. Ainsi, le jour où s'ouvrit la première séance, les colons étaient préparés à parler de questions qu'ils avaient longuement étudiées ; l'Administration, de son côté, n'était pas à la merci de questions imprévues. Il n'y eut, dès lors, ni surprise, ni heurt, ni discussions stériles.

L'ordre du jour des séances, établi depuis le début, et qui groupait toutes les questions sous de grandes têtes de chapitres, élevait les esprits à une vue d'ensemble et les sauvait du vertige des détails.

Le résultat le plus net de ces réunions, le plus frappant pour tous, apparut dès le premier jour : — une parfaite entente morale entre ces deux prétendus adversaires, l'Administration et les colons, — la notion très nette de leur amour commun pour la vérité, de leur souci commun du bien public, — leur volonté sincère d'oublier, dans l'intérêt de tous, les querelles d'intérêts et de personnes. Il n'est rien de tel que la franchise pour résoudre ces sortes d'abcès sociaux qu'on appelle des bouderies. Mais encore est-ce dangereux, car il ne suffit pas d'être franc : il faut l'être avec tact et bienveillance, de peur que la franchise engendre la colère. Le tact ni la bienveillance n'ont jamais manqué ici. La réunion, commencée dans une atmosphère de calme et d'attention, s'est poursuivie dans le calme et l'attention jusqu'à la fin. La « mise au point » que l'on cherchait en commun, de la meilleure volonté du monde, n'a jamais dégénéré en « scène ».

L'Administration a y gagné, cela n'est pas douteux, et non seulement la révélation de faits nouveaux qu'elle ignorait, mais surtout ce contact direct et personnel avec les hommes qui est indispensable pour la vraie compréhension des affaires. Et quant aux « administrés », ils y ont certainement confirmé, de leur côté, bien des connaissances, dont la première est celle des intérêts de tous leurs voisins et des intérêts supérieurs de l'État.

Voilà, je crois, le résultat le plus important de la Réunion des Comités d'Études économiques. De cette réunion date vraiment une ère nouvelle pour le Maroc : l'atmosphère s'est dégagée, on y a travaillé mieux et plus.

Le Maroc n'a pas seulement été tenu grâce à sa politique indigène, mais aussi grâce à sa politique économique. Et celle-ci ne pouvait être conçue et poursuivie sans une intime collaboration de tous. C'est vraiment, là encore, l'œuvre personnelle du général Lyautey que de l'avoir cherchée hardiment et de l'avoir obtenue.

GUILLAUME DE TARDE.

PREMIÈRE PARTIE

LA SESSION
DES COMITÉS D'ÉTUDES ÉCONOMIQUES

LA SESSION

DES COMITÉS D'ÉTUDES ÉCONOMIQUES

Une réunion plénière de tous les Comités d'Études Économiques du Maroc a eu lieu, du dimanche 24 octobre au mercredi 27 octobre 1915, à Casablanca.

On connaît le rôle et l'importance de ces groupements, créés à Casablanca d'abord, puis à Rabat, Marrakech, Safti, Mazagan, sur la base d'une représentation aussi large que possible des intérêts, pour apporter au Gouvernement du Protectorat la collaboration des principaux représentants du commerce, de l'industrie, de l'agriculture, leur connaissance des besoins locaux, le concours de leur expérience et de leur initiative. On sait quels services ils ont rendus et quelle part ils ont prise à l'essor économique du Protectorat pendant la guerre.

Mais, ces Comités, conformément au rôle qui leur était assigné, n'avaient jusqu'ici fonctionné que localement.

Le général Lyautey, Résident général, a pensé que l'Exposition de Casablanca qui avait permis aux diverses régions de se grouper, de se présenter côte à côte, par là de se connaître et de s'entr'aider, nécessitait, pour que son but fût complètement réalisé, que les représentants des intérêts de ces différentes régions fussent appelés à se réunir, à prendre contact et à dégager ainsi, par un échange de vues, une notion commune des intérêts généraux du Maroc.

C'est à cette pensée qu'a répondu la convocation des Comités d'Etudes Économiques. Les Comités avaient été appelés au préalable à délibérer sur les questions qui leur semblaient pouvoir faire l'objet d'une discussion générale, à rédiger des rapports sur ces questions qui avaient été parallèlement étudiées par les services de la Résidence Générale.

Séance d'ouverture.

Les membres des Comités et les Chefs de service du Protectorat se sont donc réunis, le 24 octobre 1915, dans la salle des conférences de l'Exposition. Le général Lyautey avait tenu à présider la séance d'ouverture.

Allocution d'ouverture du Résident général.

Dans une conversation familière, le Résident général expose tout d'abord quelle fut la genèse de cette idée de réunir les représentants les plus autorisés de la colonisation marocaine. En France, au mois d'août, ce projet avait soulevé quelque appréhension : pourquoi, disait-on, introduire bénévolement au Maroc cette cause de discussion et de polémique ?

Le sentiment du Résident général, partagé d'ailleurs par ceux qui l'entouraient de près, était, au contraire, qu'il ne pouvait y avoir qu'avantages à cette rencontre qui apporterait plus de lumière et d'air à l'étude et à la solution des affaires marocaines. Depuis les derniers mois, en face du péril extérieur, dans les circonstances graves que nous traversons, grâce à des contacts plus fréquents, il s'est créé une communauté de vues et d'efforts qui rend tout facile.

Le Résident général exprime ses regrets de l'absence des Ministres qu'il aurait voulu voir présider cette première réunion.

Il dit ensuite quelle est sa satisfaction de voir réunis pour la première fois les chefs de file du Maroc économique et aussi sa fierté, le mot est de M. Sarraut, lorsqu'il compare notre personnel de colons avec celui d'autres colonies à leurs débuts.

Cette réunion, c'est la justification de la création même des comités d'études, qui fonctionnent depuis un an ; c'est aussi la consécration de toute une politique que le Résident général se félicite chaque jour d'avoir adoptée.

Mais, jusqu'ici, ces comités ont fonctionné séparément et, par cela même, ont été amenés à étudier surtout des questions *locales*. Aujourd'hui, ils sont tous réunis, et il ne s'agit plus que de vues *d'ensemble*. Or, c'est là précisément la mission que le Résident général lui-même doit remplir : défendre les intérêts *généraux* du Maroc et de la France au Maroc. Seul, un contact étroit avec l'administration peut permettre aux colons de se rendre compte de la difficulté de cette tâche et leur donner le sentiment concret de ce qu'est le *gouvernement*.

Il faut d'ailleurs se persuader que les intérêts généraux du pays se confondent en fin de compte avec tous les intérêts locaux ou particuliers. Tout accroissement de l'activité économique, (et cet accroissement, pour être rapide et décisif, ne peut jamais être obtenu qu'au moyen de décisions *larges* qui sacrifient les intérêts immédiats de quelques-uns), *tout accroissement de l'activité économique réagit sur tous et bénéficie à tous.*

Le Résident général exhorte l'assemblée à se pénétrer de cette idée, dès le début de ses séances ; il ajoute que, d'ailleurs, elle inspire en général les rapports des comités, qui sont sérieux et élevés.

Mais il est nécessaire que la discussion garde la même tenue.

I. *But de la réunion.* — Le but découle de ce qui vient d'être dit, à savoir :

a) Dégager nettement les intérêts généraux du Maroc, d'accord entre tous les intéressés et l'administration (laquelle n'a jamais perdu de vue ce but, mais a pu n'être pas suffisamment éclairée) ;

b) Éclairer les intérêts sur les possibilités de réalisation, c'est-à-dire sur les difficultés administratives, *du point de vue gouvernemental.*

Voilà quel doit être le but réciproque de cette réunion qui met en présence l'administration et les colons. Mais ce but ne peut être atteint que si chacune de ces deux entités qui se font face (et qui désormais fusionneront de plus en plus), *se met mentalement à la place de l'autre, que si l'administration entre dans la peau des colons et les colons dans la peau de l'administration.*

Il y a moins de différences qu'on ne pourrait croire entre l'esprit fonctionnaire et l'esprit colon.

N'y a-t-il pas quelques colons qui voudraient devenir fonctionnaires et quelques fonctionnaires qui envient le sort des colons? Le Résident général cite l'exemple de M. Malet, qu'il rencontrait en 1912 explorant les Beni-Hassen pour y trouver des terres de colonisation et étant bien loin de se douter qu'il pourrait être un jour Directeur de l'Agriculture à la Résidence Générale.

Ainsi, la discussion gagnera en sincérité et en utilité.

Tous les principaux chefs de service de la Résidence sont présents ou prêts à assister aux séances, et le Résident général ajoute qu'il en augure pour eux autant de bien que pour les colons.

II. *Questions traitées.* — Le Résident général a parcouru l'ensemble des rapports. Deux choses l'ont frappé et il s'en félicite :

1° L'importance, l'intérêt des problèmes posés. Dans leur ensemble, ils embrassent toute l'activité économique du Protectorat et découvrent tout le programme à suivre :

Problème financier (régime fiscal);

Outillage et transports (ports, voies de communication);

Colonisation;

Sujets généraux traités avec beaucoup de largeur de vue.

2° La quasi-unanimité des régions à envisager les mêmes problèmes d'ordre général. L'incitation qui leur avait été faite de considérer les questions de haut, et de prévoir les solutions de loin a donné presque les mêmes résultats chez tous, et, dans tous les rapports, ce sont les mêmes questions qui ont été posées.

Tous ces rapports ont été étudiés de près par les services du Protectorat : colons et fonctionnaires se sont efforcés réciproquement à rassembler et à coordonner leurs idées.

III. *Résultats à atteindre.* — C'est déjà un résultat.

Mais au point de vue pratique, que faut-il attendre de cette réunion?

La plupart des problèmes abordés sont si vastes qu'ils ne comportent pas de solution immédiate et précise.

Comment arriver à un résultat pratique?

Les membres de l'assemblée poseront des questions au chef

de service compétent, lui feront part de leurs vues en matière de finances, de travaux publics, de colonisation. La tâche de l'administration, en répondant à ces questions, sera d'y mettre de l'ensemble. Les vues de l'administration ne coïncident pas toujours avec celles des colons, car il y a des points de vue qui échappent à ceux-ci, comme d'autres points de vue ont échappé à celle-là, mais ces vues ne sont jamais diamétralements opposées, et, surtout, elles ne le sont jamais *par principe*. De la discussion entre ces deux opinions, celle des colons, celle de l'administration, et de leur accord, sortiront les grandes lignes d'un plan *d'ensemble*, un programme *général* qui sera le guide de tous.

Il ne faut pas perdre de vue cette pensée du résultat pratique à atteindre. Par conséquent, il est inutile d'ouvrir une discussion sur des problèmes dont la solution est impossible à entrevoir à l'heure actuelle ou ne dépend pas de nous.

C'est ainsi qu'un Comité a demandé la suppression du Contrôle de la Dette : on expliquera à l'assemblée pourquoi ce vœu est inacceptable, et, après quelques explications, il lui apparaîtra tout simple que la discussion ne soit pas ouverte sur ce point. Un autre comité a demandé l'institution d'une chambre consultative élue. Le Résident général n'est certainement pas le seul à penser qu'il est *contradictoire* de désirer à la fois un développement plus rapide du Maroc et l'institution d'une chambre élue. Il ajoute que s'il n'avait aucun souci de sa responsabilité devant la France et devant l'histoire, s'il n'était qu'un dilettante, il serait presque tenté de faire cette expérence. Mais il y a tout lieu de croire qu'elle donnerait des déceptions. Si l'on a fait quelque chose au Maroc, c'est grâce à *l'unité* et à la *responsabilité personnelle* du Commandement. C'est là la condition même de toute œuvre coloniale, ainsi que l'a proclamé M. Sarraut.

Le moment actuel, enfin, semble bien mal choisi pour s'engager dans cette voie : il apparaîtrait comme peu opportun d'instituer un corps électoral au Maroc quand le corps électoral de France est aux tranchées.

IV. *Procédure.* — 1° Le Résident général expose le mode de travail le plus profitable qui lui semble devoir être suivi. Après avoir d'abord songé à répartir le travail en sections : agricole, industrielle, commerciale, il s'est aperçu, après la lecture des rapports, que cette méthode aurait deux inconvénients :

a Toutes les questions chevauchent plus ou moins les unes sur les autres. Le régime fiscal, les voies de communication, intéressent, par exemple, l'ensemble des industriels, colons ou agriculteurs du Maroc. Il en résulterait que les mêmes questions seraient traitées à la fois par plusieurs commissions, d'où une fâcheuse *dispersion d'efforts.*

b D'autre part, les mêmes rapports et ils sont nombreux devraient être analysés et discutés deux fois. Une fois en commission, une fois en séance plénière, d'où une *perte de temps.*

Nous adopterons donc, comme mode de travail, la discussion en assemblée générale.

2° *Discussion.*

Le danger de cette méthode, c'est le chaos. Voici donc le procédé qu'il faut adopter :

a Donner d'avance le programme des travaux :

b Aborder successivement les questions, sans chevauchements ; arrêter les digressions :

c Le Président résume succinctement chaque question. Il invite les rapporteurs à prendre la parole :

d Discussion sérieuse : chacun des membres demande la parole qui est accordée à tour de rôle.

3° *Police de l'assemblée.*

Une discipline stricte des séances est nécessaire.

Le bureau est constitué par M. l'Intendant Général Lallier du Coudray, Président, M. de Tarde, Secrétaire, et deux assesseurs élus.

Le Résident général termine en déclarant qu'il augure au mieux de cette réunion.

Tout le monde y apportera le même esprit et y viendra la main ouverte et non le poing tendu. Le Général espère que les membres des Comités s'abstiendront de toute discussion agressive, et que, aussi bien, les services qui seront sur la sellette ne montreront pas d'irritation quand ils verront surgir une question qui leur paraîtra paradoxale ; car, bien souvent, une question ne paraît paradoxale que parce qu'elle est nouvelle.

« N'oublions pas, dit en terminant le Résident général, que cette assemblée se réunit au son du canon, et inspirons-nous du sentiment d'unité vibrante et cohérente qui nous animait tous à cette minute inoubliable où, à l'issue du banquet ministériel, nous écoutions debout la *Marseillaise.* »

De vifs applaudissements saluèrent les paroles du Résident général.

L'assemblée procéda ensuite à l'élection de deux assesseurs parmi ses membres. Furent élus : MM. Bernaudat et Cousinéry.

Le Résident général se retira ensuite, passant la présidence à M. l'Intendant Général Lallier du Coudray, Secrétaire Général du Protectorat. La séance fut levée après la détermination de l'ordre du jour.

Séances de discussion.

Les séances se poursuivirent les 25 et 26 octobre, matin et soir, et le 27 octobre le matin, sous la présidence de M. l'Intendant général Lallier du Coudray, assisté de MM. Malet, Directeur de l'Agriculture, de Tarde, Secrétaire Général Adjoint du Protectorat, et des assesseurs élus. Il y fut traité, en présence des Chefs de service compétents, des principales questions intéressant le développement économique du Protectorat, questions financières (douanes, droits de portes et de marchés, taxe urbaine, tertib, impôt sur la plus-value immobilière, droits sur l'alcool) ; questions relatives aux travaux publics et à l'outillage économique (ports et chemins de fer, aconage, magasinage, caisse spéciale des travaux publics, magasins généraux, transports civils sur les chemins de fer militaires, police sanitaire des ports, postes et télégraphes) ; questions intéressant l'agriculture, le commerce et la colonisation (statut de la propriété immobilière, organisation commerciale et crédit, tribunaux de commerce, pêcheries, irrigations, poids et mesures, enseignement indigène) ; questions diverses, d'ordre général (frais de justice, cherté de la vie, législation maritime, relations avec l'Afrique Occidentale française). Ceci n'est d'ailleurs qu'un simple énoncé, les procès-verbaux de ces différentes séances étant publiés ci-après. La discussion ne se départit jamais de la courtoisie, de l'impartialité et de la largeur de vues nécessaires pour que s'établisse entre les colons et l'administration un accord durable et fécond.

Le lundi 25, le Résident général réunissait à la Résidence les bureaux et les doyens des comités et les principaux fonctionnaires du Protectorat en un grand dîner, qui fut suivi d'une réception où étaient invités tous les membres des comités d'études. Portant la santé de ses hôtes en quelques paroles vibrantes, le Résident général leva son verre au succès de ce premier essai de « représentation des intérêts » au Maroc, au développement économique de ce pays et à ses colons.

Séance de clôture.

Le 27, le Résident général se rendit dans la salle des séances pour prononcer la clôture de la session.

Dès que l'ordre du jour fut épuisé, M. l'Intendant Général Lallier du Coudray prononça l'allocution suivante :

« Mon Général,

« Voulez-vous me permettre, avant de clôturer les travaux de cette assemblée, d'exprimer à ces Messieurs tous mes remerciements, toute ma gratitude pour la façon dont ils ont facilité la tâche que vous aviez bien voulu me confier ? Non seulement je n'ai pas trouvé en eux des adversaires irréductibles, des opposants systématiques comme d'aucuns semblaient le redouter ; mais j'ai, au contraire, rencontré chez eux des collaborateurs très intimes qui ont exposé leurs idées, leurs objections, leurs desiderata, avec une correction, une courtoisie, une modération, une largeur de vue, une hauteur d'esprit auxquelles je ne saurais assez rendre hommage et qui font que ce premier Congrès constitue — le mot n'est pas trop fort — un véritable modèle du genre, et je ne saurais également assez vous remercier, vous, personnellement, de m'avoir permis de réaliser ainsi un rêve que nous avions conçu tous les deux il y a près de vingt ans, un rêve que beaucoup traitaient d'utopie et dans lequel, nous, nous avions une confiance absolue : c'était de constituer une union étroite et constante entre fonctionnaires

et colons, de façon que tous eussent bien l'impression et la conviction qu'ils sont les ouvriers solidaires d'une même œuvre.

« Ce rêve vient de se réaliser, et de se réaliser dans des conditions qui dépassent toutes nos espérances. Il est certain, à l'heure actuelle, après ces trois jours de discussion et de travail en commun, que colons et fonctionnaires marchent la main dans la main, remplis les uns pour les autres d'estime, de confiance et de sympathie. Et aujourd'hui, les colons sont intimement convaincus que les fonctionnaires du Maroc ne ressemblent en rien à ces fonctionnaires dépeints par Courteline, hargneux et renfrognés, ennemis de tout progrès, infatués de leur autorité et de leurs prérogatives, imbus de l'idée que l'Administration est une arche sacro-sainte, que tout ce qu'ils font est la perfection et qu'il ne faut rien y changer. Eh bien, ils sont persuadés maintenant que, non seulement nous ne pensons pas que notre œuvre est parfaite, mais qu'au contraire nous sommes très heureux lorsqu'ils veulent bien nous en signaler les imperfections, et que nous ne demandons qu'une chose : modifier et améliorer ce que nous avons fait, — et ils en ont eu la preuve au cours de ces débats. Ils sont persuadés maintenant que, chaque fois qu'ils voudront bien se présenter à nos bureaux, nos portes leur seront grandes ouvertes, et que leurs visites, loin de constituer une corvée, seront pour nous un véritable plaisir, car en les entendant, nous apprendrons ; en écoutant leurs desiderata, leurs objections, nous nous en servirons pour amender et améliorer, s'il y a lieu, nos projets, et pour atteindre le but que nous poursuivons tous : agir et faire mieux.

« De notre côté, nous avons eu la preuve que les colons ont l'esprit assez éclairé, les vues assez larges, le cœur assez haut, pour pouvoir mettre en balance les intérêts généraux et les intérêts particuliers, et comprendre qu'il est des circonstances où il faut que ceux-ci s'inclinent devant ceux-là. Et c'est la chose qui m'a le plus frappé, chose du reste qui est bien la caractéristique de notre race française, car la droiture, le jugement, le sens de l'équité sont bien les qualités qui dominent chez nous et je n'en veux citer qu'un exemple : celui qui a été donné par la discussion de l'impôt sur la plus-value, cet impôt qui a donné lieu à tant de controverses et de protestations, qui a fait couler tant d'encre et qu'on proposait de remplacer par une élévation des droits de mutation qui auraient été portés de 2 1 2 $^{0}/_{0}$ à 7 $^{0}/_{0}$. Lorsque M. de Tarde, dans un exposé lumineux, a fait ressortir le principe que l'impôt de la plus-value était aussi équitable qu'un impôt peut l'être, puisqu'il ne frapperait que quelques privilégiés, ceux qui sont réellement favorisés par la fortune ou par le hasard, alors qu'au contraire les droits de mutation atteindraient tout le monde, tous ceux qui sont venus ou qui viendront plus tard au Maroc, aussi bien ceux qui ont réussi que ceux qui ont été malheureux ; alors, un souffle d'équité et de bon sens a semblé passer sur l'assemblée, tant a été grand le sentiment que poser ainsi la question était la résoudre.

« Et c'est pourquoi aussi, mon Général, lorsque je cherchais à m'expliquer comment ont pu s'accomplir ces progrès merveilleux qui ont été réalisés en si peu de temps au Maroc, progrès qui frappent non seulement tous les nouveaux venus, mais plus encore ceux qui, comme M. Sarraut ou moi, par exemple, peuvent faire des comparaisons avec ce qui existe ailleurs, eh bien, je le sais maintenant, ces progrès sont dus à ce que, si vous êtes un chef admirable, vos colons sont dignes de vous ! »

Le général Lyautey répondit en ces termes :

« Je m'associe pleinement à ce que vient de vous dire M. Lallier du Coudray.

« Cette première réunion des Comités d'Etudes économiques du Maroc se présentait à nous comme une expérience dont les résultats pratiques apparaissaient encore incertains. Elle a réussi au delà des espérances.

« Et, à mes yeux, cette réussite ne vaut pas seulement par l'importance et l'intérêt des questions qui ont été traitées et des solutions qui en sortiront, mais surtout par l'atmosphère qu'elle a créée, atmosphère de confiance réciproque, de sincérité dans le labeur commun, qui lui survivra, j'en ai le sentiment très net.

« En ce qui concerne les bureaux, les questions ne s'offriront plus à leurs yeux comme des papiers, mais comme des réalités en chair et en os. Safi, Mogador, Marrakech, ne seront plus pour eux seulement des noms sur une carte, du noir sur du blanc, mais leur apparaîtront sous la forme de personnalités vivantes et agissantes, faisant valoir leurs intérêts respectifs.

« En ce qui concerne les colons, d'abord ils auront pris une connaissance d'ensemble des questions qui sont pour eux d'importance vitale. Ils sauront ce qu'on veut, où l'on va, suivant des programmes réfléchis et étudiés et non au hasard : ensuite, ils auront pris le contact des personnes qui ne leur apparaîtront plus, j'espère, sous l'aspect de ronds de cuirs grincheux, vissés à leurs bureaux derrière des guichets, mais comme des collaborateurs. Ils ont vu et entendu ici les Directeurs et Chefs de service, et je sais être l'interprète de tous en disant qu'ils ont hautement apprécié leur compétence, leur savoir, et aussi leur sens pratique, leur sincérité et leur désir de s'éclairer. Désormais, vous n'hésiterez plus à venir les trouver en toute confiance, de même qu'ils sont prêts à vous accueillir en toute cordialité. Bref, on se connaît.

« Voilà pour l'atmosphère. Mais il s'est dégagé autre chose encore de ces réunions. C'est le facteur éducatif pour nous comme pour vous. Je me suis abstenu d'assister à vos séances et, vous le comprenez, pour vous laisser toute indépendance et toute liberté de discussion. Mais j'en ai été tenu au courant presque heure par heure, et ce sont aussi bien mes fonctionnaires qui, journellement, sont venus m'apporter le témoignage du profit qu'ils en tiraient, des points de vue nouveaux qui s'ouvraient pour eux, que les colons venant me dire combien les questions s'éclairaient et quel enseignement leur apportait cette exploration d'ensemble du Maroc et de ses intérêts généraux.

« Ce n'est pas à dire que tous les problèmes sont résolus, et toutes les divergences aplanies. Je ne veux pas tomber dans l'idylle et m'imaginer que nous allons désormais passer notre temps à nous congratuler, ce qui serait d'ailleurs aussi monotone qu'ennuyeux. Certes, nous discuterons encore, nous nous disputerons même peut-être, car il y aura toujours des intérêts contradictoires en présence, mais nous le ferons loyalement, cordialement, comme des gens qui parlent la même langue, le bon et clair français.

« Donc, sans verser dans l'admiration mutuelle, disons-nous simplement que l'expérience a été très bonne. Aussi suis-je résolu à la recommencer périodiquement, et notamment à chaque nouvelle étape de notre évolution économique. Il vous appartiendra même de la provoquer si vous vous aperceviez que cette atmosphère d'entente réciproque disparût et qu'une reprise de contact soit devenue nécessaire.

« Je ne puis m'empêcher d'évoquer, mais pour ne pas m'y arrêter, des souvenirs vieux de dix-huit mois, alors qu'il s'était créé à Casablanca un si profond malentendu entre l'administration et la population, et je pense que si alors, de tels organismes avaient existé, il eût suffi d'une heure pour nous mettre à l'unisson.

« Il me reste à vous remercier, pour ce qui me concerne. Votre session m'apporte une très grande force. La chose essentielle entre toutes pour le chef investi d'une charge aussi lourde et de responsabilités aussi sérieuses que celles qui m'incombent, c'est le maintien de l'équilibre de ses facultés et de la sérénité de ses décisions.

« La France m'a fait le grand honneur de me confier le commandement d'un de ses grands bâtiments de guerre, ou, pour mieux dire, alors que ceux que commandent mes camarades sont bien des bâtiments n'ayant d'autre objet que la guerre, celui que je commande est à la fois bâtiment de guerre et de commerce, armé pour se défendre contre les mines et les sous-marins, mais aussi chargé de travailleurs et d'une cargaison précieuse. Quel soulagement et quelle force c'est pour moi, alors que je suis sur ma passerelle, l'oreille aux écoutes, l'œil scrutant l'horizon, vers le Sous, l'Atlas, Taza et au delà, la main sur les signaux d'appel, l'esprit constamment tendu sur l'ordre à donner, la résolution à prendre, que de savoir que, sur le pont, tous travaillent dans le même sens, que nul bruit de disputes vaines (c'est-à-dire de temps perdu, la chose la plus odieuse que je sache) ne parvient jusqu'à moi, que les machines fonctionnent sans grincements avec le minimum de frottements ! Je suis sûr maintenant, que tous, derrière moi, vous ne faites plus qu'un bloc et tous, officiers, fonctionnaires et colons, pour moi vous ne portez plus qu'un nom, celui de collaborateurs.

« Messieurs, je prononce la clôture de la session de 1915 des Comités d'Etudes économiques. »

DEUXIÈME PARTIE

RAPPORTS
DES COMITÉS D'ÉTUDES ÉCONOMIQUES

I

RAPPORTS

PRÉSENTÉS PAR

LE COMITÉ D'ÉTUDES ÉCONOMIQUES

DE CASABLANCA

A. — COMMISSION DU COMMERCE

Rapporteur : M. GUERNIER.

1ʳᵉ Question : Achat des grains par l'Intendance. — Pour la campagne 1915, l'Intendance militaire s'est réservé le monopole d'achats des grains au Maroc.

D'autre part, elle soumet ces grains à une réception telle que beaucoup d'entre eux sont rejetés comme ne répondant pas au cahier des charges.

A l'origine, l'Intendance rejetait :

1° Les grains mouchetés ;

2° Les grains charbonnés ;

3° Les grains cariés.

A la suite de pourparlers intervenus entre la Résidence Générale d'une part, et le Comité d'Études économiques d'autre part, il fut conclu que tous les grains seraient reçus sur échantillons.

En cas de rejet par l'Intendance, les grains refusés sont soumis à une commission d'appel.

Ce système a fonctionné en donnant dans une certaine mesure satisfaction aux desiderata du Commerce.

Ces derniers temps, la question s'est trouvée subitement aggravée par l'apparition du charançon.

L'Intendance doit, suivant le cahier des charges par lequel elle est liée, refuser les grains charançonnés.

Le commerce de Casablanca s'est ému d'un tel état de

choses, car les grains présentés, contrairement à ce qu'affirme l'Intendance, ne sont pas charançonnés au sens propre du mot. Il y a simplement apparition du charançon dans les blés, et l'on sait que le charançon ne commence à commettre ses ravages qu'au mois de mars.

Quoi qu'il en soit, la place de Casablanca se trouve à l'heure actuelle avec un stock considérable de blés refusés par l'Intendance parce que :

1° Ils sont mouchetés ;

2° Ils sont charbonnés ;

3° Ils sont cariés ;

4° Ils contiennent des charançons.

Or, il n'est pas douteux cependant que ces grains possèdent une valeur marchande considérable et l'on sait même que les blés marocains sont payés en France avec prime à cause des excellents résultats qu'ils donnent, en particulier, dans la fabrication des pâtes alimentaires.

D'autre part, les minoteries de France possèdent des installations modernes qui leur permettent de tirer un parti immédiat de ces grains refusés.

Il y a donc intérêt considérable à ce que la liberté d'exportation soit accordée aux grains refusés par l'Intendance en limitant, bien entendu, cette exportation à la France.

M. le Secrétaire Général du Protectorat a bien voulu faire savoir au Comité d'Études Économiques de Casablanca que le Gouvernement du Protectorat avait télégraphié au Ministre compétent pour demander cette liberté d'exportation.

La Commission du Commerce souhaite vivement que la question soit tranchée au plus tôt, afin de profiter encore des quelques jours pendant lesquels la mer sera suffisamment belle pour permettre l'embarquement. En effet, précisément à cause des imperfections signalées plus haut, il importe que les grains marocains soient introduits en France au plus tôt pour y subir des traitements *ad hoc* et en tirer ainsi le plus grand rendement possible.

Il n'est pas sans intérêt non plus de signaler la campagne formidable organisée actuellement aux États-Unis pour l'accaparement des grains. Non content de profiter de la récolte moyenne de l'Amérique du Nord et de la récolte prochaine de l'Argentine, qui s'annonce comme belle, les Américains viennent de créer à Odessa un puissant organisme bancaire destiné à favoriser l'exportation des grains russes et, plus particulièrement, l'escompte des traites documentaires pour les ventes de flottant. Il y a à Odessa trois récoltes accumulées et l'abondance des grains est telle que l'hectolitre se vendrait, paraît-il, dans les plaines de la Bessarabie à 3 francs.

Si donc les Dardanelles étaient ouvertes avant que la récolte marocaine ne soit vendue en France, ce serait la ruine de ce pays ; nous attendons donc avec confiance la décision du Ministre.

La Commission du commerce propose le vœu suivant :
L'assemblée générale des Comités d'Études Économiques du Maroc émet le vœu que la liberté d'exportation soit accordée le plus rapidement possible aux grains refusés par l'Intendance militaire en limitant cette exportation à la France.

2ᵉ Question : Prolongation des délais de magasinage pour les produits d'exportation. — Étant donnée l'irrégularité des arrivages des navires, il est parfois impossible aux commerçants, surtout pour ceux qui vivent à l'intérieur, de faire arriver leurs marchandises pendant le délai accordé par le règlement. Pour faciliter le commerce d'exportation, il importe de faire prolonger ce délai de telle façon que les commerçants n'hésitent plus à envoyer leurs marchandises, craintifs qu'ils sont de se voir frapper des taxes de magasinage.

3ᵉ Question : Régime du Maroc au point de vue des conventions postales. — Une Commission extra-parlementaire a été nommée en France pour examiner la question du renouvellement des conventions postales entre la France et l'Afrique du Nord.

Les commerçants du Maroc seraient désireux de connaître l'état de la question, et la Commission du commerce prie simplement le service compétent de la Résidence, de bien vouloir renseigner l'Assemblée générale des Comités d'Études Économiques du Maroc à ce sujet.

4ᵉ Question : Programme des chemins de fer. — Toutes les forces économiques du Maroc étant réunies en cette Assemblée générale des Comités d'Études, il a semblé opportun à la Commission du commerce d'élaborer un programme d'ensemble des chemins de fer marocains, non pas tant pour fixer les voies à tracer, mais plutôt pour se mettre d'accord sur les grandes questions de principes.

Tout d'abord, la Commission a pensé que l'Assemblée générale devait s'associer aux vues du Gouvernement en ne discutant pas les lignes que M. le Commissaire Résident Général estime nécessaires pour assurer l'exécution de son programme politique et militaire.

A la base de ce programme, se trouve la ligne Kenitra-Fez.

Cette ligne rendra pendant plusieurs années les plus grands services pour le ravitaillement des avant-postes de Fez et Taza, et pour l'établissement des ramifications futures vers le Riff d'une part, et le Moyen Atlas d'autre part.

Cela étant, j'aborderai une question que je sais extrêmement délicate parce que la solution que je propose semble à première vue menacer certains intérêts particuliers, mais elle répond, il me semble, à l'intérêt général du pays. Cette question est celle de Casablanca, grand port de la côte occidentale marocaine.

Il y a une certaine tendance qui semble se manifester dans tout le Maroc : elle consiste à croire que toute ville, du moment qu'elle est sur la côte, doit être un grand port. Vous savez, Messieurs, que c'est cette idée qui a porté un coup néfaste au développement de la marine marchande française et, partant, à tout commerce d'exportation de la Métropole.

Cette idée tend à s'implanter de nouveau au Maroc au plus grand préjudice du développement de ce pays.

Allez à Larache, on vous démontrera que cette ville est le port de Fez et de tout le Moyen Atlas.

Allez à Kenitra, les plus ardents défenseurs de cette ville nouvelle essaieront de vous convaincre que c'est le port naturel de Meknès et de Fez.

Descendez sur Rabat : ce pourrait être, diront certains, ce devrait être, vous diront les autres, le grand port du Nord et déjà la malencontreuse manie de la division des pays renaît ici comme s'il y avait deux Maroc : le Nord et le Sud.

Je passe sur Casablanca, dont je parlerai tout à l'heure, et j'arrive à Mazagan.

Tous ceux qui suivent la construction du port à barcasses que l'on y fait actuellement, vous diront : c'est l'amorce d'un grand port ; après tout, c'est là qu'on aurait dû le faire et c'est peut-être là qu'il sera. Mazagan annihilera Safi et nous aurons ainsi, disent les partisans de Mazagan, la maîtrise des Doukkala, des Chiadma et peut-être du Haouz.

Mais à Safi, on ne nous parle que de la déchéance de Mazagan et cette ville, où il existe une colonie puissante et disciplinée, revendique à son tour le titre de port de Marrakech.

Très sincèrement, cette politique de clocher manque d'envergure. Je sais bien que l'on accusera les Casablancais de vouloir tout accaparer et c'est précisément cette idée fausse que je voudrais aujourd'hui essayer de faire disparaître.

Il ne s'agit pas de faire quatre ou cinq grands ports au Maroc ; ce pays ne le comporte pas et il serait puéril d'y songer plus longtemps ; nous disperserions nos efforts et nos capitaux sur un grand nombre de points et chaque port, en voulant être tout, risquerait de n'être rien.

Ce qu'il faut, au contraire, c'est concentrer nos efforts et nos capitaux sur un seul point afin que, ce point devenu le grand port du Maroc, nous puissions avec aisance lutter contre la concurrence des frêts des marines étrangères : c'est là toute la question.

Je voudrais vous faire saisir l'importance que peut avoir la concentration des efforts portés sur un seul point, mais je m'excuse d'abord de prendre l'Allemagne et Hambourg comme terme de comparaison.

En Allemagne, tout le monde s'est incliné devant la priorité de Hambourg et, je dirai plus, l'Allemagne entière a concentré ses efforts sur cette idée : faire de Hambourg le premier port du monde ; ce n'est pas là, comme des esprits simples pourraient le croire, la manifestation d'un orgueil toujours en éveil, mais bien au contraire la résultante de données économiques précises tendant à faire de Hambourg le port nécessaire et indispensable du vieux Continent.

Est-ce à dire que tous les autres ports de l'Allemagne aient été éclipsés par la puissance de Hambourg ? Quelle erreur ! Les autres ports de la mer du Nord et de la Baltique, Dantzig, Stettin, Lubeck, n'ont pas hésité eux-mêmes les premiers à exécuter d'importants travaux pour le plus grand développement économique de leur hinterland immédiat.

Si nous voulons, nous aussi, dans une proportion plus modeste, n'attirer vers nous que des marchandises exclusivement françaises et expédier à travers le monde entier le plus possible de produits exportables tant en luttant contre la concurrence étrangère qu'en faisant ainsi de ce pays le complément naturel de la Métropole, il nous faut concentrer tous nos efforts sur un seul point, tout en permettant à chaque port digne de ce nom de développer autant que faire se peut tous ses moyens d'actions.

Kenitra, le grand port de cabotage, pourra, avec des aménagements peu coûteux, desservir toute la plaine des Beni-Hassen.

Mazagan, dont l'arrière-pays est si riche, offrira un port-abri de premier ordre, et je ne serais pas étonné de voir s'y développer la fructueuse industrie de la pêche.

Safi, plus difficile, s'améliorera cependant. Son commerce de cabotage pourra devenir considérable, d'autant que, après l'ouverture d'Agadir, Mogador n'aura guère plus de mouvement.

Mais le grand port, celui qui doit drainer vers lui la majeure partie des produits d'exportation, celui qui doit refouler vers l'arrière-pays tous les produits demandés par l'indigène, celui qui doit offrir aux navires qui se présentent sur sa rade toutes les facilités de mouillage, de ravitaillement en eau, en charbon, en nourriture, les ateliers de réparation nécessaires en même temps que la certitude d'un frêt toujours disponible, celui-là doit être seul et unique.

Je voudrais, Messieurs, vous démontrer que ce port doit être Casablanca.

Quelles sont, en effet, les conditions que doit remplir un grand port?

Sa superficie et ses fonds doivent être tels que les plus grands navires du monde puissent y évoluer avec facilité. Son aménagement général doit tendre à faire du port un organisme rationnel et d'exploitation économique.

Son organisation commerciale ainsi que sa direction doivent être bien comprises et s'inspirer des principes généralement admis sur le fonctionnement des Chambres de Commerce autonomes.

Et j'aborde maintenant, Messieurs, le point le plus délicat de la question et sur lequel je serais heureux d'obtenir de vous une opinion conforme à celle de la Commission.

Un grand port ne vit que par ses mouvements de marchandises importées et exportées, mais de même que pour apporter au port les marchandises destinées à l'exportation, il faut assurer à ces marchandises l'accès des voies convergentes vers ce port, de même, il faut pour les marchandises mises à terre par les navires, ouvrir des voies divergentes s'évasant en un large éventail pour répandre et diffuser à travers le pays tout entier les produits importés.

Un grand port, ainsi qu'on l'a dit très justement, n'est qu'un organisme de suture entre les voies maritimes et les voies terrestres.

Plus cette suture sera parfaite, plus les éléments de l'organisme vital du port fonctionneront avec régularité.

Et voilà pourquoi, Messieurs, la Commission du Commerce a été amenée à étudier le programme d'ensemble des voies de chemin de fer au Maroc.

Si on se reporte au travail de M. Long, Rapporteur du dernier Emprunt Marocain, on constate tout d'abord que l'attention du Gouvernement avait été fortement appelée sur le projet de la ligne Tanger-Fez, qui nous avait été imposée par l'accord franco-allemand du 4 novembre 1911.

Il est facile de démontrer que le Tanger-Fez était une erreur économique, mais les événements actuels porteront de grands changements à la carte du monde et ce serait faire injure à notre diplomatie que de penser qu'elle n'a pas, depuis longtemps, songé à supprimer cette revendication germanique.

Il importe toutefois de faire remarquer qu'une telle ligne aurait détourné tout le commerce de la région de Meknès et de Fez au profit de Larache, port hispano-allemand, et de Tanger, port sans nationalité.

D'autre part, toute ligne assure la prospérité et le développement de la région qu'elle traverse. Or, en l'espèce, la région française traversée est infiniment petite, tandis que la région espagnole est parcourue dans sa plus grande largeur.

Souhaitons donc que le Tanger-Fez n'existe plus qu'à l'état de projet dans la pensée de ceux qui l'avaient imaginé.

M. Long regrette que la ligne de Casablanca-Fez passe par Kenitra pour s'embrancher à Meknès avec la ligne du Tanger-Fez.

Si cette ligne devait être la seule devant relier Fez à Casablanca et partant le Maroc Oriental au Maroc occidental, la Commission croit que l'on commettrait une grave erreur économique.

Tandis que Marrakech serait réuni à Casablanca directement, il semble que les deux Empires d'antan subsisteraient et ne seraient encore reliés que par l'isthme politique qu'était l'étroit couloir de Rabat.

Il a semblé à la Commission qu'il y avait un intérêt primordial à inscrire la ligne directe Fez-Casablanca en tête du programme des chemins de fer.

Elle serait le prolongement naturel de la grande ligne Oran-Fez, une grande ligne ferrée et presque rectiligne unirait l'Algérie au Maroc et la Méditerranée à l'Atlantique.

Il y a plus, les marchandises débarquées à Casablanca et destinées à Fez seraient grevées d'un frêt réduit qui leur permettrait de contrebalancer sans peine le supplément de transports terrestres.

Il ne faut pas croire, en effet, en matière de transport, que la plus courte distance d'un point à un autre soit plus économique. Et c'est ainsi qu'on a pu s'étonner parfois qu'Anvers soit devenu le grand débouché de Paris.

En effet, Casablanca devenu grand port avec un outillage moderne sera desservi par des lignes nombreuses qui n'hésiteront pas à y venir et qui pratiqueront, grâce à une concurrence bienfaisante, des frêts très bon marché, et il arrivera un jour où les frêts atlantiques et méditerranéens sur Casablanca seront inférieurs à 10 francs la tonne.

Déjà, avant la guerre, les frêts méditerranéens sur Casablanca oscillaient entre 15 et 16 francs, tandis que, le même frêt sur Kenitra était de 30 francs.

Kenitra, cependant, offre de très grandes facilités de débarquement puisque les navires abordent à quai et que de semblables conditions ne seront réalisées à Casablanca que dans quelques années.

Mais les conditions de débarquement à Casablanca, qui sont actuellement ce qu'elles étaient il y a vingt ans, iront chaque jour en s'améliorant davantage, amenant ainsi une décroissance continue des taux du frêt.

Or, en continuant la comparaison entre Kenitra et Casablanca, nous savons qu'il existe entre les deux lignes Kenitra-Fez, Casablanca-Fez, une différence d'une centaine de kilomètres en faveur de la ligne Kenitra-Fez. *A priori*, il semblerait donc logique que Kenitra soit le débouché de Fez. Il n'en sera rien cependant.

En effet, prenons les frêts d'avant la guerre :

15 francs pour Casablanca ;

30 francs pour Kenitra ;

Soit une différence de 15 francs en faveur de Casablanca.

La différence de 100 kilomètres en plus pour la route de Casablanca-Fez implique, au tarif de 0 fr. 15 la tonne kilométrique, une différence de transport de 15 francs qui viendra grever les marchandises débarquées à Casablanca.

Donc, suivant ce calcul, que les marchandises débarquent à Casablanca ou qu'elles débarquent à Kenitra, elles arriveraient à Fez grevées des mêmes frais de transport.

Mais nous avons indiqué comment les frêts sur Casablanca iront en diminuant d'une façon notable au fur et à mesure des aménagements du port, tandis que ceux de Kenitra, si tant est qu'ils diminuent, le feront dans une proportion moindre puisqu'on ne pourra jamais mieux faire que d'y débarquer à quai, ce qui se fait actuellement.

Il ne faut donc pas croire qu'en faisant pour le Maroc un seul et unique grand port, on desserve moins bien l'intérieur ; au contraire, on le desservira beaucoup mieux.

Et le raisonnement que je viens de faire en prenant Kenitra et Fez pour base pourrait s'appliquer de la même façon en prenant comme autre base Safi et Marrakech.

En résumé, la Commission estime qu'après le Kenitra-Fez, il y a lieu de songer immédiatement au Casablanca-Fez par Camp-Boulhaut, Merzaga, Meknès.

Une deuxième ligne appelle ensuite immédiatement l'attention, c'est la ligne Casablanca-Marrakech.

Elle ne saurait, je crois, être discutée par personne.

L'ossature générale est ainsi dessinée : l'Empire du Nord avec Fez et sa région, l'Empire du Sud avec Marrakech et le Haouz, sont ainsi réunis à la côte dans les meilleures conditions économiques possibles.

Il ne s'agit plus maintenant que de lignes secondaires ; la principale est la ligne côtière.

Mais cette ligne côtière doit s'inspirer de principes économiques admis partout, dont le plus important est le suivant : rechercher les régions les plus riches, c'est-à-dire celles pouvant donner le plus gros trafic possible.

Pour Casablanca-Rabat-Kenitra, il faudra donc s'écarter le plus possible de la côte puisque celle-ci est stérile. Elle est d'ailleurs déjà desservie :

1° Par une ligne maritime ;

2° Par un chemin de fer militaire à voie étroite qui rend déjà les plus grands services ;

3° Par une route carrossable.

Il faut donc que la ligne nouvelle s'écarte de toutes celles-là, et pénètre plus avant dans l'intérieur en passant par les riches tribus des Médiouna, des Oulad-Ziane, par Camp-Boulhaut pour gagner Rabat par la vallée du Korifla.

La seule utilisation du tronçon Rabat-Kenitra sera de pouvoir soumettre la forêt de la Mamora à une exploitation rationnelle. C'est donc par cette forêt qu'elle devra passer en fuyant la côte aride et désertique.

Pour le Sud, la Commission a pensé que la vaste région des Chaouïa, des Doukkala et Abda devait être desservie par un réseau secondaire dont l'armature principale serait une ligne partant de Ber-Rechid, traversant l'Oum er Rebia par la tribu des Ouled Saïd, se dirigeant vers le gros marché de Sidi ben Nour, en s'étendant ensuite vers le lac Zima où elle croiserait la ligne Safi-Marrakech.

L'embranchement sur Mazagan serait à rechercher au mieux des intérêts de cette ville, qui se trouverait ainsi réunie par voie ferrée à toutes les villes de la côte.

Du lac Zima, l'armature principale se trouverait prolongée jusqu'à Mogador, en traversant la région Chiadma, permettant ainsi l'exploitation des vastes forêts d'arganier.

Tel est le plan d'ensemble que la Commission du commerce soumet à votre examen en vous proposant d'adopter le **vœu** suivant :

« L'Assemblée générale des Comités d'études économiques du Maroc, après examen des observations présentées par la Commission du commerce, et considérant :

« 1° Que depuis les premières heures de la colonisation au Maroc, tous les efforts économiques et financiers ont été concentrés sur Casablanca pour se diffuser de là à travers le Maroc ;

« 2° Que Casablanca, se trouvant au milieu de la côte atlantique marocaine, est devenu par cela même le centre naturel d'importation et d'exportation du Maroc ;

« 3° Que cette situation reconnue a été définitivement confirmée par un vote du Parlement, qui n'a pas hésité à sanctionner l'engagement d'une dépense de plus de 40 millions pour la construction de l'ossature du port, tandis, qu'hier encore, M. Abel Ferry, sous-secrétaire d'État aux Affaires Étrangères, déclarait d'autre part que sur la tranche d'emprunt nouvelle de 70 millions consentis par la Métropole, les plus grosses sommes étaient affectées au développement de notre cité ;

« 4° Que, d'ailleurs, il est de notoriété publique que la puissance et la compétence du groupe qui est chargé de la construction du port est le plus sûr garant du succès de l'entreprise ;

« 5° Que par conséquent Casablanca est appelé à devenir non seulement un port, mais le seul et unique grand port de la côte occidentale marocaine, par l'outillage et la puissance de rendement de ce port, dont l'accès sera ouvert aux plus grands navires du monde et eu égard à la superficie de sa rade, à la profondeur exceptionnelle de ses fonds et à la puissance des groupes industriels et financiers qui y ont porté tous leurs efforts ;

« 6° Qu'il s'est créé à Casablanca une situation économique toute particulière qui en fait la porte du Maroc tout entier, desservant à la fois l'Empire du Nord et l'Empire du Sud et que cette situation est d'ailleurs la démonstration la plus éclatante de l'importance des énergies et des capitaux qui ont fait confiance aux dirigeants de ce pays et dont l'Exposition franco-marocaine est une preuve nouvelle ;

« 7° Que les voyageurs, aussi bien que les marchandises, viendront donc naturellement débarquer à Casablanca ; les premiers, parce que, dans l'avenir comme aujourd'hui, les grands paquebots, notamment les longs courriers de l'Amérique du Sud et de la Côte Occidentale d'Afrique, s'arrêteront toujours là où ils seront sûrs de trouver l'outillage et les approvisionnements dont ils peuvent avoir besoin ; les seconds parce que les tarifs de frêts sur Casablanca s'abaisseront constamment au fur et à mesure de l'aménagement du port, au point de rester plus que jamais le port ayant le frêt le meilleur marché de tout le Maroc ;

« 8° Que, par conséquent, il y a lieu de prévoir dès aujourd'hui les moyens de diffusion du trafic ainsi concentré à Casablanca, à travers le Maroc entier, au moyen de communications directes et rapides, reliant les plus grands centres actuellement existant au grand port de Casablanca ;

« 9° Que, d'autre part, le plus sûr moyen d'assurer la prospérité de l'Empire du Sud avec Marrakech et sa province et de l'Empire du Nord avec Fez et Meknès est de les relier au grand centre d'importation et d'exportation où les marchandises apportées des régions éloignées : blé, orge, maïs, lin, coriandre, peau, laines, minerais, en y ajoutant les cueillettes faites au passage, pourraient, grâce à des tarifs dégressifs et combinés que seul un grand port outillé peut faire naître, trouver toujours un frêt de retour bon marché pour toutes les parties du monde et où les marchandises importées (thé, sucre, lainage, cotonnades, fer, chaux, ciments, outillage, etc...), pourront immédiatement, rapidement et économiquement, grâce aux frêts d'aller réduits, parvenir aux régions les plus éloignées après avoir été, en partie, distribuées dans les régions traversées ;

« 10° Que les centres intérieurs manifestement les plus développés sont, d'une part :

Marrakech, grand marché du Sud.

D'autre part :

Fez-Meknès, grand marché du Nord.

« Émet le vœu :

« *Que tous les efforts des Pouvoirs publics soient portés sur l'étude des voies ferrées suivantes :*

1° Casablanca-Camp Boulhaut-Meknès-Fez ;

2° Casablanca-Ber Rechid-Settat-Marrakech ;

3° Kenitra-Mamora-Rabat ;

4° Rabat-Korifla-Camp Boulhaut-Ouled Zian-Casablanca ;

5° Casablanca-Ber Rechid-Mazagan à Sidi Ben Nour-Lac Zima-Safi et descente sur Mogador.

Ce qui revient à dire que les lignes côtières doivent s'incurver vers les régions les plus riches afin d'apporter aux ports secondaires de Kenitra, Rabat, Mazagan, Safi et Mogador, le plus grand trafic possible.

5ᵉ Question : l'Aconage au Maroc. — La récente discussion qui a eu lieu à la Chambre de Commerce de Casablanca, relativement à la concession de l'aconage pose la question du principe du monopole dans les ports du Maroc.

Le Gouvernement entend-il conserver ce principe, ou n'y aurait-il pas, au contraire, intérêt à l'abandonner pour faire naître au plus tôt une concurrence bienfaisante par un aconage libre ?

Annexe à la 5ᵉ question. — L'aconage au Maroc.

Le Gouvernement du Protectorat a bien voulu demander à la Chambre de Commerce de Casablanca d'émettre son avis sur un projet de concession de l'aconage du port de cette ville.

La question du principe du Monopole de l'aconage dans les ports du Maroc se trouve ainsi posée.

Il a semblé à la Commission du Commerce qu'il devenait intéressant de demander au Gouvernement s'il entend conserver l'immuabilité de ce principe et de lui signaler l'intérêt qu'il y aurait peut-être à l'abandonner, pour faire naître au plus tôt une concurrence bienfaisante par un aconage libre.

Dans le projet présenté à la Chambre de Commerce, l'aconage proprement dit tenait une place insignifiante et comportait la concession de l'exploitation du port tout entier.

La Chambre de Commerce a cru devoir émettre un avis contraire à celui du Gouvernement du Protectorat et ceci pour les raisons suivantes :

1° La concession était établie pour une durée de 25 ans. La Chambre de Commerce a pensé qu'il ne convenait pas de compromettre l'avenir pour une durée aussi longue.

2° Pour élaborer aussi bien les taxes à percevoir que les obligations du preneur, on a pris naturellement pour base l'état actuel des choses.

Or, très sincèrement, peut-on, en présence des circonstances actuelles où toutes les conditions économiques se trouvent désaxées, où toutes les prévisions et tous les pronostics échouent toujours devant quelques faits nouveaux auxquels personne n'a pensé, où les cours de toutes les matières premières subissent des variations fébriles, peut-on vraiment élaborer des taxes et tout un système pour l'exploitation de la plus colossale affaire qu'il y ait au Maroc : l'exploitation du port de Casablanca ?

3° Le premier preneur éventuel lui-même sait-il bien où il va, et le fait seul d'aborder avec autant de gaieté de cœur un problème aussi complexe est-il pour nous un bien sûr garant du succès de l'entreprise ?

4° Pour qu'un groupe financier sans hésitation accepte aussi rapidement d'assurer le développement d'une entreprise aussi complexe, c'est qu'il y voit une affaire et une grosse affaire.

Or, le port de Casablanca, en particulier, ne comporte pas d'affaires puisqu'il n'est pas construit par un particulier qui aurait lui seul le droit de revendiquer l'exploitation dudit port.

En résumé, la Chambre de Commerce a pensé qu'il ne convenait pas de compromettre l'avenir et de livrer, pieds et poings liés, l'avenir d'une entreprise qui intéresse le développement du Maroc tout entier à une entité qu'elle ne connaît pas.

Mais la question de l'aconage est grave puisqu'elle entraîne chaque année un déficit considérable que le budget du Protectorat ne peut supporter plus longtemps.

Il est donc de notre devoir d'apporter au Gouvernement le concours de nos modestes lumières et d'essayer, si possible, de présenter une solution qui, tout en sauvegardant les intérêts de tous, libère le Protectorat d'une charge qu'il ne doit pas supporter.

Je crois, Messieurs, avoir trouvé une solution que j'ai eu l'honneur de présenter déjà au Comité d'Études Économiques de Casablanca en sa séance du 19 décembre 1914.

J'en reprends, si vous le voulez bien, les mêmes termes.

Imaginez, Messieurs, ce que promet d'être le Maroc dans un avenir prochain, imaginez une situation économique mieux assise, un courant d'affaires bien défini et soumis seulement aux aléas courants de la vie, des commerçants plus nombreux, des industries prospères et variées, une campagne plus riche et plus peuplée, une Chambre de Commerce élue pourvue d'un budget florissant du fait de la perception des centimes additionnels à la contribution des patentes, des droits de tonnage et de péage locaux, d'emprunts gagés sur les rentes ordinaires.

S'il en était ainsi, Messieurs, il suffirait pour résoudre la question de l'aconage de nous inspirer de l'article 15 de la loi du 9 avril 1898, ainsi conçu :

« Les Chambres de Commerce pourront être chargées de services publics, notamment de ceux qui intéressent les ports maritimes ou les voies navigables de leur circonscription. »

Ce serait d'un seul coup la suppression de l'aconage en tant que service d'exploitation, et le transfert des engins fixes et mobiles de ce service aux mains de la Chambre de Commerce. L'État, en l'espèce le Gouvernement du Protectorat exploitant, se ferait concédant. La Chambre de Commerce prendrait en charge le matériel, les barcasses, les remorqueurs, les grues, les quais, les magasins et les terre-pleins, mais alors au lieu de se substituer purement et simplement à l'aconage, elle ne ferait plus que mettre à la disposition des Compagnies de Navigation le matériel dont nous avons parlé plus haut, moyennant une rémunération d'usage dont nous parlerons plus loin. La Chambre de Commerce ne serait donc pas un exploitant, mais un administrateur, étant entendu que le résultat de ses opérations devrait toujours, autant que faire se peut, se solder en fin d'année par ni perte ni bénéfice.

Les Compagnies de Navigation se présenteraient à un bureau d'inscription, demanderaient le nombre de barcasses qui leur seraient nécessaires, s'inscriraient à tour de rôle pour l'utilisation des remorqueurs et des grues qui leur seraient fournis avec le personnel ; à chacune serait assigné un magasin particulier où elles concentreraient les marchandises par ordre d'arrivage et suivant numéro de connaissement.

Le commerçant n'aurait plus qu'à se présenter au magasin de sa Compagnie avec son connaissement ; celle-ci lui délivrerait la marchandise ou le constat correspondant de perte ou d'avarie avec lequel son client se retournerait le plus aisément du monde contre la Compagnie d'assurances.

Quelle heureuse amélioration aussi pour les Compagnies de Navigation ! Celles-ci pourraient à leur gré concentrer leurs efforts sur le déchargement de tel navire qu'elles auraient intérêt à immobiliser le moins longtemps possible. Elles seraient maîtresses de leurs manœuvres et de leurs opérations, et nous sommes persuadés que, cessant d'être bridées par des règlements surannés et des taxes prohibitives, elles assureraient leurs services avec plus de fréquence et de régularité en abaissant bientôt leur taux de fret.

Mais, hélas ! Messieurs, notre Chambre de Commerce est loin d'avoir actuellement une telle envergure. Il faut donc trouver une solution transitoire et préparatoire à la reprise de l'aconage par une Chambre de Commerce qui n'existera que dans quelques années.

Nous avons pensé qu'il serait possible de substituer à cette Chambre de Commerce fictive tout simplement l'aconage lui-même.

En d'autres termes, nous proposons provisoirement, et nous insistons sur le mot provisoire, de retirer à l'aconage son caractère d'exploitant et de lui substituer un caractère d'administrateur. L'aconage serait, en somme, ce que sont dans nos ports français les Chambres de Commerce chargées d'un service public suivant les termes de l'article 15 de la loi du 9 avril 1898.

Mais alors, il y aurait lieu, croyons-nous, de modifier complètement le caractère de la direction de l'aconage en lui agrégeant une délégation de la Chambre de Commerce actuelle, afin que le rouage nouveau ainsi constitué devienne peu à peu ce qu'il devra être plus tard.

Quelles seraient les conséquences de cette réforme transitoire ?

Ce serait d'abord l'évanouissement de l'aconage monopole et de cette anomalie grossière, la « demi-taxe ».

En faisant cela, Messieurs, le Gouvernement du Protectorat soulagerait du même coup les Compagnies de Navigation, bridées jusqu'ici par la perception de cette taxe surannée. Persuadées qu'il ne dépendra plus que d'elles de décharger plus ou moins rapidement leurs navires, vous les verrez, dans leur intérêt même, se créer une flottille de barcasses pontées et à gros tonnage, de remorqueurs puissants, en un mot, donner aux moyens de débarquement dont elles ont besoin le maximum de rendement.

Quant aux Compagnies de Navigation qui ne touchent pas à Casablanca avec assez de fréquence pour faire le sacrifice d'un matériel flottant de débarquement, ne doutez pas qu'elles n'auront que l'embarras du choix entre les aconiers libres qui ne manqueront pas de s'établir dès l'abolition de la demi-taxe.

Les Compagnies de Navigation elles-mêmes, désirant faire travailler le plus possible le matériel qu'elles possèdent, n'hésiteront pas à faire le débarquement de leurs concurrents.

En tout cas, tant que cette situation idéale ne se sera pas créée d'elle-même, l'aconage nouveau trouvera pour le matériel flottant qui lui restera une utilisation pratique jusqu'au jour où ce matériel, perdant chaque jour de son utilité, sera repris par les aconiers. Alors l'aconage nouveau, débarrassé de son matériel flottant et de toutes ses dépendances, concentrera tous ses efforts sur une administration et un développement toujours meilleurs de son matériel fixe : grues, voies de ses magasins et de ses terre-pleins.

Telle était, Messieurs, la solution que je proposais voici bientôt un an, et sur laquelle j'appelle toute votre attention.

Il est possible que les modalités d'application présentent des difficultés, mais je suis convaincu que les commerçants de toutes les villes du Maroc se feraient un plaisir d'apporter au Gouvernement une collaboration loyale ; d'ailleurs on s'inspirerait de l'avis émis le 30 juillet 1883 par le Conseil d'État sur la matière. Un Cahier des Charges fort judicieux est joint à cet avis.

Au point de vue financier, il est fort possible que l'aide du Gouvernement soit nécessaire pendant quelques années, et, si la subvention accordée pouvait ne pas dépasser 500.000 francs, par exemple, le Gouvernement y trouverait encore intérêt puisque l'aconage lui donne un déficit de plusieurs *millions* par an.

Enfin, il n'est pas douteux non plus qu'à la base de ce système, il serait nécessaire d'établir un surélèvement assez considérable des taxes d'aconage, sauf pour le port de Kenitra où elles étaient excessives et où actuellement elles sont, je crois, considérablement diminuées.

Une collaboration étroite entre l'organisme nouveau et le commerce de chaque port donnerait certainement des résultats précieux ; elle pourrait étudier une amélioration de l'outillage. Songez, en effet, que pas un port ne possède d'appareils extincteurs en cas d'incendie à bord d'un navire, aucun port ne possède d'appareils dératisateurs, aucun port, si ce n'est Tanger, qui nous touche de loin, ne possède de bateaux-citernes pour réapprovisionner les navires en eau douce.

L'article 70 de la Conférence d'Algésiras permettrait même de revoir la question des taxes sanitaires et des patentes. Un port comme celui de Casablanca, par exemple, qui reçoit plus de 500.000 tonnes de jauge brute par an, n'a fourni que 12.000 francs de patente, alors que la Conférence d'Algésiras permettait elle-même de percevoir 0 fr. 10 par tonne de jauge, ce qui donnerait une somme de 50.000 francs. Le jour où le port de Casablanca sera achevé, cette perception des patentes donnera par an plus de 500.000 francs.

En résumé, c'est en aménageant nos ports avec un large esprit commercial, par une collaboration étroite entre le commerce local et les organismes officiels, que l'on obtiendra la suppression du fâcheux état de choses actuel et l'avènement d'un régime meilleur en rapport avec le développement économique auquel le Maroc a droit.

En conséquence, Messieurs, je vous propose d'examiner le vœu suivant :

L'Assemblée générale des Comités d'Études Économiques du Maroc émet le vœu :

1° Que les services dits d'aconage soient dans tous les ports du Maroc exploités par un organisme nouveau assurant la collabora-

tion étroite des services officiels existant et des représentants du commerce local ;

2° Que la notion du monopole soit supprimée en entraînant du même coup la disparition de la perception de la « demi-taxe » ;

3° Que toute facilité soit donnée aux aconiers libres qui viendront se proposer afin de faire naître une concurrence nécessaire ;

4° Que la création de Chambres de Commerce douées de la personnalité civile soit examinée avec bienveillance par le Gouvernement du Protectorat, afin que celles-ci puissent un jour se substituer à l'organisation dont il est parlé plus haut.

6ᵉ Question : Cherté de la vie au Maroc et plus particulièrement à Casablanca. — Nul n'ignore que la vie matérielle en ce pays implique, pour chaque famille, des dépenses qui souvent ne sont pas en rapport avec ses ressources.

Comme, d'autre part, il y a intérêt à attirer au Maroc une main-d'œuvre qui se fait rare et que les événements actuels feront peut-être plus rare encore lorsque, la paix rétablie, une ère de prospérité immense attirera vers l'Europe toutes les énergies disponibles, il a semblé à la Commission du commerce qu'il convenait d'établir les moyens propres à assurer l'abaissement du prix des vivres au Maroc.

Quels sont d'abord les articles dont la cherté élève le prix de la vie ?

1° *La viande.* — La viande de première qualité cote actuellement 4 à 6 fr. le kilo. Le premier prix s'applique plus particulièrement au filet et celui de 6 francs au veau, dit de France ; il ne s'agit d'ailleurs que d'une appellation purement fantaisiste à laquelle se laissent prendre les gourmands et peut-être même les gourmets pour le plus grand bien de la corporation des bouchers.

Les viandes de deuxième qualité sont vendues 2 francs le kilo.

Ces prix sont excessifs et la différence de 4 francs par kilo, c'est-à-dire de 400 francs par 100 kilos, entre les viandes de première qualité et les viandes de deuxième qualité, s'explique par ce fait que, cette dernière laissant extrêmement à désirer, la clientèle affectionne particulièrement la viande dite première qualité.

Or, dans ce pays légèrement déprimant, l'ouvrier et même l'employé ont besoin de manger beaucoup de viande.

On ne pourra vraisemblablement en faire baisser le prix que par deux moyens :

1° En augmentant l'importation du bétail sur pied par les apports de la Côte Occidentale d'Afrique, par des mesures à étudier et dont la première serait peut-être le dégrèvement des droits de douane partiel ou total sur le bétail destiné à la boucherie :

2° En créant un frigorifique aux halles municipales pour la réception et la conservation des viandes congelées et frigorifiées, soit qu'elles viennent de l'Afrique Occidentale ou du Brésil, où cette industrie prend aujourd'hui des proportions gigantesques.

2° *Le pain.* — On vend à Casablanca trois qualités de pain.

J'ai effectué des pesées sur ces trois qualités. Elles m'ont donné les prix correspondants suivants :

Pain de fantaisie (le kilo)............ 0 fr. 80
Pain de ménage   —   .... 0 fr. 60
Pain dit pain noir   —   .... 0 fr. 40

Ces chiffres sont éloquents et démontrent qu'à Casablanca, centre d'exportation d'un riche marché de grains du monde, nous sommes actuellement placés dans des conditions inférieures à celles du bourgeois de Vienne ou de Berlin.

On répond à cela qu'on ne peut pas taxer le pain dit de fantaisie. Pourquoi donc ? Et pourquoi donc, surtout, obligerait-on le malheureux ouvrier à consommer du pain de fantaisie à défaut de pain de ménage, comme cela arrive chaque jour ?

Il semble que, par une canalisation judicieuse de l'activité de la police casablancaise, on pourrait arriver à une normalisation des cours qui aurait sa répercussion dans toutes les villes du Maroc.

3° *Le lait.* — Le lait est rare et de mauvaise qualité. Son prix oscille entre 0 fr. 60 et 1 fr. le litre. Ceci explique l'abondance des laits conservés et stérilisés. Mais ceux-ci sont également chers. Or, il faut tenir compte, d'une part, de l'alimentation lactée nécessaire pour certains malades, et, d'autre part, de la natalité croissante dans ce pays.

Est-ce que par une judicieuse utilisation des lignes de

chemins de fer existantes on ne pourrait pas, à l'aide de tarifs réduits, rechercher la possibilité d'amener à Casablanca du lait provenant de Chaouïa, des Ouled Saïd et des Ouled Bouziri ?

Nos collègues de Fez et de Meknès sont plus heureux que nous puisqu'à Fez, en particulier, on vend un lait exquis et abondant à 0 fr. 35 le litre.

Nous espérons néanmoins qu'ils appuieront nos vœux en demandant en particulier l'abaissement des droits de douane sur les laits naturels stérilisés.

Beurres et fromages. — Pour les fromages, les prix varient de 5 fr. 40 à 5 fr. 60 le kilo. Le beurre atteint 5 fr. 20 le kilo.

Nous demandons à nos collègues de la Commission de l'Agriculture de bien vouloir étudier les moyens propres à assurer l'utilisation et l'adaptation à nos goûts des beurres et fromages indigènes.

4° *Légumes frais.* — La question des légumes frais exige au plus tôt une intervention immédiate des pouvoirs publics.

Il y a à Casablanca, contrairement à ce que vous pourriez croire, beaucoup de légumes frais. On pourrait en cultiver bien davantage encore pour le plus grand bien de la santé publique.

Mais il existe au marché de Casablanca une corporation indigne de sujets dont je veux taire la nationalité et qui cultivent surtout l'art de gagner de l'argent à ne rien faire : ce sont les revendeurs.

Voici ce qui se passe : les maraîchers, pressés de liquider leur stock, vendent en bloc la totalité de leur cueillette à un courtier. Celui-ci s'entend ensuite avec plusieurs revendeurs qui sous-traitent eux-mêmes suivant la marchandise achetée. Chose plus grave encore : le vendeur initial, celui qui a acheté au maraîcher, exige que la marchandise ne soit pas vendue au-dessous de tel prix. Et c'est ainsi que nous avons vu vendre des radis par un maraîcher sur le taux de 1 fr. 20 les douze bottes quand celles-ci étaient vendues au consommateur 2 fr. 40, soit le double. Il en est de même pour tous les légumes.

Il y a là un état de choses préjudiciable à tous, et nous ne doutons pas que M. le Chef des Services municipaux saura y remédier pourvu que les pouvoirs publics veuillent bien l'y aider.

En conséquence, nous vous proposons l'adoption du vœu suivant :.

L'Assemblée générale des Comités d'études économiques. dans le but de réduire le taux de la vie au Maroc et plus particulièrement à Casablanca, émet le vœu :

1° Que toutes les démarches soient faites auprès des Chambres de commerce compétentes afin de rechercher une plus grande importation au Maroc du bétail de l'Afrique occidentale française ;

2° Que dans les halles centrales des grandes villes marocaines soit prévu l'agencement d'un frigorifique destiné à recevoir les viandes congelées ou frigorifiées de l'Afrique Occidentale française ou de l'Amérique du Sud ;

3° Que la fabrication du pain soit réglementée et surveillée :

4° Que les services des régions soient appelés à étudier les mesures propres à assurer la venue du lait dans les grandes villes dont ils dépendent ;

5° Que la Direction de l'Agriculture soit appelée à étudier le moyen d'adapter les beurres et fromages indigènes au goût français ;

6° Que des mesures sévères soient prises au plus tôt pour enrayer un fois pour toutes la spéculation honteuse qui se fait actuellement sur le commerce des légumes frais.

7ᵉ Question : Peseurs jurés. — Le développement du commerce d'exportation appelle la création d'organes officiels destinés à constater la valeur qualitative et quantitative des marchandises exportées. Il y a lieu de faire disparaître dans les ports de la Métropole, et en particulier à Marseille, la mauvaise réputation dont jouit le commerce d'exportation du Maroc du fait des contestations constantes sur le poids et la qualité de la marchandise exportée.

D'autre part, l'absence de peseurs jurés fait que les exportateurs ont du mal à escompter leurs traites documentaires. toujours à cause de l'imprécision qui règne, tant sur la qualité que sur la quantité de la marchandise spécifiée.

Un organisme de peseurs jurés et d'agréés assermentés rendrait au commerce du Maroc les plus grands services.

8ᵉ Question : Développement des relations commerciales entre l'Afrique du Nord (Tunisie-Algérie-Maroc) et l'Afrique Occidentale française. — M. Court, administrateur des Colonies, chef des Services municipaux par intérim, a indiqué, dans un rapport extrêmement documenté qui fait honneur à son auteur, la nécessité de développer les relations commerciales entre les deux Afriques qui ne devraient plus *faire qu'une* au point de vue économique.

Il y a donc lieu d'étudier la réalisation des mesures propres à donner ce développement ; nous reprenons, pour cela, les indications précieuses de M. Court.

1° Utilisation au Maroc des bois de l'Afrique Occidentale française pour concurrencer les bois du Nord et les bois de l'Autriche (bois légers et demi-durs pour la construction, les traverses de chemins de fer, les poteaux télégraphiques, les barcasses, des acajoux pour la menuiserie et l'ébénisterie).

Le Maroc et les Canaries utilisent par an 300.000 mètres cubes de bois.

2° Amélioration du cheptel marocain par des croisements avec les races de l'Afrique Occidentale française et abaissement du prix des viandes de boucherie par l'importation des viandes frigorifiées de l'Afrique Occidentale française.

3° Développement de l'importation des bananes africaines pour concurrencer les bananes des Canaries.

4° Importation des graisses végétales (végétaline et cocose) pour lutter contre les beurres danois.

Par contre, il y a lieu d'étudier l'exportation vers l'Afrique Occidentale française :

1° Des blés, des orges, des farines et des semoules du Maroc ;

2° Des articles indigènes, vêtements, babouches, cuirs ouvragés.

Mais, pour créer ce mouvement alternatif, il faut avant tout assurer la liaison maritime entre nos différents ports depuis Tunis jusqu'à Grand Bassam.

Pour ce faire, il y aura lieu d'agir :

1° Sur la Compagnie des Messageries fluviales africaines ;

2° Sur les voiliers portugais *ad hoc* pour le transport des bois ;

3° Sur les Compagnies desservant actuellement le Maroc et

qui trouveraient en Afrique Occidentale française un fret de retour, grâce aux arachides, pendant la période de décembre à juin qui est précisément celle pendant laquelle le fret marocain fait défaut.

Parmi ces Compagnies, il y a lieu de citer :

La Compagnie Paquet ;

La Société Cyprien Fabre ;

La Compagnie Fraissinet ;

La Compagnie des Chargeurs Réunis.

9° Question : Moyens propres à obtenir une plus large utilisation du chemin de fer militaire en faveur du commerce. — Les dispositions adoptées par la Résidence, autorisant l'utilisation du chemin de fer militaire pour le transport des marchandises civiles, ont rendu au commerce de très grands services.

Toutefois, les autorisations accordées par le Service des Étapes pourraient peut-être être augmentées.

La Commission pense qu'une collaboration étroite entre les Services exploitants du chemin de fer, le Service des Étapes d'une part et les Comités d'Études d'autre part, serait susceptible d'apporter une amélioration à l'état de choses existant.

Tout comme un service militaire, le commerce de chaque ville pourrait prévoir ses besoins, transmettre ses états de prévision de transport sur telle ou telle période, et déterminer avec les services compétents les disponibilités possibles.

On pourrait également étudier la question de trains commerciaux, soit en utilisant le matériel militaire disponible, soit par un matériel commercial autonome.

On pourrait être ainsi amené à étudier une exploitation commerciale rationnelle du réseau existant parallèlement à l'exploitation militaire dont l'impérieuse priorité serait toujours respectée.

En conséquence, la Commission vous propose d'adopter le texte suivant :

« *L'Assemblée générale des Comités d'Études économiques émet le vœu suivant :*

« *Que l'Administration du chemin de fer militaire veuille bien étudier, en collaboration avec le commerce, une plus large utilisation du réseau existant pour le transport des marchandises.* »

10e Question : Communication des procès-verbaux de séances entre assemblées constituées. — Dans chaque ville du Maroc. la Commission municipale et le Comité d'Études Économiques sont appelés à chaque instant à émettre des vœux sur des questions semblables qu'ils examinent sous des angles différents.

Dans chaque ville. afin de faire converger les efforts des deux assemblées vers le but à atteindre. il y aurait intérêt à ce que chaque assemblée communique à l'autre copie du procès-verbal de chaque séance.

B. — COMMISSION FINANCIÈRE

Rapporteur : M. BUSSET

1e Rapport
sur la révision de certains frais de justice et la réorganisation du Secrétariat-Greffe.

ÉTAT COMPARATIF DES FRAIS DE JUSTICE

EN FRANCE

Conciliation.

Conciliation en Justice de Paix. 0 90

AU MAROC

Notification aux parties pour les convoquer à l'audience......................	2 50
Procès-verbal de conciliation ou non conciliation	1 00
Son enregistrement......................	1 00
Enrôlement de la demande : 3 ou 6 fr.. suivant importance du litige 1 à 1.000 fr.....................	6 00
Port de lettre......................	0 10
	7 60 ou 10 60

Justice de paix.

Demande en paiement de 85 fr. Affaire R. contre L...

EN FRANCE

Conciliation. 0 90
Citation. 4 25

AU MAROC

Préliminaire de conciliation.	7 60	7 60
Citation, enregistrement.	1 00	
Convocation des parties.	2 50	
Copie de l'ordonnance de notification. .	2 00	5 50
Jugement, droit fixe	2 00	
Droit proportionnel 3 °/₀ dont 1 °/₀ pour l'enregistrement et 2 °/₀ en sus pour l'État ; on se demande quelle diffé- rence il y a entre ces deux titres de recettes qui font double emploi sur le principal et les frais.	3 42	5 42
Signification, grosse 2 fr. par rôle.	3 00	
Copies	3 00	
Signification.	2 00	
Enregistrement de la signification.	1 00	9 00
Saisie-exécution, enregistrement.	1 00	
Vacation de l'agent qui fait la saisie, 3 vacations.	7 00	
Ecritures.	4 00	12 00
Lettres recommandées 0,80 + 0,80 = 0,60.	2 20	2 20
	41 72	41 72
Il dut être consigné au Greffe par la partie demanderesse.	70 00	

Chiffre de la demande, 85 francs. — Le jugement rendu dans cette affaire commencement de juin put être exécuté grâce à des diligences exceptionnelles fin septembre, *après quatre mois.*

Tribunal de première instance.
Demande en paiement de 1.500 francs.

EN FRANCE

Assignation, enregistrement.	4 30	
Huissiers.	4 75	9 05

Procédure devant le Tribunal :

Placet émolument de l'avoué.........	2 00	
Mise au rôle....................	0 55	
Bulletin de distribution	0 10	
Avances à l'audience...............	0 30	
Conclusions signifiées.............	6 25	
Conclusions posées................	2 00	
Bulletin de mise au rôle............	0 10	
Avances	0 30	
Bulletins de remise, 33 bulletins.....	3 30	14 90
Jugement ; droit d'obtention de juge- ment (avoué)...................	15 00	
Qualités.......................	4 95	
Enregistrement par seul droit de 2 fr. 50 °/₀ sur 1.600 fr..........	40 00	59 95
		83 90
Signification : grosse....	10 35	
Signification à l'avoué..............	3 45	
Signification aux parties............	11 20	25 00
Exécution : par l'huissier au fur et à mesure des opérations	Mémoire	

AU MAROC

Requête : enrôlement...............	10 00	
Procédure devant le Juge Rapporteur : enregistrement de l'ordonnance du Juge Rapporteur ordonnant le notifi- cation de la requête à la partie citée.	2 00	
Droits de greffe pour cette notification.	2 50	
Enregistrement de cette notification...	2 00	
Chaque notification entre les parties au cours de l'instance (ainsi que celle d'un mémoire) va donc coûter 6 fr. 50, aussi le greffe se fait-il verser pour ce chef de dépense une provision de 40 à 50 francs..................	48 00	
Jugement : droit fixe		16 00
Droit proportionnel y compris celui		

d'enregistrement, soit 3 fr. 50 % sur
le principal............ 1.500 00
Et les frais environ.......   100 00
                           ————————   56 00
                           1.600 00   ————
                                             130 00
Signification : provision............   30 00
Exécution : par le Secrétaire-Greffier,
  provision requise................   50 00

Litiges plus importants.

Plus le litige a de l'importance, plus la disproportion s'accuse en raison de la plus grande élévation des droits proportionnels au Maroc.

Exemple : pour un procès de 100.000 francs

EN FRANCE

Droits proportionnels : enregistrement
  2 %................................   2.000 00
En sus des frais ordinaires.

AU MAROC

1° Droits proportionnels : 1° jusqu'à
  10.000 fr.. 2 %.....................   1.200 00
Sur les 90.000 fr., en plus 1 %........   900 00
2° Enregistrement, 1 fr. 50 %.........   1.500 00
En sus des frais ordinaires.   ————————
                                                2.600 00

1re *Observation*. — Les états ci-dessus, en ce qui concerne la justice française, ne comportent que les sommes à débourser par le demandeur ; il convient d'y ajouter celles qui sont payées par le défendeur à son avoué et on conclura que la masse des frais payés ainsi *par les deux parties* se rapproche sensiblement du tarif de la justice marocaine ; mais il y a là précisément un défaut à signaler. Dans le système français, chaque partie débourse ses frais, dans le système marocain, c'est le demandeur seul qui avance tous *les frais, y compris ceux du débiteur*, souvent de mauvaise foi. Ce dernier a donc tout intérêt à provoquer le procès ; il n'aura rien

à débourser pendant toute sa durée et quand le jugement
sera rendu, il aura eu le temps de se mettre définitivement à
l'abri des poursuites.

2e Observation. — En France, le droit proportionnel de
jugement est acquitté, quand il est possible de le liquider,
sur le montant de la condamnation prononcée par le jugement.

Au Maroc, le demandeur est tenu d'avancer ces droits
considérables, calculés sur *sa demande* et non sur *les con-
damnations obtenues*, et *avant même* de savoir s'il en obtiendra une. Nous avons vu que ce droit est en moyenne de 3 à
3,50 °/₀ du chiffre de la demande, c'est-à-dire beaucoup plus
élevé qu'en France.

Réformes à proposer. — En ce qui concerne la révision de
certains frais de justice et la réorganisation du Secrétariat-
Greffe :

1° Suppression d'un des deux droits proportionnels qui font
double emploi (2 °/₀ suivant le Dahir sur la procédure ; 1,50 °/₀
suivant le Dahir sur l'enregistrement).

2° Paiement du droit proportionnel après prononcé de la
sentence, alors qu'il est possible de le liquider :

3° Paiement des droits d'enregistrement sur les pièces produites aux débats, mais seulement lorsque ces pièces sont
visées par le jugement qui ordonne cet enregistrement et le
fait entrer dans les dépens (c'est ce qui se passe en France ;
au Maroc, le plaideur doit faire enregistrer toutes les pièces,
*même celles qui sont écartées par le Tribunal comme sans
valeur probante*) :

4° Consignation par le défendeur d'une partie des frais ;

5° Adjudication, avec les dépens, d'une somme à arbitrer
par le tribunal et qui représenterait les honoraires à payer par
la partie gagnante à l'intermédiaire, avocat ou autre, dont,
en fait, elle n'a pu se passer ;

6° Réorganisation du Secrétariat-Greffe sous l'autorité d'un
Chef responsable, de façon que les actes de procédure et
notamment les liquidations de provision et les exécutions de
jugement se fassent dans les délais fixés, très courts. Dans
l'état actuel des choses, les parties ne peuvent obtenir à
grand'peine une exécution que quatre ou cinq mois après la

sentence et, quant aux liquidations de provisions, on ne les demande même plus.

Le Secrétariat-Greffe a près de 400.000 fr. de provisions versées par les contribuables ; leur liquidation est une question qui se pose.

2° Rapport sur la plus-value immobilière.

Dans son discours du 4 mars 1915, M. le comte de Saint-Aulaire, ministre plénipotentiaire, délégué à la Résidence, à la séance du Comité des Études Économiques de Rabat, écartant toutes les questions de faits que pose l'application du Dahir, notamment en ce qui concerne l'effet rétroactif, l'inégalité entre les ventes par actes sous seing privé et par actes arabes, les rémérés, les ventes par lotissements, etc., en un mot toutes les questions d'ordre spécial, cherchait au contraire, dans un ensemble remarquable de considérations générales, la justification théorique et idéale du principe de l'impôt sur la plus-value.

Qu'on nous permette, tout d'abord, de le suivre sur ce terrain.

« Le premier défaut de tout impôt nouveau, c'est d'être un impôt », a dit M. de Saint-Aulaire.

Nous dirions, volontiers : « Le premier défaut de la taxe sur la plus-value, c'est de ne pas être un impôt. »

La taxe sur la plus-value, en effet, ne frappe nullement la plus-value partout où elle se réalise, elle ne l'atteint que quand la propriété change de mains, c'est-à-dire dans des cas particuliers.

Qu'une catégorie, qu'un ensemble d'immeubles reste dans les mêmes mains ou se transmette de générations en générations dans la même famille, il échappera à toute taxe, puisqu'il n'y aura aucune mutation entre vifs. Prenons un exemple : une ligne de chemin de fer se construit de Casablanca à Meknès ; il est bien certain que tous les immeubles, sans exceptions, qui se trouvent dans une zone déterminée de chaque côté du rail, prendront une plus-value. Est-ce que la taxe, telle qu'elle a été établie, permettra à l'État de participer à cette plus-value ? Pas du tout. Seuls, les quelques propriétaires qui réaliseront une vente seront taxés ; les autres pourront bénéficier de cette plus-value sans rien débourser.

C'est là le caractère le plus insolite de ce pseudo « impôt nouveau », qui ne frappe que quelques individualités.

Le Ministre rejetait aussi la responsabilité pour l'État des moins-values, après avoir obstinément réclamé le bénéfice des plus-values. Et pourtant, si l'on prend la liberté de contester la part de l'initiative privée dans la réalisation des plus-values, il serait bien difficile de lui en trouver une dans les causes des moins-values.

Nous n'insisterons pas sur l'affirmation selon laquelle la taxe sur la plus-value constituerait un appât de la plus haute valeur, pour attirer les capitaux au Maroc... Il ne nous sera d'ailleurs pas difficile de démontrer le contraire, c'est-à-dire que l'application de cette taxe a été et sera l'une des causes de l'éloignement des capitaux du Maroc.

C'est dans une ambiance hostile à la spéculation que s'est créé l'impôt sur la plus-value immobilière, et il faut dire que c'est là la genèse de cet impôt.

Le fait même de taxer le bénéfice réalisé par une mutation, sans chercher à imposer normalement et uniformément la plus-value, démontre bien, malgré que l'Administration s'en défende, que c'est la spéculation seule qui a créé la taxe.

Tout le monde, d'ailleurs, connaît l'origine de certaines campagnes de la presse française contre la spéculation au Maroc, et l'impôt que nous discutons aujourd'hui en est le résultat.

Ainsi donc, ceux-là mêmes à qui M. de Saint-Aulaire rendait hommage dans son discours, les premiers pionniers de l'œuvre française au Maroc, ceux-là qui avaient risqué leurs capitaux, vainquant dès le début toutes les difficultés matérielles et morales, ceux-là qui avaient donné à ce pays l'élan que tout le monde admire, ces gens-là étaient classés sur le même pied que les joueurs ; l'État demandait à ceux-ci et à ceux-là de partager leur bénéfice, sans en risquer les pertes.

M. de Saint-Aulaire a dit dans son discours : « Frapper la spéculation serait à la fois une injustice et une imprudence... » C'est, cependant, tout ce que l'on a fait, et c'est aussi le coup de frein qui arrêta brusquement l'élan donné au Maroc par la colonisation et qui annihila l'aimant qui attirait vers ce pays les initiatives et les capitaux.

Il n'est pas téméraire de dire que ces dispositions, étant arrivées dans une période où les affaires sont à peu près nulles, n'ont produit que peu d'effet, mais si l'application avait eu lieu dans une période de prospérité, elles eussent créé une crise très sérieuse.

On peut, dès à présent, juger de ce que sera cette crise, par l'effet que cette taxe a produit sur les indigènes. Ceux-ci, à l'abri de la tranquillité régnant au Maroc, avaient continué normalement les transactions entre eux. Quand l'impôt sur la plus-value fit son apparition, ce fut pour eux plus que de la surprise, de la stupeur. Comment, l'Administration française perçoit aux uns 5 %, aux autres 15 et à d'autres 20 %? L'effet produit a été déplorable et maintenant qu'ils connaissent notre façon d'imposer les transactions, ils se gardent bien d'en faire, ils s'abstiennent et, de même que les Européens, l'enregistrement ne verra que ceux qui sont forcés de vendre.

Première conséquence que l'on peut remarquer pendant la période de guerre : les transactions immobilières entre les indigènes sont complètement paralysées.

Et combien de transactions européennes sont suspendues par ceux qui ne veulent à aucun prix partager avec l'État la partie bénéficiaire des opérations immobilières !

L'impôt sur la plus-value immobilière a créé dans le monde des affaires une première surprise. Pourquoi, en effet, frapper cette seule catégorie de contribuables, les propriétaires d'immeubles ?...

Est-ce que le négoce ordinaire n'est pas une spéculation aussi bien que les transactions immobilières? Est-ce que le négociant qui installe un café, une industrie, une épicerie, et qui revend son commerce, n'est pas exactement le même que celui qui s'occupe d'affaires immobilières? Pourquoi frapper celui-là et pas l'autre? et pourquoi cette inégalité?

Partout ailleurs, la propriété immobilière est garantie ; au Maroc, elle ne l'est pas.

Quelle mesure prendra-t-on en faveur d'un contribuable qui aura acquitté, par exemple, 10.000 ou 50.000 francs de taxe sur la plus-value d'un immeuble, vendu par lui de bonne foi, après en avoir joui paisiblement pendant quelques années, si, après cette vente, tout ou partie de cet immeuble est revendiqué à titre « habous ou makhzen » ?

Et si cette revendication est validée judiciairement, quelle indemnité lui versera-t-on ?

La première base pour asseoir un impôt immobilier, ce n'est pas la fixation de la valeur « actuelle et passée » de l'immeuble, c'est l'intangibilité du droit de propriété. Si la plus-value est bien une invention fiscale, légitime et heureuse, comment se fait-il qu'avant de l'appliquer au Maroc, on ne l'ait pas appliquée en Algérie?

En réalité, quand il a fallu instituer des ressources nouvelles dans la colonie voisine, quand, après 50 années de colonisation effective, dont nous faisons remonter l'origine à la construction des premiers chemins de fer, on a été amené à envisager les moyens de permettre le plein développement de son essor, on a employé trois années d'études et de discussions dans les services administratifs, dans toutes les assemblées élues, avant de décider du principe et de la modalité de l'impôt sur la propriété rurale non bâtie.

Ainsi, non seulement il n'est venu à l'idée d'aucun novateur de grever d'une entrave écrasante les transactions immobilières, qui sont la manifestation saisissante de la vie économique des pays neufs, mais encore, c'est avec la plus grande prudence, les plus grands ménagements, qu'on s'est décidé à frapper de la façon la plus légère la terre cultivée par les Européens.

En Tunisie, à Bizerte par exemple, nous avons vu des terrains passer de 1 franc le mètre à 50 francs. Nous les avons vus ensuite descendre de 50 francs à 3 francs.

Il n'est venu à l'idée d'aucun économiste de prétendre que l'État seul était en cause, et que les bénéficiaires de la plus-value devaient lui en abandonner le cinquième tandis que les autres devaient se résigner.

Nous avons vu des propriétés agricoles plantées en vignes se vendre péniblement 2.000 francs l'hectare, pendant une période, quand le vin se vendait de 3 à 5 francs l'hectolitre, et atteindre, 5 ou 6 ans après, de 5.000 à 10.000 francs, quand le vin se vendait 25 à 30 francs l'hectolitre.

Il n'est venu à l'idée d'aucun économiste de prétendre que l'État était seul cause de cette plus-value et qu'il devait en recevoir la forte part, car tout le monde savait que la seule cause en était la répression des fraudes qui avaient motivé les mouvements de révolte du Midi. Plus tard, le phylloxera fit retomber ces mêmes terres à 800 francs l'hectare. Quelle fixité y a-t-il, d'ailleurs, dans ces ascensions et dans ces chutes, dans ces plus-values et dans ces moins-values ? Aucune.

Si c'est l'Etat qui produit la hausse, c'est aussi lui qui peut produire la baisse.

D'abord, comment établir la plus-value ?

L'article 14 maintient, malgré les critiques dont il a été l'objet, le droit de l'Administration de provoquer, dans un délai de 10 jours, l'évaluation d'un expert dont l'estimation servira d'assiette à la taxe ; à défaut d'accord entre les parties et l'Administration, le recours devant les juridictions de droit commun reste ouvert.

Ainsi ce n'était pas assez de procès sur les contestations immobilières, on y ajoute les procès sur les contestations relatives aux taxes d'Etat.

On nous dit bien ceci : « L'expertise est nécessaire pour réaliser l'égalité de tous devant l'impôt. »

Mais il entre tant de facteurs dans le calcul des bénéfices des mutations immobilières que toute recherche de l'égalité devant un impôt de prélèvement est absolument illusoire.

Au surplus, si les complications les plus inextricables peuvent se rencontrer lorsque la mutation s'effectue entre deux particuliers, à quelles impossibilités absolues ne va-t-on pas se heurter lorsque le vendeur sera une Société et l'immeuble vendu, un lot prélevé dans un domaine morcelé ?

Même l'inquisition du fisc dans les livres les plus secrets de la Société, rigueur qu'on ne saurait songer à appliquer sans les plus graves conséquences, sera impuissante à révéler l'inconnu avec plus d'exactitude qu'une déclaration des intéressés.

Et si l'Administration s'en remet à cette déclaration, quelles désillusions pour les taxateurs, qui n'auront pas fait eux-mêmes d'opérations immobilières, à constater dans quelle proportion formidable les pratiques inhérentes au régime foncier marocain grèvent ces opérations !

Quelles conséquences à envisager ? Quand on instaure un régime légal, sur une matière quelconque, le premier devoir est de calculer les conséquences qui peuvent en résulter. En l'espèce, l'une des premières à envisager était la répercussion qu'exercera l'impôt nouveau sur l'exécution de certaines ventes en raison de l'effet rétroactif du Dahir.

Examinons les faits : j'ai vendu, supposons, à M. X., par acte sous-seing privé à une date bien antérieure à la promulgation du texte du 15 juillet 1914, date dont l'authenticité est établie par le visa du Consulat, une propriété urbaine ou rurale dans des conditions telles, que la plus-value réalisée est supérieure à 50 % et, par suite, tombe sous l'application du nouveau texte du Dahir. M. X. détient depuis ce jour les titres de propriétés établis en mon nom par les adoul et homologués par le Cadi et a jugé jusqu'à présent cette garantie suffisante. Mais, voici que pour une raison ou pour une autre, il m'invite à faire passer ces titres à son nom, le Dahir, ayant été promulgué, est rendu applicable, l'enregistrement devient obligatoire et la taxation sur la plus-value va jouer. C'est, pour moi, obligé à payer de nouveaux frais qui peuvent être très élevés, une perte sèche importante qui change toute l'économie de mon opération. Je refuse de m'exécuter, préférant annuler la vente et rembourser mon acheteur, plutôt que de me contenter d'un prix qui ne répond pas à mes calculs.

Qu'en résultera-t-il ? Un procès à peu près infailliblement. De quelle façon les Tribunaux apprécieront-ils les clauses d'un contrat qui se trouvent modifiées dans leurs résultats, par l'intervention imprévue d'une mesure législative postérieure, mais à laquelle on fait produire un effet rétroactif ?

La vente qui était effective, qui avait été suivie de prise de possession, d'entrée en jouissance, est en état d'être annulée ; à moins qu'on ne préfère cette iniquité de la fausser complètement dans ses résultats financiers au détriment du vendeur, en appliquant à celui-ci une loi qui n'existait pas quand il a réalisé son contrat.

Comment éviter cette pétition de principes, cet antagonisme de législations ?

Le préjudice qui résultera de tels désaccords ne sera jamais réparable, car quel que soit le sens de la solution qu'adopteront les tribunaux, que l'on donne raison à l'acheteur ou au vendeur, il est bien certain que ces contestations jetteront la plus profonde perturbation dans les affaires que tout permettait de croire définitivement liquidées, et le discrédit le plus fatal sur les transactions immobilières elles-mêmes.

Qu'on fasse le relevé de tous les lots de terrains qui ont été vendus à Casablanca ou ailleurs, sans titres arabes, et l'on se rendra compte de la quantité de litiges que peut soulever l'effet rétroactif du Dahir.

A cela, il faut ajouter une nouvelle contradiction. La même vente, effectuée à la même date devant les adouls, aurait échappé à la taxe de plus-value et même d'enregistrement ; passée sous-seings privés entre Français et simplement enregistrée au Consulat, elle s'y trouve exposée, du fait que le dernier acquéreur désire aujourd'hui voir figurer son nom sur le titre primitif.

Est-ce là l'égalité fiscale ?

Ce n'est pas tout dans cet ordre d'idées. En ce qui concerne les terrains urbains, bien des opérations ont été faites à tempérament ; quelle complication supplémentaire n'en résultera-t-il pas dans l'évaluation de la plus-value ?... Enfin, combien plus de motifs les intéressés dans ce genre d'affaires n'auront-ils pas à faire valoir pour résilier des engagements si profondément modifiés par la réforme fiscale... Où conduiront toutes ces ruptures de contrats ?

Jusqu'ici, toutefois, ce ne sont que des difficultés épineuses et presque insurmontables, il est vrai, que nous rencontrons ; mais, en poursuivant la recherche des conséquences du Dahir, dans tous les domaines, nous arrivons aux impossibilités absolues.

Comment s'y prendra-t-on, en effet, pour appliquer le Dahir aux affaires en réméré, monnaie courante des transactions immobilières ? Aucune solution, même théorique, ne peut être envisagée pour cette raison majeure que l'effet rétroactif, déjà inadmissible dans les autres matières, ne peut être obtenu dans celle-ci. Alors que deviendra l'égalité fiscale et l'impôt lui-même ?

Voici d'abord un premier point où celle-ci saute aux yeux. La plus-value de 50 $\%$ est exonérée de toute taxe, mais le Dahir ne dit pas dans quelles conditions elle doit être obtenue. Est-elle réalisée en 10 ans ou en 24 heures ?

Par exemple, une plus-value de 500 $\%$ réalisée en 10 ans sur un certain immeuble est frappée de 20 $\%$; 10 plus-values successives de 50 $\%$ réalisées en un an sur un ou plusieurs immeubles ne paient aucune taxe.

Ceci, toutefois, est du domaine de la théorie. Mais voici la réalité des faits matériels. Si les sous-seings privés peuvent être évités pour les ventes au comptant, ils sont absolument indispensables pour les ventes à terme, car dans un pays où le régime hypothécaire n'existe pas, ils constituent la seule garantie du vendeur vis-à-vis de l'acheteur, qui *reste débiteur* jusqu'au jour de la *libération*.

Que va-t-il se produire lorsqu'ils seront présentés devant les Tribunaux, statuant en matière d'immatriculation ?

Ils ne sont pas enregistrés, pour la raison majeure que l'enregistrement n'existait pas au moment où ils ont été signés.

Va-t-on pour cela dénier leur date et prétendre, ou qu'ils sont nuls et inopérants, ou qu'ils doivent être considérés comme postérieurs à la date d'application du Dahir, et, par suite, en subir l'application ?

Dans ce dernier cas, une nouvelle conséquence est à envisager ; si les droits de plus-value sont perçus pour une vente remontant à une ou plusieurs années et effectuée par une Société, dont les participants ont reçu, en fin d'exercice, la répartition des bénéfices, résultant, pour une part, de cette vente, l'Administration de cette Société sera obligée de réclamer à chacun de ses membres, aux fins de remboursement, la quote-part proportionnelle qui lui incombe pour l'acquittement de ces droits.

Dans quels imbroglios ne va-t-on pas tomber en entrant dans cette voie ?

Et quelle injustice flagrante dans cette situation, vis-à-vis de celle qui est faite aux détenteurs d'*actes arabes*, lesquels, passés à la même époque sans plus d'enregistrement, sont considérés comme authentiques et se trouvent dégager le dernier vendeur de toute charge fiscale ?

Toutefois, il y a encore mieux.

La vente à tempérament et à terme, qui n'est possible que par sous-seing privé, s'applique surtout aux lotissements urbains.

Supposons, pour nous placer dans l'hypothèse la plus favorable et pour nous débarrasser notamment de tout effet rétroactif, qu'un nouveau lotissement s'effectue demain.

Au début, la réclame aidant, les premiers lots — évidemment les meilleurs — vont se vendre à de bons prix, et une plus-value de 500 % sera facilement atteinte.

En vertu du Dahir, le fisc percevra donc le 20 %.

Mais, de quel droit au fond ?

S'il est vendu la première année 20.000 mètres sur 50 hectares, est-ce que le résultat de cette vente autorise l'Administration à préjuger de ce que donnera la vente du solde ?

Est-ce que l'Etat, qu'on nous représente comme seul producteur de plus-value, *assure une plus-value permanente au vendeur du lotissement ?*

Et, si celui-ci ne parvient pas à vendre, avec bénéfice, les trois quarts du terrain, parce que d'autres lotissements mieux situés, mieux desservis, se seront créés ailleurs, ou pour toute autre cause, si même il ne peut vendre à aucun prix, après plusieurs années d'attente, quel est l'augure qui prédira que son opération, prise en bloc, ne se traduira pas finalement par une perte sensible ?

De quel droit alors, lui enlever, dès le principe, une forte part des bénéfices partiels qu'il a pu réaliser et qui ne sont qu'une assurance insuffisante contre les risques qui le menacent dans le courant de son entreprise ?

Tirer de la vente d'un seul groupe de lots une plus-value quelconque, sans se soucier de ce que nous donnera la vente des autres lots, équivaut à imiter les pratiques de ces Sociétés anonymes que condamne la loi, et qui consistent à prélever sur le capital social les fonds nécessaires pour distribuer des dividendes purement fictifs.....

Ainsi, telle est l'alternative : ou bien attendre que les opérations de lotissements soient liquidées pour appliquer le Dahir : c'est s'exposer à des conséquences pratiques qu'on ne peut admettre ; ou bien, prélever l'impôt sur les résultats successifs des ventes parcellaires, sans admettre de remboursement en cas de pertes, dans les ventes postérieures : c'est commettre l'iniquité la plus flagrante.

Autant dire, alors, que l'impôt sur la plus-value est inapplicable aux ventes par lotissement.

Mais si celles-ci échappent au Dahir, de quel droit les autres y seraient-elles soumises ? Le principe de l'égalité en matière fiscale, comme en toute autre, ne supporte pas de lacune.

Les exemples que nous venons d'examiner prouvent qu'aucune modalité ne permet de le réaliser.

Nous sommes donc forcés de conclure qu'il réside uniquement dans la suppression de la taxe.

3° **Rapports divers**.

1. — *Sur les droits de sortie ;*
2. — *Sur la Caisse spéciale ;*
3. — *Sur la Taxe urbaine ;*
4. — *Sur les droits de porte ;*
5. — *Sur la réforme monétaire ;*
6. — *Sur la plus-value immobilière ;*
7. — *Sur la circulation de l'alcool ;*
8. — *Sur la proposition* AUDIBERT (*Caisse d'épargne autonome.*)

RÉSOLUTIONS

La Commission :

1° *En ce qui concerne les droits de sortie.* — Considérant, qu'il importe, pour faciliter l'évolution économique du Maroc, de réduire les droits de sortie sur les produits agricoles, en attendant qu'on puisse les supprimer complètement et organiser l'union douanière avec la France et ses possessions africaines ;

Considérant que cette réduction qui devrait atteindre au moins 80 °/₀ des droits existants, amènerait un développement de la colonisation beaucoup plus intense et par suite un accroissement de la richesse du pays ;

Propose d'émettre le vœu :

Que le Protectorat intervienne utilement pour obtenir la refonte des droits de sortie.

2° *En ce qui concerne la Caisse spéciale.* — Considérant que le produit de la surtaxe douanière de 2 1/2 °/₀ frappant les articles d'importation est centralisé à Tanger, où il sert à alimenter la Caisse spéciale des Travaux publics, instituée par l'Acte d'Algésiras ;

Considérant que cette institution onéreuse fait double emploi avec la Direction générale des Travaux publics du Protectorat, dont elle est indépendante au point de vue administratif et qu'en attendant sa suppression, il importe que le produit du 2 1/2 °/₀, perçu dans les ports de la zone française ne soit pas confondu avec celui des autres zones ;

Émet le vœu :

Que le produit de la surtaxe de 2 1/2 %, provenant des ports de la zone française, soit versé directement et intégralement au budget du Protectorat.

3° *En ce qui concerne la Taxe urbaine.* — Considérant que la Taxe urbaine doit être revisée complètement de manière que tous les imposables, sans exception, payent leur contribution — et cela proportionnellement à la valeur réelle des locations ;

Considérant que la Taxe urbaine doit revenir de droit au budget de la ville où elle est prélevée ;

Émet le vœu :

Que la révision des rôles des contribuables soit faite dans le plus bref délai par des commissions mixtes de fonctionnaires et des représentants parmi les propriétaires notables ; que le produit de cette taxe soit versé au budget municipal de chacune des villes où elle est perçue.

4° *En ce qui concerne les droits de porte.* — Considérant que les droits de porte, pour pouvoir subsister, devraient être organisés en prenant pour base du tarif les unités du système métrique et non pas la charge de chameau ou toute autre bête de somme, ce qui n'est ni logique ni équitable ;

Considérant, d'autre part, qu'il serait encore bien préférable de les supprimer, ces taxes ne constituant qu'une sorte de droit d'octroi, dont la suppression est partout reconnue nécessaire en France et qu'on pourrait les remplacer par des taxes (marchés ou autres) à mettre à l'étude ;

Émet le vœu :

Que les droits de porte soient supprimés et remplacés par des taxes municipales appropriées.

5° *En ce qui concerne la réforme monétaire.* — Considérant que la majeure partie des recettes qui alimentent le budget du Protectorat s'effectue en monnaie hassani, tandis que la généralité des dépenses se payent en monnaie française ; que, par suite, il résulte de l'instabilité du cours de l'hassani, une incertitude nuisible dans la valeur de l'actif et du passif du budget ;

Considérant que cette incertitude se manifeste également dans toutes les branches commerciales et industrielles ;

Émet le vœu :

Que la réforme monétaire soit réalisée le plus tôt possible, ce qui serait le complément indispensable à toutes les mesures fiscales et financières.

6° *En ce qui concerne l'impôt sur la plus-value immobilière.* — Considérant tout d'abord que, dans la situation actuelle, non seulement du Maroc, mais aussi de l'Europe et du monde entier, tant au point de vue politique qu'au point de vue économique, il est impossible d'apprécier d'une façon exacte et certaine aussi bien les valeurs immobilières que les valeurs mobilières ;

Considérant que le Maroc, pays nouveau-né à la vie internationale, sans passé, sans réserves, sans acquit, sans crédit personnel, est plus exposé qu'aucun autre à souffrir des conséquences de ces révolutions qui peuvent modifier de fond en comble l'état de choses créé par les premiers élans de la colonisation — arrêtés depuis un an — et la « valorisation » qui en est résultée de tous les biens meubles et immeubles ;

Considérant qu'au surplus, la propriété immobilière n'a pas encore d'assise au Maroc, ni aucune garantie de titres et de jouissance, que sa valeur d'échange n'est, par suite, qu'une fiction, une convention arbitraire, simplement consentie entre les parties qui participent à l'échange, et complètement dépourvue de la consécration des ventes publiques effectuées en France par devant les tribunaux et les notaires ;

Considérant que, dans de telles conditions, il est chimérique de vouloir apprécier la valeur des terres et des immeubles au Maroc, dans l'instant présent et bien plus encore dans son passé, dont rien n'a fixé les contingences touchant à cette catégorie de biens ;

Considérant, d'autre part, qu'en raison de son organisation actuelle, l'impôt sur la plus-value frappe les mutations réalisées avant son institution d'un effet rétroactif, très contestable ; qu'au surplus, les tentatives d'application qu'on en a faites se sont heurtées à des difficultés insurmontables, notamment en ce qui concerne les ventes sous seing privé, les ventes par lotissement et les ventes à réméré ;

Émet le vœu :

Que les services compétents étudient la possibilité de remplacer l'impôt sur la plus-value, par exemple en élevant les droits d'enregistrement concernant les actes des transactions immobilières.

7° *En ce qui concerne la circulation de l'alcool.* — Un Dahir du 18 octobre a fixé des droits sur l'alcool. Ces droits sont perçus tant à l'entrée des villes de la côte que de l'intérieur.

Il y aurait lieu de réglementer la circulation de l'alcool pour ne pas laisser le commerçant à la merci des fermiers des droits de porte de villes de l'intérieur.

Les droits de l'alcool se payent par litre ou demi-litre. Ce mode de perception est extrêmement défavorable pour le commerce de la parfumerie et de certains produits pharmaceutiques. Il y aurait lieu d'appliquer le système adopté en France : déclaration du nombre total de litres d'alcool pur contenu dans chaque expédition et non à la bouteille.

8° *La Commission*, ayant été saisie par M. AUDIBERT d'une proposition tendant à organiser dans le Protectorat français une caisse d'épargne autonome, après examen de cette question :

Considère que les difficultés que signale M. AUDIBERT dans les opérations de la caisse d'épargne postale continueront à subsister dans la création proposée par M. AUDIBERT, en y ajoutant même l'impossibilité d'avoir un aussi grand nombre de guichets. La thésaurisation à organiser chez l'indigène pourrait être facilitée par le développement des caisses de prévoyance indigènes.

C. — COMMISSION INDUSTRIELLE

Rapporteur : M. MAGNIER.

La Commission industrielle propose de soumettre à la discussion les questions suivantes :

1° *Exonération des droits de douane sur les charbons et combustibles industriels.* — Au Maroc, le prix élevé des charbons provenant des frets pratiqués et des droits de douane exorbitants de 12 fr. 50 pèse lourdement sur les industries existantes et retarde la création d'industries nouvelles.

Il est à remarquer que dans tous les pays non producteurs

de charbons, même les plus protectionnistes, il n'est pas perçu de droits de douane sur les charbons.

L'abaissement du prix du charbon réduirait en même temps la consommation du charbon de bois, devenant ainsi une mesure de protection des forêts.

La même exonération des droits de douane est évidemment à préconiser pour les autres combustibles industriels.

2° *Application des droits de douane pendant la durée de la guerre sur les frets normaux du temps de paix.* — Par suite des risques de guerre, les frets ont augmenté dans une très grande proportion, non en rapport avec l'augmentation sur les marchandises elles-mêmes.

Le calcul des droits de douane sur ces frets élevés entraîne une augmentation de droits qui, pour les marchandises lourdes et pauvres, dépasse l'augmentation dans le prix d'achat et quelquefois la valeur de ces marchandises.

Pour remédier à cet état de choses, nous demandons à ce que, à titre exceptionnel, et pendant la durée de la guerre, les droits de douane soient calculés sur les frets normaux pratiqués avant la guerre.

3° *Création d'écoles professionnelles.* — Nous savons que le Service de l'Enseignement a déjà mis cette question à l'étude. Mais nous voudrions surtout, pour le moment, des écoles professionnelles manuelles, destinées à former des apprentis capables de rendre des services dans nos industries diverses ; plus tard, lorsqu'on aurait les éléments nécessaires, ces écoles pourraient être complétées par des écoles techniques, pouvant former des dessinateurs et contremaîtres.

4° *Primes à l'exportation, sous forme de réduction, des droits à la sortie, pour les produits manufacturés au Maroc.* — Les droits de sortie, très élevés sur les produits manufacturés au Maroc, en même temps que les frets élevés, empêchent actuellement toute exportation de ces produits.

Il serait nécessaire, pour la faciliter, de créer soit des primes à l'exportation, soit de réduire dans une notable proportion les droits de sortie actuellement en vigueur.

5° *Voies de communication.* — La route de Casablanca-Boulhaut étant décidée, et déjà en construction, nous demandons à ce que les travaux soient continués le plus rapidement possible vers Meknès, dans les régions de Casablanca et Meknès.

Il serait à souhaiter que la police du roulage soit appliquée dans toutes les villes du Maroc, comme à Casablanca notamment, en exigeant les plaques matricules pour les automobiles.

Nous préconisons également la délivrance d'un brevet aux conducteurs des automobiles, en même temps qu'une limitation de l'âge à partir duquel ce brevet pourrait être accordé.

6° *Concessions.* — Étant donnée la période très grave que nous traversons, il y aurait intérêt à surseoir aux concessions de services publics jusqu'à la fin de la guerre, ou tout au moins à ne les accorder que pour une courte durée, de façon à réserver l'avenir.

Dans ce dernier cas, nous demandons à ce qu'une grande publicité permette la concurrence, dans la plus large mesure possible.

D. — COMMISSION AGRICOLE

La Commission agricole propose d'émettre les vœux suivants :

1° Que soit créée une Chambre d'Agriculture de la Chaouïa, analogue à celle de Rabat, qui a rendu et rend aux colons les plus grands services ;

2° Que soit autorisée l'exportation des blés charançonnés ou piqués refusés par l'Intendance ;

3° Que l'Administration favorise de tout son pouvoir la création des cultures industrielles et des usines qui y correspondent, telles que tabac, ricin, etc.

En particulier pour le tabac, que, sous le contrôle de la Régie, cette culture soit autorisée le plus tôt possible, et que les tabacs cultivés en zone française soient préparés également en zone française ;

4° Que les travaux actuels de route soient poussés avec la dernière activité et que l'on reporte sur l'achèvement du réseau routier tout l'effort financier possible, en remettant, au besoin, à plus tard, l'exécution de travaux moins urgents que les routes ;

5° Que soient suspendus les droits sur les transactions de

denrées agricoles, que l'on est en train d'établir dans tous les Cercles et que l'on étend même aux ventes faites dans les fondouks. Que les impôts de cette nature, véritables impôts directs, ne soient pas établis sans consulter les colons ou les groupements qui les représentent ;

6° Qu'en raison de la fréquence de plus en plus grande des incendies de récoltes, les Bureaux de Renseignements et Contrôles Civils adoptent pour principe de rendre les douars collectivement responsables de ces incendies, que des extincteurs automatiques soient remis aux Chefs de douars ;

7° Que l'Administration fasse l'acquisition d'un appareil de sondage moderne qui serait mis à la disposition des colons. dans des conditions à déterminer, et leur éviterait ainsi des forages de puits toujours très coûteux et souvent inutiles ;

8° Que soit créée une pépinière régionale permettant aux colons d'acquérir des plants à des conditions abordables ;

9° Que dans la Chambre de Commerce récemment reconstituée, les colons négociants des centres importants de la Chaouïa soient représentés ;

10° Que la réduction des droits de douane, récemment consentie pour les machines agricoles, s'étende aux pièces de rechange desdites machines ;

11° Que soient exemptés de droits de douane les produits destinés à la nourriture du bétail, les engrais et les matières insecticides et anticryptogamiques ;

12° Que soient supprimés les droits de sortie sur les grains.

II

RAPPORTS

PRÉSENTÉS PAR

LE COMITÉ D'ÉTUDES ÉCONOMIQUES

DE RABAT

A. — COMMISSION DU COMMERCE

1re question. — Création de Tribunaux de Commerce

Rapporteur : M. LERICHE.

Dans un pays nouveau comme le Maroc, il arrive que les efforts individuels, secondés ou stimulés par l'impulsion administrative, placent le pays à un niveau qui déborde les moyens existants de production, de réglementation et de législation.

S'inspirant des nécessités de la situation et s'appuyant sur la logique et sur l'usage plus que sur le droit pur, le Comité de Rabat a pensé que le moment était venu de créer des Tribunaux de Commerce au Maroc, tout au moins dans les villes de la côte où les transactions ont le plus d'ampleur.

Les litiges supérieurs à 1.000 francs (ceux au-dessous étant tranchés par les Juges de Paix) sont actuellement jugés par les Tribunaux de première instance, dont la procédure est forcément longue. C'est entre les parties un échange continuel de demandes, de réponses et de répliques écrites, pour lesquelles des délais doivent forcément être donnés. Il importe peu que le Tribunal de première Instance tienne à côté d'audiences civiles des audiences spécialement commerciales. Il n'y a là qu'une question de mots, et la procédure dans les deux cas est la même et les frais sont aussi élevés dans un cas que dans l'autre.

Des Tribunaux de Commerce, organisés selon les formes françaises, jugeraient les affaires qui leur seraient soumises, non pas mieux que des juges ordinaires, magistrats de carrière, du moins beaucoup plus vite et avec beaucoup moins de frais, à condition toutefois de reviser le tarif des frais de justice.

Ces tribunaux ne coûteraient guère à l'État, puisque les membres exercent gratuitement leurs fonctions. Ces juges sont élus, et c'est le commerce lui-même qui désigne les hommes possédant sa confiance.

En France, on pratique maintenant le suffrage universel de tous les commerçants patentés remplissant certaines conditions de temps, d'exercice et de domicile. Peut-être serait-il préférable au Maroc de recourir au suffrage restreint et de ne faire élire ces juges que par les commerçants notables et ceux recommandables par leur honnêteté. Ceci est purement une question de détail.

La procédure, comme en France, devrait être simple. Je ne parle pas seulement d'une facilité plus grande dans l'usage de la preuve testimoniale ou dans les divers moyens d'instruction, mais de la procédure orale, très souvent suffisante, ce qui n'empêcherait pas le dépôt de mémoires ou de conclusions pour les affaires spécialement difficiles.

D'autre part, la Commission financière du Comité de Rabat exprime le vœu que les décisions de la Justice soient exécutées intégralement. Il arrive souvent que des Chefs de Services municipaux ou des Chefs du Service des Renseignements croient devoir différer l'exécution des sentences rendues, de crainte de mécontenter la population indigène. Nous pensons que ces craintes sont au moins exagérées. L'intelligence avisée et pratique des indigènes se soumet aisément à ce qui est équitable. Seules, l'injustice et l'oppression ont amené des troubles en ce pays.

2ᵉ question. — Révision du tarif douanier.

Rapporteur : M. GUILLOUX.

Un principe d'économie politique incontesté est qu'un pays doit exporter plus qu'il n'importe, sous peine de ressembler à ce commerçant dont les dépenses excèdent les recettes et se ruine. Il y a donc lieu d'étudier les moyens propres à développer l'exportation du Maroc et ceux destinés à réduire ses achats à l'étranger.

Exportation. — Les droits de douane à la sortie ont pour but d'empêcher la famine et de procurer des revenus à l'État.

Contre la famine, le Gouvernement est armé par l'interdiction momentanée ou par une restriction permanente. Il appartient au Service de l'Agriculture de faire les recensements de la production et de déterminer les quantités à laisser sortir.

Mais ce sur quoi nous attirons l'attention de M. le Résident, c'est l'entrave mise au commerce et le manque à gagner des colons et indigènes dus aux droits de sortie. Ainsi, l'orge paie 4 P. H. 10 par 100 kilos ; le blé, 5,50 ; le maïs, 4,25 ; la laine en suint, 13,50 ; les peaux, 9,00, etc.

Si l'on peut dire que la crainte de la disette justifie les droits sur les céréales, il n'en est pas de même pour les laines, peaux et autres produits, et il est bien évident que la suppression de ces droits permettra aux producteurs de vendre leurs récoltes plus cher : 4 P. H. 10 pour l'orge, 5,50 pour le blé et ainsi de suite. La diminution des recettes du Protectorat sera compensée par un accroissement de la fortune publique et la mise en exploitation de plus grandes étendues.

Importation. — Les droits *ad valorem* de 12,50 % que paient tous les articles (sauf l'alcool et la soierie qui ne paient que 7,50 %) sont calculés sur le prix de revient de la marchandise à quai.

Il y a, à notre avis, deux principes mauvais dans ce calcul : le premier est de faire supporter au fret, à l'assurance et aux frais d'aconage une majoration de 12,50 %, de sorte que les marchandises lourdes (et ce sont les moins chères) paient proportionnellement beaucoup plus que les autres ; le deuxième est l'uniformité du tarif qui frappe également les objets de première nécessité et ceux de luxe.

Une tonne de chaux qui vaut 25 fr. à Marseille supporte 35 fr. de fret, 15 P. H. d'aconage, soit 12 fr., et revient donc à 72 fr., sur lesquels sont appliqués 12,50 de douane, soit 9 fr. ; total 81 fr. Son prix de revient est au prix d'achat comme 1 est à 3,24.

Un colis de soierie de 50 kilos, valant 500 fr., paiera 5 fr.

de fret, 6 fr. d'aconage, total 511 fr.; droits de douane 7 fr. 50 °/₀ = 38 fr. 32, prix de revient 549 fr. 32, proportion au prix d'achat 1 à 1,10.

Une balle de farine coûte 45 fr., fret, 5 fr., aconage. 1 fr. 20, douane, 6 fr. 40, revient 57 fr. 60 : proportion 1 à 1,28.

Résumé : la chaux passe de 1 à 3,24 ;

La soierie de 1 à 1,10 ;

La farine de 1 à 1,28.

Le développement du pays demande des matériaux de construction, ses habitants ont besoin de farine, et ce sont justement les objets les plus utiles qui sont les plus grevés.

Enfin, en vue de réduire nos achats à l'extérieur, il serait bon de créer des industries qui fournissent les objets ouvrés dont nous manquons totalement. Du même coup, nous diminuerions nos importations et établirions des usines qui feraient la richesse du pays, et même, ce n'est pas se montrer grand prophète que d'avancer que nous pourrions ensuite exporter ces objets, tels les tissus de laine, par exemple, dont la matière première abonde.

Déjà, M. le Résident a compris que ces tarifs d'entrée sur le matériel agricole avaient des effets funestes, et une réglementation est intervenue récemment, pas tout à fait au point, cependant.

Vœu. — Le Comité des Études Économiques de Rabat ;

Considérant que le tarif douanier actuel ne répond pas aux besoins du pays ;

Emet le vœu :

Que le Gouvernement du Protectorat s'entende avec le Contrôle de la Dette pour la révision de ce tarif et qu'une commission composée de commerçants, industriels et colons. établisse le nouveau tarif en s'inspirant des principes suivants : A l'exportation : suppression totale des droits ou réduction dans une large mesure ; à l'importation : calcul des droits sur les prix coûtants en Europe, classification et taxation des marchandises suivant leur degré de nécessité, et réduction sur les machines et matériels industriels.

3ᵉ question. — Commerce maritime.

Rapporteur : M. Thomas.

Nous reportant à la lettre du 12 février 1915 de M. Delure, Directeur Général des Travaux Publics au Maroc, ainsi conçue :

« *Tarifs*. — Il est certain que les tarifs d'aconage sont mal établis ; j'estime qu'ils doivent être revisés en divisant les marchandises en plusieurs catégories et en tenant compte à la fois de ce classement de leur valeur qui leur permet de supporter des droits plus ou moins élevés, et des difficultés plus ou moins grandes de leur manutention, c'est-à-dire des frais plus ou moins forts que celle-ci entraine pour nous.

« Une première classification avait été indiquée par nous dans le cahier des charges préparé en vue de la concession ; je ne prétends pas qu'elle ne puisse être revue et corrigée, et nous prendrons en sérieuse considération les observations qui nous seront faites à ce sujet. Je demande seulement à tous les groupements intéressés de s'inspirer de ce principe que le déficit de l'Aconage étant déjà considérable et ne pouvant être augmenté, la révision doit être faite de façon à ce qu'il ne résulte aucune diminution de nos recettes, les réductions consenties sur certains articles devant être compensées par des relèvements admis sur d'autres. »

Lettre qui était une réponse à de récentes conversations : nous demandons qu'une solution soit donnée aux questions suivantes :

1° *Révision des taxes d'aconage*. — Le tarif en vigueur s'applique sans distinction à toutes les marchandises, sans tenir compte de leur valeur ni de leur facilité ou difficulté de manutention. Or, il importe qu'une tonne de thé, de soie ou de café, etc., ne paie pas le même prix qu'une tonne de chaux, de charbon ou de fer. Il est également évident que la manutention d'une balle de tissus offre plus de difficultés que celle d'une balle de sucre ou de farine. Or, actuellement, le tarif de l'aconage ne prévoit aucun des cas, même les plus fréquents, et n'accepte même aucun cas particulier. La seule distinction prévue est l'application des tarifs au poids ou au volume.

Cette application est si mal faite qu'il nous a été cité le cas suivant : Une bonbonne débarquant remplie de vin est taxée au poids et paie 0 P. H. 25 ; si vous la réexpédiez une fois vide, vous paierez 0 P. H. 50.

Cette révision du tarif, dont le but ne doit pas diminuer les recettes du Service de l'Aconage mais en répartir la provenance sur les marchandises débarquées au prorata de leur valeur et de leur facilité de manutention, doit être faite à notre avis dans le plus bref délai avant le changement du Service de l'Aconage.

2° *Concession de l'Aconage.* — En raison des bruits persistants qui courent que la concession, pour un port du Maroc, de l'Aconage, aurait été déjà donnée à un armateur, nous émettons le vœu :

1° Que cette concession pour tous les ports du Maroc, au fur et à mesure, soit mise en adjudication régulière ou qu'elle soit accordée sur concours d'appel d'offres ;

2° Qu'en raison des inconvénients que présenterait l'exploitation de cette concession si elle était donnée à un armateur, ne soient admis à soumissionner que des aconiers connus et professionnels *et qui ne soient pas armateurs.*

3° *Ouverture de la Douane et de l'Aconage.* — Nous émettons le vœu que la Douane soit ouverte le vendredi, et, sur la demande du Commerce, le dimanche matin. L'encombrement de ses magasins et les difficultés en résultant sont des causes de retard dans les débarquements et les livraisons des marchandises, il importe d'employer tous les moyens pour en activer la sortie. Rien n'empêche le Service de la Douane d'accorder une rétribution supplémentaire à ses employés pour chaque matinée de travail du dimanche. Nous émettons également le vœu que les magasins de l'Aconage restent ouverts de midi à deux heures et le soir une heure après la fermeture des bureaux, de telle sorte que les commerçants ayant fini leurs formalités puissent encore retirer leurs marchandises.

Paiements des droits en francs. — Les agents maritimes se font le porte-parole de tout le commerce en demandant que les droits d'aconage et de douane se payent en monnaie française. L'établissement des prix de revient de transport n'a jamais été possible en raison de la valeur si peu stable du change.

4° *Création d'un Tribunal de Commerce. Établissement d'un code maritime*. À la suite d'incidents survenus à quelque Compagnie de Navigation, celle-ci s'est vue condamner à payer des dommages dont elle n'était nullement responsable.

Le Tribunal agissant s'est vu dans l'obligation de lui appliquer les articles d'un code de transport inspiré seulement par le mode transport terrestre et non maritime. C'est ainsi que les connaissements au dos desquels les Compagnies de Navigation ont inscrit les décharges qu'elles prennent et dont les expéditeurs prennent connaissance et signent au départ, sont considérés comme nuls devant un Tribunal du Maroc. tout au moins en ce qui concerne les décharges.

Nous nous joignons donc à la demande qui vous est faite par un rapporteur désigné pour demander la création d'un Tribunal de Commerce. Comme le Code Maritime n'existe pas encore au Maroc, nous émettons le vœu que ce Code soit établi en tenant compte des questions spéciales au Maroc et de la difficulté de navigation.

5° *Service de Santé*. — Le Syndicat, considérant que, jusqu'à présent, le Service de Santé n'a jamais existé, qu'il est aussi regrettable que scandaleux de voir qu'un délégué sanitaire perçoit non seulement des droits sanitaires, mais encore les frais de canot pour aller à bord, alors qu'il est notoire qu'il ne s'y est jamais rendu depuis au moins quatre ans, émet le vœu que le Service de Santé soit organisé d'une façon régulière, comme partout ailleurs ; il émet également le vœu que la perception des droits soit effectuée en monnaie française et non en monnaie espagnole.

Annexe au paragraphe 1°. — Nous demandons aussi la création d'une Commission des ports telle qu'elle existe en France. Cette Commission, qui se compose de fonctionnaires auxquels sont adjoints des commerçants et armateurs spécialement désignés, a à donner son avis sur les questions touchant aux ports, qui lui sont soumises avant l'exécution par l'Administration.

———

4ᵉ question. — Les zones de servitudes militaires.

Rapporteur : M. Thomas.

Par Dahir en date du 1ᵉʳ octobre 1911, publié au *Bulletin Officiel* du 8 octobre 1912, il a été établi une zone de servitudes militaires de 250 mètres pour chaque ville fortifiée au Maroc.

Un arrêté Résidentiel du 17 mai 1913 a diminué cette zone pour certaines villes de la côte à 200 mètres.

Les raisons qui pouvaient exister en 1912, au point de vue militaire, ont complètement disparu à l'heure actuelle tout au moins en ce qui concerne les villes de la côte où la pacification est complète.

Les nombreux Européens venus au Maroc depuis cette époque, le réseau de routes créé ont développé les relations entre chaque ville et amené un mouvement sans cesse croissant qui est sûr garant de la tranquillité des populations indigènes.

A l'exemple de Casablanca, il nous paraît urgent de lever toutes les interdictions de construire, et de permettre ainsi aux nombreux groupes et particuliers qui ont fait l'acquisition de terrains compris dans les zones, d'en retirer le profit qu'ils sont en droit d'en attendre.

Il y a, du reste, autant d'intérêt pour le pays que pour eux de ne pas trop séparer les villes européennes des villes indigènes et de voir s'élever, le long des boulevards qui longent les remparts de chaque ville, de beaux immeubles qui contribueront au développement économique du pays.

Le Comité des Études Économiques émet le vœu qu'une décision urgente soit prise en ce qui concerne les zones de servitude et que toutes les interdictions de construire soient levées dans le plus bref délai possible.

B. — COMMISSION DE L'AGRICULTURE

1ʳᵉ question. — Fonctionnement de la Chambre d'Agriculture de Rabat, du Gharb et des Beni-Ahsen.

Rapporteur : M. BERNAUDAT.

Messieurs,

La lecture du compte rendu que je vous demande la permission de vous faire aura, sans doute, moins d'intérêt pour vous, parce qu'elle vient après celle des rapports dont elle devait être la présentation. Je vous prie donc de considérer ce compte rendu comme un exposé des travaux qu'a entrepris notre Chambre pour le développement de la colonisation agricole au Maroc.

La Chambre d'Agriculture de Rabat, du Gharb et des Beni-Ahsen a été créée par Arrêté Résidentiel du 30 juin 1913.

Son but était d'assurer, auprès de l'Administration, la représentation des intérêts agricoles, zootechniques et industriels qui se rattachent à la mise en valeur du sol.

Réunie pour la première fois, le 8 décembre 1914, elle s'est attachée, dès ses débuts, à étudier, parmi les questions d'ordre général se rapportant à l'Agriculture au Maroc, celles qui lui ont paru les plus urgentes à solutionner.

Elles étaient de deux ordres : économiques et techniques. Au point de vue économique, deux graves questions devaient être mises au point : l'organisation de la propriété et la réglementation des charges qui, pesant sur la colonisation agricole, l'empêchaient de prospérer.

Dans l'ordre technique, des études diverses ont été fournies par les membres de notre Chambre : elles concernaient la vigne, les arbres fruitiers y compris l'olivier, et la culture de la betterave. Je vous parlerai tout à l'heure de ces derniers travaux. Je veux auparavant exposer, aussi brièvement que possible, dans quel ordre d'idées nous avons abordé les deux principales questions qu'il importait d'étudier et de soumettre. sans retard, à l'examen des Services du Gouvernement du Protectorat.

Sans statut immobilier stable, pas de colonisation agricole possible.

Comment, pour un colon agriculteur, se mettre à un travail sérieux, créer et faire prospérer quand le fond même de son exploitation agricole — la terre — pouvait lui être enlevé à tout instant ?

Au moment où, dans un rapport détaillé présenté le 30 mars de cette année, par un de nos collègues, nous exposions cette situation à M. le Résident général, le régime de l'immatriculation était sur le point d'être instauré. C'était déjà un premier pas fait dans la voie qui devait nous mener à une régularisation définitive des propriétés rurales.

Nous avons, toutefois, jugé utile d'éclairer les services préposés à l'application des règles de l'immatriculation sur certains à-côtés créés, non par nous-mêmes, les acheteurs, mais par un état de choses antérieur qui n'était que le fait de l'état anarchique dans lequel était plongé ce pays.

Ce sont ces à-côtés qu'a mis en lumière M. Cuinet, dans le rapport qu'il vous a lu hier.

Que de déboires, que de déceptions, que d'ennuis sont venus gâter les espoirs des premiers colons !

Cependant, leur activité, en matière d'achat de terres de culture, n'avait pas toujours été spontanée — l'administration, surtout locale, dans le but très louable de développer les intérêts français dans un pays où la poussée étrangère se faisait sentir là aussi formidable, avait parfois provoqué des encouragements à l'acheteur trop timoré et dans l'entendement duquel n'étaient pas encore entrés les mots collectifs, habous, makhzen, biens-morts, etc.

C'est cette situation que nous avons demandé à M. le Résident général de vouloir bien prendre en considération. Nous avons exprimé le désir que l'on tienne compte de la bonne foi qui avait pu présider aux achats, des efforts faits pour mettre en valeur des terrains qui, laissés aux indigènes comme c'en eût été la règle (si on l'avait connue), seraient restés des terres mortes ou de maigres pâturages.

Et pour synthétiser nos demandes, nous avons formulé et présenté à M. le Résident général les vœux qui vous ont déjà été soumis et qui sont les suivants :

1° Que l'Administration s'emploie, par tous les moyens en

son pouvoir, à développer la colonisation agricole du pays en facilitant les transactions immobilières, et en sanctionnant, autant que possible, celles déjà réalisées ;

2° En assurant, dans le plus bref délai, le fonctionnement du régime de l'immatriculation dans des conditions telles qu'il soit appliqué avec la plus grande largeur de vues et en tenant compte des situations acquises, de la bonne foi des acquéreurs antérieurement à l'application de ce régime de l'immatriculation.

J'ajouterai, puisque le Service de l'immatriculation a déjà heureusement commencé à fonctionner, que nous devons demander aussi que toute diligence soit faite par les Tribunaux chargés d'examiner les cas litigieux pour que, contrairement à ce qui s'est produit parfois en Tunisie et à Madagascar, des affaires d'immatriculation ne restent pas pendant des mois et même parfois des années sans recevoir une solution.

Je suis persuadé qu'au Maroc, le Service de la Justice, sous la haute et éclairée direction de M. le Président Berge ne pourra avoir de ces à-coups : mais, dit-on, prévoir c'est résoudre, et nous demandons au Gouvernement de vouloir bien prévoir.

La seconde étude économique que nous avons présentée à l'examen du Gouvernement du Protectorat marocain est celle des charges qui pesaient sur l'agriculture au Maroc. Je ne m'attarderai pas à passer en revue ces charges ; le rapport de M. de LASSERRE vous a mis sous les yeux des chiffres précis.

Elles sont de deux ordres : foncières et douanières.

L'impôt foncier est nécessaire ; il est dû par chacun de nous ; c'est une quote-part à l'œuvre grandiose de l'établissement de la France en ce pays, mais il faut qu'il soit en rapport avec le développement de nos cultures ; il se comprendrait mal s'il devait en être l'obstacle.

Nous avons demandé des améliorations au régime du Tertib, un peu incertain, quelques réductions sont venues l'adoucir. Mais c'est insuffisant, si, comme je crois le savoir, des centimes additionnels, partant d'une base qui paraîtrait démesurée en France, viennent nous reprendre de ce côté ce qui semble avoir été enlevé de l'autre.

Quant aux taxes douanières, elles sont le contre-sens économique le plus caractérisé qui existe. Payer pour vendre à l'étranger l'excédent des produits de sa terre ! C'est la question la plus sérieuse, la plus grave qui mérite toute l'attention et tous les efforts des agriculteurs marocains. Elle ne devra cesser de nous occuper que quand elle sera résolue par la suppression progressive et complète des taxes douanières de l'exportation.

Les rapports techniques que nous ont fournis certains membres compétents de notre Chambre avaient trait d'abord à la vigne. C'est une question intéressante et nous devons défendre notre futur vignoble, comme les vignerons de France et d'Algérie savent défendre le leur. Pour l'instant, il faut surtout que nous soyons protégés contre les vins étrangers qui, en général, très chargés en alcool, permettent à certains négociants peu scrupuleux des additions fâcheuses ; aussi. avons-nous émis le vœu que le droit de 200 P. H. par hecto-litre d'alcool, perçu sur les alcools purs, vins, cidres, etc.. en vertu du Dahir du 18 octobre 1914, soit appliqué aux vins et spiritueux contenant un excédent de 12 degrés centésimaux d'alcool pur, au lieu des 14 degrés prévus au Dahir précité.

D'intéressantes études ont été également présentées sur les pépinières et jardins d'essais du Maroc, sur la culture de l'olivier, de la betterave et enfin sur l'association avec l'indigène.

Toutes ont reçu le meilleur accueil et M. MALET, notre Directeur de l'Agriculture, à la grande science technique duquel je tiens à rendre ici l'hommage le plus complet, a bien voulu les prendre en considération et donner, sans retard, les instructions nécessaires pour la mise en application des mesures réclamées par leurs auteurs.

Messieurs, j'arrête ici cette courte revision de nos modestes travaux. Deux rapports vous ont été présentés ; un autre sur la colonisation va vous être communiqué.

J'ose espérer que les sujets qui y sont traités retiendront votre attention et que vous voudrez bien donner sur les idées émises et sur les vœux formulés votre avis très éclairé.

2ᵉ question. — Le régime immobilier au Maroc.

Rapporteur : M. CUINET.

Le régime immobilier au Maroc peut être envisagé sous divers points de vue. Les points de vue administratif, judiciaire, économique rendent la question complexe, l'étude délicate, et nécessitent beaucoup d'érudition.

Ne possédant pas ces qualités, nous examinerons simplement le point de vue où se place le colon transplanté au Maroc.

Les difficultés nombreuses qu'il eut à surmonter, les frottements durs qui lui arrachèrent souvent les lambeaux de ses illusions et de gros morceaux de sa bourse, posent la question sous un angle familier dont il peut parler ici. Nos déboires furent nombreux ; nous devons en rechercher les causes, étudier la façon d'y remédier afin d'éviter à ceux qui viendront les tribulations que nous eûmes à subir.

L'établissement de la propriété privée indigène, la transmission de cette propriété aux Européens, la sécurité de la possession, l'intégralité de la jouissance, telles sont les parties de la question que nous allons rapidement passer en revue pour arriver à formuler des vœux que nous pensons réalisables.

L'établissement des titres de propriété au Maroc ne date que de l'arrivée des premiers colons derrière nos troupes d'occupation.

La conception indigène qui considère, en général, le pays comme propriété collective des Musulmans, dont Allah est le nu propriétaire, ne pouvait donner lieu qu'à des concessions de jouissance de la part des sultans qui en étaient les gardiens ou des vérificateurs du fait de l'occupation des terres inhabitées.

Des déclarations verbales devant les Djemâa suffisaient à établir un droit, une transmission de jouissance. Les actes écrits n'apparaissaient qu'en cas de procédure qui doit être écrite.

Le témoignage oral étant la preuve par excellence, l'écrit n'était considéré que comme une matérialisation des témoignages. L'acte de propriété n'existait donc pratiquement pas. La possession était la meilleure preuve de la propriété, mais il n'est cependant pas rare de rencontrer deux ou plusieurs individus invoquer des droits sur le même terrain sans qu'aucun puisse faire une preuve d'un droit plus fort que celui de ses adversaires.

Les premiers acquéreurs vinrent donc établir les premières moulkias de possession.

La facilité avec laquelle sont donnés de faux témoignages, l'âpreté au gain expliquent dès lors surabondamment la quantité de faux titres, l'origine des contestations.

Se basant sur les coutumes de leur pays d'origine, nombre d'Européens crurent que la possession des moulkias anciennes augmentait leur chance de sécurité par analogie avec nos titres de propriété. L'erreur était grande, puisque la moulkia n'est faite que pour constater l'état de possession « actuelle » du vendeur; si donc elle avait plus de dix ans elle n'établissait plus si l'action du propriétaire n'était pas déjà prescrite.

Cette faveur des Européens pour la moulkia ancienne fit trouver immédiatement aux Marocains l'occasion de fabriquer de toutes pièces de fausses moulkias « anciennes ». Les vieux papiers jaunis, l'action de la fumée de la paille de maïs, le placement du faux titre sous la plante des pieds dans les babouches, tous les moyens furent bons pour les faussaires.

D'autre part, les adouls et les cadis sont le plus souvent les meilleurs complices des vendeurs déloyaux. Douze miséreux quelconques jurant devant les adouls moyennant une peseta par serment permirent d'établir des moulkias n'ayant aucune valeur.

La revision de la provenance des biens revendiqués doit mettre un terme aux procès dont les Européens font tous les frais. Ils ont acquis, en se conformant aux usages du pays, des terres vendues souvent frauduleusement, mais la bonne foi était toujours du côté des acheteurs. Ils ne pouvaient soupçonner les accords entre vendeurs et ceux qui semblaient représenter le droit et la justice indigène.

Un recours contre ces vendeurs était généralement sans efficacité; il serait équitable de maintenir pour bonnes les ventes faites sur la foi d'actes ayant toutes les apparences de légalité.

Il est d'intérêt vital pour la colonisation que l'Administration accorde toute sa sollicitude bienveillante à la régularisation des litiges. Les premiers acquéreurs de terres de colonisation permirent à la France de s'appuyer sur des intérêts de ses nationaux pour justifier sa politique. L'Administration encouragea ces achats dans lesquels elle voyait un moyen de contrebalancer les influences étrangères et surtout les influences allemandes.

Nous tous, colons de la première heure, avons été plus ou moins victimes d'indigènes, âpres au gain, qui profitèrent de notre inexpérience pour embrouiller les affaires immobilières, vendant plusieurs fois les mêmes terrains et créant sciemment des litiges au règlement desquels ils venaient ensuite offrir leurs services.

Certes, le Gouvernement du Protectorat a fait de très grands efforts pour remédier à cet état de choses ; à l'heure actuelle, les acheteurs pourraient presque se considérer à l'abri des tribulations sans nombre de leurs devanciers. L'œuvre de notre Administration ne doit pas se borner à cela. Nombreuses sont encore les réformes à appliquer. Nous savons qu'elles viendront. Mais si nous faisons entièrement crédit pour l'avenir, nous demandons aussi que l'arriéré soit liquidé en tenant compte d'une situation que les pionniers ont subie très lourdement, en payant cher la pose des premiers jalons qui tracèrent la route de la conquête économique du Maroc.

Pour le présent, il importe que des réformes législatives interviennent pour apporter plus de sécurité dans les achats de terres.

Si les adouls et les cadis, dans le but d'échapper à leur responsabilité, ont dénaturé le sens de la loi qui régit leurs obligations en se bornant à n'accomplir que des actes matériels de leur mission, les adouls à la rédaction de la déclaration de témoins ou parties vrais ou faux, les cadis à l'homologation sans contrôle des actes soumis à leur signature ; si la mentalité de ces fonctionnaires a faussé la loi musulmane ; s'il est illusoire de prétendre les moraliser, certaines mesures nous semblent susceptibles d'obvier aux graves inconvénients qui en résultent.

Nous souhaiterions que les témoins des moulkias soient

pris uniquement dans les douars où se trouve le terrain dont il s'agit d'établir les titres. Ceux-là sont mieux placés pour connaître le propriétaire réel du terrain, les adouls et le cadi devraient être ceux qui ont leur siège très rapproché de ces douars, ces officiers ministériels devraient être tenus de s'assurer de la régularité des actes produits et de leur concordance avec les dépositions de témoins, et surtout *qu'ils soient pécuniairement responsables* des fautes qu'ils commettraient et des dommages causés par leur inobservation des règlements, ainsi qu'il fut fait en Tunisie. De plus, les acheteurs et les Européens qui prendraient part à la conclusion de l'affaire pourraient signer les actes des adouls afin d'éviter toute substitution ou confusion postérieure.

Mais, si la régularité dans les actes d'achat est obtenue, la possibilité d'acquérir appelle notre attention aussi fortement.

L'indigène, qui vendait avec empressement des terres qui ne lui appartenaient peu ou prou avec le secret espoir de voir plus tard, quand le roumi serait rejeté à la mer, annuler ces achats sans être obligé d'en rembourser le prix, faisait mauvais accueil aux colons qui cherchent à s'établir dans de bons endroits avec sécurité.

Il est donc indispensable que l'Administration vienne en aide aux futurs cultivateurs, en préparant des lots de colonisation à leur céder. Deux sortes de terrains peuvent être ainsi vendues par le Gouvernement du Protectorat.

Les premiers sont ceux qui dépendent des biens domaniaux en y comprenant les terres maouat.

Les seconds sont ceux, qu'à titre répressif, le Protectorat peut confisquer aux dissidents (terres siba).

Si les premiers sont dès maintenant susceptibles de faire l'objet de lotissement à coloniser, les seconds (terre siba) ne viendront que plus tard, à la suite des opérations de police. Mais l'avenir doit d'ores et déjà être préparé, et nous espérons que ces espaces confisqués seront réservés à la colonisation, même aux cultivateurs marocains.

Nous ne sommes pas de ceux qui souhaitent voir refouler l'indigène, nous désirons sa collaboration, nous avons besoin de la main-d'œuvre qu'il nous fournit, nous trouvons notre intérêt dans des associations de culture ou d'élevage avec lui.

Immatriculation. — Le Gouvernement du Protectorat, avec des ressources très limitées, vient de créer un rouage administratif d'une utilité primordiale pour la sécurité de la propriété foncière, c'est le Service de l'Immatriculation et du bornage de nos terres. Mais tout n'est pas parfait.

Actuellement, l'immatriculation n'est pas la consécration officielle du droit de propriété, le bornage n'est fait qu'aux risques et dires de ceux qui le font exécuter.

Cependant, en donnant à cette partie de l'Administration l'ampleur que nous souhaiterions lui voir prendre, en lui adjoignant des rouages examinant et tranchant des litiges, elle pourrait, avant la démarcation des terres, vérifier la légitimité du titre de propriété, clore les revendications une fois pour toutes en tenant compte des situations acquises et de la mise en culture par les propriétaires actuels.

Les actes de propriété seraient, après l'immatriculation, un titre ayant la valeur de tout repos, la sécurité de nos titres de la métropole.

D'autre part, le travail dévolu au service de l'immatriculation est déjà fort grand. Tel qu'il a pu être organisé, son personnel est notoirement insuffisant. La rapidité des opérations, même incomplètes, comme nous le disions plus haut, est insuffisante pour satisfaire aux demandes et aux besoins.

Plus nous développons notre outillage, plus nous améliorons nos cultures et plus nous avons besoin du concours des capitaux d'emprunt. Cette aide pécuniaire ne sera à la disposition que de ceux dont la situation sera régularisée, les autres devront attendre. Il importe donc que nous puissions obtenir du Gouvernement que l'augmentation du personnel du Service de l'immatriculation soit en rapport avec ses obligations.

Les opérations d'immatriculation devraient aussi être complétées par l'établissement d'un plan cadastral qui permettrait de situer avec exactitude les propriétés délimitées.

Ayant examiné les améliorations que nous souhaitons concernant l'achat et la régularisation de ces opérations, nous dirons quelques mots sur les désirs que peuvent formuler les colons chez eux.

En premier lieu, il faudrait placer la sécurité, la protection contre les vols. Mais cette question rentre plutôt dans le cadre du rapport sur la colonisation, elle y est traitée.

Être chez soi et complètement chez soi est le principal désir du propriétaire français qu'un atavisme du régime de l'individualité ne prédispose pas à l'adoption du régime de collectivité marocaine. En France, charbonnier est maître chez lui.

Si nous avons sur nos terres des pâturages, nous acceptons difficilement que les troupeaux des voisins s'en nourrissent, même quand le droit de réciprocité est admis. Ici, ce sentiment découle surtout du manque de discrétion que nous constatons dans l'usage du droit de parcours par l'indigène. Alors que nous nous ferions scrupule de causer un dommage à nos voisins, eux sont experts à profiter d'une surveillance insuffisante pour conduire, par hasard, leurs troupeaux dans les cultures qui reçoivent tous nos soins.

Si nous possédons une source, bien que la présence de ce point d'eau nous ait fait payer fort cher une plus-value qui en résultait, nous nous trouvons devoir livrer passage aux gens et bêtes qui viennent s'y abreuver sans respect pour les plantations qui séparent la source de la limite de la propriété, sans tenir aucun compte de nos propres besoins en eau.

Cependant, nous venons apporter ici les procédés de culture d'ordre et d'économie agricole, nous avons besoin de pouvoir compter sur nos pâturages que nous soignons, nous devons pouvoir utiliser avant tout autre l'eau qui sourd de nos terres.

Ce que le colon, le cultivateur demande, c'est de jouir aussi pleinement que dans son propre pays des droits qu'il paye largement.

Il veut simplement, mais fermement, que les sacrifices de sang et d'argent français faits par la collectivité des Français servent à assurer aux Français la place prépondérante, la place de faveur qu'ils sont en droit d'attendre sur un sol que leur Drapeau protège.

Conclusion. — En conclusion des quelques considérations qui précèdent, les colons du Maroc émettent les vœux suivants :

1° Que l'Administration permette, avec tous les moyens dont elle dispose, la prompte régularisation des titres de propriété existants en y apportant la plus grande largeur de vues et en tenant compte des situations acquises et des efforts faits ;

2° Que l'Administration réglemente les pouvoirs et les

obligations du notariat indigène sur la base des responsabilités individuelles ;

3° Que les terres siba soient d'ores et déjà mises en réserve pour la formation des lots de colonisation auxquels pourra prétendre l'élément agriculteur indigène ;

4° Que le Service de l'Immatriculation soit pourvu d'un personnel suffisant pour assurer le fonctionnement continu d'au moins une brigade d'opérateurs par région ;

5° Que le bornage et l'immatriculation soient faits de façon à donner une valeur réelle, soit une consécration officielle des titres de propriété ;

6° Que le droit de parcours reçoive une réglementation dans le sens du respect de la propriété privée ;

7° Que l'eau provenant des sources ne donnant pas naissance à un cours d'eau, situées à l'intérieur de propriétés privées, serve d'abord exclusivement aux besoins du cultivateur qui la possède, l'excédent, s'il en existe, coulant hors de la propriété pouvant être utilisé par les voisins sans créer de ce fait un droit de partage.

3ᵉ question. — Le régime douanier dans ses rapports avec l'agriculture au Maroc.

Rapporteur : M. DE LASSERRE.

La question douanière que nous étudions ici n'a trait uniquement qu'à la partie agricole.

Elle est, à l'heure actuelle, des plus importantes en ce qui concerne la colonisation parce que les tarifs douaniers en vigueur forment une barrière telle que tout développement économique de la partie rurale se trouve de ce fait absolument paralysé.

Et, cependant, c'est un double principe universellement reconnu en économie politique que, d'une part, un pays ne s'enrichit qu'en raison directe de ce que le produit de ses exportations soit en excédent sur celui de ses importations.

Or, le Maroc est actuellement, et du fait même de ses tarifs douaniers, placé dans une situation telle que, pays agricole au premier chef, admirablement doté sous le rapport de la production des céréales et du bétail, il ne peut non seulement tirer parti de cette situation, mais même est placé vis-à-vis de ses concurrents étrangers de façon tellement défavorable qu'il est mathématiquement impossible au colon français, installé sur son sol, de venir avec ses produits aborder le marché européen.

Hâtons-nous de dire que l'Administration a fait un louable effort et a jusqu'ici remédié à cet état de choses en achetant sur place, et à des prix convenables, la plus grande partie de la production des colons. Mais ceci n'est et ne peut être qu'un régime transitoire sur lequel on ne pourrait se baser pour l'avenir et non ce qu'il faut pour le développement agricole dont dépend en grande partie la possibilité pour la production de venir écouler sa marchandise sur le marché européen tout au moins à parité avec ses concurrents étrangers.

Pour quelles raisons cette barrière douanière, encore existante, a-t-elle été établie jadis au Maroc ? Le bulletin de la Chambre d'Agriculture de Rabat, du Gharb et des Beni Hassen se charge de nous l'apprendre (rapport de M. Beroaudat ; Charges qui pèsent sur la Colonisation) :

« Les anciens Sultans avaient institué ces droits qui n'ont
» pas été revisés depuis la création du Protectorat pour les
» raisons suivantes : des périodes de famine se renouvelant
» fréquemment au Maroc autrefois, il y avait nécessité pour
» eux d'entraver la sortie des denrées propres à l'alimentation
» de leurs sujets. Ils auraient pu l'interdire au cours des
» mauvaises années, mais c'eût été alors des pourparlers
» avec les représentants des nations étrangères près d'eux,
» et, par suite des rivalités existantes, il aurait été difficile
» de se mettre d'accord. Le Gouvernement Marocain avait
» trouvé plus commode d'imposer des droits de sortie très
» élevés. Ces droits constituent une gêne certaine pour l'ex-
» portation en tout temps et étaient, d'autre part, un revenu
» appréciable pour les caisses chérifiennes dans les bonnes
» années.

« A l'heure actuelle, la famine qui pouvait se produire
» dans un Maroc fermé n'est guère plus à craindre sous un
» gouvernement prévoyant, comme l'est celui du Protectorat.
» Par suite, les droits prohibitifs n'ont plus leur raison
» d'être. »

Et maintenant, sans entrer dans le détail des chiffres, travail qui sera plutôt celui d'une commission spéciale nommée pour la revision des tarifs, montrons, par l'établissement d'un simple prix de revient, à quelle somme vraiment dérisoire un colon, étant donné les tarifs et les droits actuels, est obligé de vendre un quintal de blé au départ de sa ferme :

Transport (50 kilomètres en moyenne) de sa ferme aux portes de la ville	2 00
Droit de porte à l'entrée de la ville	0 50
Magasinage en ville et transport à quai	1 00
Aconage	1 50
Droits de sortie du port	4 60
Fret Marseille	3 00
Entrée en France	7 00
Total	19 60

Supposons que le cours du blé à Marseille soit à 25 francs le quintal, sans tenir compte de toutes les autres charges (impôt foncier, achour, zekkat, amortissement du capital, etc.), le colon devra donc vendre son blé pour la somme de 5 fr. 40 pris chez lui.

Ces chiffres ont par eux-mêmes une éloquence qui dispense de tout autre commentaire.

La question de l'élevage, qui pourrait être pour le pays une source de richesse des plus considérables, est encore plus entravée par les tarifs douaniers.

Quand ce n'est pas l'interdiction absolue d'exporter, ce sont des tarifs prohibitifs ou presque, aussi le résultat est-il le même :

125 P. H. par cheval ou mulet ;
25 P. H. par bœuf ;
10 P. H. par porc ;
5 P. H. par mouton.

Le résultat est le suivant : les bonnes années, les troupeaux croissent et se multiplient très rapidement, ils s'agglomèrent en masses énormes dans les mêmes pâturages en bordure des merjas généralement. Viennent la mauvaise saison et les intempéries, les maladies épidémiques se développent alors.

les animaux crèvent, je ne dirai pas par centaines, mais par milliers, et sans aucun profit pour personne le cheptel marocain se trouve brusquement réduit d'un tiers ou parfois de moitié. Voilà en grande partie le résultat de la prohibition de l'exportation.

Que l'on ne nous objecte pas que l'exportation ferait diminuer le cheptel marocain. C'est le fait contraire qui se produirait. Nous avons sous les yeux pour nous instruire l'exemple frappant de l'Amérique du Sud. Là, en quelques années, comme nous l'apprennent des statistiques qui n'ont cependant rien de bien récent, la valeur du cheptel est montée de zéro à 3 milliards 258 millions de francs, chiffre global en 1895. Pourquoi cela ? Justement parce que l'exportation était non seulement permise mais encouragée par des moyens *ad hoc*. L'éleveur, pouvant se défaire en temps utile et à des prix rémunérateurs du trop plein de son troupeau, a tout intérêt à conserver précieusement ses animaux de tête et de reproduction, et on peut en déduire comme conséquence logique que l'exportation peut faire régulariser les cours des marchés, encourager l'éleveur à produire davantage et, par le fait, accroître la richesse et le bien-être du pays.

Conclusion. — Les Chambres d'Agriculture, saisissant les Pouvoirs publics de cette importante question des tarifs douaniers, émettent le vœu suivant :

Que le Gouvernement du Protectorat nomme une commission composée en partie de membres de l'Administration du Protectorat, du Contrôle de la Dette et des Chambres d'Agriculture, à l'effet d'étudier de nouveaux tarifs douaniers plus en rapport avec les besoins et le développement économique du pays.

4ᵉ question. — De la colonisation au Maroc.

Rapporteur : M. CROIZEAU.

De l'utilité de la colonisation au Maroc.

Y a-t-il intérêt, au point de vue économique d'abord, politique ensuite, à développer la colonisation française au Maroc ?

1° Il est hors de doute que, pour tirer parti de l'outillage économique dont on tient à doter le Maroc, il est indispensable de changer les conditions d'existence de sa population, et d'intensifier une production restreinte, jusqu'ici, à peu près aux seuls besoins d'une consommation régionale. Il est nécessaire donc d'envisager cette nécessité, et d'y parer dans le plus bref délai, car ici plus qu'ailleurs, le temps est de l'argent, et ce dernier ne peut incessamment s'immobiliser sans une rapide rémunération. Les charges d'emprunt, et celles d'entretien des travaux seront désormais constantes, et il faut, pour éviter leur accablante accumulation, produire, afin d'utiliser et amortir un coûteux outillage économique moderne.

Or, le seul instrument pratique de transformation de la production, qu'il faut envisager comme essentiellement agricole au moins immédiatement, c'est la colonisation telle qu'elle a déjà fait ses preuves dans l'Afrique Française du Nord. Non seulement, elle est elle-même productrice, mais encore elle est avant tout un levier puissant, en instruisant pratiquement et sans heurt, par l'exemple, la masse indigène, dans les façons culturales plus rationnelles, ayant pour résultat immédiat l'augmentation, et plus tard l'intensification de la production.

La ferme du colon, qui surgit au milieu du bled, est une semence de ferment vivifiant jetée dans la masse à vitalité latente, ou quelquefois amorphe, de la population rurale indigène.

2° Au point de vue politique, l'intérêt n'est pas moins grand d'encourager la colonisation. Les rapports de voisinage et de transactions, dans un même milieu, sur de mêmes objets, rapprochent moralement Européens et indigènes.

Non seulement la colonisation est souhaitable comme rapprochant indigènes et Européens, mais elle est encore utile aux premiers, alors qu'à aucun point de vue elle ne peut leur porter préjudice. La mise en valeur de la terre du colon donne, par contre-coup, de la plus-value aux terres environnantes, ce dont bénéficiera l'indigène, alors que celles ayant servi à former la ferme européenne étaient le plus souvent des terres dont ses moyens restreints ne lui permettaient pas de tirer parti et qui restaient constamment, ou le plus souvent, incultes.

De plus, le colon nécessite pour ses travaux la main-d'œuvre indigène qu'il rétribue selon les habitudes européennes, rendant l'ouvrier indépendant par un salaire libéral, au lieu que les habitudes indigènes maintiennent l'ouvrier en servitude par une rétribution en nature lui permettant seulement de subvenir à ses besoins sans pouvoir sortir de sa position. C'est ainsi que nous voyons en Algérie de simples bergers indigènes devenus maintenant de gros propriétaires, possédant maisons de ville et automobiles ; cette ascension, fruit de leur travail et de leur intelligence, leur ayant été seulement permise par la main-d'œuvre salariée de la colonisation. Celle-ci tout au moins, grâce à ses salaires, soulage normalement le paupérisme des campagnes et a fait en Algérie disparaître les famines.

Pour toutes ces raisons, l'une des nécessités primordiales de l'Administration est donc l'encouragement de la colonisation qui devra d'abord trouver, dans le bled marocain, la sécurité des biens.

Comment doit-on concevoir la colonisation, privée ou officielle, par concessions gratuites ou vendues ?

La colonisation privée et celle officielle ne s'excluent pas et ne peuvent se nuire.

La première est celle spontanée qui ne demande à l'Administration que les lois lui permettant d'acquérir, de posséder en sécurité. Elle est surtout à encourager, et la sollicitude de l'Administration doit lui être particulièrement acquise, car elle ne demande aucun effort pécuniaire et laisse toutes ressources budgétaires intactes pour étendre la colonisation officielle.

La colonisation privée au Maroc a été, dès le début, sollicitée auprès de ses nationaux par l'Administration française désireuse de voir se créer des intérêts contrebalançant ceux des étrangers, notamment des Allemands, puis elle fut retardée.

C'est ainsi qu'en 1913, de nombreux Algériens colons qui, dans l'exploitation agricole algérienne, particulièrement prospère pendant quelques années qui avaient précédé, avaient acquis expérience et capitaux, parcoururent le bled marocain. Ils étaient désireux d'installer leurs fils dans un pays neuf où ils espéraient trouver des terres à un prix plus avantageux qu'en Algérie, où la hausse de celles-ci se faisait sentir après près d'un siècle de colonisation, d'améliorations, et surtout les bénéfices des dernières années dus au renchérissement mondial des produits agricoles. Pas un seul ne s'y arrêta cependant.

Donc, la colonisation privée est actuellement arrêtée, elle demande, pour la création d'un nouveau mouvement possible en sa faveur :

1° La volonté de l'Administration de mettre *fin aux contestations au sujet de la possession d'immeubles ruraux ;*

2° *D'asseoir pour l'avenir un régime foncier* qui donne toute la sécurité, et là, l'immatriculation semble donner satisfaction, si menée avec un esprit équitable et non procédurier, et aidée par des possibilités judiciaires de poursuites civiles et correctionnelles contre ceux qui, malhonnêtement ou à mauvais escient, ont soutenu des contestations, lesquelles, il faut bien le dire, dans la grande généralité des cas, ne sont que des tentatives de chantage dans lequel se sont déjà spécialisés de nombreux individus, en faisant une industrie, et pour lesquels le revendiquant n'est qu'un outil ;

3° La colonisation demande en sus des voies des communication, et, enfin

4° D'une manière primordiale *la revision des tarifs douaniers.*

Colonisation officielle. — La colonisation officielle est celle qui vient de l'initiative administrative, pour sa conception et sa direction. Elle a de tout temps existé en Algérie où elle a constamment varié dans ses modes, jusqu'à ces dernières années, où l'expérience a permis d'acquérir une formule satisfaisante *par l'exclusion, en partie,* et que nous désirons *complète* au Maroc — *de la concession gratuite.* L'expérience a montré que ne sait s'attacher à sa terre celui qui n'a eu la peine de l'acquérir. Au reste, la concession, de par sa gratuité, est ambitionnée de tous, même de ceux qui ont le moins d'aptitudes pour coloniser, surtout ceux qui n'ont jamais rien fait et estiment n'avoir aucun risque d'obtenir gratuitement ce qui un jour pourra être revendu. Beaucoup aussi regardent ces concessions comme le paiement naturel de clientèles électorales et se servent de ce moyen pour se débarrasser d'importuns ou de parasites. Quoi qu'il en soit, le concours de demandes est tel, et la sélection si difficile à faire avec des renseignements toujours entachés d'influences politiques, qu'il est, dans la généralité des cas, impossible de discerner les candidats qui seraient intéressants ; et que de gros frais d'installation de villages servent à pourvoir, les trois quarts du temps, de mauvais artisans qui n'ont aucune vocation agricole, se laissent aller à la paresse et au découragement ; et, au bout de peu de temps, aliènent leurs concessions — pour une somme minime, comparée à ce qu'elles ont coûté à l'État — à des prêteurs d'argent.

Le système de *concession gratuite doit être abandonné* : seule, la concession vendue, par paiements facilités à longs termes, doit être maintenue. L'on peut concevoir le quart du montant payé à l'achat, et le reste par douzièmes annuellement avec remise d'une partie du montant dans certaines conditions.

Les concessions doivent-elles être grandes ou petites ?

À notre avis, au Maroc, la petite colonisation, s'adressant à l'élément français, ne peut donner aucun résultat dans l'intérieur du pays. Là où des paysans italiens ou espagnols pourraient réussir, races sobres de pays peu riches, habituées du reste à des climats plus chauds que ceux de nos campagnes françaises, les nôtres ne sauraient prospérer. Avec beaucoup plus de peine, ils n'arriveraient pas au résultat pécunier que leur donnerait un travail salarié des champs dans leur pays.

À proximité des grands centres déjà peuplés — particulièrement sur le littoral — ou d'autres importants à créer, mais toujours sur une voie de chemin de fer, l'on peut concevoir la création de petites *concessions agricoles* d'une vingtaine d'hectares de bonnes terres, *complémentaires d'une industrie rurale* : charron, charpentier, maçon, etc., ou de lots de jardinage, mais là, seulement, se comprendront les concessions restreintes. Celles de l'intérieur devront comporter des lots de ferme au minimum d'une centaine d'hectares, dont au moins la moitié en bonnes terres. Différemment, ils ne pourraient convenir à une colonisation française, et tôt ou tard, retomberaient fatalement entre les mains des étrangers ou des indigènes, en dehors de l'esprit dans lequel elles auraient été créées, et quelles que soient au reste les mesures préventives prises pour éviter cette rétrocession. Le Français est habitué à un certain bien-être, qui ne permet pas d'espérer que ceux, ayant quelques petits capitaux, puissent peiner sous un climat dur, à des besognes pour lesquelles on a déjà du mal en France à trouver une main-d'œuvre suffisante. Le feraient-ils exceptionnellement, que la maladie aurait bien vite raison d'un manque complet de ménagements.

D'autre part, pour aider la colonisation, l'Administration est déjà entrée dans la voie de locations à longs termes de ces biens; il est à souhaiter qu'elle ne s'arrête en si bon chemin et qu'elle autorise de préférence l'achat avec paiement à longs termes de ces biens, ce qui attacherait davantage les exploitants au sol et leur permettrait au surplus de trouver plus facilement des moyens de crédit toujours si utiles en agriculture où les immobilisations courent sur presque une année entière, pour une seule rentrée de fonds annuelle, et sauf aléas encore.

Voilà rapidement et trop succinctement donné un aperçu sur la colonisation, l'intérêt qu'elle comporte, les raisons de sa stagnation actuelle et les moyens de l'en sortir. Pourra-t-on me reprocher certaines critiques? Qui n'est pas critiquable? De la part de l'Administration, c'est presque une grâce d'État. Tout au moins l'énonciation de ces critiques n'a pour but que d'en éviter à nouveau l'écueil : c'est ma justification ne poursuivant qu'un but utile.

C. — COMMISSION DE L'INDUSTRIE

1re question. — Les voies de communication.

Rapporteur : M. SEGUINAUD.

La mise en valeur du Maroc exige des voies de communication : 1° des voies ferrées; 2° des routes dont le réseau part ou aboutit à des ports.

Au Maroc, un fait géographique domine le problème des voies des communications : les cours d'eau sont à peu près impraticables ou tout à fait insuffisants.

Pour y remédier, l'Administration du Protectorat a dressé un premier programme de voies ferrées et deux programmes de routes et chemins dont l'exécution donnera satisfaction aux plus urgents besoins politiques, commerciaux et agricoles.

Le réseau des voies ferrées du Maroc septentrional comprend les voies de :

1. — Tanger à Fez par Meknès ;
2. — Petitjean-Kenitra ;
3. — Kenitra-Rabat-Casablanca ;
4. — Fez-Taza-Oudjda et la frontière.

Les études et les opérations sur le terrain se poursuivent activement pour les trois premières lignes, de telle sorte que 1916 verra sans doute le commencement des travaux. La dernière est subordonnée à la pacification de l'isthme de Taza qui ne saurait tarder longtemps.

Il est plus avantageux de faire mouvoir des trains que des colonnes ; sir Cecil Rhodes disait : « Le rail coûte moins cher que le canon et porte plus loin ». Cet aphorisme s'est vérifié partout, c'est donc par le rail que nous prendrons définitivement possession du Maroc. Il s'agira bientôt de le pousser jusqu'aux irréductibles pays berbères du Haut et du Moyen Atlas. Sans demander la mise à l'état immédiate de ce deuxième réseau, nous nous permettrons de signaler à l'attention des Pouvoirs publics, parmi les tracés susceptibles d'amener rapidement la pacification complète du pays berbère, celui qui part de Rabat, passerait par Tiflet, Oulmès, Khénifra pour aboutir à Tazouzalt aux sources de la Moulouya.

En ce qui concerne les voies ferrées, le Comité des Études économiques de la région de Rabat émet le vœu que l'étude des voies ferrées du premier programme soit activement poussée et que leur construction soit entreprise dans le plus bref délai.

La route, utile d'abord pour un commerce de faible importance, devient indispensable pour amener le trafic à la station. La France, l'Europe, tous les pays ont vu s'accroître leur circulation sur route aussitôt après l'ouverture des voies ferrées auxquelles elles aboutissent. Ainsi de la combinaison du double réseau ferré et routier dépend la prospérité d'un État.

C'est dans cet ordre d'idées que l'Administration du Protectorat a fait adopter par le Parlement le premier programme de routes en trois réseaux :

1. — Réseau Nord, 390 kilomètres ;
2. — Réseau Côtier, 450 kilomètres ;
3. — Réseau Sud, 405 kilomètres ;

Au total : 1.245 kilomètres.

Ce premier programme est en exécution et sera vraisemblablement terminé en 1916.

Un nouveau programme soumis à la Métropole comporte 547 kilomètres de grandes routes et 460 kilomètres de chemins de grande communication qui ne nous paraissent pas suffisamment desservir les hinterlands de Rabat et de Kenitra.

Il y aurait lieu d'adjoindre au deuxième programme :

1. — Route de Rabat-N'Kheïla-Marchand-Christian, Oued Zem et éventuellement vers Marrakech, par les vallées de l'Oum Er Rebia et du Tensift ;

2. — Route de Tiflet-Tedders-Oulmès-Kénifra, desservant les postes du pays de Zaïan.

Ces deux premiers tracés ouvriraient à la colonisation européenne des régions excessivement fertiles :

1° La cuvette Zaër renfermant 200.000 hectares de tirs ainsi que de nombreux rdirs et dayas ;

2° Le plateau pliocène des Zemmour éminemment favorable à l'élevage ainsi qu'aux récoltes de foin et céréales voisinant avec des peuplements forestiers de premier ordre.

Quant au chemin de grande communication de Kenitra à Merdja Zerga, il est indispensable à l'unique banlieue cultivable de la nouvelle ville.

Le Comité des Études Économiques de la région de Rabat émet le vœu que les trois tracés, ci-dessus désignés, soient adjoints au deuxième programme de routes et chemins.

Il ne servirait à rien de construire des voies ferrées ou empierrées si leurs exutoires naturels — les ports — n'étaient rapidement mis en état de recevoir et d'expédier les produits des régions desservies.

Le Comité des Études Économiques de la région de Rabat se permet d'insister afin que les pourparlers avec les futurs concessionnaires des ports de Rabat et de Kenitra soient repris d'urgence.

2ᵉ question. — **Les pêcheries au Maroc**.

Rapporteur : M. SEGUINAUD.

L'industrie de la pêche verrait prendre sous peu au Maroc une extension considérable, les côtes étant très poissonneuses, les qualités très bonnes et variées.

La sardine notamment est très abondante.

Les quantités qui pourraient être capturées de Tanger à Agadir peuvent être estimées à six fois celles péchées par les ports de Douarnenez et de Concarneau. Cette pêche offre sur les côtes marocaines l'avantage considérable de pouvoir être pratiquée sans l'appât qui rend nos pêcheurs tributaires de la Norvège pour des centaines de mille francs. Le produit de la vente des sardines rapporte, aux quelques cent mille pêcheurs bretons, environ trente millions.

Il serait donc très intéressant de voir une telle industrie se développer au Maroc.

En dehors des nombreux crustacés, d'abondantes sortes de poissons pullulent sur nos côtes mal connues. Le Service de l'Aconage, pendant les jours où il n'est point occupé, pourrait à l'aide de sondages et de dragages établir une carte sous-marine des différents fonds, signalant les endroits dangereux, ce qui éviterait la perte si onéreuse de filets.

L'installation d'un aquarium serait également profitable.

Le Comité des Études Économiques de la région de Rabat émet le vœu que le Gouvernement du Protectorat prenne toutes les dispositions nécessaires pour attirer les pêcheurs et industriels français au Maroc, notamment à l'aide de brochures et de cartes sous-marines répandues en France.

III

RAPPORTS

PRÉSENTÉS PAR

LE COMITÉ D'ÉTUDES ÉCONOMIQUES

DE MAZAGAN

A. — COMITÉ GÉNÉRAL

Rapport général sur la situation économique de la circonscription des Doukkala.

Rapporteur : M. PLOUARD.

Ainsi qu'il résulte des rapports joints à la présente note, toute la prospérité des Doukkala est basée sur l'agriculture et l'élevage. Ceci est la conséquence naturelle de la situation géographique de cette province, de la nature de son sol et de son climat.

Si l'activité humaine arrive parfois, comme cela s'est produit en Europe et en Amérique, à détourner totalement de la destination qu'ils tenaient de la nature, des pays où d'immenses entrepôts de marchandises et des usines sans nombre occupent les espaces où poussaient autrefois les produits du sol, il n'y a pas lieu d'admettre que le cas puisse se produire à brève échéance au Maroc, en général, et dans les Doukkala en particulier.

Certes, nous pouvons espérer voir, dans un avenir rapproché, se développer de nombreuses industries dans le pays, industries européennes et indigènes ; des briqueteries, des minoteries, des distilleries, des filatures, etc., fourniront à bon compte les produits que le Maroc fait aujourd'hui venir d'Europe à grands frais, mais notre proximité de Casablanca, qui a déjà commencé et continuera probablement de plus en plus à devenir le centre industriel du Maroc, dispense les villes voisines de se lancer dans la même voie.

A notre avis, une seule circonstance pourrait modifier le caractère purement agricole des Doukhala, ce serait la découverte de gisements miniers dans le sous-sol. L'avenir se chargera de nous renseigner sur ce point ; pour le moment, ne considérons que ce qui existe.

Partant donc de ce principe bien établi que toute la prospérité économique des Doukkala repose sur le développement agricole de la région, on peut affirmer d'une manière générale, que toute mesure prise pour y favoriser la culture et l'élevage, y profitera dans la même mesure aux autres branches de l'activité humaine.

** **

Les rapports ci-joints : rapport commercial, agricole financier et industriel, signalent des imperfections qui nuisent au développement économique de la région ; ils expriment des desiderata.

Ces vœux, bien que tous motivés, sont évidemment plus ou moins pressants : mais quelques-uns d'entre eux ont une importance capitale, et sans prétendre ici leur assigner un numéro dans l'ordre qui devrait présider à leur réalisation, nous voudrions les grouper et attirer d'une manière toute spéciale sur eux la bienveillante attention des pouvoirs publics.

** **

Dans les Doukkala, comme partout ailleurs dans les pays neufs, ce qu'il faut avoir avant tout, ce sont *des routes*. Le réseau qui doit former le lot de notre province, et est actuellement ou va être mis prochainement en cours d'exécution nous semble très bien compris et de nature à satisfaire pleinement aux besoins locaux.

Les routes de Mazagan-Marrakech, avec embranchement Sidi Smaïn-Safi, Mazagan-Casablanca, Mazagan-Safi par la côte, Mazagan-Bou Laouane, nous donneront pleine satisfaction, et nous ne pouvons qu'exprimer le vœu d'en voir acti-

vement pousser les travaux pour que toutes ces voies de
grandes communications soient ouvertes le plus tôt possible
à la circulation.

. Ces routes principales, complétées par tout un ensemble
de bons chemins, permettant une circulation facile de transports par voitures reliant entre eux et à Mazagan les principaux marchés de l'intérieur, suffiront aux besoins du moment.

Nous estimons ensuite d'une importance capitale, dans un
pays purement agricole comme les Doukkala, *les facilités* qui
doivent être données à la moyenne et à la petite colonisation.

Ce n'est, en effet, un mystère pour personne que, jusqu'à
ce jour, les Caïds s'opposent de tout leur pouvoir à l'acquisition de terres agricoles par des colons européens ; l'exposé
des motifs qui dictent leur conduite nous entraînerait à un
réquisitoire qui dépasserait les limites de notre présent travail ;
ils sont du reste connus de tout le monde au Maroc. Nous
bornant donc à signaler le mal, nous demandons instamment
qu'il y soit porté remède le plus tôt possible, car comment
espérer voir de nombreux colons s'installer dans l'intérieur
et faire profiter les indigènes de leurs méthodes perfectionnées
si la bonne volonté et les capitaux des nouveaux arrivés
viennent s'user contre le mauvais vouloir, la cupidité et
souvent l'hostilité des fonctionnaires indigènes auxquels ils
sont obligés de s'adresser ?

Il ne nous appartient pas d'indiquer aux autorités françaises
du Protectorat les moyens propres à remédier à un tel état de
choses ; ils sont sans doute de plusieurs sortes et leur efficacité sera constatée par les résultats que donnera leur application. Mais qu'on agisse dans ce sens et qu'on agisse vite,
car déjà trop de nos compatriotes sont arrivés pleins d'énergie
et d'espérances qui, après avoir dépensé dans de vaines
démarches leur petit pécule, ont dû, pour les raisons que nous
venons d'indiquer, reprendre, déçus, le chemin de France en
se jurant bien de détourner de la colonisation marocaine ceux
de leurs amis qui pourraient s'y intéresser.

Dans cet ordre d'idées, la mise en location et même la
vente de *biens Makhzen* seraient de nature à permettre à une

foule de petits et moyens colons de s'installer dans les Doukkala, à condition toutefois que les locations fussent accordées pour de longues durées, permettant à chacun de travailler sérieusement sa terre avec la certitude que le profit de ses efforts sera pour soi et non pour ses successeurs.

En outre, l'*Immatriculation* (question traitée spécialement dans le Rapport financier et, pour cette raison, simplement mentionnée dans le rapport agricole) devrait, sans délai, être appliquée aux Doukkala.

En dehors des immenses difficultés actuellement liées à l'acquisition de terrains agricoles, difficultés qui portent le plus grave préjudice à la colonisation, et dont nous avons parlé plus haut, il est de toute nécessité de donner au colon qui a régulièrement acheté sa terre la certitude absolue qu'il en est bien le propriétaire. Cela ne peut se faire que par l'Immatriculation.

Non seulement elle procurera au colon, en lui garantissant la paisible jouissance de son domaine, la tranquillité d'esprit qui lui est nécessaire pour se livrer à un travail productif, mais encore elle permettra la création et le fonctionnement du Crédit agricole auquel tant d'agriculteurs de France, tant de colons d'Algérie et de Tunisie, sont redevables de leur réussite.

Si la mise en œuvre de grands travaux publics, routes, chemins de fer, ports, etc., présente de grosses difficultés parce que dépendant du vote de crédits et nécessitant des sommes énormes, nous ne croyons pas que de sérieux obstacles s'opposent à l'installation d'un service d'immatriculation facultative dans les Doukkala et nous nourrissons l'espoir de l'y voir bientôt fonctionner.

* *

Après avoir insisté tout particulièrement sur la nécessité absolue de doter les Doukkala, dans le plus bref délai possible, des routes nécessaires, d'y favoriser la colonisation par la suppression des difficultés que lui opposent les autorités indigènes, par la mise en location ou la vente des Biens Makhzen et par l'immatriculation des propriétés régulièrement acquises, mesures qui donneront à cette province la possibilité (mais la possibilité seulement) de travailler efficacement, nous devons rapidement passer en revue toute une série de travaux principaux dont dépend sa *prospérité économique*.

En premier lieu, nous mentionnerons *le port*.

La question de la construction à Mazagan d'un port suffisant pour satisfaire aux besoins commerciaux de la province a été souvent signalée à l'attention du Protectorat, et les vœux déjà tant de fois exprimés à ce sujet se trouvent, encore aujourd'hui, renouvelés dans le rapport commercial ci-joint.

Nous devons dire aussi que la réalisation de l'œuvre dont il s'agit nous semble dépasser de beaucoup l'intérêt particulier de la province, à lui seul déjà suffisant pour la motiver.

Puisque Casablanca a été choisie pour devenir le grand port du Maroc, il ne saurait être question de réclamer pour Mazagan quelque chose d'approchant en raison de la proximité des deux villes ; toutefois, une foule de considérations militent, à notre avis, en faveur de la création rapide à Mazagan d'un port capable d'abriter trois ou quatre paquebots de type moderne.

D'abord, il serait injuste de ne pas donner à la capitale d'une très riche province les moyens de se ravitailler facilement et d'embarquer dans de bonnes conditions les céréales et autres produits agricoles qu'elle fournit en si grandes quantités.

En outre, l'orientation de la rade de Mazagan, les fonds indiqués par les sondages, l'épi rocheux qui la protège en font, sans contredit, la rade la plus sûre de tout le Maroc et si, dans les conditions actuelles, c'est-à-dire en l'absence de tout abri artificiel pour les navires, on peut y débarquer en toutes saisons et à peu près par tous les temps, il faut bien reconnaître que les travaux nécessaires pour la construction d'un port comme celui que nous préconisons ne seraient pas bien considérables ni les dépenses bien élevées, d'autant plus que tout cela pourrait être laissé à l'initiative privée, contrôlée par le Protectorat.

Ensuite, et c'est pour cela, comme nous le disions tout à l'heure, que cette œuvre présenterait un intérêt supérieur à l'intérêt local, Marrakech, éloigné de la côte et dont une partie importante du commerce a toujours été transitée par Mazagan, Safi, dont la rade est rarement praticable en hiver et aussi Casablanca, dont le port exigera encore de longues années de labeur, trouveraient dans le port de Mazagan une aide précieuse et certaine pour le mouvement de leurs marchandises et de leurs passagers.

Les chemins de fer ont aussi une grande importance pour nous. Nos désirs sont toutefois très modestes à ce sujet et nous voulons croire que leur réalisation ne peut se heurter à aucun obstacle sérieux. Ils se bornent à voir relier Mazagan à la ligne Casablanca-Marrakech par un embranchement partant de Ben Guérir. Cette ligne Mazagan-Ben-Guérir devrait être, bien entendu, à voie normale.

Plus tard, avec le développement économique de la province, la création d'autres lignes devra être envisagée, mais pour le moment, l'embranchement Mazagan-Ben-Guérir nous satisfera pleinement à une condition, toutefois, celle de voir mettre à profit la belle largeur des voies de communications principales, citées plus haut, pour les doubler de lignes ferrées à voie étroite.

On faciliterait ainsi considérablement et à peu de frais le trafic de l'intérieur et de la côte, et la réalisation de ce projet ne nous semble pas bien difficile.

Dans une région purement agricole comme les Doukkala, la question de *l'eau* est d'une importance toute particulière. Or, puisque nous avons la fortune de posséder à nos portes l'un des plus beaux fleuves du Maroc, nous insistons spécialement sur la nécessité d'en profiter pour dériver une partie de ses eaux à travers les Doukkala et en alimenter en même temps Mazagan.

Les dépenses occasionnées par les travaux de canalisation seraient bien peu de chose par rapport aux bénéfices qui en résulteraient pour la province et le pays tout entier.

Sans parler de l'intérêt qu'il y aurait à doter Mazagan de la canalisation d'eau qu'une ville de son importance est en droit de réclamer, quand ce ne serait qu'au nom de l'hygiène.

il est de toute évidence qu'un réseau d'irrigation à travers les
Doukkala centuplerait les ressources de cette province.

On verrait s'y créer immédiatement une foule de cultures
nouvelles et de plantations d'arbres qui seraient profitables
non seulement à elle, mais à tout le pays ; les hivers non
pluvieux auraient une bien moins grande influence sur la
production agricole et le bétail, si intéressant dans les
Doukkala tant par ses qualités que par sa quantité, en profiterait largement.

Bien d'autres vœux sont émis dans les rapports spéciaux
qui accompagnent la présente note ; nous ne les répéterons
pas ici, bien qu'ils aient tous leur importance et que, par
exemple, la création de services maritimes réguliers et sans
transbordement entre Mazagan et Bordeaux, Mazagan et
Marseille, ou encore la réduction, sinon la suppression, des
droits de sortie actuels, purement prohibitifs, méritent la
même attention que d'autres points sur lesquels nous avons
particulièrement insisté.

Nous laissons donc à nos collègues, rapporteurs agricoles,
commerciaux, industriels et financiers, le soin de faire valoir
comme ils le méritent tous les vœux motivés qu'ils expriment
dans les branches qui les intéressent particulièrement et où
ils ont l'avantage d'une compétence spéciale ; toutefois, nous
désirons dire encore un mot en faveur de l'utilité incontestable que présenterait la création d'écoles professionnelles
indigènes.

Par cette dénomination, nous entendons non seulement
des ateliers où seraient enseignés aux indigènes les métiers
qui en feraient de bons ouvriers menuisiers, serruriers, forgerons, ou mécaniciens dans l'acception européenne de ces
termes, mais encore des écoles indigènes où les maîtres,
indigènes eux-mêmes et artistes soigneusement choisis,
enseigneraient à de bons élèves les secrets de l'art marocain
en orfèvrerie, bijouterie, travail du bois, tapis, etc.

De telles institutions bien dirigées et subventionnées par
le Protecterat montreraient d'abord à nos protégés que si
nous leur apportons des locomotives, des chemins de fer

et des automobiles, cela ne veut pas dire que nous dédaignions leurs coutumes et leur art national. Et puis cela conserverait au pays son caractère d'originalité propre tout en procurant à ses enfants d'importantes sources de revenus.

*
* *

Certes, beaucoup de bonnes choses ont déjà été faites dans notre jeune Maroc ; beaucoup d'heureuses améliorations ont été apportées à l'ancien régime ; mais combien de réformes sont encore à accomplir ! Elles viendront à leur heure, nous n'en doutons pas.

Dans ce résumé, nous nous sommes bornés à exposer, aussi brièvement que possible, les revendications principales que, croyons-nous, les Doukkala peuvent faire entendre dans les circonstances présentes. Nous avons la conviction de ne pas demander beaucoup, comprenant bien que, dans la crise actuelle, les sacrifices réclamés à la Métropole sont plus lourds qu'à tout autre moment.

Souhaitons que notre modestie reçoive sa récompense, qu'on donne à nos desiderata l'attention qu'ils nous semblent devoir mériter, et que la sollicitude du Protectorat mette les Doukkala à même de coopérer comme il convient et comme ils le désirent à l'œuvre de régénération du Maroc qu'il a entreprise et si bien commencée.

B. — COMMISSION DU COMMERCE

La situation du commerce dans la circonscription des Doukkala.

Rapporteur : M. BREDO.

Des circonstances absolument anormales permettent difficilement de se faire une idée exacte de ce que devrait être aujourd'hui et de ce que pourrait être dans un avenir rapproché le rôle commercial des Doukkala et, en particulier, de la ville de Mazagan, dans le mouvement économique du Maroc.

L'occupation française de la région ne remonte qu'à l'année 1912. A partir de ce moment, nous voyons le montant des importations et exportations passer de 18.984.535 fr. en 1911 à 25.276.008 fr. en 1912, et à 25.207.295 fr. en 1913 ; mais l'hiver 1912-1913 avait été d'une sécheresse absolue, une misère intense sévissant sur le pays avait, pour ainsi dire, annihilé la clientèle indigène qui, n'ayant rien vendu, ne pouvait rien acheter et, alors que la saison des pluies, relativement satisfaisante en 1913-1914, très bonne en 1914-1915, n'aurait pas manqué d'accroître l'impulsion donnée au commerce de la région par la sécurité résultant de l'établissement du Protectorat, la guerre et, dans une certaine mesure, les sauterelles, venaient, en 1914-1915, mettre un gros obstacle aux progrès espérés.

Il est toutefois consolant, lorsqu'on examine les chiffres des statistiques, de constater les progrès réalisés par la France dans le domaine des importations.

Alors que, jusqu'en 1912, l'Angleterre avait sur elle une avance considérable, la France importait, en 1913, des marchandises dont la valeur représentait presque le double des importations anglaises. En 1914, et pendant le premier semestre de 1915, cette supériorité, due en partie, il est vrai, aux approvisionnements déchargés à Mazagan par l'autorité militaire, ne s'est pas maintenue, mais les importations de la France comparées à celles de l'Angleterre sont cependant bien loin de l'écart qu'elles présentaient autrefois.

Le mouvement global des importations et exportations du port de Mazagan en 1913 accuse un très léger fléchissement par rapport à celui de 1912 (25.207.295 fr. au lieu de 25.276.000 fr.). Ce fléchissement provient en réalité du recul des exportations (6.536.942 au lieu de 12.020.841), motivé par la sécheresse de l'hiver de 1912-1913.

En 1914, le fléchissement s'accentue encore, les importations passent de 18.670.353 fr. à 10.976.826 fr. et les exportations de 6.536.942 fr. à 5.243.001. La cause en est la guerre. Pour le premier semestre 1915, le mouvement des importations et des exportations s'élève à 9.706.533 fr., ce qui permet d'escompter un relèvement par rapport aux chiffres de 1914.

Les chiffres qui précèdent, provenant des statistiques de la douane de Mazagan, ne sauraient toutefois donner une idée absolument exacte du commerce de la ville, attendu qu'ils englobent, comme nous l'avons dit plus haut, des approvisionnements déchargés à Mazagan par l'autorité militaire ; cette remarque valable pour les importations n'a toutefois aucune valeur en ce qui concerne les exportations, car il est bien évident que les denrées exportées, quelles que soient leur nature et leur destination, proviennent des ressources du pays et ont été produites par lui. Par exemple, les grains actuellement achetés et exportés par l'Intendance ont été vendus par des indigènes ou des colons, ont été centralisés par des négociants de la ville et représentent donc bien un commerce de la région, réalisé par elle et lui profitant.

Ce rapide examen des importations et exportations de la période 1911-1915 démontre d'une manière générale que le commerce de la région, après avoir reçu une très sensible impulsion attribuable à l'établissement du Protectorat et à l'installation de nombreux commerçants français à Mazagan, a subi un recul provoqué d'abord par la disette de 1913, puis par les conséquences de la guerre actuelle. Il est toutefois permis de penser que si d'autres disettes peuvent encore venir à des intervalles plus ou moins éloignés ralentir le commerce de la région, la guerre, elle, aura une fin, fin victorieuse qui libérera le Maroc des hypothèques qui pèsent sur lui et assurera aux Doukkala et à Mazagan, comme aux autres régions du pays, l'avenir brillant que commençait à lui faire entrevoir l'afflux de capitaux et d'énergies de la Métropole.

*
* *

Les Doukkala étant une région essentiellement agricole et d'élevage, il est compréhensible que le commerce, tout au moins jusqu'à présent, et d'une manière générale, y ait eu pour base la récolte de l'année.

Un coup d'œil jeté sur la nature des exportations nous montre que celles-ci se composent uniquement de produits du sol et des animaux nourris par lui. Les laines et leurs dérivés, les œufs, les peaux, les grains et graines, les os, la cire, sont à peu près les seuls produits exportés par le port de Mazagan.

Les importations se composent au contraire de tous les objets fabriqués nécessaires à la région, des matériaux de construction, des denrées non produites par le pays et consommées par les Européens, et enfin, dans les années de disette, du déficit de la production par rapport à la consommation.

Donc, à notre avis, dans la période présente et pour quelques années au moins, une dizaine peut-être, tout le commerce de la région dépendra d'abord, et pour la plus grande partie, du développement de l'agriculture dans celle-ci. de même que le chiffre d'affaires réalisé par les commerçants de Mazagan, Européens ou indigènes, sera en rapport direct avec les ressources des habitants de l'intérieur, ressources qui ne proviennent que des récoltes et de l'élevage.

En second lieu, le développement de Marrakech et de sa région peut et doit venir donner un précieux appoint au commerce des Doukkala par le transit des marchandises provenant de ou destinées à cette ville et à son territoire.

Enfin, mais cela n'est qu'une supposition que l'avenir se chargera de justifier, il est possible que la région recèle des richesses minières ou chimiques dont l'exploitation vienne, à un moment donné. modifier dans une large mesure, l'importance et la nature des transactions commerciales.

*
* *

Les considérations générales qui précèdent étant énoncées. voyons, au point de vue français, quel était l'état commercial des Doukkala avant l'occupation française.

L'intérieur ne s'était pas modifié depuis des siècles : pas de routes ; de mauvaises pistes ne permettaient que des déplacements précaires et difficiles. Les indigènes. en proie à l'arbitraire des Caïds, redoutaient sans cesse que la réalisation d'un bénéfice quelconque ne servît de prétexte à une lourde contribution prélevée par l'autorité indigène.

A Mazagan, sauf une ou deux exceptions, pas de commerçants français, tout le trafic entre les mains des nationaux des puissances étrangères habitant pour la plupart le pays depuis toujours et s'accommodant de l'état de choses existant.

Dès l'occupation, au contraire, une grande activité se mani-

feste dans la région. Les indigènes comprennent vite qu'e
leur apporte la sécurité, les pistes sont améliorées, de no
velles sont créées, des routes sont amorcées. A Mazagan,
ville s'assainit, de nombreux commerçants français, peut-êt
peu fortunés mais pleins d'énergie et de bonne volon
viennent s'y installer et ouvrent des magasins. Quelqu
colons n'hésitent pas à affronter les mille difficultés liées a
achats de terres agricoles et réussissent à se créer des domain
qu'ils mettent eux-mêmes en valeur. La France commence
occuper la place qui doit lui revenir.

Puis, c'est la guerre, la mobilisation surprend en Fran
des commerçants français et les retient éloignés de leu
affaires : ceux qu'elle touche dans le pays ne peuvent qu'i
parfaitement soigner leurs intérêts. De nombreux Européen
des officiers, quittent la ville avec leur famille. Les All.
mands, qui détenaient une part importante du commer
local, sont expulsés. Les Italiens, à leur tour, sont appel
par leur patrie. L'argent devient rare. De nombreux servic
maritimes sont supprimés. Tout cela, à Mazagan, comm
ailleurs, porte un préjudice énorme au commerce.

Et pourtant, c'est pendant cette période que nous voyo
commencer la plupart des grands travaux qui contribuero
largement à assurer l'essor économique du pays. Les rout
avancent rapidement : Mazagan-Casablanca ; Mazagan-Ma
rakech ; Marrakech-Saffi, font tous les jours des progrès. I
port à barcasses est adjugé et les travaux préliminaires
sont commencés, en attendant que la question d'un port suf
sant reçoive la solution promise par les pouvoirs publics.

Cette période peut être considérée pour les Doukka
comme pour le Maroc, malgré les difficultés de l'heure pr
sente et l'écho des tristesses de la Métropole, comme l'aul
d'un brillant avenir.

Les tableaux qui suivent, donnant le détail des impo
tations et des exportations pour les années 1913 et 191
suffisant pour indiquer la nature des produits faisant l'obj
du commerce des Doukkala dans le présent. Les négocian
français, désireux d'entrer en relations commerciales av
la région, pourront y puiser des indications utiles ; mais
celles-ci leur semblent insuffisantes, nous ne pouvons mieu
faire que de les renvoyer au rapport de M. le Vice-Consul

ance à Mazagan sur l'activité commerciale du port de azagan en 1913, rapport très complet publié au *Moniteur iciel du commerce*, le 9 juillet 1914.

PORT DE MAZAGAN

des importations et exportations en 1913.

IMPORTATIONS

res	29.440
èges	389.282
t	92.455
	626.139
	1.573.571
de blé	517.033
e	1.395.836
	197.526
raffiné	3.266.801
	282.204
	417.141
apin scié	170.261
atre bois	309.163
ges et paille	331.226
	241.018
s	358.936
coton blanchis	2.004.125
teints	629.671
imprimés	270.401
mousseline	535.658
(draperies	477.773
	4.554.993
Total	18.670.353

EXPORTATIONS

de volailles	2.570.789
	287.347
en suint	589.261
lavée	147.827
	155.463
	192
e	35.200
e de lin	172.942
ndre	2.496
des	1.968.700
ches	155.521
s	461.204
Total	6.546.942

Détail des importations et exportations en 1914.

IMPORTATIONS

Conserves	56.615
Soies grèges	252.931
Froment	3.812
Orge	50.836
Maïs	601.082
Farine de blé	330.715
Semoule	653.961
Riz	65.984
Sucre raffiné	1.524.689
Café	55.746
Thé	374.533
Bois (sapin scié	88.639
Bois autre bois	84.598
Fourrages et paille	107.872
Vins	141.256
Bougies	118.786
Tissus coton blanchis	2.182.518
— teints	578.055
— imprimés	245.007
— mousseline	548.936
Laine (draperies)	193.388
Divers	2.716.867
Total	10.976.826

EXPORTATIONS

Œufs de volailles	1.201.517
Peaux	343.814
Laine en suint	360.036
Laine lavée	236.029
Orge	13.608
Maïs	76.584
Alpiste	759.200
Graine de lin	1.051.246
Coriandre	112.042
Amandes	494.445
Babouches	110.083
Divers	483.527
Total	5.243.001

PORT DE MAZAGAN. — TABLEAU DES IMPORTATIONS ET EXPORTATIONS

Années	FRANCE		ANGLETERRE		ALLEMAGNE		AUTRICHE-HONGRIE		AUTRES PAYS		TOTAUX		ENSEMBLE
	Importations	Exportations	Importations	Exportations	Importations	Exportations	Importations	Exportations	Importations	Exportations	Importations	Exportations	
1911	1.336.993	1.678.188	4.972.555	2.781.769	607.356	4.112.635	92.062		619.417	2.783.580	7.628.383	11.356.172	18.984.555
1912	2.646.328	1.546.209	7.851.874	3.197.182	1.304.860	3.230.856	234.109	421	1.217.996	4.046.173	13.255.167	12.020.841	25.276.008
1913	8.610.153	1.256.457	4.813.737	1.683.854	1.274.933	1.448.504	665.184	3.564	3.306.346	2.147.276	18.670.353	6.536.942	25.207.295
1914	3.463.459	1.293.294	4.143.686	2.176.760	116.971	493.328	605.860	851	2.046.850	1.276.055	10.976.826	5.243.001	16.219.827
1er Semestre 1915.	2.275.695	1.373.749	3.182.697	1.288.113					1.345.148	341.131	6.803.540	2.902.993	9.706.533

D'une manière générale, en matière de commerce, tout peut réussir dans la région, à condition de s'adapter aux exigences locales.

Un commerçant désireux de s'établir à Mazagan ne doit pas tomber dans l'erreur commune à beaucoup de nos compatriotes venus au Maroc avec l'idée qu'il leur suffirait d'ouvrir un magasin à peu de frais et d'y vendre n'importe quoi pour réaliser en quelques mois des bénéfices considérables, bien supérieurs aux capitaux engagés.

Pour réussir ici dans un commerce de vente, il faut avant tout se rendre un compte bien exact des besoins de la population européenne ou indigène dans l'article dont il s'agit. De gros capitaux ne sont pas indispensables, mais il faut pouvoir « attendre ».

Les maisons françaises de la Métropole auraient tout avantage à envoyer périodiquement des voyageurs pour visiter les marchés marocains. Un certain nombre de maisons, vendant des articles différents, pourraient réduire à une somme presque insignifiante les frais de déplacement de leurs voyageurs en se réunissant pour envoyer un même agent commercial dont le voyage serait payé en commun.

Il est à recommander aussi aux maisons de gros de la Métropole qui approvisionnent les commerçants locaux, souvent peu fortunés, de leur accorder un crédit raisonnable. Elles pourraient aisément se mettre à l'abri de pertes éventuelles en se renseignant sur l'honorabilité de leurs acheteurs à l'Office national du commerce extérieur à Paris ou au vice-consulat de France à Mazagan.

La suppression momentanée de toute maison allemande dans la zone française du Maroc donne à nos compatriotes une occasion unique de s'emparer de la partie du commerce qui se trouvait entre les mains de nos ennemis avant la guerre. Le nombre des Allemands, dans les Doukkala, n'était pas élevé, mais la puissance commerciale qu'ils représentaient était réelle ; leur organisation était excellente et la place laissée libre par eux doit, tout au moins, dans une large mesure, revenir aux maisons françaises (voir l'opuscule de l'Office national du commerce extérieur : Dossiers commerciaux ; Maroc ; concurrence aux produits allemands et austro-hongrois ; 3, rue Feydeau, Paris).

L'initiative, l'énergie et la bonne volonté de nos compatriotes, venus au Maroc, et, en particulier dans les Doukkala, pour s'y adonner au commerce, représentent les premières conditions du succès qu'ils sont en droit d'espérer, mais ce ne sont pas les seules. Leurs efforts doivent être secondés, il faut leur donner les moyens d'agir et faciliter leur tâche.

Dans cet ordre d'idées, nous ne saurions trop attirer la bienveillante attention du Protectorat sur les points suivants :

1° *Les routes.* — Mazagan, l'unique port des Doukkala, jouit de l'immense avantage de posséder la meilleure rade de tout le Maroc. On y débarque en toutes saisons et bien rares sont les jours où l'état de la mer ne permet pas le travail du port.

Cette considération à elle seule justifie pleinement la nécessité de relier Mazagan d'une part à Marrakech, de l'autre à Casablanca et à Safti par des routes analogues aux grandes routes nationales de France.

De tout temps, en effet, Mazagan a transité une partie très importante des marchandises provenant ou à destination de Marrakech ; ce trafic doit donc être favorisé par l'achèvement rapide de la route commencée passant par le marché de Sidi Ben Nour (Souk le plus important des Doukkala, et peut-être de tout le Maroc), avec, sur Safi, un embranchement partant de la Zaouïa de Sidi Smaïn.

Tout aussi importante est la route en cours de construction et devant relier Mazagan à Casablanca, pour le plus grand bien de ces deux villes, car si, d'une part, Mazagan pourra de la sorte être mieux approvisionnée par sa puissante voisine, celle-ci tirera, pendant les mois d'hiver, lorsque le débarquement est impossible chez elle tandis qu'il s'effectue régulièrement à Mazagan, de grands avantages de communication faciles avec cette dernière.

Un pont sur l'Oum-Er-Rbia, dans le voisinage d'Azemmour, doit indiscutablement compléter cette route.

Enfin, la route Mazagan-Safi doit parfaire ce réseau principal.

Il est également nécessaire de relier Mazagan à Bou Laouane par une route bien conditionnée, desservant en même temps l'important marché du Souk El Had des Ouled Fredj.

Nous savons que tous ces travaux sont soit en cours d'exécution, soit à l'étude : nous les signalons donc pour mémoire en exprimant le vœu qu'ils soient menés rapidement et achevés dans un avenir prochain.

Enfin, il est nécessaire que tous les marchés de l'intérieur, présentant une importance suffisante, soient reliés à Mazagan ou entre eux, suivant les besoins locaux, par des chemins convenables, permettant la circulation facile de transports par voitures.

2° *Le port.* — Mazagan, qui possède la rade la plus sûre et la plus facile de la côte marocaine, était désignée par la nature pour être sans délai dotée d'un port important. Les circonstances et les nécessités de l'occupation en ayant décidé autrement, il est de toute évidence qu'après les dépenses énormes faites à Casablanca pour y créer le grand port du Maroc, il ne saurait être question de construire à Mazagan (distante de cette ville de 100 kilomètres à peine) un port d'une importance analogue.

Néamoins, Mazagan et la riche contrée que cette ville dessert ont aussi le droit à l'existence et, après l'aménagement du petit port à barcasses dont les travaux préliminaires viennent d'être commencés, nous nourrissons l'espoir que le Protectorat voudra bien, conformément à ses promesses, autoriser l'initiative privée à exécuter à Mazagan le port auquel elle a droit.

3° *Les services maritimes.* — La question des services maritimes, en ce qui concerne le port de Mazagan, a déjà été agitée bien des fois. Elle a fait l'objet de nombreux vœux émis par des groupements locaux, elle a été traitée dans des rapports, sans avoir, jusqu'à ce jour, reçu la solution désirée et espérée par les commerçants français de la région.

Avant la guerre, les lignes de navigation qui desservaient Mazagan pouvaient presque, à la rigueur, mais *prises dans leur ensemble*, être considérées comme suffisantes pour le trafic local. Au point de vue français elles étaient et, à plus forte raison, sont aujourd'hui incompatibles avec les besoins locaux.

Faisant abstraction des difficultés qui existent actuellement dans la navigation, par suite de la guerre, nous voudrions voir Mazagan relié à la France par un service *régulier* et sans transbordement à Casablanca, tant pour les passagers que pour les marchandises. Si les navires de la Compagnie Paquet venant de Marseille ou s'y rendant visitent assez régulièrement notre rade, il n'en est pas de même des bateaux de la Compagnie Générale Transatlantique venant de Bordeaux ou y allant.

Des réclamations adressées à cette Compagnie ont parfois provoqué l'envoi inopiné d'un grand navire à Mazagan. Ce vapeur, après quelques heures de séjour, repartait avec un chargement presque dérisoire et, lorsqu'une nouvelle démarche était faite, dans le même but, auprès de la Compagnie, la réponse était naturellement qu'il n'y avait pas lieu d'envoyer des vapeurs de passagers à Mazagan puisqu'ils n'y trouvaient ni voyageurs ni marchandises.

Un tel raisonnement ne nous semble pas logique. Il est en effet impossible qu'en l'absence de données précises, publiées longtemps à l'avance, sur la venue d'un vapeur, des passagers et des marchandises se trouvent là, au moment voulu, pour y être embarqués. Il est donc nécessaire qu'un sacrifice momentané soit consenti par la Compagnie Transatlantique, du reste subventionnée par l'État.

Qu'elle envoie régulièrement à Mazagan les paquebots faisant le service Bordeaux-Casablanca ; qu'elle fasse connaître cette décision à Marrakech ; on saura alors à l'avance que Mazagan est desservie deux fois par mois à date fixe et nous ne doutons pas qu'au bout de quelques mois d'expérience, la Compagnie ne récupère largement les frais supplémentaires que cette amélioration de son service lui aura occasionnés.

4° *Les chemins de fer*. — Ce que nous venons de dire plus haut au sujet des routes pourrait s'appliquer, sans y changer un mot, à la construction des chemins de fer. Les routes mentionnées devraient être et seront certainement dans un avenir dont nous ne pouvons pas, pour le moment, prévoir l'éloignement, doublées de lignes de chemins de fer à voie normale, c'est-à-dire semblables aux lignes de France. Mais il est évident que le moment n'est pas encore venu de faire peser sur notre jeune Maroc de semblables dépenses. Nous estimons que, quant à présent, puisque la ligne reliant Marrakech à Casablanca va être construite, un simple embranchement partant de Ben Guérir et venant aboutir à Mazagan pourrait, sans dépenses exagérées, assurer le trafic Marrakech-Mazagan en desservant en même temps une partie très intéressante du territoire Doukkala. D'autre part, les routes Mazagan-Casablanca, Mazagan-Safi, Mazagan-Sidi Ben Nour, fort heureusement dotées d'une belle largeur, devraient donner asile à une ligne ferrée à voie étroite qui aurait l'avantage, d'abord, de rendre plus facile et plus rapide le trafic entre ces diverses localités et, en outre, de ménager les routes auxquelles on épargnerait la circulation de lourds camions.

5° *Unification monétaire*. — Cette réforme, dont l'importance n'a certainement pas échappé à l'attention du Protectorat, ne concerne pas seulement la province des Doukkala, mais bien le pays tout entier. Nous ne la signalons donc que pour mémoire. Le remplacement progressif de la monnaie marocaine par la monnaie française, déjà bien connue des indigènes, facilitera dans une mesure considérable non seulement les transactions locales avec les Français, mais surtout le commerce du Maroc avec la Métropole.

6° *Divers*. — Nous croyons ne pas devoir omettre de signaler ici certaines insuffisances dans des services existants, insuffisances qui ne sont pas sans porter préjudice au commerce local.

Poste. — Le bureau de poste de Mazagan est absolument insuffisant pour les besoins locaux. Son personnel doit être notablement augmenté et la régularité de son service considérablement améliorée. Nous estimons, en effet, que ce n'est pas au moment où la suppression des postes allemande et espagnole entraîne nécessairement un surcroît de besogne pour la poste française, que nous devons constater que le service de ses trois guichets n'est souvent assuré que par *un seul* employé, alors que des dizaines de personnes essayent vainement d'expédier un mandat ou une lettre recommandée. Si l'état de guerre actuel est un empêchement à l'augmentation du personnel masculin, le personnel féminin pourrait être mis à contribution et compléterait heureusement les cadres existants.

Téléphones. — L'abonnement au téléphone ne donne droit, jusqu'à présent, qu'aux communications urbaines. Cela est tout à fait insuffisant ; il est nécessaire que les communications avec Casablanca, Safi, etc., soient comprises dans l'abonnement. En outre, la ligne téléphonique Mazagan-Marrakech doit être créée sans retard.

Droits de porte. — Un exposé des inconvénients qui résultent des droits de porte et des mille abus auxquels ils servent de prétexte nous semble superflu. Interrogez chaque colon, chaque commerçant, ils seront unanimes pour demander leur suppression. Nous exprimons le vœu que leur voix soit entendue et leur souhait accompli le plus tôt possible.

Nous n'avons certes pas la prétention d'avoir exposé ici tout ce qui est nécessaire pour assurer le développement commercial de la riche région des Doukkala et de sa jolie capitale : Mazagan. Nous avons voulu, dans ce bref résumé, nous borner à faire ressortir ce qu'est la province au point de vue commercial, et à signaler le minimum des travaux ou des améliorations qui pourraient en favoriser le développement. Nos désirs sont modestes, mais n'en sont pas moins ardents et si, d'une part, le Gouvernement a le droit de demander aux Français de bonne volonté de faire acte d'initiative, de patriotisme et d'énergie en allant faire connaître et aimer la Mère-Patrie dans les pays qui se placent sous sa protection, il a, par contre, le devoir impérieux de soutenir ses nationaux en mettant à leur disposition les moyens nécessaires pour assurer leur prospérité en même temps que celle des indigènes avec lesquels ils travaillent.

C. — COMMISSION AGRICOLE

Les conditions de la production agricole dans les Doukkala.

L'avenir du Maroc occidental est dans l'agriculture ; cette vérité, qui ne peut être discutée, semble cependant avoir été ignorée par l'ancien Makhzen qui n'a vu dans l'agriculture que la matière imposable à merci, digne d'aucun intérêt, abandonnée à elle-même, et s'il n'a pas étouffé la « Poule aux œufs d'or », ce n'est vraiment pas de sa faute. Cette façon de faire a cependant, dans plusieurs régions, été fort préjudiciable à certaines cultures et si, dans l'oulja des Chtouka et dans celui des Oulad Bouaziz et jusqu'aux environs d'Oualidia, l'on rencontre de nombreuses *sania* abandonnées, c'est parce que les indigènes, accablés d'impôts, n'ont pu continuer à s'occuper des cultures spéciales demandant un certain capital au début de la saison. La plupart d'entre eux n'avaient pas, le moment venu, la bête nécessaire pour tourner la noria, ni l'argent pour payer le nettoyage de leurs jardins. Toutes ces régions, fort riches jadis, ne produisent plus aujourd'hui (oulja des Oulad Bouaziz) que de l'orge et du maïs.

Depuis l'occupation française, les Pouvoirs publics, grâce à la Résidence générale et à la Direction de l'agriculture à Rabat, se sont préoccupés du triste sort réservé aux colons qui se sont consacrés à la terre et la mettent en valeur. Il y a eu beaucoup de fait : révision des impôts directs fonciers, exonération des droits de douane sur les instruments agricoles, mais il y a beaucoup à faire encore et nous sommes persuadés que nos desiderata ont déjà été étudiés et que si la plupart n'ont pas été admis, c'est que le Protectorat, par la forme même de son gouvernement, n'a pas les mains libres et doit encore compter avec les puissances alliées ou neutres signataires des traités.

Nos désirs, les mêmes certainement que ceux formulés par les autres régions, sont en ce moment bien modestes. Voyons les principaux :

Impositions agricoles. — Nous demandons la révision de l'impôt du Tertib, des droits de souks, qui écrasent chaque opération d'achat et de vente d'un impôt atteignant parfois 5 % de la valeur du produit.

Exonération d'impôts et même, dans l'avenir, primes à la mise en valeur de certaines terres par des plantations d'arbres, dont la culture serait conseillée par le Service de l'agriculture, qui pourrait fournir graines et plants, sinon gratuitement, au moins au prix de revient.

Les impôts, qui grèvent la culture dans le bled même, sont ce que nous pouvons appeler des impôts directs, mais il en existe d'autres plus durs encore, impôts prohibitifs, sous forme de droits de sortie. Ces droits nous mettent dans un état d'infériorité absolue vis-à-vis des autres pays producteurs.

Sans demander que nos produits soient exonérés des droits à la sortie, droits dont le produit sert à payer les intérêts des dettes du Makhzen, nous croyons qu'en les diminuant et en obtenant de la Métropole que nos céréales soient acceptées en franchise, le Service de la Dette n'aura rien à y perdre. Mieux rémunérés de leur travail, les colons ensemenceraient plus, et la loi économique, qui veut que lorsqu'un produit se vend meilleur marché sa vente augmente, aurait son application. Le pays en profiterait, car l'exportation *qui enrichit un* pays alors que l'importation trop intense le ruine, serait plus importante et le Service de la Dette verrait augmenter ses revenus.

Un parallèle entre le prix des céréales en Algérie (Oran ou Alger) et celui payé dans nos ports met en relief cet état de choses préjudiciable à la colonisation.

Ce que nous disons pour les céréales est encore plus marqué pour l'exportation des animaux. Les porcs, par exemple, paient 47 à 50 fr. les 100 kilog. : droits de sortie, frets, pertes en cours de voyage en mer, entrées, visites sanitaires. Le tout représentant plus de 40 % de la valeur de l'animal !

C'est s'opposer à cet élevage qui, cependant, est fort intéressant, car tout colon qui débute peut s'y adonner et a droit de compter sur lui pour l'aider à attendre les résultats de ses travaux agricoles.

Moyens de transports : Routes. — Pour transporter les produits à la côte, il faut des routes. L'administration fait en ce moment tout ce qu'elle peut à ce sujet et nous lui en sommes reconnaissants et lui demandons de ne pas arrêter les travaux, de continuer à doter nos régions d'un réseau de voies de communication permettant des transports faciles, rapides et moins onéreux que ceux employés actuellement.

Biens Makhzen. — Les biens Makhzen, domaine important, qui, dans l'avenir, sera une source de revenus pour le Protectorat, non seulement par le montant des ventes, des locations, mais surtout par ce fait que de nombreux terrains, actuellement incultes, seront mis en valeur, les biens Makhzen ont été le sujet de nombreux vœux qui, tous, demandent la location à baux assez longs de ces terrains qu'il est impossible de mettre en valeur avec des locations d'une annee, surtout lorsqu'il s'agit de terrains incultes et propres à l'élevage et à la plantation d'arbres que l'on pourrait rendre obligatoire pour les bénéficiaires de longs baux.

Nous désirons avant tout que ces terrains ne soient pas loués à de grosses sociétés au détriment de la colonisation moyenne qui fait ses preuves et n'a pas pour but la spéculation.

Au Service de l'Agriculture doit incomber le travail de doter nos régions de :

1° Un jardin d'essai pouvant renseigner les colons et leur éviter des dépenses élevées et inutiles ; leur fournir des graines et plants d'arbres pour le reboisement, les renseigner, grâce à un laboratoire d'analyses, sur la valeur des terres, sur les cultures qu'ils peuvent y faire, avec chances de réussite ;

2° L'importation d'étalons qui pourront être cédés aux éleveurs, étalons mérinos avant tout, car ils ont en Chaouïa déjà donné des résultats appréciables ;

3° Études et travaux nécessaires pour rechercher les eaux souterraines jaillissantes et les moyens d'irrigations de certaines vallées.

A la Résidence Générale incombe le soin de faire réviser le Tertib et d'accorder aux exploitations agricoles qui utilisent un matériel moderne des remises d'impôts, ainsi que cela se pratique en Tunisie (exonération des 9/10e de l'impôt).

Après la guerre, lorsque le Maroc devra songer à se suffire à lui-même et qu'il faudra créer des impôts nouveaux, nous demandons instamment que l'agriculture qui, jusqu'ici, a toujours payé, ne voie pas de nouvelles taxes l'accabler, ce serait ruiner le pays. Il existe de nombreuses choses à taxer en dehors de la terre.

Immatriculation. — Cette question, très importante, car d'elle naîtra le crédit agricole si utile et même nécessaire pour les colons pendant la période de début, permettant d'attendre la récolte et capable parfois de sauver la situation après une année mauvaise, sécheresse ou criquets, est développée dans notre rapport financier ; nous n'avons donc pas à y revenir.

Services sanitaire et vétérinaire. — Création dans l'intérieur d'un service médical assuré par un médecin domicilié dans un poste (Si Smaïn ou Sidi ben Nour).

Egalement création d'un service vétérinaire, le vétérinaire de Mazagan ne pouvant s'absenter de cette ville, car il cumule ses fonctions militaires avec celles d'inspecteur des services de la ville.

En résumé. — Il importe que les Pouvoirs publics ne perdent pas de vue que le Maroc existera avant tout comme pays agricole, que toutes les industries en naîtront, que le commerce n'y sera intéressant que s'il exporte les produits du pays. Par l'exportation, le Maroc trouvera des capitaux importants, qu'il ne peut plus espérer, après une si longue périodes d'hostilités, recevoir de la Métropole qui devra soigner ses plaies et réparer ce que la guerre aura détruit.

D. — COMMISSION INDUSTRIELLE

L'industrie en Doukkala.

Rapporteur : M. JACQUETY.

Les premières exploitations industrielles entreprises par les Européens à Mazagan datent de très longtemps.

Une des plus importantes et des mieux montées et qui existait déjà depuis l'année 1890 était celle de M. Morteo père, le doyen des Européens du Maroc.

Elle comprenait :

Un moulin à farine à moteur à pétrole avec bluteur ;

Une fabrique de macaroni ;

Une scierie mécanique :

Une fabrique de crin végétal ;

Une fonderie de rayons de cire ;

Une distillerie des résidus de la cire.

L'expérience de M. Morteo a longtemps servi d'indication aux nouveaux arrivants.

M. Morteo a droit à notre souvenir reconnaissant.

L'afflux de la population européenne de ces dernières années a amené la création d'un certain nombre d'établissements industriels appartenant presque tous à des Français.

Nous comptons dans nos murs :

Deux moulins mécaniques ;

Une scierie ;

Une fabrique de glace ;

Une briqueterie ;

Une fabrique de carreaux, de tuyaux et de briques en ciment ;

Deux ateliers mécaniques ;

Deux boulangeries mécaniques ;

Une fabrique de chaux ;

Un certain nombre d'ateliers de menuiserie, de charronnage et de serrurerie.

Nous possédons encore :

Deux ou trois fonderies de cire ; autant de fabriques de savon mou et quelques distilleries.

Ces derniers établissements sont exploités par des indigènes israélites qui ont acquis une certaine expérience dans cette branche industrielle.

L'industrie locale indigène tient une place assez importante dans notre région.

Nous avons, à Azemmour, des tanneries, des ateliers de confection de babouches, quelques métiers de tisserands.

Dans toute la région, les femmes s'adonnent beaucoup au filage et au tissage de la laine, avec comme spécialité très appréciée partout, les « haïks » fins et les couvertures de laine colorée.

Nos artisans sont nombreux ; on les voit, dans leurs boutiques minuscules ou en plein vent dans les souks de l'intérieur, accomplir des travaux méritoires avec des moyens plus que primitifs.

Malgré des efforts très méritants de tous, Européens et indigènes, malgré d'heureuses initiatives, nous devons reconnaître que notre industrie n'est pas encore en voie de prospérité et qu'elle ne se développe pas comme les grandes ressources de notre région devraient le lui permettre.

Nous attribuons cet état de choses aux causes suivantes :

D'abord au manque de débouchés : les difficultés, les frais et les lenteurs des transports sont tels que notre industrie doit se borner à n'approvisionner que la consommation locale immédiate. Or, cette consommation est très restreinte et ses besoins n'augmentent que très lentement.

C'est à cause du manque de débouchés qu'aucune grande installation industrielle n'a encore pu s'établir dans notre région. Tant que le problème des débouchés ne sera pas résolu, aucun progrès n'est possible.

Notre industrie se trouve, en outre, paralysée par les règlements et tarifs douaniers ; d'après les règlements en vigueur, aucun produit industriel du pays ne peut être exporté s'il n'est porté sur les listes d'exportation. Or, cette liste est très incomplète et les taxes paraissent avoir été faites au hasard et suivant le caprice du moment. Nous relevons nombre d'anomalies dans le genre de la suivante :

Couvertures de laine, 5 % *ad valorem* ;

Laine filée, 8 % *ad valorem* ;

Ceintures de laine, 12 fr. 50 le cent ;

Meubles en menuiserie du pays, 10 % *ad valorem* ; dont la suppression s'impose.

Enfin, ce qui contribue encore à gêner notre essor industriel, c'est l'ignorance dans laquelle se trouve l'artisan indigène des méthodes de fabrication modernes, et, en général, le manque de main-d'œuvre compétente.

Seul, le Gouvernement du Protectorat peut remédier à cette situation et cela par l'adoption des mesures suivantes :

Développement de nos voies de communication ;

Révision de notre tarif douanier ;

Création d'écoles professionnelles.

Ce n'est, en effet, qu'en facilitant les moyens de transport par la création de lignes de chemins de fer de pénétration et par l'extension de notre réseau routier intérieur qu'on parviendra à donner à notre industrie les débouchés dont elle a besoin pour prospérer.

Les tarifs douaniers dans tous les pays du monde ont pour but principal la protection de l'industrie. Les droits d'exportation sur les produits manufacturés devront donc être supprimés. Cette réforme devrait être complétée par la réduction, sinon la suppression, des droits d'entrée sur les charbons et les pétroles destinés à nos exploitations industrielles.

Enfin, la création d'écoles industrielles servira non seulement à former des ouvriers pour nos usines, mais aidera encore à l'évolution des industries indigènes en les faisant profiter de nos méthodes et de notre outillage modernes.

Il n'entre pas dans le cadre de cette étude de parler du fonctionnement de ces écoles industrielles ; nous nous bornerons à dire que nous les voudrions surtout pratiques, se contentant de former de bons ouvriers sachant travailler manuellement.

Lorsque, par l'exécution de ces réformes, notre industrie sera placée dans des conditions normales de prospérité, quel développement pourra-t-elle atteindre ?

Notre région étant essentiellement agricole, la branche industrielle qui atteindra chez nous le plus grand développement sera l'industrie agricole sous toutes ses formes. A peu près tous nos produits, — et il s'en exporte en moyenne, chaque année, d'après les statistiques douanières, pour une valeur de plus de dix millions de francs, — peuvent être travaillés industriellement.

Avec les 20 à 25.000 quintaux de blé dur que peut exporter notre région, il y a de quoi alimenter bien des minoteries et des fabriques de pâtes alimentaires.

Nous verrons se créer d'importantes usines frigorifiques pour la préparation et l'expédition de nos viandes de bœuf, de mouton ou de porc engraissés avec les orges, les maïs ou les fèves dont notre région est grande productrice.

Les 20 à 30.000 quintaux de graine de lin que nous produisons alimenteront nos usines d'huile de lin.

Il se créera des tanneries, des usines de délainage.

La laine, dont il s'exporte plus de mille tonnes par an, sera travaillée industriellement.

Il pourra se fonder :

Des fabriques de savon ;

Des fabriques de papier alimentées par notre production de paille, nos chiffons ;

Des brasseries ;

Des distilleries de grains.

Notre prospérité industrielle se trouvera toujours liée à notre développement agricole. A chaque culture nouvelle, de la betterave, du coton, de la vigne, par exemple, correspondra une industrie nouvelle. Il est à désirer que le Gouvernement du Protectorat favorise les cultures nouvelles qui sont l'avenir industriel de notre région.

Certains projets que le Service des Travaux Publics a mis à l'étude, tels que la création d'usines motrices électriques sur les bords de l'Oum er Rebia, serviront grandement au développement industriel de notre région et assureront son avenir.

Malgré sa situation précaire actuelle, notre industrie locale a donc toutes les chances de devenir prospère. Nous devons envisager l'avenir avec confiance, certains que le Gouvernement du Protectorat fera tout ce qu'il est en son pouvoir pour nous doter de l'outillage économique, gage de la prospérité et de la transformation de ce pays.

E. — COMMISSION FINANCIÈRE

Mesures propres à améliorer les conditions du crédit au Maroc.

Rapporteur : M. JEANNIN.

Par la continuation de sa vie économique pendant la plus grande guerre européenne, par son activité commerciale soutenue depuis un an, le Maroc, sorti à peine des périodes continuelles de troubles dans lesquelles il vivait, s'impose à l'attention générale. Il a montré ce qu'on peut attendre d'un pays tout neuf où la colonisation française, dès le début, s'est mise énergiquement à l'œuvre.

Il est permis de dégager du spectacle encourageant que le Maroc vient de donner la certitude que ce pays, après la guerre, débarrassé des mesures imposées par la situation actuelle, reprendra librement et fortement son essor, pour occuper dans le monde une place des plus honorables.

Il importe dès lors de prendre, dès maintenant, toutes les mesures destinées à favoriser les colonisateurs actuels et ceux qui viendront. La protection efficace du gouvernement, jointe aux efforts considérables de l'initiative privée, contribuera largement à la rapide prospérité du Maroc.

Parmi ces mesures, nous envisagerons, au point de vue financier, celles que nous sommes chargés d'examiner exclusivement.

*
* *

Le colon, l'industriel, le commerçant, qui a eu l'occasion de faire appel au concours d'un capitaliste ou d'un établissement financier, s'est le plus souvent rendu compte des difficultés auxquelles il s'est trouvé exposé pour rencontrer le crédit que sa situation lui semblait mériter. Il offrait pourtant des garanties effectives, mais, voilà, l'étaient-elles réellement?

Ainsi, la terre que le colon offre en hypothèque lui appartient-elle incontestablement ou n'est-il pas à craindre qu'un jour ou l'autre, après une longue et paisible jouissance, il n'en soit subitement évincé par des ayants droit qui surgissent porteurs de titres, malgré tout réguliers? Et cependant, le colon aussi avait des titres en règle ou du moins il les croyait tels.

Ce sont alors les interminables et fastidieuses contestations devant les autorités indigènes, le fameux chràa, avec parfois pour résultat l'annulation du titre de propriété du colon, de sorte que la garantie qu'il aura donnée aura été illusoire.

Cette fâcheuse éventualité, toujours présente à l'esprit du bailleur de fonds, doit naturellement lui inspirer la plus grande prudence, et le plus souvent l'amener à écarter une avance de capitaux qui, entre les mains d'un colon sérieux, aurait cependant produit d'intéressants résultats.

Il y aurait donc lieu de prendre toutes les mesures pour mettre le colon, qui a acquis régulièrement sa terre, à l'abri de toute éviction possible, son crédit en sera aussitôt relevé.

Le régime de l'immatriculation immobilière doit s'appliquer au plus tôt aux terres de l'intérieur : ainsi, nous signalerons volontiers, en passant, de notables colons, installés depuis quelque temps déjà dans la région des Doukkala, privés du droit d'immatriculation, leurs terres n'étant pas comprises dans la zone prescrite par l'article 2 du Dahir du 5 juin 1915.

Nous estimons qu'on pourrait se montrer plus large dans l'application du régime de l'immatriculation dans les Doukkala, région qui a toujours été pacifique.

L'immatriculation étant facultative, on devra s'efforcer d'en faire comprendre les bienfaits aux indigènes. Les colons eux-mêmes devront contribuer à l'application de ce régime, en exigeant l'immatriculation préalable des terres qu'ils se proposent d'acquérir. Au besoin, on pourrait décréter l'immatriculation obligatoire s'il n'y a à cela aucun inconvénient sérieux.

Il importe que dans un pays agricole par excellence la stabilité de la propriété foncière soit une des premières questions à résoudre nettement.

Cela fait, c'est avec plus de chances de succès que l'entente s'établira entre colons et bailleurs de fonds. Il n'y aura plus aucun obstacle à pratiquer, dès ce moment, les prêts à long terme qui rendent des services considérables aux agriculteurs de France, aux colons d'Algérie et de Tunisie.

Protégé par un privilège de législation spéciale, suivant le décret-loi du 28 février 1852 et la loi du 10 juin 1853, le Crédit foncier de France consent, dans la Métropole, des prêts hypothécaires d'une durée de dix à trente ans.

Ces prêts épargnent à l'emprunteur les renouvellements toujours pénibles et onéreux des emprunts à court terme comme le sont, en général, ceux effectués auprès des particuliers. Ils offrent de plus l'avantage très appréciable d'impliquer non pas un remboursement global au capital prêté, mais un paiement annuel d'une certaine somme qui, comprenant l'intérêt et l'amortissement, éteint la dette au bout du terme convenu.

Nous donnons ci-dessous un petit tableau indiquant le montant des annuités, selon la durée du prêt, pour un capital de 100 francs, par exemple au taux de 6 %, payable par trimestre.

10 ans	13,44
15 ans	10,20
20 ans	8,65
25 ans	7,77
30 ans	7,22

Ces mêmes prêts ont été étendus à l'Algérie et récemment à la Tunisie, suivant décret du Président de la République du 24 août 1909, et suivant décret beylical du 16 septembre 1909.

Le même concours financier, dans les mêmes conditions, pourra être assuré au Maroc, aussitôt la propriété foncière bien assise.

Pour l'industriel, le commerçant, la création des magasins généraux et le fonctionnement régulier des warrants, conformément au Dahir du 6 juillet 1915, qui n'a encore pas eu jusqu'ici l'occasion de s'appliquer, leur permettront, comme en France, de ne pas immobiliser des capitaux, en obtenant des banques, contre nantissement de marchandises, des avances de fonds nécessités par l'exploitation de leur industrie ou de leur commerce.

Il s'en suivra un développement d'affaires que l'industriel et le commerçant ne peuvent songer à obtenir sans les garanties ci-dessus.

Le warrant commercial pourra aussi devenir un warrant agricole et fonctionner de la même façon qu'en France.

Il y aura donc encore beaucoup à faire par les banques pour accorder leur concours plus effectif aux colonisateurs. Elles y seront aussi certainement toutes disposées quand elles seront mieux protégées.

Il y a également un état de choses qui n'est pas fait pour encourager les banques, en général, à accorder du crédit comme elles le pourraient : c'est la fâcheuse habitude, copiée sur celle des indigènes, de ne pas payer aux échéances, et les traites et les crédits restent en souffrance pendant six mois. huit mois et même un an.

Il est superflu d'insister sur l'inconvénient d'une telle façon de procéder, qui ne permet pas à la banque de compter à date fixe sur ses disponibilités, et l'oblige à une immobilisation de capitaux, néfaste à tous les points de vue.

D'une manière générale, ces retards produisent un malaise incontestable dans les affaires, nuisent aux rapports commerciaux, apportent une entrave sérieuse à la vie économique. dont la continuation malgré la guerre, dans la mesure du possible, a été le principal but de la Résidence, en réglementant d'urgence la prorogation des échéances, en restreignant le moratorium, puis en le supprimant d'une manière à peu près absolue.

Il est à désirer, surtout dans leur propre intérêt, que les colons, industriels ou commerçants, apportent et maintiennent au Maroc, notamment dans les circonstances actuelles, les principes d'exactitude de France, et n'imitent pas le Marocain. aux yeux de qui l'intérêt a moins de valeur. C'est nous, au contraire, qui devons donner l'exemple à l'indigène, tâcher de lui inculquer des notions d'exactitude dont il est dépourvu.

Le commerçant français devant se lier de plus en plus au commerce indigène, après les efforts efficaces que nous aurons accomplis pour supplanter à notre profit le commerce austro-allemand, il arrivera parfois que le commerçant ou le colon français sera gêné dans l'exécution de ses engagements par les lenteurs de l'indigène dans ses paiements.

Ces retards, souvent sans raison, doivent dès maintenant être réprimés pour en empêcher de plus en plus le retour, et il serait à souhaiter de trouver auprès des autorités locales le concours le plus absolu pour permettre le remboursement rapide des créances sur les indigènes.

Nous finirons en signalant qu'un des prétextes invoqués par le Marocain pour différer le paiement de sa dette est celui du change.

La plupart des traites sont stipulées aujourd'hui en francs ou même en livres sterling. Et l'indigène, qui n'a que du hassani, est obligé pour les acquitter de faire du change, d'acheter des francs ou des livres à un cours essentiellement variable.

Habitué aux fluctuations du change, l'indigène espère un cours meilleur en attendant. Pourquoi payer par exemple une traite de 100 francs 140 pesetas hassani, alors que le mois prochain, il pourra, pense-t-il, n'en payer que 135 ? Il paiera volontiers les intérêts de retard, mais ce retard lui aura été, somme toute, profitable.

S'il est déçu dans ses calculs de change, si, au lieu de la baisse qu'il escomptait, c'est la hausse qui est survenue, il sera gêné. Pressé de payer, il paiera mal. Il versera des acomptes à des intervalles de plus en plus longs ; des mois s'écoulent, les traites sont encore en souffrance.

Le commerce en pâtit.

Ne serait-il donc pas possible de remédier à cet état de choses qui a une fâcheuse répercussion sur les affaires, d'étudier sérieusement la question du change, et de prendre les mesures, mêmes provisoires, que comporte la situation ?

*
* *

Telles nous semblent les améliorations à apporter dans les questions financières pour arriver à un élargissement raisonnable du crédit. Parmi ces améliorations, nous venons de le voir, les unes doivent être l'objet de règlements, les autres doivent provenir, avant tout, de la bonne volonté de chacun, de notre souci du maintien constant des nobles principes qui font l'honneur des relations commerciales de la France.

Nous sommes certains alors que les banques. au Maroc, hésiteront moins à prêter leur concours financier aux artisans de la colonisation française, pour le plus grand bien de l'avenir économique de notre nouveau Protectorat.

IV

RAPPORTS

PRÉSENTÉS PAR

LE COMITÉ D'ÉTUDES ÉCONOMIQUES

DE SAFFI

A. — COMMISSION DU COMMERCE

1° La situation du commerce d'importation dans la circonscription des Abda.

Rapporteur : M. COUSINIÉRY

Les importations du port de Saffi se sont élevées, pour les dernières années, respectivement aux chiffres suivants :

1907	3.469.316
1908	4.943.975
1909	8.692.531
1910	6.984.876
1911	8.435.264
1912	13.859.416
1913	19.455.798
1914	11.744.888

Ces chiffres, dont la courbe ascendante est manifeste, sont sans aucun doute destinés dans l'avenir à une progresssion continue. Les progrès de la colonisation, en premier lieu, en amenant dans nos régions une population de plus en plus nombreuse, créeront pour notre contrée des besoins sans cesse grandissants de produits d'Europe. En second lieu, les perfectionnements que l'Administration, d'une part, à un point de vue général, chaque colon, d'autre part, dans sa sphère particulière, s'efforcent d'apporter dans les procédés de culture, l'abandon qui ne manquera pas de se produire progressivement de certaines cultures pauvres, en même temps que la généralisation de certaines autres plus rémunératrices, la mise en valeur enfin de richesses naturelles encore inexploitées ou exploitées de façon insuffisante, devront donner à notre région, en même temps qu'à l'ensemble du Maroc, une faculté d'achat largement augmentée.

Enfin, il paraît aujourd'hui suffisamment démontré que Saffi est le port naturel de Marrakech pour que l'on puisse, toutes expériences faites, déclarer, de façon catégorique, que le mouvement d'affaires des deux villes est intimement lié, que leur développement économique doit aller de front, que toute prospérité de l'une sera en même temps la prospérité de l'autre ; de même, toute crise frappant l'une sera ressentie par l'autre.

Or, Marrakech se développe chaque jour de façon plus marquée et ses besoins vont en augmentant. S'il est exact que l'afflux des Européens s'est arrêté à Marrakech, comme ailleurs au Maroc, par suite de la guerre actuelle, il paraît certain que, dans un avenir prochain, lorsqu'aura été signée la paix telle que nous la désirons, le développement de Marrakech reprendra vigoureusement son cours. D'ailleurs, et il semble que ce soit là le point principal de la question, Marrakech est une des capitales du commerce indigène. Marrakech a été et restera le grand centre d'approvisionnement du Sud. La sécurité, qui a été apportée par l'occupation française et qui s'étend, permettra d'abord une augmentation progressive de la population de la ville elle-même, puis, petit à petit, un rayonnement plus grand de son activité commerciale vers des marchés nouveaux, surtout vers le Sud et vers l'Est, marchés dont elle deviendra le fournisseur.

Quel est le port qui importera, ou, plus exactement qui transitera ces marchandises qui seront la résultante de ce développement de Marrakech ? Nous pouvons, encore une fois, répondre de façon catégorique que ce port est Saffi.

Afin de pourvoir aux besoins importants que nous avons aujourd'hui, à ceux que nous aurons demain, le moment semble venu de faire l'inventaire des moyens que nous avons à notre disposition et de faire le relevé de ce qu'il nous faudrait réformer, réfectionner ou nous procurer.

Il est évident qu'il appartient à l'initiative individuelle d'améliorer les conditions dans lesquelles s'effectuent les affaires et que le gros travail de développement et de perfectionnement sera fait par chaque importateur dans son rôle d'intermédiaire entre le producteur de la Métropole et le consommateur de ce pays. Il est certain que cet effort ne manquera pas, et nous n'avons pas à en parler.

Mais, pour faire un travail il faut des outils : parmi ceux que nous avons à Saffi, et qui sont mis à notre disposition par des organismes administratifs déterminés ou par des services publics, beaucoup sont vieux et insuffisants, d'autres manquent.

Si, en effet, nous prenons une marchandise à l'instant où elle est remise au transporteur au port d'embarquement et si nous la suivons jusqu'au moment où elle arrive à Saffi dans le magasin de l'importateur, ou mieux, si nous supposons qu'elle est en transit, jusqu'au moment où elle arrive à Marrakech, nous voyons que les obstacles qu'elle rencontre, que les dangers qu'elle a à supporter, que les rançons qu'elle a à payer sont véritablement inouïs.

D'abord, le fret. Il est souvent beaucoup plus onéreux de faire transporter une marchandise de Marseille ou de Bordeaux au Maroc, à Saffi en particulier, que de lui faire faire le voyage de Londres à la mer Noire ou d'Anvers à New-York. Que les transporteurs actuels bénéficient d'une situation acquise par des efforts parfois longs et peut-être, à l'occasion, onéreux, cela se conçoit et est en somme commercialement légitime. Mais il est évident que si les difficultés étaient moindres, si un bateau mouillant devant Saffi pouvait procéder tout de suite à ses opérations, repartir ces opérations faites, après avoir dépensé dans notre port le minimum de temps et, par suite, d'argent, nous verrions par là même les frets diminuer immédiatement ; et nous les verrions diminuer encore le jour où une concurrence qui ne serait plus découragée, rebutée par les difficultés réelles qu'elle a pu éprouver ou qu'elle sait qu'elle doit éprouver, viendrait à s'exercer dans des conditions normales.

Mais les difficultés, et les plus grandes, commencent dès l'instant où les marchandises, quittant le bateau, doivent être mises à terre pour parvenir aux magasins de la Douane.

L'aconage s'en saisit. Des barcasses, dont le modèle et la construction n'ont vraisemblablement pas été modifiés depuis plusieurs centaines d'années, les prennent le long du bord et les transportent sur la plage. Les avaries qui se produisent pendant ce court trajet sont considérables et, malheureusement, nous assistons, non pas à une amélioration de cet état de choses, mais à son aggravation : le pourcentage d'avaries n'a jamais été aussi élevé, et les importateurs se trouvent placés dans une situation difficile qui peut, si aucune amélioration n'est apportée, se transformer en situation critique. En effet, les Compagnies d'assurances, effrayées par le nombre croissant des avaries, par les indemnités considérables qu'elles sont obligées de verser, augmentent petit à petit leurs taux. Pour des marchandises peu périssables, les primes minima sont actuellement de 1 °/₀, et, pour certaines autres, particulièrement exposées à une détérioration par l'eau, elles atteignent 2 °/₀. Certains assureurs préfèrent même renoncer à assurer pour Saffi, et il devient parfois difficile à certains importateurs de faire couvrir tel ou tel risque pour notre port.

La situation présente est nouvelle, et il est hors de doute qu'il est possible d'y remédier. Actuellement, les avaries sont aussi nombreuses en été qu'en hiver : par beau temps, les marchandises sont retirées des barcasses aussi mouillées que par mauvais temps. Ces avaries, encore une fois, pourraient être évitées, et elles pourraient l'être et par une meilleure construction et par un meilleur entretien des barcasses.

Nous savons que les barcasses opérant à Saffi, dans l'état actuel de notre rade, doivent être des barcasses légères ; mais il est hors de doute que la légèreté requise pourrait parfaitement être conciliée avec une construction plus soignée et plus sérieuse. Nos barcasses, construites rapidement sur la plage par des ouvriers indigènes dont la technique ne semble pas avoir été améliorée par le temps, avec des matériaux véritablement insuffisants, mal planchéiées, mal calfatées, font eau de tous côtés, et c'est dans plusieurs centimètres d'eau que sont déposés les premiers sacs de sucre, les premiers sacs de farines ou les premiers ballots de soieries qui y sont embarqués. Le remède ne semble pas difficile à appliquer : une construction meilleure, un entretien plus soigné du matériel dont dispose notre port amènerait sans aucun doute une réduction sensible du nombre et de l'importance des avaries.

Les taxes qu'applique l'aconage doivent être aussi revisées et établies sur des bases normales et régulières : ces taxes atteignent parfois 20 pesetas hassani la tonne, soit souvent l'équivalence du fret. Lorsqu'il s'agit de colis lourds et encombrants, ce chiffre est parfois largement dépassé, et tel colis coûtera à l'importateur, pour le faire amener du bord à terre, deux fois ce qu'il aura payé pour son transport depuis Anvers, par exemple.

Ces questions sont de la plus grande importance, et il serait à souhaiter que les mesures qui s'imposent pussent être prises rapidement.

Il est certain que les conditions dans lesquelles s'opèrent à Saffi les opérations de débarquement, comme naturellement celles d'embarquement, seront défectueuses tant que les aménagements voulus n'auront pas été effectués. Quel que soit le zèle déployé par l'aconage, quel que soit le matériel-barcasses employé, notre port ne pourra donner son rendement véritable, les transporteurs, les importateurs et les exportateurs ne pourront y opérer avec confiance et avec sécurité tant que les opérations sur rade resteront à la merci du vent, des courants et de la marée : Saffi demande un wharf. La nécessité d'un ouvrage de ce genre a déjà été reconnue, puisque le Makhzen avait procédé à sa construction. Malheureusement, ce wharf, dont il nous reste encore un tronçon, n'avait pas été prévu dans des conditions de solidité suffisantes, et, avant même d'entrer en service, pendant l'hiver 1911-1912, il fut en partie englouti.

La construction d'un wharf, conçu dans des conditions définitives, est certainement urgente et semble devoir être facilement réalisable, étant donnée la somme relativement minime que ce travail devra absorber. Si nous ne nous trompons, les devis pour la construction de cet ouvrage et pour la constitution du matériel annexe indiquent, comme montant à engager, une somme n'atteignant pas deux millions de francs. Si on considère que ces deux millions de francs donneront à Saffi les moyens qui lui sont nécessaires et qui lui suffiront, il semble que la question financière ne puisse pas être un obstacle sérieux, et il est à souhaiter que le travail ou tout au moins sa préparation soient entrepris rapidement.

Les communications entre les bateaux et la terre seront

assurées par le wharf certains jours où, dans l'état actuel des choses, les barcasses ne peuvent pas sortir, faisant ainsi, dans l'année, gagner à notre port un nombre important de journées de travail. De plus, grâce au wharf lui-même et au matériel qui lui sera annexé (matériel roulant, grues, barcasses de tonnage important, remorqueurs), le travail s'effectuera dans des conditions de sécurité et de rapidité qui devront avoir pour conséquence une diminution dans les frets et, en même temps que la réduction des avaries, celle des taux d'assurance.

Encore une fois, ce wharf et indispensable, et ce n'est qu'après sa mise en service que le port de Saffi pourra véritablement atteindre le développement auquel il est destiné.

La marchandise, une fois débarquée, n'est cependant pas au bout de ses tribulations. Il lui faut franchir la Douane. Les difficultés qui se présentent à ce moment ne sont certes pas spéciales à Saffi, et il est vraisemblable qu'elles ont en même temps appelé l'attention des importateurs de tous les ports du Maroc. Les Douanes marocaines appliquent, en effet, un tarif *ad valorem* et non point un tarif spécifique. Si, théoriquement, ce tarif *ad valorem* est le tarif le plus équitable, pratiquement, son application se heurte à des difficultés et à des inconvénients tels que, petit à petit, tous les Etats l'ont abandonné ou l'abandonnent pour adopter des tarifs spécifiques. Quels que soient, en effet, la bonne volonté et l'esprit de conciliation des agents de la douane, quelle que soit la bonne foi des déclarants, les conflits entre les premiers et les seconds ne peuvent qu'être journaliers. La douane, mise en éveil par les tentatives de fraude, qu'a fait éclore le système de la déclaration, en arrive fatalement à présumer la sous-estimation et à répondre par une sur-estimation. Comme ses moyens d'appréciation sont forcément insuffisants, constitués le plus souvent par des journaux commerciaux de date déjà ancienne, comme le négociant répond par la production de factures dont il voit suspecter l'authenticité, il en résulte que toute opération devient un marchandage, aussi pénible pour les agents de la douane que pour les déclarants, lesquels, même lorsque leur bonne foi est entière, se voient exposés non seulement à acquitter des droits sur une valeur plus élevée que celle qu'ils ont payée, mais encore à subir les rigueurs du paiement en nature ou de la préemption.

Il est évident que la transformation du tarif *ad valorem* en tarif spécifique est un gros travail qui ne peut pas s'effectuer du jour au lendemain. Néanmoins, nous souhaitons que cette question puisse être mise à l'étude et aboutir dans un avenir prochain.

Notre marchandise, une fois sortie de la douane, n'a plus qu'à être transportée dans le magasin de l'importateur, et cela peut s'opérer sans difficultés. C'est alors que pourrait intervenir un organe qui nous manque et qui rendrait à notre port les services les plus grands : nous voulons parler de Magasins Généraux. Les opérations de warrantement sont, à l'heure actuelle, pratiquement impossibles : l'intervention des Banques, à laquelle le commerce a cependant la faculté de faire recours pour des opérations de ce genre, ne peut s'exercer que de façon insuffisante et dans des conditions pratiques d'exécution qui empêchent d'y faire appel.

Il serait donc à souhaiter que la création, dans des conditions à déterminer, de Magasins Généraux puisse être favorisée. Les services que cet organe rendrait au commerce de Safti seraient d'autant plus considérables que notre port transite de nombreuses marchandises pour Marrakech, marchandises que les destinataires pourraient fréquemment avoir intérêt à laisser stationner dans nos Magasins Généraux en en mobilisant la valeur à l'aide d'un warrant.

Nous avons également à envisager le commerce d'importation de Safti au point de vue du transit pour Marrakech. Il nous intéresse naturellement au premier chef d'avoir avec Marrakech des communications rapides et faciles. Dans l'état actuel des choses, nous pensons qu'une amélioration de réalisation immédiate pourrait être l'établissement entre les deux villes d'un fil qui permettrait la transmission rapide des télégrammes. Les communications télégraphiques sont, pour l'instant, parfois bien lentes et, en tous cas, incertaines. Un fil téléphonique serait un complément qui semble chaque jour devenir plus indispensable.

Enfin, et c'est évidemment là la question la plus importante au point de vue des relations entre les deux villes, il faut que l'échange des marchandises entre elles puisse s'effectuer dans des conditions à la fois économiques et sûres.

Pour l'instant, c'est presque uniquement par chameaux

que les marchandises sont transportées entre Saffi et Marrakech ; un certain tonnage est également transporté par charrettes, depuis que la piste a été aménagée ; quelques transports par camions automobiles ont également été effectués.

Le prix de ces transports est fixé approximativement comme
suit :

Pour ce qui concerne les chameaux, il est nécessaire de
faire une moyenne, car le prix de la charge varie de façon
considérable suivant la saison et les circonstances : la moyenne
que nous avons pu établir pour l'année 1914 donne un chiffre
qui ne dépasse pas 80 francs la tonne.

Par charrettes, les transports varient de 90 à 125 francs la
tonne, suivant les marchandises.

Quant aux camions automobiles, le prix pratiqué ou à pratiquer peut être compris entre 150 et 200 francs la tonne.

Le chameau est donc le moyen de transport le plus économique, mais il est en même temps le plus imparfait ; il est
d'ailleurs impossible pour certains colis lourds, qui ne peuvent
être confiés qu'à des véhicules. Les transports par charrettes,
et surtout par camions, semblent donc destinés à prendre
chaque jour une extension plus grande. Il importe ainsi aux
importateurs de Saffi, et en particulier aux transitaires, que
l'entretien de la route Saffi-Marrakech soit suffisant, en toutes
saisons, pour que le passage des charrettes et des camions, en
même temps que celui des automobiles pour voyageurs, soit
assuré toute l'année. Nous savons que ces aménagements sont
prévus, qu'une route empierrée est à l'étude : nous nous bornerons, en conséquence, à souhaiter que les travaux en question puissent être rapidement entrepris et achevés.

Quels que soient, toutefois, les services que nous rendra
une route empierrée, praticable toute l'année, cette route est
insuffisante. Le tonnage augmente, les besoins se développent, et il est surtout urgent de réduire le prix des transports :
nous demandons un chemin de fer. Non seulement ce chemin
de fer deviendra rapidement indispensable au commerce d'importation, en permettant un transit rapide, sûr et économique
sur Marrakech, mais il paraît certain qu'il permettra une mise
en valeur prompte et complète de notre région, dont les produits pourront être amenés à Saffi à bon compte. Il facilitera
l'établissement des Français dans l'intérieur et la constitution

de domaines agricoles ; il permettra également, en établissant des tarifs de retour réduits, l'arrivée à Saffi de nombreux produits de Marrakech, que les frais de transport actuels ne permettent pas d'amener à Saffi et d'exporter. Nous souhaitons vivement que les conditions dans lesquelles la construction de cette voie ferrée pourra être effectuée soient rapidement envisagées et étudiées.

Enfin, il est un organisme dont la création apporterait au commerce en général, et plus particulièrement aux importateurs, une grande économie de temps et d'argent : nous voulons parler des Tribunaux de Commerce. La création de ces Tribunaux serait, pensons-nous, le complément heureux de celle des Chambres de Commerce. Actuellement, toutes les contestations commerciales sont du ressort de la Justice de Paix ou du Tribunal de première instance. Nous n'énumérerons pas les arguments qui ont été invoqués dans tous les pays en faveur des Tribunaux de Commerce et qui ont partout amené leur création. Nous remarquerons seulement que le Maroc, dont la transformation a été si rapide, a aujourd'hui besoin, comme les pays les plus vieux, d'une organisation spéciale de la justice commerciale. A l'heure actuelle, tout litige doit se porter devant les Justices de Paix qui existent maintenant dans chaque ville ; mais le maximum de compétence de ces juridictions est rapidement atteint, et c'est à Casablanca, devant le Tribunal de première instance, qu'il faut porter la plupart des affaires qui résultent de la vie commerciale de chaque jour. Il faut se déplacer, et ces frais de déplacement sont élevés ; la procédure est lente et elle est aussi coûteuse : il en résulte que bien des négociants, malgré leur bon droit, préfèrent abandonner telle ou telle affaire plutôt que d'affronter les frais, les déplacements, les pertes de temps au bout desquels ils ne peuvent apercevoir qu'une victoire à la Pyrrhus.

Enfin, cela a été dit et redit, les affaires commerciales sont spéciales et elles demandent à être tranchées par des spécialistes : le détail des affaires commerciales échappe facilement à quiconque n'est pas commerçant. Un Tribunal, dont la procédure serait largement simplifiée, composé de négociants assistés par un magistrat de carrière qui les éclairerait, les dirigerait pour ce qui concerne la partie juridique stricte et la procédure, permettrait le règlement économique, rapide et précis des différends que les affaires font surgir chaque jour. Nous pensons que la création de Tribunaux de ce genre serait d'une constitution facile et nous souhaitons qu'ils puissent bientôt compléter l'organisation judiciaire de ce pays.

Il est indispensable de signaler les difficultés créées aux importateurs par les fluctuations du change. L'importateur paie ses marchandises en francs, on les lui paie en hassani : c'est avec ce hassani qu'il acquittera les traites fournies sur lui, ou qu'il achètera les francs destinés à les payer. Des surprises, parfois fâcheuses, lui sont réservées de ce fait, car, entre le moment où il effectue ses règlements et celui où il opère ses encaissements, des variations sensibles ont pu se produire. Les différences dans la valeur du hassani sont, certes, moins importantes qu'il y a quelques années, mais ces différences ne constituent pas moins un aléa auquel tout importateur se trouve exposé.

Des tentatives ont été faites pour établir un change stable à 125 : il était bien difficile qu'elles puissent réussir ; il semble que le problème soit à peu près insoluble tant que nous conserverons le système monométalliste argent. En Tunisie, le commerce s'est longtemps trouvé aux prises avec des difficultés provenant de la fluctuation des changes ; la question ne semble avoir été résolue que du jour où l'étalon d'or a été adopté. Peut-être la création au Maroc de monnaie d'or, sous forme de pièces de 25 pesetas hassani, au titre et au poids de la pièce de 20 francs, fixerait-elle définitivement le change à 125. Cette monnaie d'or permettrait l'émission d'un billet de banque qui en serait véritablement un. Quoi qu'il en soit, quelle que soit la solution à intervenir, la stabilisation du change mettra fin aux aléas constants auxquels se trouve exposé le commerce.

Nous avons voulu, dans cet exposé, consacré spécialement à l'importation, constatant seulement l'importance plus grande qu'acquiert chaque jour Saffi, énumérer ce qui, à notre avis, reste encore à faire pour permettre à notre place de se développer librement. Beaucoup a déjà été fait. Ceux qui ont assisté à l'éclosion européenne de Saffi ont pu constater les progrès réalisés et les améliorations apportées. L'effort qui a été accompli est considérable et nous en avons vu les effets d'année en année, de mois en mois. Mais nous demandons maintenant aux autorités centrales de parachever l'œuvre que les autorités régionales ont pu constituer. Nous leur demandons de nous appuyer, de nous donner l'aide sans laquelle nous ne pourrons plus un jour aller de l'avant.

Nous leur demandons leur concours pour la constitution d'un matériel de débarquement et de transit dont nous ne pouvons plus nous passer. Nous grandissons et nous continuerons à grandir et le moment est venu où nous ne pouvons plus travailler avec des moyens de fortune. Demain, lorsqu'aura été signée la paix que nous souhaitons, lorsque les dernières hypothèques qui pèsent sur ce pays auront été définitivement levées, l'effort devra être général. De larges perspectives s'ouvrent à Saffi et à sa région : c'est pour qu'elles puissent être réalisées, pour que les efforts d'hier puissent trouver leur récompense, pour que ceux de demain soient moins ardus et plus fertiles que nous adressons au Gouvernement du Protectorat un pressant et confiant appel.

2° La situation du commerce d'exportation dans la circonscription des Abda.

Rapporteur : M. ALLOUCHE.

J'ai été invité à étudier la situation actuelle du commerce d'exportation du port de Saffi et à rechercher quelles sont les réformes économiques, juridiques ou sociales qui peuvent contribuer à son développement.

I

Le commerce d'exportation de Saffi, représenté depuis la guerre exclusivement par des maisons françaises, anglaises et marocaines, a pour tâche de vendre sur le marché international les produits agricoles des régions Ahmar, Abda, Marrakech, qui font partie de son hinterland commercial.

D'après les statistiques, le port de Saffi exporte en année
normale, comme le fut celle de 1912 :

	Tonnes.
Orge.	44.729
Blé.	8.830
Fèves.	10.634
Maïs.	2.495
Pois-chiches.	1.453
Cumin.	963
Fenugrec.	1.134
Amandes.	351
Peaux de chèvres.	175
Peaux de mouton.	106
OEufs.	200

Le commerce d'exportation. — Nous achetons ces produits
directement au producteur sur les marchés de l'intérieur, sur
place, par l'intermédiaire des maisons marocaines, et à Marrakech, par nos agents ou correspondants.

Le montant de nos exportations s'élève à environ 18 millions
de francs dans les années moyennes.

Ces marchandises sont, en général, achetées à la mesure
sur les marchés, au quintal marocain et au quintal français sur
place. On a substitué à l'intérieur le double décalitre à l'ancienne kharroba, qui variait de contenance non seulement
dans chaque région mais dans chaque marché. Malheureusement pour le commerce d'exportation, des régions comme
Ahmar, Marrakech, conservent leurs mesures anciennes alors
que les Doukkala ont toléré sur leurs marchés le double décalitre non arasé.

Ces céréales que nous achetons à l'indigène nous sont livrées
avec des *impuretés*, terres, poussières, cotons, etc., qui
atteignent, pour la graine de lin, alpiste, cumin, jusqu'à 15 et
20 %. Les peaux et les laines sont généralement fraudées et,
pour rendre ces marchandises acceptables sur le marché européen, le commerce d'exportation est obligé de les soumettre
à un travail d'épuration méthodique, long et coûteux.

Ces marchandises, avant de nous être livrées dans nos
magasins, sont assujetties à l'intérieur ou sur les marchés à
un *droit de vente* et aux portes des villes à des *droits de péage*.

Ces derniers droits donnent annuellement au Contrôle de la Dette un revenu de 100.000 pesetas sans compter les frais généraux pour l'exploitation de ces fermages et le bénéfice des fermiers.

Par suite de la création de pistes entre notre port et Marrakech, entre notre port et les marchés de l'intérieur, nous avons pu substituer comme moyen de transport le véhicule à la caravane, mais le transport par caravane reste le seul encore prédominant et nos frais de transport absorbent 15 à 20 % de la marchandise pour les céréales dans les années d'abondance et dépassent ces taux dans les années de grande mortalité des chameaux.

Aussi, nos campagnes de céréales dans les années de bonne récolte durent toute l'année et, au mois de juillet, les vapeurs transportent les récoltes, ancienne et nouvelle, vers les marchés de consommation.

Le commerce d'exportation, par suite des manipulations nombreuses, tararage, criblage, lavage des laines, transport des marchandises à quai, emploie une main-d'œuvre indigène qui s'élève jusqu'à 5.000 personnes qui nous arrivent des Chiadma, Abda, Ahmar, Sous, pendant que les récoltes se perdent sur pied faute de moissonneurs.

Nous avons, pour emprunter des capitaux et escompter nos papiers, trois établissements de crédit et, pour nous relier avec l'Europe comme moyens de communication, la télégraphie sans fil par Mogador et le télégraphe par Casablanca pour le Maroc.

Pour exercer nos droits, depuis le Protectorat, nous avons l'institution d'un tribunal de justice de paix qui n'est compétent que jusqu'à mille francs et l'action devant les consuls pour les sujets des nations qui n'ont pas encore renoncé aux capitulations.

II

Par ce rapide exposé, vous remarquerez que le commerce d'exportation n'a pas varié, avec le Protectorat, dans ses méthodes d'achat et, si ces méthodes sont encore primitives, il n'a cessé de formuler des critiques et d'émettre des vœux pour l'amélioration de la situation actuelle.

1. — Le commerce d'exportation de notre région réclame, comme première mesure, l'obligation pour le producteur de livrer un produit loyal et marchand, il trouve intolérable de payer aux producteurs les impuretés et de subir les fraudes sur les peaux et les laines. Il demande que la législation sur les fraudes soit sévèrement appliquée. Après la guerre, nous aurons à lutter sur le marché international avec les produits de l'Algérie et de la Tunisie et des pays méditerranéens qui jouissent de privilèges auprès de la Métropole, et nos produits, si ces errements continuent, risquent de tomber dans le discrédit complet ou d'être cotés à des prix inférieurs.

2. — Nos colonies voisines, l'Algérie et la Tunisie, ont aboli le régime fiscal qu'elles avaient hérité du passé, et leurs produits ne sont pas grevés des droits du marché, droits de péage, droits d'aconage, droits de douane, qui s'élèvent jusqu'à 30 et 40 % de la valeur de la marchandise. Aussi, nous demandons la refonte fiscale de tous ces droits, l'abolition des droits de péage, la révision du tarif douanier et, après la guerre, la réduction des frêts.

3. — Un commerce d'exportation qui se fait par caravanes, qui n'a, pour drainer les produits, que des pistes à sa disposition, ne peut que végéter et se trouve dans un état d'infériorité flagrante vis-à-vis de ses concurrents, les pays méditerranéens, sur le marché international. En Algérie, en Tunisie, grâce à l'amélioration des voies de communication, aux moyens de transport, les campagnes de céréales ne durent que trois mois, tandis que, dans notre région, il nous faut une année pour vendre les produits d'une récolte moyenne. Le commerce d'exportation de notre région réclame des routes empierrées entre Saffi et Marrakech, entre Saffi et les marchés de l'intérieur, l'étude d'une ligne de chemin de fer entre Saffi et Marrakech, et l'installation d'une ligne télégraphique et téléphonique entre ces deux villes, et comme complément, l'établissement d'un wharf adapté non seulement à ses besoins actuels mais aussi à ses besoins futurs.

4. — Depuis le Protectorat, et avant même, dans tous les ports de la côte des banques se sont installées ; des villes de l'intérieur comme Marrakech ont aujourd'hui des succursales des établissements de crédit qui reçoivent nos dépôts, escomptent nos papiers et encaissent nos effets.

Mais pour multiplier les échanges, le commerce d'exportation de Saffi, pour pouvoir travailler avec plus de facilité, pour mieux utiliser ses capitaux, pour diminuer ses immobilisations en magasins, réduire ses frais généraux en assurance, etc., demande l'institution dans notre port de magasins généraux qui pourront recevoir, assurer et conserver les marchandises du commerçant et de l'agriculteur. Grâce aux titres qu'ils nous remettront, récépissés et warrants, notre marchandise sera mobilisée. Nous pourrons, dans les moments de baisse, emprunter sur nantissement, sans avoir comme aujourd'hui nos locaux et nos clefs à remettre aux Banques. A Saffi, port d'un hinterland commercial de grande étendue, la création de magasins généraux est une nécessité et se trouvera dans des conditions économiques excellentes.

5. — Pour exercer nos droits, le Protectorat a institué une *justice de paix* dont la compétence ne dépasse pas mille francs. Or, la moindre transaction que nous effectuons, achat de 100 quintaux de blé, 100 quintaux d'orge, 25 quintaux de laine, etc., échappe par son montant à la compétence du juge de paix. Le régime judiciaire nouveau avait pour but, dit-on, de rapprocher le juge du justiciable. Or, aujourd'hui, le plus simple litige commercial, le plus courant, doit se traiter devant Casablanca. Soit 800 francs au moins pour se rendre par voie de terre, sans compter les frais de séjour élevés. Huit jours d'absence pour le commerçant, s'il a le bonheur de trouver un bateau qui le ramène chez lui, sans compter les frais de séjour, les honoraires de l'avocat, avec l'appréhension de voir son affaire distraite de son milieu, mal comprise et forcément mal jugée.

Le commerce d'exportation demande l'extension de la juridiction du juge de paix pour les affaires commerciales, et, le cas échéant, la création d'un tribunal de commerce, seule institution adéquate à sa vie économique, qui ne le ruine pas et lui évite tous ces frais qui absorbent en fin de compte le produit de son travail.

Après la guerre, avec la victoire, les conditions du marché international vont changer, les débouchés ne seront plus les mêmes et je crois qu'il faut laisser à plus tard l'étude de ces débouchés.

Les événements actuels nous ont appris que le commerce

d'exportation était lui aussi un état de guerre, une des formes de la lutte pour la vie des peuples et que ceux qui sont mal outillés succombent dans cette lutte. Comment pourrons-nous lutter, comment pourrons-nous tirer parti des richesses de notre région, si nos achats sont faits par des procédés préhistoriques, si nos produits ne sont pas de bonne qualité, s'ils sont assujettis à des taxes fiscales, à des tarifs prohibitifs, si nous ne possédons ni routes, ni chemins de fer, ni institutions de crédit qui nous permettent d'utiliser nos capitaux, ni outillage de port qui nous facilite le transport de nos produits sur le marché international, ni institutions juridiques qui nous permettent d'exercer nos droits sans frais élevés et sans perte de temps ?

Le Comité des Études économiques de Saffi ne veut préconiser dès maintenant aucune solution, laissant ce soin à l'Assemblée générale du Congrès et comptant y prendre part.

B. — COMMISSION AGRICOLE

L'agriculture européenne dans les Abda : ses conditions de succès.

Rapporteur : M. ALLOUCHE.

Vous nous avez demandé de rechercher et de vous exposer très succinctement comment et à quelles conditions la culture des céréales, l'élevage, l'arboriculture et les cultures maraîchères, entreprises directement par des colons avec des méthodes modernes, pourraient se développer dans notre région.

I

Les essais d'exploitation directe des terres par les colons européens vivant au milieu des indigènes de nos tribus remontent déjà à plus de vingt ans.

Ces Européens, avant le Protectorat, grâce à l'appui diplomatique de leurs consuls, à l'esprit pacifique de nos tribus, ont pu acheter des terres et constituer des fermes d'une contenance de plus de 300 hectares et qui existent encore.

L'état des pistes, l'esprit d'hostilité ou plutôt de routine de leur milieu ne leur ont pas permis de modifier leurs procédés de culture, mais leur qualité d'Européens leur avait permis de se soustraire à toutes les charges fiscales qui grevaient alors si fortement la production agricole que des régions entières n'ont pu encore à ce jour, malgré la paix française, se relever de leur état de dépérissement.

Il serait trop long de démontrer ici que le régime agricole des Abda doit être basé sur les céréales et l'élevage dans la Rebia et une partie de l'Aameur et sur les cultures arbustives dans les terres du Sahel et les terres hamri. Je crois que les indigènes devront abandonner la culture des céréales sur les terres sablonneuses du Sahel et sur les hamri, qui donnent de très faibles rendements et épuisent le sol. D'ailleurs, ces terres sont propices à la culture de l'oranger, du citronnier, du figuier, de l'amandier, du caroubier, du prunier, de l'abricotier, du noisetier et du grenadier.

Nos colons qui voudraient entreprendre des cultures de céréales comme les indigènes dans le Sahel pourraient aller au devant de graves mécomptes.

C'est dans les *terres tirs*, fortes ou légères, que les céréales sont rémunératrices. Mais, comme ces terres sont dans des régions à petite et à moyenne propriété, et que, grâce à l'exportation des céréales, la petite propriété s'est développée, l'agriculteur qui veut acheter directement des terres aux indigènes se heurte aux plus grandes difficultés. Mais les colons ont la ressource d'acheter des terres de culture à des Européens qui ont créé des fermes, qu'ils louent aux indigènes et qui ne sont pour eux qu'un placement de capitaux, escomptant pour l'avenir une plus-value. Grâce à ces opérations financières, les colons peuvent trouver des fermes, les exploiter sans difficultés et sans avoir à entrer en hostilité avec le milieu indigène où ils vont vivre.

Les colons de notre région ont trouvé une *main-d'œuvre* d'un faible prix de revient et apte à tous les travaux de la ferme. Les ouvriers agricoles acceptent le travail à la journée et le préfèrent au *khamessat*. Ils savent conduire après apprentissage et, en dépit des difficultés des débuts, ils savent se servir des instruments agricoles modernes que nos colons ont déjà introduits dans nos fermes.

Nos colons n'ont pas, comme les colons algériens, à envisager la question de sécurité. Ils trouvent dans les Abda la sécurité la plus complète ; ils peuvent circuler sur les pistes, fréquenter les marchés, parcourir la tribu de jour et de nuit.

L'élevage est le complément nécessaire de la culture des céréales. L'élevage doit fournir les restitutions sans lesquelles aucune culture n'est rémunératrice.

Nos colons devront abandonner les procédés d'élevage aux soins exclusifs des indigènes. Ils devront constituer des réserves fourragères, abriter leur bétail en hiver ; car, dans les années sèches, nos troupeaux de bœufs et de moutons, faute de chaumes et de terres de parcours, sont décimés et la mortalité est grande.

Après cette guerre, les pays dévastés vont chercher à reconstituer leur cheptel et nos éleveurs trouveront des marchés et des cours avantageux. Ils doivent se soustraire au marché de Tanger où, par suite d'une coalition de syndicats d'acheteurs, les cours sont toujours avilis au moment des arrivages de la côte.

Les cultures maraîchères autour de Saffi sont encore rudimentaires. Elles ne peuvent suffire aux besoins locaux. Les superficies qui leur sont consacrées par les maraîchers indigènes sont de 4 à 5 hectares au plus. Elles portent sur quelques légumes ordinaires : carottes, navets, courges, oignons, concombres, pastèques, melons, petits pois. Nos jardiniers trouveraient des débouchés à Saffi et sur tous les marchés locaux. Ils pourraient puiser l'eau pour l'arrosage des légumes au moyen des norias. La profondeur de la nappe varie. On la trouve quelquefois à deux mètres. Ainsi, le régime agricole de notre région permet l'extension des cultures maraîchères près de Saffi ou dans les environs de Saffi, avec des résultats financiers heureux pour les premiers colons, et celle des cultures arbustives dans le Sahel et dans les terres hamri.

Mais ces exploitations se heurtent à un régime fiscal et à un tarif douanier qui pèsent lourdement sur la production agricole.

II

Nos cultivateurs sont assujettis à de lourds impôts. L'impôt agricole du Tertib n'est que l'achour déguisé, assis sur le rendement brut à l'hectare pour toutes les cultures d'hiver ou d'été. Sa quotité varie avec les années.

Ce rendement à l'hectare n'est pas dû seulement à la fertilité du sol puisque les terres tirs, travaillées par les procédés indigènes, donnent souvent de faibles rendements, même dans les années pluvieuses.

Ces rendements ont pour base, en général, les engrais végétaux ou minéraux que le cultivateur mêle à la couche arable. La fertilité d'un sol ne se maintient que si on lui restitue les principes prélevés par les récoltes.

Ce rendement brut à l'hectare est dû aux opérations culturales, à un meilleur ameublissement de la couche arable, à la destruction des plantes nuisibles, au choix d'animaux de travail robustes, à une nourriture plus abondante donnée aux animaux, à la substitution de la traction animale par la traction mécanique, à un nettoyage des champs, à l'emploi d'un capital d'exploitation plus fort, à la connaissance et aux aptitudes professionnelles du cultivateur. Ajoutons aussi à la patience et à la persévérance du colon pour éduquer sa main-d'œuvre.

L'achour, de taxe en nature qui n'a jamais été perçue régulièrement, a évolué avec la Conférence d'Algésiras en une taxe proportionnelle au produit brut tant sur les cultures d'hiver que sur les cultures d'été.

Aussi, les colons qui ont été éprouvés par les années de sécheresse trouvent plus avantageux de louer leurs terres aux indigènes que de les exploiter directement. L'impôt du Tertib n'est plus une contribution aux charges de l'État, *mais une prime à l'inculture.*

L'agriculture est soumise à des impôts indirects comme les droits des céréales à la sortie qui représentent le quart de la valeur pour certains produits. Ce sont des droits prohibitifs. Dans les années moyennes, les cours de l'orge, du blé, du maïs, ne suffisent pas à balancer les frais de culture de ces mêmes céréales.

Les cultures arbustives sont une nécessité pour notre climat. Quelques agronomes pensent que la faiblesse des rendements tiendrait au déboisement et que, si l'on veut faire prospérer notre région, il faut étendre intensivement les cultures arbustives. Seuls, les arbres, lorsque la végétation herbacée a disparu, peuvent, pendant la saison chaude, à cause de leurs racines qui plongent sous les couches profondes, continuer à végéter.

Or, nous n'avons plus de variétés locales, elles ont dû disparaître avec l'extension de la culture des céréales, le pâturage exclusif, et nous devons faire appel pour nos plantations d'arbres aux pépinières des pays méditerranéens. Mais malheureusement l'importation des arbres fruitiers ou d'ornement est soumise à un droit d'entrée de 12 1/2 % qui rend l'arboriculture une culture onéreuse à ses débuts.

III

Nous concluons que l'agriculture européenne, culture des céréales pour les plaines des Abda et élevage, culture arbustive dans les terres sablonneuses du Sahel et hamri, cultures maraîchères autour de la ville, trouvent les conditions naturelles de développement, que le régime agricole de notre région est basé sur le développement harmonieux de ces cultures, mais que toutes ces entreprises ont à subir, par suite d'un long passé d'anarchie, d'un mauvais régime fiscal, d'un tarif douanier illogique et irrationnel, des charges qui les paralysent.

Aussi notre section agricole émet les vœux :

1° Que l'impôt du Tertib ne soit pas assis sur le rendement brut de l'agriculteur, mais sur le revenu net de tous les contribuables ;

2° Que les droits d'entrée ou de sortie soient revisés et que ces impôts indirects ne soient pas supportés par la production seule ;

3° Que l'on tienne compte du régime agricole de chaque région et qu'il soit créé à Saffi une *pépinière régionale* chargée de renseigner les colons et les indigènes sur les races locales et de leur fournir les variétés adoptées.

Terminons par les paroles d'une histoire du Maroc :

« Au point de vue politique, il faut aux colonies se préoccuper des colons d'abord. L'indigène, dans l'Afrique du Nord, c'est la végétation spontanée et vigoureuse, qui, laissée à elle-même, étouffe tout ce qui l'environne. Le colon, c'est la petite plante humble et frêle, venue d'un autre sol et d'un autre climat et qui ne saurait se passer de soins assidus. »

Or, les colons de notre région ne demandent pas de privilèges, mais ils réclament, pour transformer les méthodes de culture, introduire des cultures nouvelles, peupler d'arbres des terres du Sahel, faire rendre à nos terres des rendements élevés, sélectionner les races locales de bœufs et de moutons, etc., approvisionner la Métropole en viande demain, alimenter en légumes et fruits les populations indigène et européenne, un régime fiscal rationnel et un tarif douanier logique qui ne paralysent, ni l'un ni l'autre, l'esprit d'entreprise et de progrès de nos colons.

C. — COMMISSION INDUSTRIELLE

L'industrie dans la circonscription des Abda : Sa situation actuelle. — Ses possibilités d'avenir.

Rapporteur : M. BLANCHENAY.

L'industrie indigène est, malgré toutes les difficultés inhérentes à l'ancien régime et que le Protectorat n'a pu encore complètement éliminer, très développée.

L'indigène pratique seul, avec l'outillage rudimentaire dont il dispose, une série de petites industries florissantes dont les produits, parfois même, sont remarquables comme mécanisme et tendances artistiques.

L'industrie européenne, tâtonnant et cherchant sa voie, est encore à ses débuts et aura été arrêtée dès son premier essor par les événements subits d'août 1914.

Nous allons étudier les industries indigènes et européennes en commun, elles tendent vers un même but : l'amélioration de l'état actuel de la vie ; elles rencontrent aussi sur leur route les mêmes chances de succès et les mêmes obstacles.

Industries domestiques et industries du bâtiment. Briques, tuiles, tuyaux, carreaux et poteries. — L'argile, composant en différents endroits la majeure partie du sous-sol, est d'excellente qualité et se prête à la fabrication de tous les produits industriels possibles.

Les produits actuels, fabriqués entièrement à la main, dans des moules en bois, et cuits dans des fours rustiques, sont sains et de qualité satisfaisante ; ils manquent cependant fréquemment, vu le peu de combustible, de la cuisson nécessaire.

Le combustible utilisé est généralement le genêt et le palmier nain et, quelquefois encore, les fumiers et les issues du battage des grains.

Les tuyaux et les tuiles obtenus par des procédés antiques donnent des produits suffisants, surtout quand ils sont vernissés.

Les carreaux en terre cuite, vernissés ou non, sont souvent gauches et de formes inégales, ces défectuosités tenant aux moules employés.

L'argile sert à la fabrication de toutes les poteries domestiques, depuis les plus grands échantillons, jarres de 40 à 50 litres, jusqu'au plus petit bol à boire. Ces produits sont livrés soit bruts soit émaillés en jaune.

Une industrie essentiellement locale est celle des poteries décoratives, vernissées en blanc crème et recouvertes de dessins et d'arabesques d'un bleu vert. L'ingéniosité des artisans a beau jeu à diversifier à l'infini les formes de ces vases, depuis la poire à poudre jusqu'à l'amphore au col gracieux.

Chaux. — Le calcaire des environs de Saffi donne une chaux grasse d'assez bonne qualité, quoique, encore là, le défaut de cuisson se fasse sentir et dans la qualité et dans la proportion considérable des incuits.

L'extinction n'est également pas pratiquée suivant les meilleures règles et, de plus, l'indigène a tendance à ajouter à la chaux en poudre du tuf blanc pulvérisé.

Les chaufourniers européens se contentent de suivre les méthodes indigènes.

Plâtre. — D'abondants gisements de gypse ont été constatés dans les Abda ; là encore, l'indigène nous a précédés, et

Saffi est une des villes où le plâtre est d'un emploi le plus courant. Le plâtre est d'excellente qualité et pourra, lorsque des progrès auront été réalisés pour la cuisson et la mouture, rivaliser avec le meilleur plâtre de Paris.

La même fraude que pour la chaux grasse peut être fréquemment constatée.

Son emploi comme engrais pour les prairies artificielles semble être inconnu au Maroc, mais il sera sans doute d'un grand secours, vu son bas prix, dès que le colon européen aura commencé la création de ces prairies.

Ciment et ses dérivés. — Le ciment d'importation est utilisé, en dehors des travaux qui nécessitent son emploi direct, dans une usine fabriquant des carreaux de ciment comprimé, dont les produits sont satisfaisants. Une plus grande variété dans le choix des dessins serait désirable et aurait, à notre avis, grand succès auprès des riches indigènes du pays.

Avant la guerre, une petite installation de fabrication d'agglomérés avait débuté. La fabrication de blocs en pierre factice, de toutes dimensions, moulurés ou non, de tuyaux d'égouts et de drainage et de poteaux de clôture légèrement armés, avait été prévue ; nous croyons que cette industrie aurait pu prospérer, surtout pour les deux derniers articles dont l'écoulement semblait assuré sur place et aux environs.

Menuiserie et charpente. — Les artisans indigènes travaillent le bois d'une façon amplement suffisante vu leur outillage ; ils semblent vouloir adopter facilement les méthodes européennes et arrivent à faire des assemblages satisfaisants. Les demandes, de plus en plus fréquentes, de mobilier par les arrivants européens les a amenés à produire les différents types du meuble européen, et ils réalisent dans cette fabrication des progrès constants. Ils arrivent, avec leurs procédés rustiques, à tourner parfaitement balustres et pieds de table.

Un atelier européen de machines à bois, avec scierie mécanique, a été installé avec une marche à la vapeur ; il pourra donner toute satisfaction dès que les prix en cours auront été revus.

Ferronnerie, forge et maréchalerie. — L'indigène, avec son pauvre outillage, arrive à produire des objets ouvragés tels que grilles, tentures, gonds, etc., de dessins agréables et de formes heureuses.

Il fabrique, avec ses maigres moyens et son combustible médiocre, tous les objets agricoles et domestiques, fers, socs de charrues, faucilles, houes et sapes, serrures aux clefs immenses et cadenas tourmentés pour l'agenouillement des chameaux.

Les installations européennes sont établies sur un pied trop modeste et, de ce fait, ne peuvent se permettre d'envisager la fabrication ou la réparation d'objets délicats.

Industries alimentaires. Minoteries, semouleries. — Le moulin indigène a tendance à être remplacé par le moulin européen ; ceux qui existent à Saffi sont installés très modestement à l'aide d'un moteur et sont d'un débit très faible.

Eaux et boissons gazeuses. — Une fabrique de siphons et limonades existe à Saffi et produit journellement une quantité suffisante pour les besoins de la population.

Ces produits sont très goûtés par l'indigène.

Industrie du vêtement. Cuirs ouvragés, babouches, ceintures, etc. — L'indigène produit sur place des ouvrages en cuir d'une réputation presque égale à celle des grands centres spécialisés. Le travail des babouches fait vivre toute une catégorie d'artisans simples et sérieux, chez lesquels la grande tradition du passé artistique du Maroc subsiste : leurs produits sont de formes et de couleurs agréables, et les broderies de couleur d'or et d'argent sont heureusement dessinées.

Les ceintures, sacoches et autres objets en cuir sont également finement travaillés, et font ressortir tout le soin que l'artisan apporte à leur confection.

Tissage et couture. — Saffi a une véritable spécialité de tailleurs indigènes qui produisent, à tous prix, les différentes pièces du costume marocain, depuis le simple haïk jusqu'aux robes de dessous en velours brodé ou en brocart rutilant.

Bijouterie, travaux en cuivre. — Quoique cette industrie soit moins développée à Saffi qu'ailleurs, comme par exemple à Mogador, Marrakech ou Fez, l'indigène arrive à donner de jolis exemples de son savoir-faire. Les bijoux en or ou en argent ont conservé les formes du passé, et les gravures sont restées pures, sans mélange de motifs puisés chez l'Européen.

Les objets en cuivre sont d'un fini remarquable : le travail des plateaux est, à Saffi, secondaire, tandis que la fabrication des réchauds, cafetières, sucriers, théières, etc., y est très active.

En résumé, dans toutes ces industries qui existaient avant nous, l'artisan indigène prouve son habileté consommée ; malgré ses pauvres moyens, il y donne toutes ses facultés et montre, tant par l'exécution que par la diversité dans le choix des modèles, que celles-ci sont très développées. L'Européen, lui, a tenté divers essais et, en général, sauf peut-être pour l'atelier de menuiserie et de charpente, sur une trop petite échelle. Leurs résultats ne peuvent être sérieusement examinés, ces industries ayant été arrêtées par la guerre à leurs premiers débuts.

Possibilités d'industries nouvelles. Briques, plâtre, chaux, etc. — Il serait profondément désirable que l'Européen, qui a commencé à s'intéresser à diverses industries, jusqu'à ce jour entièrement exploitées par l'indigène, renonçât complètement aux méthodes du pays pour les remplacer définitivement par celles utilisées en France. Nous voyons, par exemple, le briquetier, bien qu'achetant une machine produisant des briques moulées, pleines ou creuses, continuer leur cuisson par les procédés locaux, dans des fours copiant ceux des indigènes. Les briques moulées, de dimensions beaucoup plus considérables, manquent alors totalement de cuisson.

De même encore, l'Européen cuira son calcaire ou son gypse à la méthode indigène, il éteindra sa chaux de même et emploiera le moulin arabe pour la mouture de son gypse.

Le résultat en est évidemment désastreux, les produits ne sont pas meilleurs et l'industriel en demande plus cher, sa manière de vivre exigeant plus que celle de l'Arabe.

Il faut définitivement rompre avec le passé, introduire non seulement l'outillage français mais aussi les méthodes françaises ; alors l'industrie locale atteindra la finesse des produits et l'intensité de production que l'on est en droit d'attendre de la qualité et de l'abondance des matières premières. Il faut, en outre, que l'industriel sache profiter de tout ce qui peut être obtenu par les richesses que lui offre le sol, il doit étendre sa production, créer de nouveaux produits au lieu de se cantonner dans les types essentiellement locaux. L'argile se prête admirablement bien à la création de tous les types utilisés en France, tuiles creuses, tuiles métalliques, balustres, tuyaux vernissés, carreaux rouges dits de Marseille, etc. ; il est essentiel d'adjoindre une fabrique de ces produits à toutes les installations que l'on prévoira pour l'avenir.

La chaux grasse sera longtemps encore d'un usage courant, et les procédés actuels de sa fabrication doivent être radicalement transformés ; l'Européen ne devra plus être seulement de nom à la tête de son installation : il devra en modifier les méthodes et l'outillage.

Le plâtre, vu sa qualité, peut être d'un rendement excellent, à condition de le fabriquer, comme cela doit être fait, par des procédés modernes.

Pour l'ensemble de ces industries, il est nécessaire d'ajouter que l'on ne s'improvise pas briquetier, chaufournier ou plâtrier ; en dehors des méthodes et de l'outillage voulu, il faut savoir trouver le contremaître qui rompra avec la routine de la main-d'œuvre locale.

Forge, ferronnerie, maréchalerie. — Les installations européennes ont été établies sur un pied trop modeste et avec un outillage insuffisant ; il serait nécessaire de prévoir une installation de ce genre, avec le moteur suffisant pour toute une série de machines. Il faut envisager, avec le réseau de routes en création, une circulation intense de camions, voitures et automobiles. Un atelier de ce genre devrait être outillé pour pouvoir procéder aux réparations essentielles de ces divers genres de machines.

Il serait aussi essentiel de voir se réaliser l'installation d'un maréchal ferrant ; les bêtes de trait et de selle sont en nombre suffisant pour un travail régulier, et, en dehors de ces considérations, la présence d'un maréchal ferrant ne pourrait qu'améliorer les procédés indigènes pour la ferrure de leurs bêtes.

Menuiscrie et charpente. — L'installation citée plus haut est amplement suffisante pour les besoins locaux ; nous conseillons cependant d'y adjoindre un bon atelier de charronnage.

Minoteries et semouleries. — Les installations actuelles sont d'un débit trop faible ; elles se contentent de faire la mouture arabe et, vu leur peu de débit, demandent à l'indigène des prix trop élevés. Tôt ou tard, l'agriculture nous donnera des produits permettant la fabrication de la farine et de ses dérivés ; une fabrique accessoire de pâtes alimentaires semblerait nécessaire.

Eaux et boissons gazeuses. — Une fabrique de glace pourrait être avantageusement adjointe aux installations existantes, et l'abondance de certains fruits permettrait facilement la fabrication de sirops et d'essences.

Une distillerie pourrait alimenter les besoins locaux, et même, en voyant l'avenir ouvert plus largement, pourquoi une fabrique d'alcool dénaturé ne pourrait-elle pas trouver sa place? Les matières premières abondent, et ces produits pourraient heureusement remplacer ceux jadis importés d'Allemagne.

Industries du cuir. — Nous avons vu plus haut l'industrie du cuir poussée à un degré très avancé; il est hors de doute que la qualité des produits serait meilleure, et il serait possible d'en augmenter le nombre si des tanneries étaient installées dans le pays. Ces installations pourraient même être avantageuses pour l'exportation en livrant des peaux de qualités irréprochables, sur lesquelles aucune discussion ne serait plus possible.

L'industrie locale pourrait être alors diversifiée par suite de l'existence de meilleures matières premières.

Corderies. — Aux corderies indigènes, fabriquant grossièrement, avec des filaments de palmier nain, des cordes rustiques, aux produits de première qualité importés, l'on pourrait opposer les produits locaux fabriqués avec le chanvre qui pousse en abondance, et, cette fabrication s'intensifiant, l'exportation de ces produits vers la France pourrait être envisagée.

Savonnerie, huilerie. — Une savonnerie indigène aurait de gros débouchés sur place, une huilerie également; leur installation serait maintenant prématurée, mais quand un réseau de routes reliera Safti aux régions riches en arganier, cette difficulté de transports n'existera plus, la distance entre les centres producteurs des Chiadma-Nord et des Abda-Sud étant moindre sur Safti que sur Mogador.

Nous n'avons envisagé dans ce court exposé que les industries qui existent, dont l'extension est possible, et quelques-unes dont le besoin immédiat se fait sentir afin de libérer notre ville, un des centres les plus importants du Maroc, du tribut payé par elle à ses voisines ou à l'importation. Nous jugeons inutile de décrire les nombreuses industries qu'il est possible d'installer en vue de l'exportation. Il est, du reste, hors de doute qu'une nomenclature de ce genre aurait présenté de toute façon des lacunes, les richesses de notre Maroc étant encore presque inconnues, surtout au point de vue minier.

Avenir de nos industries.

Nous avons examiné précédemment les chances de succès et les raisons d'être des industries existantes et de celles dont nous considérons la création comme nécessaire. Leur succès est assuré par les besoins mêmes du pays, car, comme nous l'avons dit plus haut, nous nous sommes contentés de signaler les industries d'un rapport pour ainsi dire immédiat, sans vouloir faire intervenir les facteurs inconnus d'un avenir lointain.

Il nous reste à examiner les causes directes de l'état précaire dans lequel les industries existantes se trouvent, les obstacles qui les gênent sur leur route, les entraves diverses qui arrêtent leur jeune essor. Cet examen fera l'objet de ce chapitre.

Ces différentes difficultés peuvent se décomposer en quatre classes : main-d'œuvre, matières premières, outillage, écoulement, que nous étudierons successivement.

1° *Main-d'œuvre.* — En elle ne réside pas précisément une difficulté, car nous croyons relativement facile d'arriver à l'éducation de l'indigène. Dans son industrie propre, nous l'avons vu développer des qualités essentielles de travail et d'ingéniosité, et nous ne doutons pas d'arriver au même résultat quand il s'agira de les utiliser dans les industries européennes.

Nous sommes d'avis que l'indigène jeune, non encore pourvu de son titre de *Maalem* et de la routine qui lui a servi à l'obtenir, donnera, avec une surveillance sérieuse, instruite elle-même et consciente de son rôle d'éducatrice, d'excellents résultats.

On reprochera, avec justesse, à cette main-d'œuvre son manque d'attache vis-à-vis de son patron, nous voulons dire par là sa facilité à se déplacer pour chercher mieux, tant comme travail que comme salaire ; mais cela est impossible à éviter actuellement. Le Maroc est loin d'être arrivé dans une position d'équilibre, et certains centres opèrent encore une attraction considérable sur la main-d'œuvre, soit par suite de la masse des travaux que l'on y exécute, soit par les bénéfices que l'indigène y trouve par suite de la cherté relative de la main-d'œuvre. Cet état de choses cessera dès qu'un équi-

libre aura été établi au Maroc dans les divers centres et surtout entre ces divers centres.

La main-d'œuvre indigène est bon marché : docile et facile
à améliorer, il serait, à notre avis, préférable de s'en contenter, à condition de pourvoir à sa surveillance constante par
des hommes de métier et ce, jusqu'à son éducation complète.

Il serait, néanmoins, désirable d'arriver à protéger les
industries indigènes au propre sens du mot : elles ont leur
intérêt et leur raison d'être ; il faudrait améliorer leur outillage
et, par une direction morale sérieuse, les empêcher de tomber
dans l'imitation servile des produits européens.

Il serait, à cet effet, nécessaire que les beaux modèles de
décoration indigène soient répandus en exemplaires coloriés
et à bon marché, afin que les anciens modèles, de facture si
excellente, se perpétuent et que l'artisan n'ait pas tendance à
imiter les motifs de décoration grossière dont l'importation
inonde ses marchés.

Divers droits de douane pourraient être prévus, afin d'éviter le remplacement des objets de fabrication indigène par les
produits importés, surtout par exemple pour la confection.

2° *Matières premières*. — Dans cet article, nous allons décrire
le plus gros obstacle de la jeune industrie européenne et celui
qui, en même temps, maintient courbée dans l'ornière l'industrie indigène.

Les matières premières n'existant pas au Maroc sont d'importation difficile ; nous allons suivre ces matières, quelles
qu'elles soient, depuis leur départ de France jusqu'à leur
arrivée. Tout d'abord, le commerçant français, plus strict
dans ses relations commerciales que les autres peuples, n'en-
visage pas le crédit comme un instrument commercial ; cette
question est simplement effleurée ici, n'étant nullement de
notre ressort. Il livre sa marchandise à quai, rarement franco
bord, et l'on a toutes les peines du monde à lui faire établir des
prix fret et assurance compris, des prix C. A. F. : cela est d'une
importance primordiale, et le négociant français devra, s'il veut
lutter et vaincre, arriver à établir des prix tels que son client
n'ait plus à s'occuper de la question du fret et des assurances.

Peut-être cette question est-elle sœur de celle relative aux
moyens de transports, peut-être le négociant ne veut-il pas
s'engager dans ces questions de transports alors qu'il sait
combien ceux-ci sont peu fréquents et peu directs.

Il est, en effet, essentiellement désirable que les moyens de transports qui nous relient à la Métropole soient assurés, sinon d'une manière plus fréquente, du moins d'une manière plus régulière, afin que l'industriel ne soit plus obligé de compter par mois les délais de transports.

Les questions de fret sont également d'une importance capitale et devraient, dès que les événements actuels ne seront plus un obstacle, être sérieusement étudiées ; il ne devrait pas être possible que les frets Marseille-Saffi diffèrent seulement de quatre francs avec les anciens frets Hambourg ou Anvers-Saffi.

Encore est-il nécessaire de dire que ces questions dépendent partiellement des conditions de débarquement au Maroc : celles-ci devront être améliorées par les travaux nécessaires, travaux qui, pour Saffi en particulier, se résument en un wharf d'un coût peu élevé et d'un effet immédiat. L'aconage devra modifier et ses méthodes et son outillage : la modification de son tarif en découlera.

Enfin, nos matières sont en douane. Ici encore, nos industries naissantes trouvent de nombreux obstacles : d'abord le tarif *ad valorem*, qui devra être remplacé par un système mieux approprié aux besoins du Protectorat.

Nous avons remarqué, au cours de ce mémoire, combien la question du combustible était importante ici : l'indigène tond tous les jours de plus près la maigre végétation du Maroc pour y trouver de quoi cuire ses produits, il arrache la moindre brindille qui cuira sa chaux, son plâtre ou ses briques. L'Européen en est réduit à procéder à peu près de même, ou alors il doit vendre ses produits à un prix que la qualité, quoique supérieure, ne compense pas.

Il serait utile que les combustibles industriels, houille, anthracite, pétrole, essence, etc., pussent entrer en franchise douanière.

Dans le prix élevé du combustible gît la seule raison du peu de développement des industries européennes, et leur installation sur une échelle trop modeste découle également de ce fait.

Cette entrée en franchise, l'amélioration des tarifs d'aconage, et la diminution des frets ramèneraient ces combustibles à un taux raisonnable permettant leur emploi courant.

La question du paiement va également intervenir, nous ne ferons que l'effleurer comme n'étant pas de notre ressort.

L'industriel installé à Saffi se trouve avoir constamment affaire, pour ses achats, ses ventes ou sa main-d'œuvre, à deux monnaies concurrentes ; il serait absolument utile, afin de supprimer une inconnue parmi toutes celles au milieu desquelles il se débat, que le change soit, par des mesures que nous n'avons pas à envisager, définitivement fixé.

3° *Outillage.* — L'outillage indigène est rudimentaire et doit au plus vite être remplacé par l'outillage européen ; notre rôle, ici, consiste seulement à rappeler à la Mère-Patrie qu'il y a au Maroc une belle place à prendre à ce point de vue, et que cette place vaut amplement la peine que l'on doit se donner pour la conquérir dès maintenant.

Le gros outillage et les moteurs à vapeur ou autres devront également intéresser les fabricants de France ; mais il est aussi pour cet article une question marocaine qui est celle, déjà étudiée, des débarquements et des transports. Les machines et les machines-outils de poids importants sont très difficiles à débarquer et, cependant, l'avantage de les expédier presque sans montage ultérieur est énorme, vu le peu d'instruction de la main-d'œuvre du pays.

Il serait nécessaire de faire étudier les moyens de débarquement suffisants, barcasses et grues, par les services intéressés.

4° *Ecoulement des produits industriels.* — Les industriels locaux sont prêts à trouver, si ce n'est pas déjà fait, l'écoulement régulier de leurs produits, et il est hors de doute qu'un actif commerce d'échange s'établira entre les différents ports du Maroc. Ce commerce, dont l'intérêt de tous dépend, ne pourra s'établir d'une façon régulière que lorsque les moyens de transport réguliers et fréquents seront créés entre ces divers ports.

En outre, les tarifs d'exportation grèvent d'une façon quelquefois considérable les produits industriels ; nous citerons ci-dessous quelques exemples :

Peaux......................... (les 50 kilos) P. H.   4.50
Poteries, tissus, babouches,
   sacoches .... 5 %
Peaux tannées teintes (le kantar)..:.......... P. H.   12.50

Peaux tannées ordinaires (le kantar)......... P. H.   4.50
Ouvrages métaux, plateaux cuivre................   8 °/₀
Meubles...   10 °/₀
Sparteries, nattes..............................   8 °\₀
Essences de fleurs (le kantar)................. P. H.   2 50
Fruits secs (le kantar) .... P. H. 2.50 à 5.00
Essences diverses..............................   10 °/₀
Gommes (le kantar)...................... P. H.   2.50

Certains de ces tarifs sont réellement prohibitifs, et leur suppression semble être absolument nécessaire pour le développement de l'industrie, qui ne pourra jamais atteindre une croissance régulière sans un écoulement régulier des produits fabriqués.

Les échanges vers l'intérieur deviendront de jour en jour plus importants, les industries ayant, tant que les chemins de fer n'existeront pas, tout intérêt à être créées sur la côte ; les réseaux de routes en cours devront être améliorés et consolidés pour permettre sans fatigue, pour les charrettes ou camions, chevaux ou moteurs, aussi bien que pour la route elle-même, les transports vers l'intérieur. Ces transports augmenteront également au fur et à mesure que les richesses du Maroc seront mieux connues ; tandis que les usines de la côte enverront leurs produits manufacturés vers l'intérieur, celui-ci enverra vers le littoral les matières premières nécessaires aux industries.

En résumé, nous demandons bien peu, et nos demandes sont, le plus souvent, tempérées par le délai nécessaire qui provient du cas de force majeure actuel, notre guerre de libération définitive.

Nous demandons des services plus réguliers entre nous tous, ports marocains, et la France ; nous demandons des frets raisonnables, des moyens de débarquement moins antiques et moins dispendieux. Nous demandons encore de nous voir relier à l'intérieur pour pouvoir y porter nos produits et ceux de la France, y rechercher les produits du pays et, qui sait, peut-être un jour, y découvrir de nouvelles richesses dont la Mère-Patrie aura besoin pour se remettre de la tourmente actuelle.

Nous demandons l'entrée en franchise des combustibles

essentiels, mesure qui permettra l'essor de l'industrie et qui assurera au pays une seconde source de richesse à côté de la source de biens inépuisable qui lui vient de son agriculture.

Enfin, nous demandons la suppression de cette taxe à l'exportation, de cet octroi qui nous ligotte et nous étouffe.

Le jour où ces mesures seront prises, où ces travaux seront exécutés, il n'y aura plus d'Abda, de Chaouïa, de Doukkala ou de Haouz, il n'y aura plus que le Maroc uni, travaillant pour son bel avenir.

V

RAPPORTS

PRÉSENTÉS PAR

LE COMITÉ D'ÉTUDES ÉCONOMIQUES
DE MARRAKECH

A. — COMMISSION DU COMMERCE ET DE L'AGRICULTURE

Mesures susceptibles d'améliorer les conditions du commerce et de l'agriculture dans la région de Marrakech.

Rapporteur : M. LASSALLAS.

Vous avez bien voulu me désigner pour représenter votre Commission à l'Exposition Franco-Marocaine de Casablanca, et m'indiquer quelques questions à examiner, pensant que des conversations utiles pourraient avoir lieu à l'assemblée des Comités d'Etudes Economiques du Protectorat.

Nombre d'entre ces questions seront peut-être traitées dans les conférences déjà ouvertes à Casablanca.

Cependant, grâce à l'aide de MM. Trilles et Isnard, je viens mettre sous vos yeux quelques-unes des réflexions qui m'ont été suggérées par l'examen de vos travaux et de l'état actuel des choses dans notre région.

Transports. — La question des transports, étudiée par M. Pitois, vous a conduits à adopter des vœux qui ont été présentés à M. le Résident Général, lors de sa dernière visite à Marrakech.

Je vous proposerais cependant d'insister :

1° Sur la nécessité, pour notre région, *de voir le port de Saffi* relié d'une façon sûre et régulière, le plus tôt et le plus fréquemment possible, aux régions du nord et de l'ouest de la France ;

2° Sur les avantages que retirerait le commerce français, du fonctionnement pour les villes de l'intérieur du Maroc, *du service des colis postaux*, et, en attendant mieux, sur la nécessité de demander que chaque région non encore desservie fasse partie de la zone d'un port désigné et connu comme tel en France.

Crédits commerciaux. — En ce qui concerne les crédits commerciaux, les Banques nous affirment qu'elles sont désireuses et en état de satisfaire à tous les besoins intéressants. Elles assurent actuellement l'escompte à 1 1/2 °/₀ au-dessus du taux des avances de la Banque de France. Nous espérons qu'elles pourront prochainement diminuer ce tarif, et faciliteront ainsi aux commerçants les occasions de faire rouler fréquemment leurs fonds, en se contentant d'un bénéfice réduit. Mais en examinant cette question, nous sommes amenés à envisager les moyens et garanties qui sont donnés aux négociants ou hommes d'affaires, pour contraindre à s'exécuter une clientèle, européenne ou indigène, malheureusement accoutumée à ne pas avoir un très grand souci des échéances, et à oublier les engagements pris, lorsqu'elle croit pouvoir, sans grands risques, les renvoyer indéfiniment.

Organisation judiciaire. — L'organisation judiciaire du Protectorat est de création récente ; son fonctionnement n'a pas encore permis d'obtenir, dans notre région, les sanctions nécessaires, qui, nous l'espérons, assainiront le monde des affaires, et par là même rendront les capitaux moins hésitants.

Il semble donc désirable de souhaiter *une plus grande rapidité dans la procédure*, et l'exécution des mesures de justice, sans que des distinctions soient possibles dans les catégories de justiciables.

Douane. — Les questions étudiées par le Comité et relatives à la Douane et à l'aconage ont été examinées en présence de M. le Résident Général.

Le Service du Contrôle de la Dette a déclaré que l'établissement de bureaux de douane dans les villes de l'intérieur était impossible. Les comités existants dans les ports paraissent donc mieux placés que le nôtre pour étudier les questions douanières et celles qui s'y rattachent.

Mais, étant donnée la nécessité pour nos négociants de s'en

remettre aux transitaires, nous devons nous efforcer d'obtenir que les marchandises destinées ou en provenance des villes de l'intérieur soient l'objet d'attentions et de soins spéciaux. Nous ne pensons pas que les nécessités de contrôle soient incompatibles avec des mesures qui permettraient aux diverses opérations en douane de se faire à la satisfaction des intéressés de l'intérieur. L'important pour nous est qu'il soit possible d'établir nettement les responsabilités, tant en ce qui concerne les prélèvements d'échantillons pour analyses, que pour l'estimation des marchandises, leur débarquement et emmagasinage.

Fraudes. — Ainsi que vous l'a signalé M. Pitois dans ce rapport, les produits d'importation et d'exportation sont très fréquemment fraudés dans notre région, mais le Dahir du 14 octobre 1914 doit permettre une répression efficace, au moins pour les produits d'importation, à condition que les brigades du Contrôle possèdent un personnel assez nombreux pour en assurer l'application.

En ce qui concerne les marchandises d'exportation, nous remarquons que les nombreux intermédiaires auxquels l'exportateur est encore contraint de s'adresser travaillent souvent avec un trop unique désir de gain immédiat qui les incite à la fraude ou à l'inexécution des engagements pris.

Codification des usages commerciaux. — M. Lambret, dans le rapport qu'il vous a soumis, émettait le vœu que les usages commerciaux du Maroc, pour les produits d'exportation, soient codifiés.

Nous croyons devoir, en outre, demander certaines améliorations qui faciliteront le règlement des litiges commerciaux dans les villes et marchés de l'intérieur. En attendant une organisation judiciaire plus complète, il y aurait peut-être lieu d'envisager la création d'organismes composés de personnes compétentes et officiellement reconnues comme telles, qui constateraient les fraudes et litiges, puis proposeraient des sanctions à l'autorité.

Extension de l'agriculture. — La grande diversité des produits de notre région permet d'espérer pour elle le plus bel avenir agricole. Les indigènes mettront en valeur rationnellement les richesses ignorées ou laissées à l'abandon, à mesure que l'impression de sécurité et de stabilité des choses pénétrera en eux, et lorsque les efforts parallèles de l'Adminstration et de l'initiative privée françaises leur auront montré les résultats que l'on peut obtenir.

Étude du régime des eaux. — L'immatriculation foncière, déjà entreprise à Casablanca et à Rabat, assurera la sécurité des transactions immobilières pour l'avenir en même temps qu'elle règlera un passé dont vous connaissez les complications et les difficultés. Prochainement, sans doute, notre région pourra y faire appel. Or, vous n'ignorez pas que, chez nous, les parts d'eau d'irrigation sont l'objet de transactions importantes, indépendantes bien souvent d'une opération sur les terres qu'elles sont appelées à arroser. Comment pourra-t-on assurer la sécurité dans la transmission de ce genre de propriété? Nous croyons intéressant de demander à ce sujet des renseignements que les Services compétents ne manqueront pas de nous fournir. Nous vous proposerons également d'émettre le vœu que la question des eaux souterraines et fluviales dans toute notre région soit étudiée au point de vue technique, administratif et juridique ; en même temps, il serait dressé un inventaire des droits existants, et cette étude préparerait la mise au point de règlements ou lois qui, tout en tenant compte du passé, permettraient pour l'avenir la mise en valeur méthodique et rationnelle de nombreuses richesses actuellement perdues.

Il n'est pas douteux que la majeure partie des terres qui s'étendent entre l'Atlas et les tirs voisins de la côte conviendraient spécialement aux cultures selon les procédés du « dry farming ». Mais ce mode de culture n'a de chances d'être entrepris avec succès que par les détenteurs de vastes étendues. Vous savez que ces dernières sont, presque partout, au Maroc, entre les mains de tribus de pasteurs et considérées comme biens collectifs inaliénables, encore que bien souvent leurs possesseurs n'en tirent aucun parti.

Biens habous. — Ces richesses latentes ne pourront devenir productives que si l'on donne une solution à la question des biens collectifs de tribu et des biens habous, en rendant possible sinon leur aliénation définitive, du moins leur mise en valeur temporaire par voies de compensation ou d'échanges, voire même en réservant dans leur exploitation ou leur produit une proportion aux détenteurs actuels.

Nos vastes pâturages des Sraghna, Rehamna, Ahmar, si naturellement abondants, et de qualité si excellente, leur situation si avantageuse entre la côte et les immenses étendues qui, de l'Atlas au Sahara, sont des réservoirs importants de bétail, notamment de moutons, nous donnent à penser que la région de Marrakech sera le lieu de repos des troupeaux toujours plus demandés par l'Europe.

Exportation des troupeaux. — Déjà, la puissance de consommation du Maroc paraît dépassée par les naissances abondantes d'une année favorable. Les troupeaux de moutons, amenés sur les marchés locaux par grosses quantités, s'écoulent difficilement ; aussi croyons-nous bon de demander dans quelles conditions et jusqu'à quel point, l'exportation du mouton pourrait être autorisée et assurée dans des conditions favorables.

Il ne paraîtra peut-être pas trop prématuré ni audacieux d'envisager la question d'installations d'usines frigorifiques et de moyens de transports pour la viande congelée.

En ce qui concerne le développement de la culture selon les procédés européens, M. de Jarente est d'avis que l'on accorde aux engrais le même traitement de faveur dont jouissent déjà les instruments agricoles en ce qui concerne les droits de douane.

Main-d'œuvre. — Enfin, Messieurs, si nous prêtons l'oreille aux plaintes des agriculteurs indigènes, nous noterons le manque de main-d'œuvre agricole même dans notre région. où la population est pourtant une des plus denses du Maroc, bien que nous soyons voisins des réservoirs du Sous et de l'Oued Draa.

Cette rareté des ouvriers agricoles tient peut-être au caractère spécial et irrégulier des travaux des champs. Mais, étant donné, les besoins sans cesse grandissants, dans ce pays et au dehors, des autres branches de l'activité humaine, il est peut-être prudent, pour éviter des crises agricoles possibles, de demander dès maintenant l'étude de mesures destinées à permettre au Protectorat d'enrayer l'exode de ses travailleurs.

B. — COMMISSION INDUSTRIELLE

L'industrie à Marrakech.

Rapporteur : M. SCHACHER.

Il existe à Marrakech depuis longtemps, mais sous une forme encore primitive, des industries qui devraient être perfectionnées et développées.

La création d'usines modernes, destinées aux différentes industries déjà en exploitation à Marrakech, ne saurait toutefois être envisagée qu'autant qu'il sera possible de leur assurer des routes praticables en tous temps pour leur approvisionnement et l'écoulement de leurs produits, des chemins de fer et surtout une source de force motrice économique.

Déjà, la question des routes a fait un grand pas depuis un an et Marrakech peut envisager, dans un avenir prochain, un réseau de pistes aménagées et de routes carrossables par lesquelles les produits de l'intérieur parviendront sur le marché et gagneront ensuite les ports, y déversant les richesses du sol marocain. Mais le transport par routes sera toujours onéreux et, seule, la voie ferrée permettra un trafic économique.

Il y a donc lieu de demander la continuation des voies entreprises jusqu'à Marrakech et la création de celles que l'intérêt économique du pays fera connaître comme indispensables.

La plaine de Marrakech est, sans aucun doute, fertile et les conditions climatériques seraient presque parfaites si la quantité d'eau à lui donner était régulière et suffisante. L'irrigation rationnelle et complète fera de cette région un véritable grenier pour le Maroc et la Métropole. L'eau manque actuellement pour la mise en valeur de tous les terrains susceptibles de recevoir toutes les cultures élémentaires ou industrielles ; l'eau manque également pour les industries qui pourraient s'installer sur place. Enfin, c'est à l'eau qu'il faut demander la force motrice nécessaire au fonctionnement des machines de toutes sortes appelées à contribuer à la richesse du pays. En effet, avant longtemps, le charbon restera cher, et le bois paraît rare et d'un prix élevé pour servir de combustible. L'avenir réserve peut-être la surprise d'une découverte de gisements de pétrole ou de houille à bonne distance de notre ville, mais, jusqu'ici, on ne possède pas d'indications sérieuses à ce sujet, tandis qu'il est avéré qu'on peut compter sur la houille blanche. Déjà, en effet, des sociétés se sont occupées de la question et ont étudié la création de barrages de certaines vallées peu éloignées de Marrakech. Ces barrages permettraient la création de véritables réservoirs dont l'eau serait distribuée pour l'irrigation tout en actionnant des turbines capables de donner à Marrakech la force motrice économique, sans laquelle aucune industrie ne saurait prospérer. Ce double résultat obtenu, force motrice et eau, joint aux facilités de transport, *il ne peut y avoir d'hésitation et l'industrie se développera rapidement.*

Elle sera surtout de caractère agricole : meuneries, huileries, savonneries. Les moulins se développeront tout naturellement. L'indigène, au contact de plus en plus étroit de l'Européen, consommera de plus en plus de farine blanche ; par suite, il abandonnera ses moulins primitifs, même s'il persiste à cuire son pain chez lui. L'Intendance sera un gros client, dont les demandes augmenteront au fur et à mesure de l'avance de la pacification et de la création de postes nouveaux. Les huileries arabes, assez nombreuses dans la région, laissent perdre une quantité d'huile considérable, à tel point que des Allemands avaient offert à un gros propriétaire d'oliviers, en même temps fabricant d'huile, d'installer à leurs frais une huilerie moderne et de l'exploiter pour le compte de cet indigène en ne gardant, pour leur part, sur laquelle ils avaient seuls à supporter les frais d'exploitation et d'amortissement, que le seul excédent de rendement obtenu par des moyens réellement industriels.

L'huilerie, de plus, a des résidus qui conviennent à la fabrication du savon bon marché. Une savonnerie trouverait donc sur place les matières chères et bon marché nécessaires à la fabrication de différentes qualités de savon.

A cette savonnerie pourrait s'ajouter une distillerie d'essence de parfumerie. La menthe, le géranium poussent facilement dans le sol de notre région. Il s'y récolte aussi beaucoup de roses et les orangers sont très nombreux. Il faudrait intensifier ces cultures qui contribueraient à la richesse du pays. Le coton également a parfaitement réussi dans la région, et sa culture se développerait très rapidement si l'indigène ou le colon voyait s'établir sur place une industrie de préparation ou de transformation. Le bétail bovin et ovin est abondant dans cette plaine déjà fertile et que l'irrigation rendrait encore plus productive. La richesse du sol, l'abondance des récoltes augmenteront le troupeau de notre plaine. Il arrive déjà à Marrakech beaucoup de laine ; il pourrait y en avoir davantage. Or, cette laine arrive en suint ou très mal lavée. *Une usine de décrassage* trouverait certainement de quoi rémunérer le capital engagé. La laine de Marrakech acquerrait auprès des Marocains et des Européens une renommée, les acheteurs ou les vendeurs n'auraient plus à supporter les frais de transport que pour la marchandise propre débarrassée de toutes les matières inertes et sans valeur.

Les résidus de cet usinage trouveraient sur place dans les savonneries leur emploi tout indiqué.

L'industrie du tannage existe également à Marrakech ; elle est très spéciale. Bien que le nombre de peaux salées ou séchées arrivant à Marrakech soit assez élevé, les acheteurs d'Europe peuvent avoir, chacun en ce qui le concerne, des procédés de traitement qu'une usine locale ne pourrait adopter sans risquer des difficultés de fabrication et des complications incontestablement onéreuses.

En dehors des industries agricoles, il en est d'autres dont le besoin se fait sentir. Marrakech est déjà et deviendra un gros, le seul gros marché intérieur du sud, son développement sera rapide : une véritable ville européenne s'est élevée en quelques mois et malgré les difficultés du moment. A côté, la ville indigène peuplée, commerçante et industrieuse, mais depuis trop longtemps la proie des tribus pillardes de la montagne, est encore actuellement, malgré les efforts de l'Administration, en très mauvais état. Avec la sécurité et la prospérité qui en dépend un peu, avec la fin des hostilités que nous souhaitons prochaine dans la victoire de la France, la ville européenne, dotée de tout le confort qui manquera fatalement à la ville indigène, se développera très rapidement pendant que, parallèlement, la ville arabe relèvera ses ruines et se reconstruira.

Or, la construction est chère, les matériaux sont assez rares et la brique, notamment, y est de qualité inférieure. Une bonne briqueterie faisant la brique pleine, creuse, la tuile et les poteries de bâtiment, aura un gros débouché local. La terre à briques est bonne et abondante. Le combustible est le point noir de l'exploitation, mais, même à l'heure actuelle, il serait possible, en important à une époque bien choisie des charbons spéciaux, de fabriquer des produits de bonne qualité qui rivaliseraient facilement auprès des entrepreneurs avec les produits locaux.

La fabrication de la chaux serait également à perfectionner et il n'est pas impossible que des fabriques de ciment puissent réussir sur place. Toutes les industries auxquelles cette étude fait allusion sont à l'état embryonnaire à Marrakech. Il existe déjà une main-d'œuvre qu'il serait facile d'améliorer et de perfectionner. Jusqu'ici, les administrations publiques, comme les entrepreneurs, ont trouvé assez facilement les bras dont ils avaient besoin. Le génie notamment occupe un grand nombre d'indigènes ainsi que les maisons qui ont pris l'adjudication des routes. Ces indigènes *sont travailleurs dociles et intelligents*. Des équipes de maçons notamment ont été constituées et donnent certainement plus de satisfaction que les manœuvres espagnols, italiens, portugais du début de l'occupation de Marrakech. Les menuisiers arabes qui sont passés dans les ateliers mécaniques installés à Marrakech ont rapidement appris l'*usage des machines-outils*. Certains ont montré une vive curiosité et de réelles dispositions mécaniques. Il ne semble pas que le développement de l'industrie à Marrakech puisse être assez intense et assez subit pour provoquer une crise de la main-d'œuvre. La population ouvrière est déjà nombreuse. Avec la pacification des cercles voisins, la certitude de bons traitements et la fin de la méfiance, l'afflux des ouvriers amènera à la ville plus de bras qu'il n'en faudra. C'est alors qu'il appartiendra à tous les organismes, civils, administratifs ou militaires, d'assurer du travail afin d'éviter l'exode. Cependant, cette éventualité n'a rien d'immédiat ni d'inquiétant.

Il faut encourager la création d'entreprises industrielles à Marrakech. Que demandent les industriels? Des voies de terre praticables en tout temps, et un chemin de fer qui leur assurerait, à un tarif avantageux, le transport de leurs produits de fabrication destinés à la transformation ou l'usinage des produits du pays destinés à l'exportation ; de l'eau, parce qu'aucune industrie ne peut s'en passer et que l'eau à Marrakech, c'est en même temps la force motrice économique.

Par contre, ils viendront apporter l'aisance à de nombreux indigènes auxquels ils donneront un métier rémunérateur et le bien-être, source de tranquillité d'abord, puis d'affection aux institutions françaises.

Il ne semble pas que la création d'écoles professionnelles ou d'ateliers d'apprentissage puisse donner de bons résultats. Ces écoles ou ateliers formeraient surtout une certaine classe d'ouvriers dont les prétentions, avec la formation rapide d'un cours si parfait soit-il, seraient hors de proportions. Les écoles développent aussi les goûts de voyage et d'aventure et l'on risquerait la formation d'ouvriers ou même de contremaîtres qui n'auraient d'autre idée que celle d'aller porter ailleurs leurs talents. D'autre part, ces écoles ou ces ateliers sont toujours onéreux pour les villes qui les créent ; ils nécessitent l'entretien d'un personnel enseignant coûteux.

La meilleure formation est l'embauchage ; l'ouvrier indigène intelligent est rapidement au courant et double facilement un Européen. Il s'attache à la maison dans laquelle il a débuté et il reste un élément de la production de la richesse locale. Les industriels qui s'installeront à Marrakech, en dehors de leur intérêt qui les pousse à employer le plus d'indigènes possible, peuvent et doivent y être encouragés par des avantages qui découleraient par exemple des clauses du cahier général des charges pour les adjudications de l'État, ou par des exonérations de partie des taxes industrielles existantes ou à créer, et cela proportionnellement au nombre d'indigènes employés concurremment aux Européens.

Marrakech, ville destinée au tourisme élégant, station hivernale idéale, sera en même temps un marché commercial important : elle peut devenir un centre industriel à condition qu'elle communique facilement et économiquement avec la côte et l'intérieur ; qu'elle ait de l'eau pour ses cultures, pour les industries qui en dépendent ; enfin, qu'on y attire les industriels par l'appât de facilités qu'ils ne pourraient rencontrer ailleurs.

TROISIÈME PARTIE

PROCÈS-VERBAUX DES SÉANCES
du 24 au 27 octobre 1915

Séance d'ouverture *(24 octobre 1915)*.

Le 24 octobre 1915, à quinze heures, les membres des
Comités d'Études économiques du Protectorat se sont réunis en séance plénières, dans la salle des Conférences de
l'Exposition franco-marocaine, sous la présidence d'honneur
de M. le Résident Général et sous la présidence de M. l'Intendant général Lallier de Coudray, Secrétaire général du
Protectorat.

Étaient présents :

MM. de Tarde, Secrétaire général adjoint du Protectorat,
Vice-président ; Malet, Directeur de l'Agriculture, du Com-
merce et de la Colonisation, Vice-président ; Berti, Sous-
Directeur du Contrôle de la Dette, Commissaire Général de
l'Exposition ; Delure, Directeur Général des Travaux
Publics ; le Colonel Calmel, Commandant la région de Casa-
blanca ; de Sorbier de Pougnadoresse, Chef du Cabinet
Diplomatique ; Loth, Chef du Service de l'Enseignement ;
René Leclerc, Chef du Service des études économiques ;
Revilliod, Chef du Cabinet civil ; Court, Administrateur des
Colonies, Chef des Services municipaux de Casablanca :

Les autorités civiles et militaires des régions ou leurs représentants ;

Les membres des Comités des Études économiques dont
les noms suivent :

Comité de Rabat. — MM. Franceschi, Massiou, Thomas,
Tétard, de Bernis, Biarnay, Guinet, de Lasserre, Obert,
Lestre de Rey, du Peyroux, Durand, Jacquier.

Comité de Casablanca. — MM. Philip, Bouvier, Champforan, Bourote Guinard, Guernier, Rebulliot, Veyre, Audibert, Debussigne, Magnier, Cousin, Fournier, de Rivières,
de Mazières, Alexandre, Altaras, Andrieux, Brusteaux,
Busset, Croze, Debonno, Déchaux, Guyot, Paradis, Ravotti,
Darmet.

Comité de Mazagan. — MM. Brudo, Donzella, Jacquetty, Jeannin, Plouard.

Comité de Saffi. — MM. André, Allouche, Chamson, Colliot, Pénicaud, Legrand.

Comité de Marrakech. — MM. Cousiniéry, Chava, Lieutenant Schacher, Pitois, Lieutenant Allix, Lambret, Boulle.

Les représentants de la Presse de Casablanca et de Rabat et de l'Agence Havas assistaient à la séance.

Étaient au Bureau du Secrétariat :

MM. Lasvigne, Rédacteur à la Résidence Générale, remplissant les fonctions de Secrétaire du Congrès ; Goulven, Chef du Bureau Économique de Casablanca ; Beaujolin, Rédacteur à la Résidence Générale.

S'étaient excusés :

MM. Bigaré, Croizeau et Dubois-Carrière, membres du Comité des Études Économiques de Rabat.

Le Général Lyautey, Commissaire Résident Général, a tenu à présider la séance d'ouverture et a prononcé une allocution reproduite plus haut[1].

Il a été procédé ensuite à la désignation de deux assesseurs, et, à la majorité relative, MM. Cousiniéry et Bernaudat ont été élus.

M. de Tarde a pris la parole pour exposer l'ordre dans lequel les questions inscrites au programme seront étudiées et dont les principales rubriques suivent :

A. — *Questions financières*

Régime fiscal.
Douanes. Droits d'importation et d'exportation.
Droits de marché.
Droits de porte.
Tertib.
Taxe urbaine.
Questions monétaires et bancaires.

B. — *Outillage économique du Protectorat et transport*

Travaux publics, ports, routes, chemins de fer, aconage.

1. Voir page 16.

Transports terrestres et maritimes ; Frèt maritime. Postes et Télégraphes.

C. — *Questions ayant trait à la colonisation*

Régime immobilier.
Immatriculation.
Politique à suivre en matière de colonisation privée et officielle.

D. — *Questions commerciales proprement dites.*
Législation

Justice commerciale.
Droit maritime.
Poids et mesures.
Musées commerciaux.

E. — *Education professionnelle des Européens*
et des Indigènes

Toutes ces questions ont fait l'objet de rapports établis par les différents Comités des Études économiques ; le texte complet de ces rapports a été reproduit dans le *Bulletin officiel* (nos 169, 170, 171, 179 et 172) et publié dans la première partie du présent volume.

Deuxième Séance (*25 octobre au matin*).

Le Congrès des Études économiques s'est réuni le 25 octobre
au matin, à 9 heures 15, sous la présidence de M. l'Intendant
Général LALLIER DU COUDRAY, Secrétaire Général du Protectorat.

Étaient présents : MM. l'Intendant Général LALLIER DU
COUDRAY, président : G. DE TARDE, Secrétaire Général adjoint
du Protectorat, vice-président ; F. MALET, Directeur de
l'Agriculture, du Commerce et de la Colonisation, vice-prési-
dent ; COUSINIERY, assesseur ; BERNAUDAT, assesseur ; Colonel
CALMEL, Commandant la région de Casablanca ; DE SORBIER
DE POUGNADORESSE, Chef du Cabinet diplomatique ; LOTH,
Chef du Service de l'Enseignement ; RENÉ-LECLERC, Chef
du Service économique ; ONFROY DE VEREZ, Inspecteur des
Services Financiers ; ALBERGE, Chef du Service du Budget ;
Colonel MAURIAL, Commandant la Région de Rabat ; AGNEL,
Chef du Service des Impôts.

Au Bureau du Secrétariat : MM. LASVIGNE, Chargé des
fonctions de secrétaire du Congrès ; GOULVEN, Chef du Bureau
économique de Casablanca ; BEAUJOLIN, Rédacteur à la Résidence Générale.

Étaient présents les membres des Comités d'Études économiques régionaux dont les noms suivent :

Comité de Rabat : MM. BERNAUDAT, FRANCESCHI, MASSIOU,
DE BERNIS, BIARNAY, GUINET, DE LASSERRE, OBERT, LEGARD,
LESTRE DE REY, DU PEYROUX, DURAND, JACQUIER.

Comité de Casablanca : MM. PHILIP, BOUVIER, GUINARD,
GUERNIER, REBULLIOT, ALLIER, VEYRE, AUDIBERT, DEBUSSIGNE,
MAGNIER, COUSIN, FOURNIER, SÉRÉ DE RIVIÈRE, ALEXANDRE,
ALTARAS, ANDRIEUX, BRUSTEAUX, BUSSET, DECHAUX, GUYOT,
KATZ, PARADIS, RAVOTTI, DARMET, SANTOL.

Comité de Mazagan : MM. DONZELLA, JACQUETY, JEANNIN.

Comité de Safti : MM. Allouche, Chamson, Colliot, Penicaud, Legrand, Cousiniery.

Comité de Marrakech : MM. Dorée, Lieutenant Schacher, Pitois, Lambret, Boulle, Guirauden.

Etaient excusés : MM. Lassallas, Bourote, Bigaré, Croizeau.

M. l'Intendant Général Lallier du Coudray ouvre la séance en prononçant l'allocution suivante :

Messieurs,

Je pense qu'il doit y avoir un accord complet entre tous les colons du Maroc, et par colons j'entends aussi bien les commerçants et les industriels que les agriculteurs, les officiers et les fonctionnaires. Nous devons mettre nos efforts en commun pour tâcher d'atteindre, dans les meilleures conditions possibles, et le plus rapidement, le but que nous nous proposons tous : faire de ce pays un grand, un très grand pays.

Je ne veux pas vous faire des compliments, mais le même fait qui a frappé M. Sarraut, m'a également sauté aux yeux dès mon arrivée ; nous avons constaté que jamais, dans aucune colonie, il n'y a eu d'éléments aussi excellents qu'ici ; jamais en un aussi court espace de temps il n'a été obtenu de résultats aussi merveilleux.

Le but de cette réunion est de connaître vos desiderata, d'entendre toutes vos objections de façon que rien ne nous échappe et que nous ayons la certitude que, lorsqu'une décision sera prise, elle le sera en connaissance de cause, après avoir bien pesé le pour et le contre.

L'ordre du jour appelle en premier lieu la question du régime fiscal.

Tertib, droits de douane, droits de porte et de marché, taxe urbaine : tous nos impôts ont été unanimement critiqués par les comités régionaux. La situation financière du Protectorat ne permet pourtant pas d'envisager leur suppression, et la politique des grands travaux publics, conforme à vos propres vœux, ne saurait se concilier avec une politique de dégrèvement fiscal. Nous n'en sommes pas moins disposés, bien entendu, à rechercher avec vous une meilleure application des taxes existantes et à leur apporter toutes modifications utiles. (*Applaudissements*).

Régime fiscal.

I. — QUESTIONS DOUANIÈRES

Droits d'exportation.

M. l'Intendant Général LALLIER DU COUDRAY donne lecture des rapports du Comité de Rabat (Commission agricole[1] et Commission du Commerce[2]), et du Comité de Casablanca (Commission financière[3] et Commission agricole[4]), demandant la diminution des droits d'exportation, qui, selon eux, constituent un obstacle à la liberté du commerce.

Le Maroc se trouve, en effet, placé de la sorte vis-à-vis des pays exportateurs de produits agricoles, d'une façon particulièrement défavorable.

M. l'Intendant Général LALLIER DU COUDRAY. — L'Administration militaire s'est efforcée de remédier aux difficultés indiquées dans ces rapports en achetant sur place les blés et les orges du pays à des prix très rémunérateurs.

Le Président du Congrès donne ensuite lecture de rapports émanant de Saffi (Commission du Commerce[5]) et de Mazagan (Commission Agricole[6]), qui font remarquer que les droits d'exportation furent institués par les Sultans dans le but de parer aux époques de famine et de conserver au Maroc les céréales qui lui étaient nécessaires. Ces droits n'ont plus de raison d'être aujourd'hui. Le colon doit payer actuellement pour frais de transport, droit de porte, magasinage, aconage, etc., 19 fr. 50 par quintal métrique de blé. Ce blé étant vendu en Europe à raison de 25 fr., le colon devra donc vendre son blé au prix de 5 fr. 40 pris chez lui. Pour remédier à cette situation, il serait désirable qu'une commission se réunisse où seraient représentés l'Administration du Contrôle de la Dette,

1. Voir plus haut, p. 91.
2. Voir plus haut, p. 75.
3. Voir plus haut, p. 66.
4. Voir plus haut, p. 72.
5. Voir plus haut, p. 146.
6. Voir plus haut, p. 124.

le Protectorat, et des délégués des colons afin d'étudier la révision des tarifs d'exportation sur les produits agricoles.

M. Bernaudat. — Il me semble que la révision des tarifs pourrait se faire en recherchant pour le Protectorat l'équivalence des sommes que représenterait la suppression des droits d'exportation sur les céréales. On pourrait, par exemple, percevoir des droits intérieurs de consommation, notamment sur les marchandises importées, par exemple un droit de consommation de 0 fr. 10 par kilo sur les sucres, droit qui comblerait largement le déficit produit par la suppression des droits d'exportation, ceux-ci étant évalués à environ 5 ou 6 millions pour une année de bonne récolte comme 1911. On a objecté que cette taxe pourrait provoquer une diminution de l'importation des sucres au Maroc. Cependant, l'importation n'a pas diminué durant l'année en cours bien que les indigènes aient payé des prix très élevés allant parfois jusqu'à 1 fr. 25 le kilo dans les souks de l'intérieur.

M. Alexandre (Agent des Raffineries de Saint-Louis). — J'ajoute que l'importation des sucres, loin de diminuer, augmente au contraire malgré les prix élevés auxquels fait allusion M. Bernaudat.

M. Bernaudat. — Je crois devoir faire observer que par suite de l'augmentation des importations en général qui suivra la suppression des droits d'exportation, du développement du pays qui en résultera, de nouvelles taxes pourront être perçues sur d'autres articles. Je crois, en effet, que le maintien des droits d'exportation actuellement exigés apporterait un très gros retard à la colonisation du Maroc.

M. Philip. — La taxe nouvelle destinée à remplacer les droits d'exportation pourrait tout aussi bien porter sur des produits d'origine étrangère, par exemple les cotonnades, au lieu d'atteindre exclusivement les sucres qui sont, pour la plupart, de provenance française.

M. de Tarde. — Sans parler pour le moment du côté international de la question, qui sera abordé tout à l'heure par M. de Sorbier et qui a plus d'importance, à vrai dire, pour les droits d'entrée que pour les droits de sortie, je me permets d'appeler toute l'attention de l'Assemblée sur le danger très grave qu'il y aurait, au point de vue économique, à supprimer du jour au lendemain les droits sur l'exportation.

Les rapports présentés sur cette question se fondent, en général, sur cette idée que la richesse d'un pays est en raison directe de l'excédent de ses exportations sur ses importations. Idée théoriquement juste, mais qui n'est pas toujours vérifiée. Dans un pays neuf comme le Maroc, qui naît à la vie économique, qui n'est pas encore *coté*, si je puis dire, à la bourse du commerce mondial, et qui, d'autre part, est encore absolument tributaire de l'étranger au point de vue industriel, l'accroissement des exportations, conséquence nécessaire de la suppression des droits, n'aurait pas pour effet immédiat une augmentation corrélative du chiffre des importations ni par suite un abaissement du prix des frêts : il est fort à redouter, par contre, que la suppression brusque des droits de sortie ait une répercussion des plus graves sur le coût de la vie, déjà si élevé, et par voie de conséquence sur le coût de la main-d'œuvre. En se dépouillant des produits qu'il consomme, le Maroc serait conduit à les acheter plus cher à l'étranger.

Il y aurait donc lieu de procéder dans cette voie d'une manière progressive, par exemple en commençant par les produits dont on consomme le moins sur place : les peaux, les laines, les amandes, etc. On pourrait ensuite, et toujours progressivement, supprimer peu à peu les droits sur les céréales et les graines.

M. Bouvier. — Il y a lieu, en effet, d'envisager les conséquences que pourrait avoir la suppression des droits d'exportation, par exemple le renchérissement des terrains, celui de la main-d'œuvre et du coût de la vie. Le dégrèvement progressif est la seule méthode à envisager dans les circonstances actuelles. La suppression complète des droits d'exportation ne profiterait actuellement qu'à un nombre de personnes très limité.

M. Chamson. — A mon avis, la suppression des droits d'exportation aurait pour effet de procurer aux Compagnies de navigation faisant le service du Maroc un frêt de retour rémunérateur. On peut citer le cas de Compagnies allemandes qui, avant la guerre, chargeaient des céréales à des taux de frêt très réduits afin de s'assurer le voyage de retour. Celui-ci étant assuré par les céréales et l'aller par des sucres en majeure partie, les Allemands pouvaient vendre ces derniers à des prix inférieurs à ceux des sucres français. Au lieu de commencer par dégrever les peaux, le fenugrec, le coriandre, l'alpiste, il serait, je crois, plus urgent de commencer par le blé et l'orge, qui constituent les gros articles d'exportation du Maroc.

M. DE TARDE. — La chose est à examiner de près. J'insiste seulement sur la nécessité de procéder progressivement.

D'une manière générale, deux systèmes peuvent être envisagés : ou bien la suppression des droits de douane, un à un, par catégorie de produits, en commençant par ceux dont la consommation locale est la moins forte, ou bien la diminution progressive des droits, par échelons, sur l'ensemble des produits.

Le choix entre ces deux systèmes, de même que l'ensemble des questions de douane, sera soumis à une commission composée de fonctionnaires, de colons et de commerçants.

M. l'Intendant Général LALLIER DU COUDRAY, ayant demandé à l'assemblée si quelqu'un avait une observation à ajouter aux conclusions qui précèdent, personne ne demande la parole.

On passe alors à la question de l'exportation du bétail.

Droits de sortie sur le bétail.

M. MALET lit un rapport de la Chambre d'Agriculture de Rabat (Commission Agricole[1]), et demandant la levée de l'interdiction de l'exportation du bétail. Il expose que l'interdiction d'exporter fut prise dès le début de l'année 1913, dans le double but de permettre la reconstitution du cheptel marocain, décimé par l'épizootie de 1912-1913, et de réagir contre le renchérissement local de la vie. Après la guerre, ajoute-t-il, l'Administration se préoccupera d'ouvrir les portes à la sortie du bétail dans la limite des possibilités du pays et après consultation des Chambres de Commerce et d'Agriculture.

M. l'Intendant général LALLIER DU COUDRAY signale qu'à Madagascar, la colonie avait dans le même but interdit l'exportation des veaux et des vaches.

1. Voir plus haut, p. 93.

Droits de douane à l'importation.

Il résume d'autre part les vœux exprimés par les Comités de Rabat (Commission Agricole[1]), de Mazagan[2] (Commission Agricole) et de Saffi (Commission de l'Industrie)[3], au sujet des droits de douane à l'importation.

M. l'Intendant Général LALLIER DU COUDRAY. — M. Andrieux a exprimé un vœu tendant à l'exonération des droits de douane sur les charbons. Or, il faut noter que l'Angleterre, par exemple, serait essentiellement favorisée si nous supprimions ces droits spéciaux d'importation. Ce serait, en effet, un gros avantage qui lui serait ainsi accordé. Or, il semble qu'il serait de bonne administration de chercher à obtenir, en échange, certaines concessions : la question vaut donc d'être étudiée et pourra donner lieu plus tard à des pourparlers entre les divers gouvernements intéressés.

M. DE SORBIER. — J'ajoute qu'il ne faut pas oublier que nos tarifs douaniers sont des tarifs conventionnels stipulés notamment aux traités anglo-marocain de 1856 et hispano-marocain de 1861. Les Sultans se sont engagés sans limitation de durée, ce qui ne facilitera pas des négociations éventuelles, à ne pas appliquer des droits supérieurs à 10 % à l'importation. Ces traités ont également fixé l'échelle des droits à l'exportation. Le jour où nous voudrons réformer ces tarifs, il y aura lieu d'obtenir des Puissances ayant signé ces traités ou en bénéficiant en vertu de la clause de la nation la plus favorisée, qu'elles acceptent leur dénonciation. Il sera alors possible de négocier de nouveaux tarifs et d'obtenir des élévations sur certains articles afin de pouvoir dégrever certains autres.

Droits sur les combustibles. — Entrepôts fictifs.

(Voir les rapports de Casablanca, Commission de l'Industrie[4], et de Saffi, Commission de l'Industrie[5]).

1. Voir plus haut, p. 91.
2. Voir plus haut, p. 110.
3. Voir plus haut, p. 136.
4. Voir plus haut, p. 69.
5. Voir plus haut, p. 166.

M. Thomas. — En ce qui concerne la question des charbons, un texte récent autorisant la création d'entrepôts fictifs de charbon n'a pas donné lieu à la création d'entrepôts de cette nature parce que les entrepositaires étaient tenus de payer d'avance l'intégralité des droits de douane dont ils n'étaient remboursés qu'au fur et à mesure de la réexportation de la marchandise. Si l'entrepôt fictif fonctionnait réellement sans versement préalable des droits, la création de dépôts de charbon dans les ports serait grandement facilitée.

M. de Tarde. — Il y a là un malentendu, la création même de *l'entrepôt* impliquant ajournement du paiement des droits jusqu'au jour de la sortie, c'est-à-dire de la vente ou de la réexportation des marchandises entreposées, mais il faut remarquer que la création d'entrepôts fictifs dans les magasins particuliers présente certaines difficultés, surtout au point de vue surveillance, l'Administration ne disposant pas pour l'instant du personnel suffisant.

M. Thomas. — Les entrepôts pourraient être établis indifféremment sur les quais de la douane ou dans les magasins particuliers.

M. Katz. — Il existe d'autres combustibles que le charbon qui pourraient bénéficier des mêmes mesures, notamment le pétrole, très intéressant pour les industries de l'intérieur pour lesquelles la question transport est un facteur primordial dans l'établissement des prix de revient.

M. Bouvier. — La question des charbons de bois présente aussi un gros intérêt. En dégrevant temporairement l'importation des charbons de bois, il serait possible de ménager les forêts et les broussailles côtières.

M. Thomas. — Le charbon de bois importé reviendrait au même prix que le charbon fabriqué dans le pays.

Droits spécifiques et droits ad valorem.

Personne ne demandant plus la parole sur cette question, M. de Tarde rappelle un vœu émis par les Comités de Rabat (Commission Agricole [1]) et de Saffi (Commission du Com-

---

1. Voir plus haut, p. 91.

merce [1]), tendant à la substitution de tarifs *spécifiques* aux tarifs actuels *ad valorem*.

Les avantages du tarif spécifique, ajoute-t-il, sont incontestables : variété, fixité, précision des droits… mais il ne faut pas oublier que si les droits *ad valorem* sont quelque peu arbitraires et manquent d'équité à cause de leur égalité même, ils offrent un avantage énorme en pays neuf, c'est la commodité de leur perception : tarification simple, vérifications succinctes.

M. Boulle. — Les tarifs *ad valorem* donnent pourtant lieu à bien des discussions.

M. de Tarde. — L'application des tarifs spécifiques, en raison de leur complexité, demande un personnel beaucoup plus nombreux et beaucoup plus exercé que l'application des tarifs *ad valorem*.

M. l'Intendant Général Lallier du Coudray.— L'importance de la question à étudier est telle qu'il y aura lieu de la soumettre, comme l'ensemble des questions de douane, à une commission spéciale.

M. Bernaudat. — Je crois que cette commission, composée de fonctionnaires et de négociants, devra étudier les matières sur lesquelles la refonte devra porter. Elle devra fonctionner le plus rapidement possible, profiter de la période actuelle pour tout étudier et tout préparer de façon à ce que l'application des réformes décidées soit immédiate après la guerre.

M. Bouvier. — On pourrait saisir de la question les Chambres de Commerce qui ont été créées dans ce but.

M. de Tarde. — Les Chambres de commerce discuteront chacune de leur côté et feront prévaloir le point de vue spécial de chaque région. Une commission composée de sept ou huit personnes, quatre à cinq fonctionnaires et trois ou quatre commerçants, serait préférable.

Le Commandant Charles-Roux. — A l'appui de ce que vient de dire M. de Tarde, je ferai observer que les produits exportés par les Régions du sud sont différents de ceux des régions de Casablanca et Rabat.

M. de Tarde. — Je proposerai de faire désigner trois représentants colons, un pour chaque région : le nord, le centre (Casablanca) et le sud.

La proposition est adoptée.

1. Voir plus haut, p. 147.

Calculs des droits d'importation.

D'autre part, le Comité de Casablanca (Commission Industrielle [1]) a demandé que les droits d'importation soient calculés sur les frêts normaux existant avant la guerre. Les droits de douane sont, en effet, calculés sur la valeur de la marchandise à quai. Or, par suite de l'accroissement constant du prix du frêt, les droits subissent une augmentation très sensible.

M. MAGNIER. — Ces droits deviennent encore plus onéreux lorsqu'ils portent sur des produits lourds, chaux, ciments, etc. Cette augmentation est souvent plus importante que la valeur de la marchandise elle-même.

M. GUERNIER. — Le Comité de Casablanca a demandé que la mesure soit élargie ; le droit d'importation ne porterait que sur la surtaxe de guerre qui est relativement peu élevée, et non pas sur l'augmentation du prix du frêt.

M. BOULLE. — J'insiste aussi sur ce fait que les droits portent sur la marchandise mise à quai, c'est-à-dire avec la surtaxe et le frêt de guerre.

M. GUERNIER. — La question de surtaxe est indépendante du renchérissement du frêt. Avant la guerre, les frêts de Marseille, par exemple, ne variaient pas beaucoup. A l'heure actuelle, quand nous recevons une tonne de chaux ou de ciment, nous payons un frêt de 35 francs par tonne, ce qui triple presque la valeur de la marchandise. Les droits sont ainsi payés sur le triple de la valeur.

M. DARMET. — Je crois devoir signaler à l'assemblée que la surtaxe de guerre est exonérée du droit de douane, en vertu d'une circulaire administrative du mois de février dernier.

M. l'Intendant Général LALLIER DU COUDRAY. — Tout en constatant que la surtaxe de guerre n'est pas atteinte par le droit de douane, il faut reconnaître que l'augmentation du frêt produit par l'état de guerre, en dehors de la surtaxe proprement dite, augmente considérablement la valeur à quai de la marchandise et, par conséquent, les droits qui sont perçus sur elle. Les observations qui viennent d'être présentées paraissent tout à fait justifiées et elles seront étudiées avec le désir de remédier à la situation qu'elles exposent.

1. Voir plus haut, p. 70.

Droits sur le matériel agricole.

(Voir le rapport du Comité de Casablanca, Commission industrielle [1], et le rapport du Comité de Mazagan, Commission agricole [2].)

M. Cousin. — Le matériel agricole, dégrevé par un Dahir récent du droit de douane de 10 %, devrait être également dégrevé du droit de 2 1/2 % de la Caisse spéciale.

M. Malet. — La création de la Caisse spéciale a eu pour but l'exécution de travaux d'outillage économique dans la zone côtière et on ne saurait envisager la possibilité de modifier la taxe y afférente, qui est d'ailleurs complètement distincte de la taxe douanière de 10 %. Celle-ci constitue, comme on le sait, une notable ressource du budget de l'Etat et cette considération commande de ne recourir aux dégrèvements qu'avec la plus grande prudence. En ce qui concerne le matériel agricole, il a donc paru nécessaire de sérier les efforts et de n'accorder, pour l'instant, l'exonération de taxes douanières qu'aux machines et instruments qui intéressent le plus immédiatement la production du sol. Cette détaxe résulte des dispositions d'un ordre du Général, Commandant en chef, et à la fin des hostilités elle devra être confirmée par Dahir. A ce moment, sera étudiée la question de son extension à d'autres machines et outils d'usage agricole.

II. — Droits de porte et de marché

M. l'Intendant Général Lallier du Coudray donne lecture des rapports des Comités de Rabat, Casablanca, Saffi, Mazagan.

M. Allouche, rapporteur du Comité de Saffi. — La production agricole supporte des frais très onéreux : tertib, droit de porte, droit de marché, droits de péage. Il faudrait que l'agriculteur puisse couvrir ses frais d'exploitation. Il faudrait donc qu'on tienne compte des nécessités du développement de la

1. Voir plus haut, p. 70.
2. Voir plus haut, p. 123.

colonisation. Je ne préconise pas la solution à intervenir, mais je demande que le Protectorat prenne toutes mesures nécessaires pour diminuer ces charges.

M. l'Intendant Général LALLIER DU COUDRAY. — On pourrait dès maintenant procéder à certaines améliorations.

Vous nous proposez, monsieur ALLOUCHE, de supprimer ou de diminuer certains droits. Or, vous n'ignorez pas que loin de disposer de ressources surabondantes, notre budget est en déficit. Par quoi nous proposeriez-vous de remplacer les taxes dont vous sollicitez la suppression ou la diminution?

M. ALLOUCHE. — Je me contente de constater et signaler que l'agriculture et la colonisation sont paralysées par des droits trop lourds, mais il me semble qu'il ne nous appartient pas à nous, colons, d'élaborer un programme. Ce serait plutôt à l'Administration à nous exposer sa doctrine que nous discuterions.

Droits de porte.

(Voir le rapport du Comité de Casablanca, Commission Financière [1] et le rapport du Comité de Mazagan, Commission du Commerce [2]).

M. BUSSET. — Casablanca demande que les droits de porte soient organisés en prenant pour base le système métrique et non pas la charge de bête de somme. Il serait préférable de supprimer cette taxe et de la remplacer par une taxe municipale. Les droits de porte à la sortie des villes ne sont pas équitables : ainsi, un sac de chaux paye aussi cher qu'une caisse de champagne qui vaut 100 ou 200 francs. Il faudrait établir une taxe plus judicieuse. Car, avec les droits actuels, les constructions dans l'intérieur reviennent à des prix inouïs, les charges de briques ou de tuiles payent des droits qui s'élèvent jusqu'à 1 fr. 50 la charge d'animal.

J'estime qu'on doit étudier cette question en tenant compte de la colonisation à l'intérieur, et ce qui importe actuellement à la colonisation, c'est la suppression des taxes de sortie des villes.

---

1. Voir plus haut, p. 52.
2. Voir plus haut, p. 111.

D'ailleurs, les droits d'octroi en France ont de plus en plus une tendance à être supprimés.

M. Chamson. — Les droits de porte furent institués il y a quelques siècles et furent vus longtemps d'un très mauvais œil par les indigènes. Ne pourrait-on pas les remplacer par l'impôt coranique du Zekkat (2 1/2 °/₀ sur le bétail)?

M. Fournier. — Les droits de porte sont exactement les droits de sabot du moyen âge.

M. Bouvier. — On pourrait supprimer les droits de porte et les remplacer par les droits d'octroi de mer.

M. Bernaudat. — Les droits de porte étant perçus dans les ports, pourquoi ne pas les remplacer par un centime additionnel sur les droits d'importation et d'exportation? Il serait beaucoup plus facile à percevoir, la perception des droits de porte étant très onéreuse.

M. de Tarde. — La suggestion de M. Bernaudat tend, en somme, à une augmentation des droits de douane : c'est ainsi que la mesure serait interprétée par les Puissances, et elles ne l'accepteraient pas sans difficulté. Nous avons, au contraire, toute liberté pour modifier la perception des droits de porte comme nous l'entendrons.

Or, la mesure qui paraît ici s'imposer, c'est la transformation des droits de porte en droits d'octroi.

Le droit de porte, tout le monde le reconnaît, a un caractère féodal, mais non pas du tout, comme on semble le croire, parce qu'il ressemble à l'octroi, mais au contraire par ce qu'il s'en distingue. Il est féodal parce qu'il frappe le *transit* des marchandises dans une ville. S'il se bornait à frapper leur entrée ou plus exactement leur consommation à l'intérieur, il serait simplement fiscal comme l'octroi, — lequel, entre parenthèse, n'est pas en voie de disparaître en France.

C'est donc dans cette voie qu'il faut chercher. Le programme serait le suivant : 1° transformer *le hafer* en octroi, en frappant seulement de droits d'entrée et de droits intérieurs de fabrication les seuls produits de consommation locale, en exemptant de tous droits le transit et la sortie de ces mêmes produits ; 2° remanier, bien entendu, les taxes de perception qui sont surannées.

La discussion sur cette question est close.

Droits de marché.

(Voir le rapport du Comité de Mazagan, Commission du Commerce [1], et le rapport du Comité de Saffi, Commission du Commerce [2].)

M. DE TARDE. — La question de la suppression des droits de marché a été posée.

M. ALLOUCHE. — Dans la région de Saffi, la marchandise est frappée partout où il y a un endroit de vente. Quand, par exemple, les gens de Doukkala viennent vendre leurs produits à Saffi, le Service des renseignements de Mazagan demande que la taxe soit perçue quel que soit l'endroit où la vente s'effectue, même en territoire Abba, alors que jadis, et même à l'heure actuelle sur d'autres points du Maroc, la taxe n'était perçue que sur l'emplacement du marché.

Une circulaire résidentielle dit que les droits de marché seront perçus, non seulement sur les ventes dans les marchés, mais également sur les ventes faites dans les douars, beaucoup de commerçants préférant traiter directement avec les indigènes, notamment pour les laines et céréales.

Le commandant CHARLES-ROUX. — Si cette mesure n'avait pas été prise, la plus grande partie des transactions aurait fini par échapper complètement aux droits de vente et aucune transaction ne se serait plus effectuée sur les marchés.

M. DE TARDE. — Les droits de marché, tels qu'ils existent à l'heure actuelle, sont incontestablement anti-économiques, parce qu'ils frappent les produits dès leur première entrée dans le commerce et tendent dès lors à congestionner, si l'on peut dire, la production, et en tous cas ils ne l'encouragent pas. On ne perçoit pas d'impôts de ce genre en France (car les droits de marché perçus dans les villes sont de simples taxes de stationnement); on n'y perçoit pas non plus de droits d'exportation. Mais, en revanche, le commerce en général, les transactions en général, sont frappés pour ainsi dire à forfait par le moyen des patentes. Et c'est, en effet, dans l'établissement d'un droit de patente sous une forme quelconque, que se

1. Voir plus haut, p. 110.
2. Voir plus haut, p. 136.

trouve en partie la solution du problème fiscal au Maroc ; la révision des droits d'exportation et des droits de marché ne peut être que le corollaire de cette mesure.

M. BERNAUDAT. — Il ne faut pas confondre le droit de patente avec le droit de marché. Ce dernier peut continuer à subsister dans les campagnes, parallèlement avec le droit de patente des villes.

M. THOMAS. — M. le Résident général a laissé d'ailleurs entendre dans son discours d'ouverture du Congrès que les patentes seraient bientôt appliquées. Je demande si, à ce moment, les droits de marché seront supprimés.

Programme de réforme fiscale.

M. DE TARDE. — Le programme de réforme fiscale pourrait être déterminé comme suit :

1° Institution de droits de patentes ;
2° Remaniement corrélatif des droits de marché ;
3° Transformation des droits de porte en droits d'octroi ;
4° Suppression progressive des droits d'exportation ;
5° Remaniement des droits d'entrée.

Cette proposition reçoit l'approbation générale de l'assemblée.

Étude d'un projet de patentes.

M. KATZ. — Ne serait pas possible de nommer une commission pour étudier les droits de patentes ? La question des patentes est délicate à établir, certains commerçants indigènes faisant un chiffre d'affaires très important avec un bureau ou un petit magasin de 3 mètres de long sur 2 mètres de large. D'autres commerçants, avec beaucoup plus de façade, réalisent des bénéfices bien moindres.

M. DE TARDE. — Il me paraît impossible de laisser à une commission le soin de mettre sur pied une réglementation aussi complexe que celle des patentes. Une discussion utile ne peut s'engager que sur un projet ferme. Ce projet sera établi par l'Administration, et sera ensuite soumis aux Chambres de Commerce. Les commerçants donneront alors leur avis.

La discussion sur cette question est close.

III. — Taxe urbaine

(Voir le rapport du Comité de Casablanca, Commission Financière [1]).

M. l'Intendant général Lallier du Coudray. — Un comité composé de commerçants et propriétaires de Casablanca a demandé que le produit de la taxe urbaine soit entièrement versé au budget de la ville. Je crois devoir vous signaler qu'une révision générale de cette taxe doit avoir lieu en 1916. Il en résultera un nouveau projet qui mettra la taxe urbaine en harmonie avec les conditions économiques actuelles.

M. Agnel, Chef des Services des Impôts. — La nouvelle taxe ne portera plus que sur les $4/5^e$ de la valeur locative, l'autre cinquième représentant les risques de non location.

M. Thomas. — En France, un immeuble neuf est exonéré de toute taxe pendant trois ans et, en Algérie, pendant cinq ans. Ne pourrait-on pas prévoir également au Maroc une exonération qui serait une sorte de prime à la construction?

M. l'Intendant général Lallier du Coudray. — Cette observation mérite d'être retenue et l'Administration va étudier les moyens d'y donner satisfaction. L'exonération ne devrait s'appliquer qu'aux maisons en pierre et non aux maisons en bois, ce genre de construction n'étant pas à encourager. (*Approbation générale.*)

IV. — Tertib

(Voir le rapport du Comité de Rabat, Commission Agricole [2], et le rapport du Comité de Saffi, Commission Agricole [3].)

Plusieurs membres de la Commission Agricole du Comité des Études économiques de Rabat exposent qu'en ce qui concerne la vigne et les arbres fruitiers, le tertib, du fait de l'élévation de ses taxes, ne peut que préjudicier à l'extension des plantations.

1. Voir plus haut, p. 67.
2. Voir plus haut, p. 81.
3. Voir plus haut, p. 151.

M. Malet. — Cette appréciation est faite vraisemblablement d'après les anciens règlements, dont la disposition est encore ignorée de beaucoup de personnes malgré la publicité donnée aux nouveaux textes régissant l'application du tertib. En ce qui concerne la vigne, notamment, l'ancienne taxe de 6 P. H. 75 par centaine de pieds a été remplacée, pour les vignes européennes, par un impôt de 36 P. H. par hectare, payable à partir de la quatrième année qui suit la plantation ou de la troisième année qui suit le greffage.

De même, pour les arbres fruitiers, l'impôt n'est perçu qu'à dater du moment où ces arbres sont en production, c'est-à-dire : pour les orangers, citronniers et autres aurantiacées à 5 ans après la plantation et 4 ans après le greffage ; pour l'olivier, à 20 ans après la plantation et 10 ans après le greffage ; pour l'amandier, 5 ans après la plantation et 4 ans après le greffage, etc., etc. Dans ces conditions, il ne semble donc pas que les dispositions législatives en vigueur en matière de tertib soient de nature à justifier les craintes dont les précédents orateurs se sont faits les interprètes. (*Applaudissements.*)

V. — Impôt sur la plus-value

(Voir le rapport du Comité de Casablanca, Commission Financière [1].)

M. Busset lit un rapport présenté en séance à l'appui d'un vœu du Comité de Casablanca, et concluant à la suppression de l'impôt sur la plus-value [2].

M. l'Intendant général Lallier du Coudray. — Il n'est pas possible à l'Administration du Protectorat d'accepter les conclusions du rapport.

Il me semble équitable que les propriétaires, qui profitent de l'effort et des dépenses de l'État par la plus-value de leurs immeubles, subissent un prélèvement sur les bénéfices dont l'État, pour la plus grande part, est le créateur. Les tarifs sont d'ailleurs très modérés. La surtaxe est progressive ; le premier taux, celui de 3 %, ne frappe que les plus-values

---

1. Voir plus haut, p. 57.
2. Voir plus haut, p. 57.

nettes dépassant 50 %. Le prélèvement de 20 % ne s'applique qu'aux bénéfices dépassant 500 %. Dans ces conditions de modération fiscale, le principe ne paraît pas discutable. Il serait sans doute plus opportun de discuter des détails d'application, qui ne sont pas sans présenter des difficultés auxquelles nous sommes tout désireux de porter remède. Nous faisons donc appel à vos explications, à vos renseignements, à vos conseils. Je me bornerai à répondre à une objection de M. Busset, que j'ai particulièrement retenue. Il a cru devoir opposer au propriétaire frappé dans un bénéfice foncier le commerçant exploitant avec fruit un négoce qui profite de l'immunité fiscale. Messieurs, nous songeons à l'établissement des patentes ; cette immunité est bien précaire. Mais, en tout état de cause, l'assimilation du propriétaire foncier et du commerçant n'est pas exacte. La plus-value tarifée est la plus-value non gagnée, celle qui est indépendante de l'effort du propriétaire ; le bénéfice du commerçant est le résultat immédiat de ses efforts, de son intelligence, de son activité, de son assiduité au magasin. Il est le principal artisan de sa fortune. En matière de bénéfices immobiliers, au contraire, ce sont les grands travaux de l'État, la sécurité apportée et maintenue par l'Administration du Protectorat et les bataillons de France, qui ont valorisé la terre et qui lui conservent chaque jour sa valeur.

M. Bernaudat. — Sans vouloir contester l'équité du principe de la surtaxe de plus-value, je suis d'avis que la perception donnera lieu à des difficultés d'application insurmontables. Comment liquidera-t-on l'impôt, par exemple, lorsqu'il s'agira de ventes à terme ? Dans ces conditions, le plus sage ne serait-il pas de remplacer la surtaxe par une majoration de l'impôt de mutation calculée sur le prix ?

M. Busset. — L'État, qui participe aux bénéfices, doit logiquement s'associer aux pertes. Il semble équitable que, pour l'assiette de l'impôt, on compense tout au moins les bénéfices réalisées avec les pertes qui auront été subies.

M. de Tarde. — Il y a lieu de distinguer d'abord nettement, pour la discussion, entre le principe même de l'impôt et ses modalités d'application. Sur les modalités, nous discuterons volontiers tout à l'heure. Des difficultés ont pu se présenter ; nous sommes disposés à y remédier dans toute la mesure du possible. Nous verrons, d'ailleurs, si ces difficultés sont irrémédiables, comme le prétend M. Busset, et de nature à rendre inapplicable le principe.

Je ne parlerai donc que du principe de l'impôt. Je m'excuse d'y revenir, après tant de discussions. Le sujet paraît vraiment épuisé, mais le rapport de M. Busset mérite pourtant une réponse.

Vous connaissez aussi bien que moi l'historique du Dahir sur la plus-value. Ce météore n'est pas, comme on l'a pensé, une invention des bureaux d'où il est sorti. Le Gouvernement l'a connu, et l'a même approuvé d'un tel enthousiasme que notre tâche n'a été nullement d'en défendre le principe, mais, au contraire, de modérer les tarifs qui nous étaient proposés. Le premier texte, en effet, comportait de sensibles réductions sur les propositions du Gouvernement. La pratique a démontré que des modifications plus profondes étaient nécessaires. La population indigène et européenne a été associée à ce travail de refonte, d'où est sorti le texte nouveau : les plus-values de moins de 50 °/₀ ont été exemptes de la taxe spéciale.

Ceci dit, quels sont les arguments de M. Busset ?

Ce n'est pas un véritable impôt, dit-il (répondant à une phrase de M. de Saint-Aulaire), parce qu'il ne frappe pas tous les cas de plus-value, mais seulement les ventes où elle se manifeste... Messieurs, la taxe dont il s'agit n'est pas une taxe générale sur la plus-value, mais une taxe spéciale d'enregistrement frappant les cas de plus-value. C'est sa seule prétention. Le fisc, surtout en France, est plus souvent *passif* qu'actif. Au lieu de courir après la matière imposable, il préfère la saisir « au tournant », à l'occasion de certains faits. Et je crois que les contribuables ont tout à y gagner. Ici, la matière imposable, c'est la plus-value. On la saisit à l'occasion des ventes. Et il n'est certes pas plus illogique de frapper le fait de vendre que le fait de succéder, par exemple. J'ajoute que rien n'empêche de saisir la plus-value à l'occasion d'autres faits, suivant la tendance qui se manifeste déjà dans notre loi d'expropriation.

Un argument plus grave de M. Busset consiste à dire que la menace de l'impôt aura pour effet d'éloigner les capitaux du Maroc. C'est ici une question de pure impression, sur laquelle nous pourrions discuter à perte de vue et que ma seule opinion n'a pas assez de fonds pour trancher. Il me semble, cependant, qu'en laissant exemptes de taxes les plus-values jusqu'à 50 %, la loi éloigne déjà de toute menace les capitaux sérieux qui cherchent un emploi au Maroc ; un bénéfice de 50 %, tous frais déduits, me paraît en effet très suffisamment alléchant pour une entreprise industrielle. Et quant aux capitaux qui viennent se *risquer* au Maroc, la perspective d'un prélèvement *maximum* de 20 % sur leurs bénéfices est-il de nature à les éloigner? Je ne crois pas. En fait, d'ailleurs, il est venu des capitaux au Maroc depuis la guerre.

M. Busset critique aussi la « rétroactivité » de la loi. Mais il y a là un malentendu, créé par ce mot de rétroactivité, et que je dois dissiper. On dit d'une loi qu'elle est rétroactive quand elle s'applique à des faits antérieurs à sa promulgation, quand elle est censée promulguée à une date antérieure. Elle frappe dès lors des situations existantes, qui sont nées à une époque où cette loi même qui les frappe ne pouvait être connue. Or, il n'en est pas de même ici. Le Dahir sur la plus-value ne frappe nullement les ventes déjà effectuées — ce qui serait de la vraie rétroactivité ; il s'en sert simplement comme de bases d'évaluation des bénéfices réalisés dans une vente actuelle. En réalité ce sont seules les ventes réalisées *depuis la loi* qui subissent l'impôt. Le mot de rétroactivité, dans son acception brutale et inique, ne saurait donc être employé dans le cas présent.

Mais, ajoute en substance M. Busset, si l'État est associé avec les propriétaires dans les bénéfices, pourquoi ne l'est-il pas dans les pertes?... C'est que précisément il n'est nullement question d'association dans les bénéfices. Si l'État était véritablement *associé* avec les propriétaires, il devrait l'être beaucoup plus dans les bénéfices, attendu que les chances de gain sont indéfinies, tandis que les risques de perte ne peuvent dépassser 100 pour 100 ; ce ne sont pas des parts de 1 à 20 % que devrait se réserver l'État, mais, comme dans les conventions de chemins de fer, par exemple, des parts de 1/4 aux 3/4, soit de 25 à 75 %. En réalité, il ne faut pas voir dans la loi sur la plus-value qu'une idée purement fiscale. Nous cherchions des ressources : il nous a paru qu'un impôt sur les bénéfices acquis en dehors du travail individuel, par l'effet de l'effort collectif, était l'un des moins inéquitables. Voilà tout.

M. Busset cite le cas de propriétés, en Algérie et en Tunisie, qui ont gagné dans la proportion de 3 à 50, puis perdu dans la proportion de 50 à 3. Je répondrai : dans ce cas, de deux choses l'une, — ou c'est le même homme qui a gardé la propriété, et il ne paiera pas de plus-value en la vendant le même prix qu'il l'a achetée ; ou ils sont deux, et le premier, qui a gagné 50 pour 3 paiera, tandis que le second, qui a perdu, ne paiera rien. Cela me semble logique.

Je ferai la même réponse à M. Busset, quand il s'étonne qu'une seule plus-value de 500 % paie, tandis que dix plus-values de 50 % ne paient rien. C'est que, dans les premiers cas, il y a un monsieur qui gagne 500 francs pour 100 francs ; dans le deuxième cas, il y a dix messieurs qui font des bénéfices considérés comme normaux, quoique fort gentils déjà. C'est encore logique.

Mais il y a un point de vue que je désirerais mettre en lumière en terminant. Il est évident (l'état de nos finances le démontre) que la suppression de la taxe sur la plus-value devrait être compensée par d'autres ressources, c'est-à-dire non pas par un impôt nouveau mais par l'élévation de certains tarifs d'enregistrement. Et M. Busset l'a si bien compris que dans le vœu sur la plus-value, adopté par le Comité de Casablanca, et qu'il a omis de reprendre sur ce point dans son rapport, il demande, comme rançon de la suppression tant souhaitée de cette taxe, l'élévation de 2 1/2 à 4 % du tarif général sur les transactions immobilières. Dans une séance antérieure du Comité de Casablanca, à laquelle j'assistais, il demandait même, si mes souvenirs sont exacts, que ce tarif fût élevé à 7 %. Eh bien, Messieurs, il faut songer que cet impôt général sur les transactions immobilières ne frappe pas seulement les *heureux*, lui, mais qu'il frappe tout le monde : le petit commerçant, le petit industriel, qui vendent à perte leur fonds de commerce ou leur atelier... Et vous consentiriez à porter à 4 et à 7 % la charge qui pèse sur eux, pour supprimer une taxe qui n'atteint que les privilégiés ? Je crois qu'il suffit de poser ce dilemme pour provoquer la réponse. Entre l'établissement d'une taxe spéciale sur la « rente du sol », c'est-à-dire sur les plus-values foncières indépendantes de l'effort du maître, et l'élévation, même réduite, de l'impôt général qui frappe toutes les transactions immobilières, je ne pense pas qu'on puisse hésiter un instant.

Personne ne demandant la parole sur la question de principe, M. l'Intendant général déclare que M. de Vérez répondra sur les questions d'application qui ont été posées.

Questions d'application.

M. Busset fait remarquer alors qu'il n'a pas été répondu à une de ses principales objections relative à la rétroactivité de l'impôt. Lorsque les intéressés voudront, en effet, réaliser par acte d'adoul des ventes sous-seings privés consenties avant l'application du Dahir sur l'enregistrement, ils seront dans l'obligation de payer l'impôt pour des mutations antérieures à la loi.

M. de Vérez. — Cette appréciation n'est pas exacte. Le Dahir ne doit pas avoir d'effet rétroactif; il ne frappe que les mutations immobilières réalisées depuis le 1er novembre 1914. Par conséquent, toute mutation stipulée avant cette date me paraît devoir être affranchie de l'impôt. Toute la question se réduit à savoir, lorsque l'acte est passé dans la forme des sous-seings privés, s'il y a *date certaine* antérieure au 1er novembre 1914 dans les conditions prévues par l'article 425 du Code des Obligations et Contrats. Il est trop facile, en effet, aux intéressés d'antidater leurs conventions pour échapper aux rigueurs de la loi et de dater, par exemple, de 1913 un contrat passé en 1915. Mais, toutes les fois que les intéressés établiront bien que leur accord s'est fixé avant le 1er novembre 1914, il n'y aura pas lieu, ce me semble, de poursuivre la perception de l'impôt.

Notamment, dans les deux cas envisagés par M. Busset, dans son rapport, celui d'un acte sous-seing privé visé par un consul étranger avant la promulgation du Dahir, et celui d'un acte de vente sous-seings privés, à la suite de laquelle une société anonyme, dont le siège est en France, a réparti les bénéfices réalisés avant l'année 1914, il paraît difficile de frapper de l'impôt les actes complémentaires de régularisation. Dans le premier cas, le visa du Consul, dans le dernier, le fait de la répartition des bénéfices constaté dans les documents sociaux déposés en France au bureau de l'Enregistrement, comportent, en effet, la date certaine en conformité de l'article 425.

En résumé, nous retiendrons tous les moyens de preuve, notamment les livres de commerce, ceux des banques qui sont intervenues souvent comme prêteuses par le moyen de contrats de ventes à réméré...

M. l'Intendant général LALLIER DU COUDRAY. — Quelques difficultés se sont déjà produites en matière de vente à réméré.

L'impôt est calculé, en effet, sur le prix ou bien sur la valeur vénale de l'immeuble, si cette valeur dépasse le montant du prix. Or, dans la vente à réméré qui déguise très souvent des contrats de prêt, on se trouve ainsi contraint à asseoir l'impôt sur une somme dépassant le montant du prix versé à titre de prêt, lequel se trouve nécessairement inférieur à la valeur du gage.

Actuellement, ces difficultés ne doivent plus se produire. La possibilité pour les propriétaires ou pour les créanciers de poursuivre à la conservation l'immatriculation de leurs titres fonciers ou l'inscription de leurs créances n'oblige plus les prêteurs, pour la sûreté de leurs créances, à recourir aux ventes à réméré, qui ne constituent en définitive qu'un système de crédit foncier rudimentaire.

Quoi qu'il en soit, il est entendu que, pour la période transitoire du 1er novembre 1914 au 15 juin 1915, date à laquelle le service de l'immatriculation a été installé, les ventes à réméré profiteront dans un prochain Dahir de dispositions spéciales.

M. PHILIP. — Je tiens à protester contre le principe même de la plus-value. Il frappe plus durement que les autres les premiers colons du Maroc, ceux qui ont payé beaucoup de leur personne et qui ont été exposés aux plus grands risques.

M. DE VÉRÉZ. — Soyez persuadé que leurs mérites n'ont pas été méconnus. C'est un des principaux motifs pour lesquels l'Administration du Protectorat a tenu à l'extrême modération des tarifs. Je puis citer, par exemple, le tarif suggéré par le Département pour la plus-value de 100 %. Il s'élevait à 22 % ; nous l'avons réduit à 6 %, presque le quart.

M. VEYRE. — Je crois que l'impôt sera très difficile à appliquer pour les ventes à rente viagère.

M. DE VÉRÉZ. — Le capital de la rente viagère est déterminé par une évaluation des parties qui peuvent se baser notamment sur les tarifs de Compagnies d'assurances. Il ne s'agit plus, en définitive, que d'une vente à terme. C'est l'objection présentée tout à l'heure par M. Bernaudat. Je ne vois aucun inconvénient, lorsque le paiement du prix doit être échelonné, à ce que le paiement de la surtaxe soit lui aussi échelonné.

M. l'Intendant Général LALLIER DU COUDRAY. — Il est d'ailleurs facile, en raison de la modicité de la surtaxe, à ce que le paiement immédiat de l'impôt soit assuré par un accord spécial des contractants. Nous étudierons cependant la possibilité de donner satisfaction à la demande intéressante de M. Veyre.

M. BUSSET. — Comment calculerez-vous la surtaxe en ce qui concerne le lotissement? L'importance du bénéfice ne peut être déterminée avant la vente de la dernière parcelle. Admettons que les premières ventes apportent de gros bénéfices. Cependant, un propriétaire peut ne s'en sortir qu'avec des pertes si les autres conventions sont désavantageuses.

M. DE VÉRÈZ. — L'objection s'applique aussi bien dans le cas où il s'agit de plusieurs immeubles dont les uns sont vendus avec des bénéfices, d'autres à perte par le même propriétaire.

L'Administration a dû se préoccuper de cette difficulté. Elle s'est refusée à la compensation des pertes et des bénéfices. A notre point de vue, l'État n'est pas l'associé du propriétaire, mais plutôt, en quelque sorte, son créancier; le bénéfice taxé est celui qui résulte des dépenses de l'État. L'État récupère une partie de sa dépense sur l'enrichissement dont il est l'auteur.

Dans la logique du système de M. Busset, l'État devrait prendre part aux pertes du failli patenté. Mais il ne peut s'intéresser aux dommages d'une catégorie déterminée de contribuables. Sa fonction est plus vaste, il participe aux pertes sociales, par l'assistance judiciaire, par l'assistance médicale, par tous les secours et les allocations qu'il distribue.

M. l'Intendant Général LALLIER DU COUDRAY. — Messieurs, vous venez d'entendre le lumineux exposé de M. de Tarde sur cette question de la plus-value. Bien des malentendus ont été dissipés et les débats vous ont convaincus de la nécessité de maintenir cet impôt, beaucoup plus équitable que le droit de mutation qu'on nous avait proposé pour le remplacer. Personne ne demandant plus la parole, je considère la discussion comme close et je vous remercie, Messieurs, de l'approbation générale que vous voulez bien donner à l'Administration. (*Applaudissements.*)

VI. — IMPÔT SUR L'ALCOOL

(Voir le rapport de Casablanca, Commission Financière [1].)

M. KATZ fait remarquer que les droits sur l'alcool à l'entrée sont perçus au litre et au demi-litre. Ce qui constitue un assez gros préjudice pour le commerce de la parfumerie et des produits pharmaceutiques. Un flacon contenant quelques centilitres paye pour un demi-litre, alors qu'en France les droits sont perçus sur la quantité d'alcool brut contenue dans une expédition.

M. l'Intendant Général LALLIER DU COUDRAY estime que, sur cette question d'espèce, il est préférable que M. Katz s'adresse par écrit à l'Administration compétente qui examinera le cas avec la plus grande bienveillance.

L'ordre du jour de la deuxième réunion étant épuisé, la séance est levée à 12 heures 30.

1. Voir plus haut, p. 69.

Troisième Séance *(25 octobre au soir).*

Le 25 octobre 1915, à 15 heures, le Congrès des Études économiques a tenu sa troisième séance à Casablanca, dans la Salle des Conférences de l'Exposition, sous la présidence de M. l'Intendant Général LALLIER DU COUDRAY, Secrétaire Général du Protectorat.

Étaient présents : MM. l'Intendant Général LALLIER DU COUDRAY, président ; G. DE TARDE, Secrétaire général adjoint du Protectorat, vice-président : F. MALET, Directeur de l'Agriculture, du Commerce et de la Colonisation, vice-président ; BERNAUDAT, assesseur ; COUSINIERY, assesseur ; DELURE, Directeur Général des Travaux Publics ; Colonel CALMEL, Commandant la région de Casablanca ; Colonel MAURIAL, Commandant la région de Rabat ; DE SORBIER, Chef du Cabinet Diplomatique ; RENÉ-LECLERC, Chef du Service Économique ;

Les autorités régionales, militaires et civiles ou leurs représentants ;

Au Bureau du Secrétariat : MM. LASVIGNE, Secrétaire du Congrès ; GOULVEN, Chef du Bureau Économique de Casablanca ; BEAUJOLIN, Rédacteur à la Résidence Générale ;

Les membres des Comités d'Études Économiques Régionaux dont les noms suivent :

Comité de Rabat : MM. BERNAUDAT, FRANCESCHI, MASSIOU, THOMAS, GUILLOUX, CROIZEAU, DE BERNIS, BIARNAY, CUINET, DE LASSERRE, OBERT, DURAND, JACQUIER.

Comité de Casablanca : MM. PHILIP, BOUVIER, CHAMFORAN, GUINARD, ALLIER, VEYRE, AUDIBERT, MAGNIER, COUSIN, FOURNIER, SÉRÉ DE RIVIÈRE, DE MAZIÈRE, ALEXANDRE, ANDRIEUX, BRUSTEAU, BUSSET, CROZE, DECHAUX, GUYOT, BLAISE, KATZ, PARADIS, DARMET, SANTOL..

Comité de Mazagan : MM. Donzella, Jacquety, Jeannin, Plouard.

Comité de Saffi : MM. André, Allouche, Chamson, Colliot, Penicaud, Legrand, Cousiniery.

Comité de Marrakech : MM. le Lieutenant Schacher, Pitois, Faurie, Lambret, Boulle, Guirauden.

Étaient excusés : MM. Croizeau, Boisset, Théry, Bigaré, Lassallas.

L'ordre du jour de la séance comportait les questions monétaires et bancaires. les ports et les voies ferrées.

QUESTIONS DE BANQUE

M. le Président donne lecture des rapports de Mazagan, de Saffi et de Marrakech sur les opérations bancaires au Maroc.

M. de Tarde fait allusion aux rapports de Mazagan et de Marrakech sur ces questions. Ils ne semblent pas s'inspirer du même esprit.

Le rapport de Mazagan impute au commerce lui-même le manque de crédit dont il souffre, en faisant remarquer que les commerçants indigènes et parfois européens ont la fâcheuse habitude de ne pas payer aux échéances fixées.

Au contraire, Marrakech se plaint que les banques aient augmenté leur taux d'escompte de 1 1/2 % sur celui de la Banque de France. qui elle-même l'avait augmenté depuis la guerre.

Taux de l'escompte.

(Rapport du Comité de Marrakech, Commission du Commerce et de l'Agriculture[1].)

M. l'Intendant Général Lallier du Coudray. — Cet escompte ne me paraît pas exagéré, car je crois me souvenir qu'ayant eu besoin d'une avance de fonds au Comptoir d'Escompte, il m'a pris 1 1/2 % au-dessus du taux de la Banque de France, et ce, il y a plusieurs années, c'est-à-dire bien avant la guerre.

---

1. Voir plus haut, p. 170.

D'ailleurs, M. Blaise pourra sans doute nous renseigner sur ces opérations bancaires en général.

M. BLAISE. — Tous les faits signalés sont exacts ; l'absence de certitude de propriété gène beaucoup les opérations de banque, l'absence de paiement à échéance exacte les gêne également.

Mais lorsque l'immatriculation sera étendue à l'ensemble du Protectorat français, cela facilitera beaucoup ces opérations ; quant au paiement à échéance, c'est un peu de l'ensemble du monde commercial que dépend cette mesure.

M. l'Intendant Général LALLIER DU COUDRAY. — Et au sujet du taux d'escompte ?

M. BLAISE. — Le taux de l'escompte dépend non pas de la tête du client, mais de la nature des opérations et des garanties qui sont offertes ; c'est assez normal, surtout dans un pays comme celui-ci où les opérations bancaires ne peuvent être traitées suivant des principes, mais où chaque cas d'espèce doit être examiné minutieusement.

Ainsi, une opération présentée par un négociant, ou un propriétaire offrant toutes sortes de garanties sera traitée à un taux moindre que la même affaire qui nous sera présentée par une personnalité de moindre surface.

Il ne saurait y avoir de taux fixe pour une affaire déterminée dans un pays neuf. Au reste, ces considérations apparaîtront un peu comme des lieux communs aux professionnels.

Créances sur les indigènes.

M. l'Intendant Général LALLIER DU COUDRAY. — Croyez-vous qu'il serait possible à l'Administration d'intervenir pour obtenir des indigènes des paiements plus réguliers ?

M. DE RIVIÈRE. — Cela dépend uniquement des moyens d'action que possèdent les autorités intéressées. Au reste, il y a parmi nous des représentants du Service des Renseignements qui pourraient sans doute nous donner des renseignements.

M. le Capitaine MARION. — Je pense, pour ma part, qu'il y a un peu de la faute des commerçants dans les cas que nous envisageons ; le commerçant européen, quand il traite des affaires avec l'indigène, ne se documente pas assez sur sa solvabilité. Personnellement, j'ai vu à Salé passer un nombre considérable de protêts contre des indigènes notoirement connus comme insolvables et considérés comme tels par le Pacha, qui, s'il avait été consulté, aurait conseillé une grande prudence.

M. l'Intendant Général LALLIER DU COUDRAY. — Par conséquent, de leur côté, les commerçants devraient toujours avoir soin de s'adresser préalablement au Bureau des Renseignements qui se trouve en mesure de leur faire savoir, après avoir consulté le Pacha ou le Caïd, si l'indigène est ou non solvable.

M. LAMBRET. — Cette procédure serait pour nous séduire si nous n'avions constaté que, dans certaines régions, il est impossible de faire un protêt efficace contre l'indigène.

M. l'Intendant Général LALLIER DU COUDRAY. — Aviez-vous pris la précaution, dans les cas dont vous parlez, de vous adresser au Bureau des Renseignements ?

M. GUYOT. — En général, il y a un esprit qui règne dans les Bureaux de Renseignements et qui est celui-ci : dès qu'un Européen demande un renseignement pour faire rentrer une créance, on croit être en présence de quelqu'un qui veut exploiter l'indigène. Dans de nombreux cas, cependant, les taux prélevés sur les indigènes sont très normaux.

Certains, par exemple, ont fait des prêts de semence, ce qui a permis à l'indigène de semer et de récolter, mais si la récolte n'a pas été bonne, au moment de faire rentrer ces prêts de semence, le Bureau des Renseignements, sollicité, s'est cru en présence de quelqu'un qui voulait exploiter l'indigène.

M. l'Intendant Général LALLIER DU COUDRAY. — Je crois que si l'on avait pris la précaution, avant de traiter toute affaire, de demander des renseignements sur l'indigène en indiquant à ce moment-là le prêt que vous comptiez lui faire et les conditions de ce prêt, vous auriez sans aucun doute eu l'appui du Bureau des Renseignements le jour où auraient surgi des difficultés de paiement, parce que, grâce à cette précaution préliminaire, le Bureau aurait eu la certitude que vous n'aviez pas cherché à exploiter votre débiteur.

M. JACQUETTY. — En général, ce sont les plus riches, ceux sur qui on a les meilleurs renseignements, qui payent mal ;

ce n'est pas le pauvre qui paye mal, c'est le riche qui se sent fort.

M. Guyot. — Vous entendez des indigènes qui disent : Pourquoi paierions-nous? Personne ne nous forcera ; on ne nous dira rien, nous avons le temps de payer. Cela s'entend dire tous les jours.

M. Cousin. — On en vient ensuite au protêt, mais l'affaire en reste là et le débiteur ne paye pas.

M. Lambret. — Lorsqu'il y a eu un protêt, on peut faire remonter la date de cessation de paiement au protêt, mais s'il n'y a pas eu protêt, il est impossible de la déterminer.

M. l'Intendant Général Lallier du Coudray. — Je prends bonne note de vos observations qui seront soumises au Service compétent, mais je persiste à estimer que la première précaution à prendre serait d'aller se renseigner au Bureau des Renseignements.

M. Guyot. — Il en résulte qu'on travaille de moins en moins avec l'indigène ; les banques elles-mêmes ne veulent plus travailler avec lui.

M. l'Intendant Général Lallier du Coudray. — Nous signalerons ces observations aux régions.

OUTILLAGE ET TRANSPORTS. — PORTS

M. Cousiniery donne lecture du rapport de Saffi (Commission du Commerce)[1] et d'un rapport de Mazagan (Rapport général)[2] et Commission du Commerce[3].

M. l'Intendant Général Lallier du Coudray. — Si vous voulez bien, on pourrait aborder d'abord la question outillage et réserver pour plus tard la question d'aconage qui est tout à fait spéciale.

Port de Saffi.

M. Allouche. — Je crois qu'il est aujourd'hui bien acquis que le port de Saffi est le port naturel de Marrakech... (*Excla-*

1. Voir plus haut, p. 136.
2. Voir plus haut, p. 104.
3. Voir plus haut, p. 113.

mations)... Tout au moins le port principal... Quoi qu'il en soit, il faut, en premier lieu, que les marchandises destinées à Marrakech ou à Saffi et son arrière-pays débarquent, et pour cela il faut que les travaux de construction d'un nouveau wharf soient exécutés, d'ailleurs je crois savoir que la question a été mise à l'étude : elle doit même être actuellement réglée, les devis qui ont été préparés s'élèvent à deux millions.

Etant données les sommes importantes dépensées par ailleurs, celle qui est affectée au port de Saffi paraît *a priori* relativement faible. Le total de nos exportations annuelles a, en effet, atteint 5 millions de francs. Les moyens dont nous disposons pour faire face à ces besoins sont évidemment insuffisants ; en l'état actuel, lorsque les marchandises peuvent être débarquées, elles arrivent fréquemment mouillées et par conséquent avariées. Nous avons des difficultés pour les faire assurer sur les avaries qui se produisent de ce fait. De plus, les bateaux arrivant en hiver ne peuvent souvent pas débarquer leur cargaison, et il en résulte naturellement une augmentation notable du fret ; certains bateaux ne peuvent pas attendre et débarquent la marchandise n'importe où, quelquefois aux Iles Canaries.

Nous demandons donc la construction rapide du wharf qui a été prévu et qui doit mesurer 450 mètres de long sur 30 mètres de large et 9 mètres de haut : je crois qu'il serait suffisant. Etant donnée la somme relativement minime nécessaire à ces travaux, il me semble que nous ne demandons pas trop. Nous ne demandons qu'un wharf ; certes, nous n'avons pas la prétention d'avoir un grand port d'intérêt général, mais nous avons un intérêt particulier digne d'attention : le ravitaillement de toute notre région et de celle de Marrakech. Une fois les marchandises débarquées, des routes sont nécessaires pour les expédier. Nous n'en avons pas actuellement. Nous ne disposons, pour le trafic terrestre, que de pistes aménagées tant bien que mal, et l'hiver venu, nous sommes bloqués. Nous demandons donc que des routes soient faites, routes empierrées reliant Saffi à Marrakech.

M. l'Intendant Général LALLIER DU COUDRAY. — Je prends bonne note des desiderata de Saffi, en matière d'outillage économique : wharf et route de Saffi à Marrakech. Passons maintenant à Mazagan.

Port de Mazagan.

M. Brudo, rapporteur, s'étant fait excuser, M. Plouard donne lecture du rapport de Mazagan.

Quel est le port de Marrakech ?

M. l'Intendant Général Lallier du Coudray. — Mais Saffi, Mazagan, Casablanca réclament les uns et les autres la qualité de port de Marrakech ! Il me semble que la meilleure manière de trancher logiquement le différend serait de demander l'avis des intéressés eux-mêmes : les représentants de Marrakech.

M. Pitois. — Mon Général, Marrakech me fait l'effet d'une fiancée qui a beaucoup trop de prétendants et qui ne peut en choisir un sans froisser les autres. Je suis cependant d'avis que, dans le litige qui nous occupe, la question de distance entre la ville à desservir et le point de la côte qui doit être son port prime toute autre considération.

Il paraîtra donc naturel que nous donnions la préférence à Saffi. Les faits d'ailleurs confirment notre opinion, car la plus grande partie des marchandises provenant de France ou d'ailleurs nous arrive par Saffi, qui s'occupe particulièrement du commerce d'importation. Très peu nous parviennent par Mazagan et encore moins par Casablanca.

Je crois donc que tous les négociants de Marrakech voteront avec moi pour Saffi. (*Approbations.*)

M. Martin, *Vice-Consul de France à Marrakech.* — Ce que dit M. Pitois est exact et a été exprimé dans certains procès-verbaux du Comité d'Études économiques de Marrakech.

M. Pitois. — D'ailleurs, la différence de distance influe sur le prix de transport. Par le fait de la petite distance entre Saffi et Marrakech, nous payons 3 et 5 douros par charge de chameau, tandis que nous payons 8 et 9 douros pour le même transport entre Mazagan et Marrakech.

M. Delure. — Il y a dans ce débat deux questions à examiner : tout d'abord, la longueur du trajet par voie de terre, et à ce point de vue Saffi a un avantage considérable sur Mazagan. Mais il faut encore tenir compte de la difficulté plus ou moins grande des opérations d'embarquement et de débarquement dans le port choisi.

Ces difficultés pourront varier avec l'aménagement de chacun des ports. Mais ces travaux ne sont pas exécutables à notre seule volonté, ils dépendent étroitement de la topographie des lieux.

Il convient donc, pour déterminer le point d'embarquement le plus avantageux, d'additionner au prix du transport terrestre, celui du transport maritime, ces deux éléments de la question sont solidaires et inséparables.

M. COUSINIERY. — Quel que soit le port choisi pour desservir Marrakech, il n'en reste pas moins que Saffi et son arrière-pays ont des besoins auxquels il est juste de donner satisfaction.

M. CROZE. — Il est de toute évidence que si Saffi doit avoir son port, Mazagan, qui est un centre important, a aussi droit au sien.

Port de Casablanca et voies ferrées qui doivent y aboutir.

M. l'Intendant Général LALLIER DU COUDRAY. — Maintenant, nous allons passer au port de Casablanca.

M. GUERNIER donne lecture d'un rapport tendant à démontrer que Casablanca doit être le grand port du Maroc sur lequel les voies ferrées doivent converger (Commission du Commerce) [1].

M. BERNAUDAT. — Nous voudrions d'abord demander à M. GUERNIER des précisions au sujet du projet du tracé du chemin de fer partant de Casablanca pour aboutir à Fez, qu'il a présenté dans son rapport. Il me semble que M. GUERNIER ait laissé dans l'ombre les régions parcourues. Il ne nous a pas suffisamment éclairés sur la façon dont Rabat serait desservie par la voie qu'il préconise.

Il semble que Kénitra ait été quelque peu négligé ; il pourrait cependant devenir un port, évidemment moins important que celui de Casablanca mais cependant susceptible de desservir les régions septentrionales du Protectorat, et permettant d'alimenter l'hinterland de Kénitra et de Rabat.

1. Voir p. 34.

Je demanderai donc des précisions à M. le Directeur des Travaux Publics, s'il veut bien nous les donner, sur les facilités d'établissement de la ligne directe de Fez à Casablanca, et d'autre part, je demanderai à M. GUERNIER de m'indiquer comment il conçoit le drainage des produits des pays traversés par la voie ferrée qu'il a projetée.

M. GUERNIER. — J'insiste à nouveau sur ce fait qu'un pays a toujours plus d'intérêt à avoir un fret aussi réduit que possible ; c'est la base de son trafic et de son commerce.

M. BERNAUDAT. — Vous avez dit que le trajet le plus court n'était pas toujours le plus économique. Le trajet le plus court me paraît être en l'occurrence Fez-Casablanca, direct, et le trajet le plus long est certainement celui passant par Kénitra, mais il faut tenir compte des régions traversées.

M. GUERNIER. — Je ne vois pas l'intérêt qu'il y aurait pour aller à Fez à suivre la côte où nous ne trouvons qu'un pays peu fertile, alors que nous laisserions de côté les régions des Ouled Ziane et de Camp Boulhaut qui sont les plus fertiles.

Le tarif dégressif ne s'applique qu'aux chemins de fer et ne peut être envisagé si nous augmentons indéfiniment la distance.

M. BERNAUDAT. — Il est néanmoins incontestable que la région au nord de Rabat et l'arrière-pays de Kénitra présentent infiniment plus d'éléments de trafic. De nombreuses exploitations européennes s'y sont créées, qui se développent chaque jour.

Tout en conservant à Casablanca sa qualité de grand port du Maroc, qui, pendant longtemps encore, absorbera la plus grande partie du trafic général, il serait peu judicieux de négliger les ports régionaux.

Je dirai sans froisser les colons de la Chaouïa que la colonisation européenne est plus développée encore dans le Nord du Protectorat que dans les régions du Centre.

Une ligne ferrée desservant cette région Nord serait donc incontestablement préférable à une ligne directe de Fez à Casablanca. Une ligne passant par le nord serait même plus favorable aux intérêts exclusifs du port de Casablanca. Laissons de côté la question du port de Kénitra qui sera étudiée plus tard : même en ne considérant que le développement du port de Casablanca, la ligne Fez-Kénitra-Rabat serait préférable à la ligne s'enfonçant directement à l'Est sur Fez et Meknès, en traversant un pays très difficile au point de vue topographique et peu fertile.

A part Fez et Meknès, gros centres urbains qui fourniraient évidemment un appoint très important au trafic d'un chemin de fer, les régions traversées des Zaërs et des Zemmours ne sauraient justifier par leur puissance productive et de trafic l'établissement du tracé proposé par M. Guernier.

D'ailleurs, s'il est possible d'admettre la théorie de Casablanca grand port du Maroc, il serait hasardeux de compter que Casablanca puisse, même à la faveur d'un tarif dégressif habilement combiné, drainer les produits des régions qui se trouvent naturellement desservies par les ports de Rabat et de Kénitra ; même en tenant compte de la différence des frêts en faveur de Casablanca, qui n'est d'ailleurs pas aussi sensible que le signale M. Guernier, le total des frais de transports terrestre et maritime, tant à l'importation qu'à l'exportation resterait inférieur dans le transit par les ports naturels à ceux que nécessiterait un détour par Casablanca. Les tarifs dégressifs dont parle M. Guernier et qu'il préconise dans le but de centraliser artificiellement à Casablanca le trafic maritime d'une très grande partie du Maroc, sinon de tout le Protectorat, n'atteindraient évidemment pas ce résultat si la voie ferrée de Casablanca à Fez et Meknès passait par Kénitra, mais ils suffiraient à attirer jusqu'à Casablanca, malgré un supplément de parcours, les marchandises lourdes, qui, précisément, nécessitent, pour leur manipulation à l'embarquement, un outillage puissant, dont le port de Casablanca sera doté avant tout autre, étant donnés les sacrifices consentis en sa faveur.

M. Guernier. — Le bénéfice du tarif dégressif sera réduit à zéro par l'augmentation de la distance kilométrique.

M. Bernaudat. — A combien estimez-vous la différence de distance entre Fez-Meknès-Casablanca par Kénitra et Fez-Casablanca direct ?

M. Guernier. — Il y a une différence de 100 kilomètres.

M. Bernaudat. — Un tarif différentiel pourrait favoriser Casablanca efficacement.

M. Guernier. — Des grandes villes comme Fez et Meknès, que M. Bernaudat dit ne pas pouvoir fournir un élément de trafic assez important à la voie ferrée que je préconise, ne sont pas tant intéressantes en elles-mêmes que du fait qu'elles constituent de très importants marchés, grands centres attractifs du commerce de toutes les régions environnantes.

M. Bernaudat. — Nous sommes en désaccord sur le tracé. J'essaie de vous démontrer que le trajet par le Nord est certainement préférable au point de vue des intérêts de Casablanca, étant donnée la fertilité plus grande des régions traversées.

M. de Tarde. — Il faut, au point de vue du rayon d'action d'un port, faire une distinction entre les diverses sortes de produits transités : les marchandises encombrantes et qui nécessitent des manipulations délicates, doivent être dirigées, même au prix d'un parcours plus long, par un système de tarifs dégressifs, sur un port puissamment outillé. Il en est autrement des produits agricoles locaux, les céréales notamment, de manipulation facile, qu'on a intérêt à diriger sur les ports régionaux.

M. Thomas. — Dans le rapport très documenté et très séduisant que nous a fourni M. Guernier, il y a des chiffres. Mais quels sont ces chiffres ? Transports par voie ferrée et frets ; on nous cite un fret de 15 francs sur Casablanca et de 30 francs sur Kénitra. M. Guernier sait-il quel sera le prix du fret dans un an ?

Peut-être que dans un avenir indéterminé, une marchandise passant par Kénitra à destination de Fez y arrivera pour le même prix qu'en passant par Casablanca.

M. Guernier. — Mon raisonnement, du reste, est exactement le même, il y a simplement un décalage sur tous les chiffres ; si le fret de Kénitra diminue, il en sera de même du fret sur Casablanca, et la proportion sera sensiblement la même.

M. Chamson. — Je voudrais poser une question à M. le Directeur Général des Travaux Publics : on nous a cité un tarif possible de transport sur chemin de fer qui ne s'élèverait pas à plus de 2 centimes 1/2 la tonne kilométrique ; est-il possible d'arriver à effectuer sur les chemins de fer du Maroc des transports au prix de 2 centimes 1/2 la tonne kilométrique ?

M. Delure. — Il est très difficile de dire ce que pourra

devenir un tarif. Je puis cependant vous indiquer le tarif maximum prévu sur le chemin de fer de Tanger-Fez. Autant qu'il m'en souvienne, les marchandises sont divisées en quatre catégories, et les tarifs varient pour chacune de ces catégories de 12 à 20 centimes la tonne kilométrique.

Toutefois, ce sont là des tarifs maxima que les Compagnies sont libres d'abaisser avec l'autorisation de l'État, si cet abaissement doit leur ramener un accroissement de trafic.

A l'heure qu'il est, en France, je ne crois pas qu'il y ait des marchandises qui voyagent au tarif général. Elles bénéficient presque toutes de tarifs spéciaux, inférieurs au tarif général.

Je ne puis pas vous donner de précisions sur ce point, le prix du transport dépendra de l'importance du trafic, du prix du charbon et d'éléments divers qui nous échappent aujourd'hui. Quoi qu'il en soit, je ne crois pas que de longtemps les transports par voie ferrée au Maroc puissent descendre à 2 centimes 1/2 la tonne kilométrique. Admettons tout au plus qu'ils s'abaisseront à 10 centimes.

M. CHAMSON. — Au cours de la lecture de son rapport. M. Guernier nous avait fait entendre qu'il allait nous citer des chiffres. Or, de tout son rapport, je n'en ai retenu que trois. Le taux de fret de la Compagnie Paquet qui s'est abaissé à un moment donné jusqu'à 7 francs de Casablanca-Marseille, le taux de fret habituel de Casablanca-Marseille, 15 francs, et enfin de Kénitra-Marseille, 30 francs. Ce sont les seuls chiffres qui aient été donnés.

Si nous sommes tous d'accord pour ce qui concerne l'établissement d'un grand port à Casablanca, il faut prévoir que de nombreux produits régionaux ne seront pas transités par ce port. S'il est probable que des produits chers tels que : tissus, soieries, machines et autres, seront débarqués à Casablanca, il ne faut pas espérer que ce port seul drainera les orges, blés, fèves et les grains en général du Nord et du Sud.

Prenons, si vous le voulez bien, ce chiffre de 10 centimes la tonne kilométrique qui nous est fourni par M. le Directeur Général des Travaux Publics. A quel prix reviendraient à Marseille, par exemple, les grains de la région des Doukkala et des Abda si, suivant la théorie de M. Guernier, nous chargeons les grains sur fer à Mazagan ou à Saffi pour les exporter par le port de Casablanca ? Reprenons son chiffre de 15 francs de fret de Casablanca-Marseille, tarif qui est à peu près le même de Mazagan ou de Saffi-Marseille.

M. JACQUETY. — Meilleur marché quelquefois de Mazagan.

M. CHAMSON. — Étant donné que la distance par fer Mazagan-Casablanca sera de 100 kilomètres environ et celle de Saffi-Casablanca de 250 kilomètres, un produit comme l'orge, par exemple, dont l'achat au producteur est d'environ 15 francs les cent kilos ou 150 francs la tonne, reviendrait à Marseille, chargé dans les ports de Mazagan ou de Saffi, à 150 francs, prix d'achat, plus 15 francs de fret, soit 165 francs.

Chargé à Casablanca, après transport par fer : la marchandise de Mazagan : 100 kilomètres à 0 fr. 10 la tonne kilométrique = 10 francs, plus 15 francs de fret et 150 francs de prix d'achat = 175 francs.

La marchandise de Saffi : 250 kilomètres à 0 fr. 10 la tonne kilométrique = 25 francs, plus 15 francs de fret et 150 francs de prix d'achat = 190 francs.

De ce qui précède, il ressort bien que le port de Casablanca ne saurait être alimenté par les céréales du Sud. Voyons d'ailleurs l'importance des exportations de céréales et les différences entre les exportations du port de Casablanca et de celui de Saffi.

En 1912, Casablanca a exporté 15.550.000 francs de céréales.

En 1912, Saffi a exporté 13.000.000 francs de céréales.

En 1913, Casablanca a exporté 1.880.000 francs de céréales.

En 1913, Saffi a exporté 1.490.000 francs de céréales.

Il apparaît donc nécessaire de doter le port de Saffi des moyens lui permettant de faire face à ses besoins. Nous demandons simplement qu'on accorde à notre port les travaux que réclame son importance et que tous les efforts ne soient pas portés sur Casablanca.

Les besoins de Saffi sont mis en lumière par ces chiffres.

M. PLOUARD. — Il y a deux choses que je voudrais mettre au point. Accaparer le commerce du Maroc n'est pas le but que nous poursuivons, mais les Abda seuls, aussi bien que les Doukkala, sont suffisamment riches pour motiver leur port. Il n'est pas question d'un port comme Casablanca, bien entendu, mais enfin d'un port qui desserve les régions des Doukkala et des Abda.

Les besoins de Marrakech ne doivent être considérés, à notre point de vue, que comme corollaires de ceux des hinterlands des ports côtiers. Casablanca, aussi bien que Mazagan et Saffi, peut prétendre à contribuer à desservir Marrakech.

C'est le premier point que je voulais élucider.

Le deuxième point est celui du chemin de fer, dont il a été question, qui doit relier Mazagan aux lignes qui partent de Casablanca. Ce que nous cherchons en ce moment-ci, ce sont des économies ; il est probable que plus tard il y aura des chemins de fer et que Casablanca sera relié à Mazagan et Saffi par la côte, mais pour le moment, nous préfèrerions la ligne de Casablanca à Marrakech, par Boulaouane, de façon à brancher facilement une ligne de Mazagan à Boulaouane sur la ligne Casablanca-Marrakech.

M. le Commandant CHARLES-ROUX. — D'ailleurs, la question d'un port unique ne se pose pas au Maroc comme en Allemagne, parce que Casablanca n'est pas Hambourg, que j'ai visité et que je connais ; à Casablanca, il n'y a pas l'Elbe, il n'y a même pas d'eau. Il y a des difficultés matérielles, il n'y a donc pas les éléments pour faire le port de Hambourg à Casablanca. Casablanca aura un grand port, mais ce ne sera pas le grand port du Maroc, ce ne peut être le port de Marrakech, ni celui des régions de Mazagan et de Saffi.

M. COUSINÉRY. — Je crois finalement que nous sommes tous d'accord ; nous n'avons jamais prétendu que le grand port de Casablanca ne peut pas se faire ; c'est évidemment une chose qui s'impose, mais enfin, d'après le rapport lu par M. Guernier, il semblerait ressortir que Casablanca dût approvisionner et desservir tout le Maroc. Ce ne peut pas être le cas. Que Casablanca soit le grand port, c'est entendu, mais Mazagan avec ses Doukkala, Saffi avec ses Abda, et une partie de Marrakech, ont des intérêts manifestes. Néanmoins, nous nous inclinons bien volontiers devant la nécessité d'un grand port à Casablanca.

M. GUERNIER. — Je tiens à m'associer aux vœux de mes collègues de Mazagan et de Saffi ; je n'ai pas eu l'idée un seul instant qu'on ne doive pas leur donner satisfaction.

M. BUSSET. — Je crois que nous ne sommes plus d'accord,

sur le rapport de M. Guernier, en ce qui concerne la ligne de
chemin de fer. Nous désirons tous, je crois, que la ligne
s'écarte de la côte le plus tôt possible. Nous avons regretté
que la route de Casablanca-Rabat passe tout à fait sur les
dunes à 2 ou 3 kilomètres de la côte ; nous aurions aimé la
voir passer à 10 kilomètres, et il serait regrettable que ce fait
se renouvelle dans la ligne dont il est question, et nous souhaitons que l'on fasse passer la voie au moins à 15 ou 20 kilomètres de la côte, qu'elle s'incurve à l'intérieur.

Ports en général.

M. DELURE. — Messieurs, si vous le voulez bien, pour résu-
mer toutes les questions qui ont été traitées tout à l'heure
dans les rapports les plus intéressants et les plus documentés,
je parlerai d'abord de la question des ports.

Nous rechercherons où il faut établir des ports, quelles
seront leurs proportions et de quel qualificatif il faut les gratifier, grand port ou port qui ne serait pas grand. Nous verrons comment, ces ports étant conçus, il convient d'aménager
le réseau des voies, soit de routes, soit ferrées. Sur les ports,
laissez-moi vous dire que je suis très heureux de constater
qu'il n'y a au fond, dans toutes les thèses qui ont été abordées
ici, que des divergences qui portent beaucoup plus sur la
forme que sur le fond, et qu'en somme, le rôle d'arbitre que
doit jouer l'Administration entre ces propositions diverses
n'est pas en l'espèce très difficile. M. Guernier nous a parlé
avec beaucoup d'éloquence du port de Casablanca ; qu'il me
permette de lui rappeler, pour m'excuser de ne pas être complètement ou du moins dans toutes ses expressions, d'accord
avec lui, que moi aussi, j'ai été, dès la première heure, un
ami du port de Casablanca.

Le port de Casablanca, c'est le projet auquel nous avons
travaillé en premier lieu ; nous sommes arrivés ici, au mois
d'octobre 1912, le projet était fini au mois de décembre.

Et cette amitié a été agissante. Car, vous savez qu'à l'époque,
le port de Casablanca était contesté et discuté par tout le
monde. Il l'a été tellement que la lutte n'était pas finie après
que le projet eut été adjugé et que, lorsqu'a été discuté le
projet d'emprunt, qui dotait Casablanca d'une somme de

50.000.000 francs, la Chambre, émue par les protestations qu'elle recevait de divers côtés, a demandé que le projet eût d'abord l'adhésion du Conseil Général des Ponts et Chaussées. Il a fallu aller le défendre devant ce Conseil et faire voir qu'il n'était pas exact de dire comme on l'avait dit souvent : l'établissement d'un port à Casablanca est absolument impossible, la mer est trop dure, vous ne le ferez pas, ou si vous le faites, la mer, avec laquelle on ne badine pas, se chargea en deux ou trois mois de vous montrer que nous avions raison. Nous avons passé outre ; jusqu'ici, la mer a été bonne personne et ne nous a pas menacés de toutes les colères que l'on nous avait prédites.

Je rappelle ceci, non point pour me vanter, mais pour montrer que, lorsque je parle du port de Casablanca, on ne saurait me soupçonner de parti pris ou d'hostilité à son égard. Faut-il déclarer que Casablanca doit être absolument le port unique, le grand port, en faisant bon marché de tous les autres ports qui l'encadrent soit au Nord, soit au Sud ? Non, il faut se défier de toute exagération. Évidemment, M. Guernier n'avait à défendre ici ni les ports de Rabat et de Kénitra, ni ceux de Mazagan et de Safi qui avaient, du reste, des défenseurs très qualifiés, mais je me permets de vous dire qu'il a été un peu audacieux. Il nous a dit : Casablanca, c'est le Hambourg du Maroc. Non, Messieurs, Casablanca n'est pas Hambourg, parce que le Maroc n'est pas l'Allemagne au point de vue de sa construction géographique et au point de vue des mers ; Hambourg est le débouché naturel de vallées dirigées du Nord au Sud, communiquant facilement entre elles, vallées plates d'ailleurs, et formant de longs couloirs praticables cheminant sans heurts jusqu'à la mer.

Néanmoins, Hambourg est loin d'être le port unique de l'Allemagne, il a à côté de lui Stettin, Lübeck, Dantzig. Quant à la Westphalie, M. Guernier, vous l'avez annexée à Hambourg, cependant elle n'a pas son débouché à Hambourg, mais à Rotterdam, elle a, pour l'y conduire, le Rhin, qui est la route la plus admirable qu'on puisse trouver. Vous avez, parcourant les bords du Rhin, probablement vu ces trains de chalands qui drainent des tonnes et des tonnes de marchandises.

De sorte que, même sans vouloir diminuer en rien le port

de Hambourg, qui joue un rôle un peu moins grand que celui que vous lui attribuez, Casablanca n'est pas pour nous ce que Hambourg est pour l'Allemagne. Il résulte donc de ceci que la part légitime de Casablanca est très largement réservée ; nous ne pouvons nous refuser à faire dans les autres ports des aménagements qui, pour être sommaires, leur permettront de jouer cependant leur rôle normal et de desservir les régions qui les avoisinent. Il est bien certain que ce serait une faute. et je reconnais très bien que vous n'êtes pas allé jusque là, que d'obliger des marchandises qui disposent d'un port à proximité, surtout des marchandises qui n'ont pas une très grande valeur et ne peuvent supporter des frais très grands, à aller dans un port plus lointain. Pourquoi, par exemple, voulez-vous que les blés de la plaine de Sebou, qui peuvent s'embarquer à Kénitra, au débouché même de la vallée, viennent trouver un bateau à Casablanca ?

Votre tarif de 2 centimes 1/2 le kilomètre ne s'appliquera qu'à un avenir tellement lointain que nous ne pouvons pas l'envisager actuellement. Pourquoi voulez-vous les obliger à faire 135 kilomètres le long de la côte pour venir au point d'embarquement ? Ce serait évidemment un obstacle à toute espèce de développement de la colonisation. Ce serait très préjudiciable au Maroc et à Casablanca même, car enfin, toutes les régions d'un pays sont solidaires, et le jour où vous concentrez sur l'une d'elles la totalité de vos efforts, et qu'elle soit seule à pouvoir se développer, il en résulte qu'elle-même ne réalise pas tous les espoirs qu'on pouvait former. De sorte que, comme Casablancais, même en considérant la chose à un point de vue exact, vous avez avantage à voir développer le Maroc d'une façon uniforme, et à ne pas concentrer les efforts sur un point unique quand même ce point serait le vôtre.

J'en arrive, Messieurs, après vous avoir exposé l'état d'âme dans lequel nous avons abordé le problème, à vous dire comment le port de Casablanca, avec ses 50 millions d'allocation, pourra s'aménager. Avec cet argent, nous pourrons faire ces grands travaux d'ouverture que vous connaissez : aménager le petit port dont une partie est déjà en service, et commencer à construire le grand port. Que ces 50 millions ne suffisent pas, c'est possible, je crois que sans les événement actuels ils eussent largement suffi.

Si Casablanca devient ce que nous espérons, tout ce programme devra être étendu, mais ce jour-là est encore lointain. Alors, le commerce nous apportera les ressources nécessaires. Pour les autres ports, nous ne disposerons plus que des ressources de la Caisse spéciale et de celles que nous donnera l'initiative privée.

Mazagan et Mogador devaient être aménagés de manière à servir à leur trafic immédiat. Il ne s'agit pas de faire des grands ports, il s'agit simplement de faciliter les opérations de chargement et de déchargement qui s'effectuent dans des conditions assez pénibles à l'heure actuelle.

C'est dans ce but que nous avons dressé deux projets. Ils sont adjugés depuis longtemps. Si la guerre n'était pas intervenue, les travaux seraient en cours.

Des travaux ont été notamment prévus à Mazagan, qui ont été retardés par la guerre, mais dont l'entrepreneur était ici ces jours derniers et prenait ses premières mesures pour l'installation de ses chantiers.

Safli se trouve dans une situation plus ingrate que les autres ports : la mer y est plus dure ; en outre, il y existe des courants latéraux qui portent des sables le long de la côte, de telle sorte que, dès que vous aurez opposé à la mer un obstacle quelconque, les sables seront arrêtés. Ils rempliront le bassin, s'écouleront derrière la digue, si l'on fait une digue, et arriveront à la contourner... C'est pourquoi on a fait, en 1908, le wharf dont on nous parlait tout à l'heure. Celui-ci a eu un malheur : il était fait sur un contrat en arabe, il était « Hassani » à tel point que le jour où on l'a traduit en français, il a donné lieu à toutes sortes de malentendus.

Il en est résulté que le jour où l'on a fait ce wharf, on l'a mal placé d'abord, on l'a fait trop bas, bref, au bout de trois hivers, une partie en était démolie et l'autre partie complètement avariée. Nous avons tâché de le reprendre, et c'est à sa réparation qu'on procède en ce moment. Nous ne disons pas qu'on l'utilisera d'une façon très profitable ; il faut le doubler par un autre ; nous sommes prêts à demander aux grandes maisons, en matière de construction métallique, l'exécution des projets dont on nous parlait tout à l'heure. Mais comme il s'agit d'un ouvrage métallique et qu'il est extrêmement difficile d'avoir du métal en ce moment, je ne peux pas vous répondre que, tant que la paix ne sera rétablie, on puisse trouver quelqu'un à qui on pourra passer en toute connaissance de cause un marché.

Bref, j'espère bien que là-dessus nous donnerons satisfaction aux vœux dont je connais, du reste, toute la modération, qui nous ont été exprimés ici, et je crois que sur ce point-là tout le monde est d'accord puisque les défenseurs de Mazagan, Saffi, Mogador ont très sagement limité leurs prétentions.

Restent les ports du Nord : Kénitra et Rabat. Ici, le problème est un peu différent. On nous a dit que ces deux ports, car, en somme, Kénitra et Rabat se trouvent dans une situation analogue, l'un sur le Bou-Regreg, l'autre sur le Sebou. sont des ports fluviaux où les navires une fois entrés échappent à la houle et aux attaques de la mer. On nous a dit qu'on y trouvait déjà de grandes facilités d'aconage ; il se trouve cependant que les frets sont encore doubles de ceux de Casablanca. Si cette différence de fret doit se maintenir toujours. une fois le chemin de fer en exploitation, la marchandise pourra supporter 100 kilomètres de plus de transport par rail, avec 15 francs à payer, et Casablanca arrivera encore à concurrencer Rabat et Kénitra.

Un des éléments essentiels de cette différence de taux du fret, c'est la dimension des navires qui entreront dans ces ports. Dans un port qui ne peut recevoir que des navires calant 3 mètres et portant à peu près 1.200 tonnes, mettons 1.500, les frais de ces navires qui sont, par rapport au tonnage chargé, beaucoup plus élevés que ceux des grands navires, grèvent lourdement l'unité transportée ; et le fret est traité à un taux beaucoup plus cher que celui que peuvent consentir des bâtiments de plus fort tonnage.

Mais le jour où des navires de 5 mètres iraient à Kénitra et à Rabat, entreraient facilement, sans à coups, et sans avoir à se demander à chaque voyage s'ils pourront y entrer ou non, le fret sur Kénitra sera évidemment diminué.

Ce jour-là, le désavantage qu'on signale au détriment de Kénitra et au profit de Casablanca serait certainement très fortement atténué et il n'y aurait pas de raison pour que les marchandises issues de la région voisine de Kénitra et Rabat n'aillent pas s'embarquer à Rabat et à Kénitra. Nous avons donc prévu des travaux d'approfondissement de la barre ; c'est parce que nous ne pouvons pas les payer directement, nos ressources étant insuffisantes, qu'il fallait vous apprendre que nous ne pouvions pas demander à la Métropole de nous garantir les dépenses qu'ils représentent.

Je crois que de la sorte nous aurons donné à chaque région maritime ce à quoi elle a droit et ce qui est absolument nécessaire à son développement.

Routes.

(Comité de Rabat, Commission Industrielle [1], Comité de Mazagan, Commission du Commerce [2] et le Rapport général [3], Comité de Saffi, Commission du Commerce [4].)

M. DELURE. — Pour les routes, je crois qu'il n'y a pas de grandes divergences de vues. Nous avons un premier réseau dont il est à peine nécessaire de vous rappeler la constitution.

Une route qui part de Kénitra et arrive à Mogador passant par ou près Rabat, Casablanca, Mazagan et Saffi ; deux routes partant de Fez : l'une allant directement sur Kénitra par le col de Zegotta et la vallée du Sebou, l'autre se dirigeant sur Meknès et descendant ensuite par les gorges pour rejoindre la première à Sliman. En outre, pour en finir avec la région Nord : deux routes à travers le Rarb : l'une le long de la ligne Tanger-Fez, d'une part, par Souk el Arba du Rarb, l'autre le long de la côte.

Dans le Sud : trois routes partant de Marrakech s'en vont la première à Casablanca, la deuxième à Mazagan, la troisième à Mogador. Voilà pour le premier réseau. Nous avons admis qu'il serait insuffisant et c'est pour cela que, dans le projet complémentaire que nous soumettons en ce moment-ci à l'approbation du Gouvernement, nous avons demandé un second réseau de grandes routes qui comprendrait d'abord une route directe Rabat-Meknès pour ne pas obliger au grand détour par Kénitra les relations Meknès et Rabat. Une seconde route,

1. Voir plus haut, p. 100.
2. Voir plus haut, p. 118.
3. Voir plus haut, p. 104.
4. Voir plus haut, p. 142.

dont Casablanca surtout est appelée à profiter, se détache de Ber-Rechid pour aller à Boujad. Une troisième route, celle que Saffi nous réclamait, de Saffi à Marrakech.

Je ne parle pas d'une quatrième route qui est complètement extérieure à ce réseau, celle qui va réunir Fez à Oudjda. Il est évident qu'il est grand temps que le Maroc Occidental ne soit pas séparé du Maroc Oriental et de l'Algérie. Il est très juste que, dès aujourd'hui, on s'occupe de construire une route, sinon de la construire totalement, car enfin, la région n'est peut-être pas de tout repos, mais au moins de l'amorcer d'une part à partir de Fez sur 160 kilomètres, d'autre part, à partir d'Oudjda.

Il y avait un troisième projet sur lequel j'insisterai beaucoup moins. Après les grandes routes, après ce réseau qui est, en somme, celui des routes nationales, il fallait s'occuper des chemins d'intérêts locaux plus restreints mais encore à considérer. Il fallait constituer d'ores et déjà un premier embryon de ce que sera plus tard notre réseau de chemins vicinaux.

Il est évident que la colonisation ne peut se développer qu'à la condition que les produits agricoles puissent être transportés d'une façon qui ne soit pas trop onéreuse. Nous avons donc prévu un réseau d'une longueur totale de 450 kilomètres que nous répartirons dans les zones de colonisation, au mieux des intérêts à desservir et dont je ne vous tracerai pas aujourd'hui l'image parfaitement exacte ; mais ce que je puis vous dire, c'est que ce réseau doit contourner la région des Doukkala, drainer, d'autre part, la partie riche de la région des Zaërs et des Zemmours, et enfin compléter ici la région du Nord du Rarb.

Pour les routes, donc, je crois qu'il ne peut guère y avoir de désaccord entre nos projets et les projets que vous avez présentés ici.

Voies ferrées.

(Casablanca, Commission du Commerce[1], Rabat, Commission de l'Industrie[2], Mazagan, rapport général[3] et Commis-

1. Voir plus haut, p. 31.
2. Voir plus haut, p. 99.
3. Voir plus haut, p. 108.

sion du Commerce [1], Saffi, Commission du Commerce [2]).

M. Delure. — Reste la question des voies ferrées, que M. Guernier a déjà abordée dans le rapport qu'il nous a lu tout à l'heure.

Le réseau que nous avons prévu tout d'abord comprenait une ligne Fez-Oudjda : son utilité est la même que celle de la route ; elle est même encore plus grande ; mais il ne peut être question d'exécution immédiate. Par conséquent, parlons-en pour mémoire, et discutons surtout les lignes que nous avons à entreprendre plus promptement dans le Maroc Occidental. C'est d'abord la ligne du Tanger-Fez qui, d'après un tracé adopté après des études très longues, doit se diriger de Fez sur Meknès par la plaine du Saïs, descendre la vallée du Redom, rejoindre la plaine du Sebou, la traverser presque en ligne droite pour franchir le fleuve à Mechra bel Ksiri, pour passer à Souk el Arba du Gharb, et enfin aboutir à la frontière espagnole dans la région d'Arbaoua.

Ensuite, ligne de Petitjean à Kénitra, c'est celle qui reliera Fez à la côte atlantique. En troisième lieu, ligne descendant de Kénitra par Rabat, et aboutissant à Casablanca. Et enfin, en quatrième lieu, ligne de Casablanca à Marrakech.

La ligne Tanger-Fez mesure plus de 200 kilomètres en zone française et a un développement moitié moindre chez nos voisins. Contrairement à ce qui avait été dit tout à l'heure, elle a juste en zone française le double du parcours qu'elle a en zone espagnole. Il y a donc une dépense de quarante millions de francs environ à prévoir sur le tracé du Tanger-Fez dans notre zone. Et tout le premier réseau ainsi prévu en zone française correspond à une dépense très voisine de 120 millions.

J'ai constaté tout à l'heure que pour le tracé de ce réseau, tout le monde n'était pas d'accord. On nous a dit d'abord : « Pourquoi unir Fez-Kénitra ? » Il serait beaucoup plus simple d'amener le trafic de la région de Fez à Casablanca par une ligne directe via Meknès et les Zaërs : on a soulevé là une très grosse et très grave question. Je pourrais vous dire, et ce serait absolument exact, qu'elle est en somme déjà résolue,

1. Voir plus haut, p. 120.
2. Voir plus haut, p. 137.

car nous ne jouons pas sur table rase, nous avons des engagements que nous devons tenir et la ligne de Tanger à Fez est un de ces engagements. Il est très vrai que la priorité nous a été imposée par le traité franco-allemand. Nous espérons bien, dans un avenir prochain, être libérés des entraves de ce traité, mais nous en avons averti également les puissances étrangères autres que l'Allemagne. Si la rupture du traité du 4 novembre 1911 nous dégage à l'égard de l'Allemagne, il y a autre chose encore : cette ligne a été concédée, nous avons un contrat de concession qui s'est signé avec des groupes qui sont en train de former des sociétés.

La signature du Gouvernement du Protectorat, d'une part, et du Gouvernement Français, d'autre part, sont engagées. Il nous est également très difficile de revenir sur la parole donnée à l'Espagne, car enfin, cette ligne étant Franco-espagnole, il a fallu naturellement s'entendre avec l'Espagne : de telle sorte que nous avons de ce côté un engagement très positif, et nous ne sommes plus à temps de dire que, la guerre ayant éclaté et le traité de 1911 étant abrogé, nous ne sommes plus engagés avec personne.

On pourrait objecter qu'aujourd'hui la discussion ne peut guère être que platonique, puisque, en fait, la question est résolue, mais je me permets de vous la signaler pour ne pas vous donner de regrets et pour ne pas laisser dans votre esprit cette idée qu'une solution est intervenue trop tôt et qu'on a renoncé, en faveur du Tanger-Fez, à des avantages que l'on pouvait considérer comme sérieux.

Lors même que la question serait entière et qu'on ait à choisir entre une ligne Fez-Meknès-Kénitra et une ligne Casablanca-Fez, c'est la ligne Fez-Meknès-Kénitra qu'il faudrait préférer et voici pourquoi : c'est que d'abord, vous avez, par la ligne Fez-Meknès-Petitjean-Kénitra, l'avantage de rencontrer des terrains relativement faciles. Il y a une partie de la ligne entre Fez et Meknès, une autre entre Petitjean et Kénitra qui est en terrain plat.

Vous avez l'avantage, d'autre part, de trouver partout, sur ce tracé, une zone riche susceptible de donner un grand trafic, de telle sorte que, si vous aviez abandonné cette ligne comme grande ligne originelle, il aurait fallu y revenir très vite pour desservir les intérêts locaux de cette partie du pays.

Je reconnais très bien qu'un jour ou l'autre il faudra que la ligne directe se fasse. Le jour où nous aurons un réseau, je ne dis pas à voie étroite mais à voie moyennement large, il est évident que Meknès, Fez et Casablanca devront être reliées.

Je vous ai dit pourquoi nous ne pouvons pas ajouter cette ligne à notre premier programme. Nous le pouvons d'autant moins qu'elle sera très chère parce que si vous voulez bien remarquer son tracé, il coupe perpendiculairement des vallées à l'endroit le plus profond. Cinq ou six cours d'eau seraient traversés par des ouvrages analogues aux plus grands ouvrages de France.

Est-ce bien le moment de se lancer dans des dépenses pareilles et de consacrer à une ligne des ressources qui peuvent nous permettre de construire ailleurs des parcours de voies ferrées beaucoup plus importantes ?

Il y a ensuite un second point sur lequel nous ne sommes pas d'accord, c'est le tracé adopté entre Rabat et Casablanca. On nous a dit : « Ce tracé suit constamment le littoral à quelques kilomètres de la mer. Or, c'est sur le littoral que vous trouverez les terrains les moins fertiles. Vous auriez tout avantage à vous retirer dans l'intérieur : là vous trouveriez des terres riches qui vous donneraient un trafic plus développé. »

Eh bien, Messieurs, ici encore, il y a une très grande objection : le but de cette ligne Casablanca-Rabat est d'établir les communications les plus rapides possible, entre Rabat, capitale administrative, et Casablanca, grand centre commercial. Ce n'est pas en s'incurvant dans les terres, en allant récolter, comme ferait une ligne d'intérêt local, le trafic d'intérêt secondaire, qu'on peut arriver à remplir un but d'utilité générale comme celui que j'ai indiqué.

De plus, nous nous trouvons ici avec les mêmes difficultés que pour la ligne directe Casablanca-Meknès-Fez dont je parlais tout à l'heure. C'est qu'à mesure que nous nous incurvons vers les terres, les vallées rencontrées, celles de l'Oued Ikem, du Cherrat, par exemple, s'élargissent et nous devons les couper en des points de plus en plus difficiles. Il y a donc là un allongement de parcours et un accroissement de dépenses dans des proportions telles que nous ne pouvons réellement pas envisager ce tracé.

Il est donc logique que nous prenions du commencement à l'extrémité le trajet le plus court et le moins cher.

Ceci dit, Messieurs, pour vous expliquer les motifs pour lesquels, sans renoncer à des espérances à venir en ce qui concerne la ligne directe Casablanca-Fez, je crois impossible d'y songer en ce moment, parce que des raisons économiques s'y opposent.

D'autre part, il est nécessaire, je le répète, de maintenir le tracé direct de Casablanca-Rabat, parce que nous ne pourrions l'incurver sans faire manquer la ligne à notre programme. Quant à la partie Sud du réseau, je crois que là-dessus la tâche est beaucoup plus facile.

Tout le monde reconnaît l'utilité de la ligne Casablanca-Marrakech. Il y avait deux tracés en présence. C'était d'abord le tracé Casablanca-Marrakech suivant la route actuelle, passant par Médiouna et Settat, et l'autre tracé qui, abandonnant la grande route, à peu près à Ber-Rechid, s'inclinait à Boulaouane, franchissait l'Oum-er-Rebia et remontait ensuite Ben Guérir.

Ce second tracé était plus long. Il avait 30 kilomètres de plus, mais on faisait valoir que de la sorte il se rapprochait de Mazagan et qu'avec un embranchement relativement court, il réunissait la ville de Mazagan et son port à Marrakech, d'une part, et à Casablanca de l'autre. Eh bien, Messieurs, tout compte fait, et sans encore pouvoir vous préciser le résultat des reconnaissances qui sont en cours, je crois très sincèrement que nous aurions tort d'abandonner Settat et la région très riche qui l'entoure.

Laissez-moi vous dire, et ceci est pour moi une grosse question, qu'il ne faut pas envisager l'avenir en un sens trop étroit. Si nous avions incliné vers Boulaouane, on aurait fait tout de suite, ou du moins beaucoup plus tôt que dans une autre hypothèse, un embranchement Marrakech-Mazagan. Mais après cela, on aurait dit à Mazagan : « Vous êtes servis ; il n'y a plus rien pour vous ». Or, Mazagan aurait été servi, c'est vrai, mais d'une façon médiocre, d'une façon indirecte.

Au contraire, si l'on adopte le tracé direct par Mechra Ben Abbou, il est clair qu'il faudra prévoir ultérieurement l'embranchement de Mazagan sur Ben Guérir.

Il sera plus long, plus cher et on le fera plus tard. D'autre

part, il faut relier Mazagan à Casablanca et cela est encore
assez éloigné. Mais aussi, quand ce sera fait, après les années
d'attente qu'il aura fallu subir, on sera complètement desservi vers un sens et vers l'autre. Eh bien, je crois que, dans
l'intérêt de Mazagan, il vaut beaucoup mieux attendre quelques
années de plus, de façon à avoir un réseau complet et satis-
faisant, plutôt que d'avoir un demi-projet dont on reconnaî-
trait les inconvénients à très bref délai.

Quant au tracé des embranchements qui compléteraient
plus tard ce réseau Sud, côté de Saffi, côté de Mogador, ici,
Messieurs, je suis dans l'impossibilité de vous fixer encore.
Ces embranchements, il est clair qu'il les faudra mais nous
avons le temps de les étudier. Pour le quart d'heure, je crois
très sincèrement que nous n'avons qu'à nous en tenir à l'exécution du réseau qui a été tracé, qui est du reste celui qu'on a
indiqué au moins approximativement au Gouvernement.

Je crois que nous avons un programme très large, et le
plus tôt que nous pourrons l'entreprendre sera le mieux, et
qu'à la fin de la guerre nous aurons des projets à adjuger.

Je vous demanderai, tout compte fait et tout examiné, de
vouloir bien donner votre adhésion au réseau que je viens de
vous exposer et qui satisfait à tous les besoins immédiats. Il
est le moins cher que nous puissions concevoir et je crois
qu'il ménage dans une proportion juste et équitable les intérêts et les avantages des différentes régions qu'il dessert.

M. l'Intendant Général LALLIER DU COUDRAY. — Avant de
donner la parole à qui désirerait la prendre, je crois que tout
le monde est d'accord avec moi pour remercier M. DELURE de
l'exposé si lumineux, si détaillé et si précis qu'il vient de
faire. (*Applaudissements prolongés.*)

M. BUSSET. — Je voudrais seulement dire deux mots. J'ai
trouvé dans l'exposé de M. le Directeur Général un argument
en faveur d'un tracé Casablanca-Rabat qui faciliterait, plus
tard, la réalisation de la ligne directe de Casablanca-Meknès.

Ce serait là une économie de 60 kilomètres qui serait déjà
réalisée sur le tracé futur Casablanca-Meknès. Par conséquent, sans demander comme M. Guernier un tracé en courbe
sur Médiouna et Boulhaut, si l'on pouvait seulement s'écarter
d'une quinzaine de kilomètres de la côte, passant à proximité de

Boulhaut, on économiserait dans la future ligne de Casablanca-Meknès 60 kilomètres de chemin de fer, ce qui serait très appréciable à mon avis.

M. Delure. — Permettez ; je crois qu'on arriverait beaucoup plus facilement encore à relier Rabat à Casablanca en évitant le parcours supplémentaire dont vous parlez. On aura tout autant d'avantages à venir brancher plus tard la ligne Casablanca-Meknès sur la ligne Casablanca-Rabat, tout en passant par Boulhaut.

M. Busset. — Le tracé Casablanca-Boulhaut-Rabat n'allongerait la ligne que de 10 kilomètres.

M. Delure. — Oui, mais pour passer le Neffifik et l'Oued Cherrat, il faudrait descendre par des pentes très fortes ou construire des viaducs très importants.

Dans tous les cas, 10 kilomètres, sur une ligne de communication rapide, c'est beaucoup je vous assure ; que le jour où les voyageurs arriveront à Casablanca pour se rendre à Rabat, et où ils se rendront compte que le train qui les y mène fait un détour de 10 kilomètres quand le pays ne l'imposait pas, au contraire, ils seront les premiers à critiquer vivement les auteurs de ce tracé.

Maintenant, ce que je vous serais reconnaissant surtout de retenir, c'est ceci : que le jour où il y aura un centre important à desservir : le Camp Boulhaut, par exemple, je crois qu'il sera très facile de faire sur un terrain qui, en somme, sépare la grande vallée du Cherrat de celle du Néfifik, un embranchement menant à la station la plus voisine les produits de ce centre. Ainsi, le centre sera desservi et il le sera sans que sa desserte ait imposé un parcours supplémentaire aux marchandises qui ne l'intéressent pas.

M. l'Intendant Général Lallier du Coudray. — Messieurs, je crois que ce programme reçoit votre entière adhésion. Il ne réalise peut-être pas en entier les rêves de tous, mais enfin, c'est le programme qui, après avoir tenu compte de tous les intérêts généraux en cause, a paru le meilleur et le plus rationnel. (*Approbation générale et vifs applaudissements.*)

La séance est levée à 19 heures.

Quatrième Séance (*26 octobre au matin*).

Le 26 octobre 1915, à 9 heures du matin, le Congrès des Comités d'Études Économiques a tenu sa quatrième séance dans la salle des Conférences de l'Exposition franco-marocaine à Casablanca.

Étaient présents : MM. l'Intendant Général LALLIER DU COUDRAY, Secrétaire général du Protectorat, Président ; DE TARDE, Secrétaire Général adjoint du Protectorat, Vice-Président ; MALET, Directeur de l'Agriculture, du Commerce et de la Colonisation, Vice-Président ; BERNAUDAT, Assesseur ; COUSINIERY, Assesseur ; Colonel MAURIAL, Commandant la Région de Rabat ; Colonel CALMEL, Commandant la Région de Casablanca ; BERGE, Premier Président de la Cour d'Appel de Rabat ; DELURE, Directeur Général des Travaux Publics ; DE SORBIER, Chef du Cabinet Diplomatique ; RENÉ-LECLERC, Chef du Service Économique ; Commandant FAURE, Directeur des Services de l'Aconage ; Commandant DE MAGY, Directeur des Étapes ; Commandant DE BILLY, Adjoint au Directeur Général des Travaux Publics ; ALBERGE, Chef du Service du Budget ;

Les autorités régionales, militaires et civiles, ou leurs représentants ;

Au Bureau du Secrétariat : MM. LASVIGNE, Rédacteur à la Résidence Générale, Secrétaire du Congrès ; GOULVEN, Chef du Bureau Économique de Casablanca ; BEAUJOLIN, Rédacteur à la Résidence Générale ;

Les membres des Comités régionaux d'Études Économiques dont les noms suivent :

Comité de Rabat : MM. BERNAUDAT, FRANCESCHI, MASSIOU, THOMAS, BIARNAY, CUINET, DE LASSERRE, OBERT, LEGARD, LESTRE DE REY, DU PEYROUX, DURAND, JACQUIER.

Comité de Casablanca : MM. PHILIP, BOUVIER, CHAMPFO

RAN, GUERNIER, VEYRE, AUDIBERT, MAGNIER, COUSIN, FOUR-
NIER, SERÉ DE RIVIÈRE, DE MAZIÈRES, ALEXANDRE, ALTARAS,
ANDRIEUX, BRUSTEAU, BUSSET, CROZE, DAMEY, DEBONO,
DECHAUX, KATZ, PARADIS, RAVOTTI, DARMET, SANTOL.

Comité de Mazagan : MM. DONZELLA, HEDELIN, JACQUETTY,
JEANNIN, PLOUARD.

Comité de Saffi : MM. ALLOUCHE, CHANSON, COLLIOT, PENI-
CAUD, LEGRAND, COUSINIERY.

Comité de Marrakech : MM. le Lieutenant SCHACHER,
PITOIS, LAMBRET, BOULLE, GIRAUDEN.

Étaient excusés : MM. CROIZEAU, BOISSET (en France),
THÉRY (en France), BIGARÉ, LASSALLAS.

La séance est ouverte à 9 heures 15.

Aconage en général.

(Voir les rapports du Comité de Casablanca, Commission
du Commerce [1] ; de Rabat, Commission du Commerce [2] ; de
Saffi, Commission du Commerce [3].)

M. l'Intendant Général LALLIER DU COUDRAY. — Nous aborderons tout d'abord la question de l'aconage. M. DELURE a
déjà eu l'occasion d'indiquer ses projets en ce qui touche
Safi, Marrakech et Rabat. Il a également éclairé la Chambre
de Commerce de Casablanca en ce qui concerne ce port.

M. l'Intendant Général LALLIER DU COUDRAY donne ensuite
lecture des rapports des Comités de Safi et de Mazagan sur
cette question. Puis M. THOMAS donne lecture d'un rapport du
Comité de Rabat.

M. DELURE. — Nous sommes absolument d'accord avec
vous pour reconnaître que les tarifs de l'aconage sont fixés
d'après des bases irrationnelles. Quelquefois ces taxes sont
basées sur le poids, quelquefois sur le volume, sans tenir
compte de la valeur de la marchandise, et quelquefois sur le
nombre des colis. Il est évident que ces bases doivent être
revisées.

1. Voir plus haut, p. 41.
2. Voir plus haut, p. 78.
3. Voir plus haut, p. 138.

La question est sur le point d'être résolue dans les ports où est envisagée d'ores et déjà la concession de l'aconage.

M. Allouche. — Il faudrait que le même tarif d'aconage soit appliqué à tous les ports du Maroc, que le tarif de Casablanca soit le même que celui de Mazagan et des autres ports.

M. Delure. — Je ne suis pas sur ce point de votre avis, car il faut considérer que l'aconage est un service rendu.

Il s'agit de savoir ce que vaut ce service dans les différents ports.

Il est évident qu'en raison des diverses difficultés de débarquement, on ne peut faire une unification de tarifs dans tous les ports du Protectorat. A Kénitra, par exemple, où la plupart des navires abordent — ceux qui n'abordent pas sont à quelques mètres de l'appontement — on ne peut pas payer le même prix qu'à Casablanca, où 1 à 2 milles séparent de la terre le bâtiment à décharger ou à charger.

M. Thomas. — Ne pourrait-on songer à abaisser les tarifs d'aconage à Rabat ?

M. l'Intendant Général Lallier du Coudray. — Nous ne demandons qu'à aboutir à Rabat comme ailleurs ; vous êtes déjà informés d'un projet de révision qui est en somme inclus dans le projet de concession.

M. Thomas. — Cette question de la concession de l'aconage a été étudiée il y a quelques mois au Comité de Rabat, dans un rapport qui a reçu la réponse suivante de la Direction générale des Travaux Publics. (Lecture de cette correspondance.)

M. Delure. — Vous parlez d'une concession d'aconage qui est donnée pour un port. Celle à laquelle vous faites allusion, celle de Kénitra, n'est pas une concession. Nous avons passé un contrat résiliable dès que la concession interviendra. Nous avons simplement traité pour le service d'embarquement et de débarquement des marchandises. Une concession suppose une durée, un certain matériel fourni par le concessionnaire, une série de clauses. Le bail que nous proposons n'a aucunement ce caractère. C'est une mesure provisoire qui nous permettra de résoudre temporairement la question de l'aconage dans le port de Kénitra.

M. Thomas. — Nous insistons surtout pour que ce ne soit pas un armateur qui bénéficie de la concession de l'aconage.

M. Delure. — Vous ne pouvez demander, en somme, qu'une chose essentielle, que votre aconage soit bien fait, et par des gens sérieux.

M. Thomas. — Et par des gens du métier.

M. Delure. — Nous sommes tous d'accord sur ce point, mais on peut être armateur et avoir des capacités sérieuses d'aconier. De plus, je crois qu'il ne faudrait pas — c'est une question que nous reprendrons — il ne faudrait pas poser en principe absolu que les armateurs seraient des aconiers peu souhaitables. Il me semble, au contraire, que les gens qui n'ont pas un intérêt immédiat dans un port s'occuperont d'une façon peut-être moins active de la bonne marche de ces services.

Il est évident qu'à l'heure qu'il est, pour Kénitra, par exemple, une Société industrielle, ayant la concession de l'aconage à Kénitra, ne pourra peut-être pas subsister avec les seules ressources qui en découleront, et il faudra bien, dans ce cas, lui permettre de faire un autre métier. Je ne vois pas de très gros inconvénients à ce que le concessionnaire soit armateur parce que, plus il sera intéressé à la bonne marche des services du port, plus il aura à cœur de s'occuper consciencieusement du service qui lui sera confié.

Au reste, pour ce qui concerne sa probité professionnelle, l'aconier que nous aurons désigné sera soumis à un contrôle très sérieux.

M. Thomas. — J'ai fait allusion à tous ceux qui peuvent prendre l'aconage soit en concession, soit en exploitation au Maroc. Je demande que ce soient des aconiers réels, aussi bien pour le présent que pour l'avenir. C'est une question de principe que je soulève, et non un cas d'espèce.

M. Delure. — Nous sommes bien d'accord sur ce point que les gens que nous choisirons devront être à la hauteur de la situation ; maintenant, nous ne leur demandons que ce qu'il y a lieu et ce qu'il est possible de leur demander ; nous les verrons à l'œuvre et nous ne réclamerons pas des garanties tellement grandes qu'une individualité au lieu d'une société, ne puisse se présenter.

M. l'Intendant Général Lallier du Coudray. — Ou l'affaire donnera de bons résultats, et tout le monde sera satisfait, ou elle ne marchera pas, et l'Administration devra intervenir.

M. Thomas. — Nous avions émis un vœu, notamment en ce qui concerne la durée de la concession, mais à ce moment-là, nous ne connaissions pas suffisamment la question. Mais les explications que nous a fournies M. Delure nous amènent à reconnaître qu'il est à modifier. Je crois cependant qu'il doit être maintenu quant au point de vue du principe même de l'adjudication.

M. Delure. — Je vais vous répondre très franchement : il est clair que toutes les fois que nous ferons appel à l'initiative privée, nous accueillerons tous les concours qui pourront se présenter, nous les comparerons entre eux et nous choisirons ceux qui, offrant les meilleures conditions, présenteront le plus de garanties.

M. Thomas. — Ces explications nous donnent satisfaction et elles ont éclairci bien des points imprécis.

Heures d'ouverture de la Douane.

M. Thomas donne ensuite lecture du rapport de Rabat relatif aux questions douanières (Commission du Commerce[1]).

M. Thomas. — Il est incontestable que la fermeture de la douane le vendredi et le dimanche gêne et paralyse le commerce ; nous demanderons que la douane soit ouverte le vendredi, et sur la demande du commerce, même le dimanche matin.

M. l'Intendant Général Lallier du Coudray. — Est-ce qu'elle ferme à la fois le vendredi et le dimanche ?

M. Darmet. — Elle reste fermée le vendredi soir et le dimanche soir, ce qui ne fait en somme qu'un jour de fermeture.

M. Delure. — Sur ce point, il ne m'appartient pas de discuter, tout au plus puis-je vous répondre pour ce qui concerne les heures de fermeture de l'aconage.

La douane n'intervient pas d'une façon assez active dans les manutentions d'importations pour qu'il soit nécessaire que l'aconage reste ouvert en même temps.

Par conséquent, le travail de l'aconage peut se poursuivre,

1. Voir plus haut, p. 74.

quel que soit l'horaire de la douane, pendant toute la période du jour, de 5 heures du matin à 6 heures du soir l'été, et de 7 heures à 5 heures l'hiver.

Pour l'exportation, il faut au contraire, que l'agent de la douane soit présent aux opérations d'aconage. Par conséquent, les opérations de l'aconage à l'exportation ne peuvent se faire qu'au moment où le bureau de la douane est ouvert.

M. Thomas. — Pareilles mesures constitueraient une grosse amélioration sur l'état des choses actuel.

M. l'Intendant Général Lallier du Coudray. — Il paraît inadmissible que la douane soit fermée le dimanche et le vendredi soir.

M. Darmet. — Ce sont des considérations d'ordre politique indigène qui imposent la fermeture de la douane le vendredi. C'est là une très vieille coutume qu'il convient de ne pas abolir brusquement.

Paiement des droits d'aconage et de douane en monnaie française et cours du change dans ces opérations.

M. Thomas continue la lecture du rapport de Rabat pour les passages relatifs au paiement des droits de douane et d'aconage en monnaie française (Commission du Commerce [1]).

M. Thomas. — Nous demandons donc que les droits d'aconage et de douane soient payés en monnaie française ; il y a toujours une différence entre le change officiel et le change de la douane, différence de 1 point ou 1 point 1/2. A chaque opération de douane, c'est environ 1 à 1,25 % de perte. Il serait désirable qu'on applique simplement à la douane le cours officiel affiché tous les jours à la Banque d'État.

M. Darmet. — Tous les matins, la Banque d'Etat nous donne le cours et la douane assure le change à ce même cours pendant toute la journée. (*Protestations.*)

M. Thomas. — Si vous voulez me permettre, prenons des chiffres : par exemple, quel était le cours samedi ?

M. Darmet. — Je ne me souviens pas, mais je puis vous assurer que j'ai demandé à M. le Directeur de la Banque d'État de donner un change favorable aux commerçants pour

1. Voir plus haut, p. 78.

qu'ils puissent dans la journée faire ces opérations au taux indiqué, et l'on m'a assuré qu'on le faisait.

M. DE TARDE. — Quel inconvénient y aurait-il à ce que l'on paye en francs les droits d'aconage?

M. le Commandant FAURE. — Parce qu'ils sont encaissés par la douane qui ne prend que de l'hassani.

M. DELURE. — Il y a possibilité pour le client de payer dans l'une des monnaies ayant cours au Maroc, au change du jour de la Banque d'État. Au reste, pour l'aconage, la question sera réglée plus complètement par la réglementation nouvelle.

M. CHANSON. — Il me semble que la même mesure pourrait être adoptée pour la douane. Si le cours du change par exemple, était de 135 à la Banque d'État, à la douane ayant 135 pesetas à payer, nous payerions 100 francs ; la Banque verse ensuite à la douane 135 P. H.

M. DARMET. — Le commerce a la facilité de faire sa déclaration en hassani ; en ce cas, il n'y a pas de change à faire.

M. CHANSON. — Il serait loisible à la douane de faire ses opérations de change tous les soirs à la Banque d'État.

MM. BERTI et ALBERGE, que M. l'Intendant Général LALLIER DU COUDRAY avait fait prier de prendre part à la discussion, arrivent à ce moment.

M. l'Intendant Général LALLIER DU COUDRAY. — (S'adressant à M. BERTI) : Ces Messieurs se plaignent de ce que le change soit toujours d'un point à un point et demi au-dessus du cours légal ; et ce, pour couvrir les petites erreurs qui pourraient se produire. Ils demandent s'il ne serait pas possible de payer en francs au cours indiqué le matin par la Banque d'État ; ce serait ensuite à la douane à échanger le soir ses francs en hassani à la Banque d'État.

M. BERTI. — C'est une question qui dépend surtout du Gouvernement du Protectorat et des instructions qui nous seront données à ce sujet. Nous n'y voyons, au point de vue strictement douanier, aucune objection. Du moment qu'on nous paye les droits, que ce soit en francs ou en pesetas, cela nous est égal. Mais la question doit être étudiée par vous, Protectorat, en raison de la répercussion que la chose pourrait avoir sur votre politique monétaire.

M. Alberge. — Au point de vue financier, l'opération qui consisterait à percevoir les droits de douane en francs serait avantageuse, car la perception en hassani oblige à une double conversion, dont l'une au compte du commerce et l'autre au compte du Protectorat.

M. Chanson. — Il ne faudrait pas non plus obliger le client à payer en francs.

M. Thomas. — Il ne faudrait pas que les commerçants aient à supporter le change, et il devrait être bien entendu que le change officiel établi à la Banque d'État étant de 135, toutes les opérations seraient faites à 135 toute la journée.

M. Berti. — A l'heure actuelle, on paye en hassani. Les agents percepteurs n'ont pas le droit de recevoir du franc ; il leur a même été interdit, défendu de faire le change eux-mêmes.

M. Allouche. — Prenons un exemple : un commerçant a à payer 3.000 P. H. à la douane, il a sur lui du franc, il va à la Banque d'État et achète des pesetas ; on lui donne des billets hassani et il va ensuite payer la douane. Dès que cette dernière est en possession de ces billets, elle va les changer à nouveau à la Banque d'État pour avoir des francs. (*Exclamations.*)

M. Chanson. — Prenons par exemple le chiffre de 100 francs que nous avons à payer aujourd'hui, au cours de 135 donné par la Banque. Nous allons à la Banque d'État avec notre billet de 100 francs, elle nous donne 134 P. H. Arrivé à la douane on est obligé de sortir 1 P. H. de sa poche pour parfaire parce que le cours est fixé à 134 et qu'à la douane il est à 135.

M. de Tarde. — Ce point particulier mérite d'être étudié pour qu'on recherche le moyen de supprimer le tort porté au commerce.

M. Alberge. — Les droits de douane à l'importation sont *ad valorem*. Quand une facture s'élève à 100 francs, la douane est obligée de faire deux conversions successives d'après le cours qu'on lui donne ; si ce cours est de 130, elle évalue à P. H. 130, elle applique le 12,50 % sur cette valeur de 130 et le commerçant qui, lui, a des francs, achète les pesetas à 129.

M. Katz. — J'espère qu'en opérant comme vous venez de le dire, en percevant les droits de douane en francs au lieu de les percevoir en hassani, vous assainirez le marché du hassani dans une certaine mesure, puisque la douane vous oblige, vous, commerçant, à transformer vos francs en hassani dont elle n'a pas besoin, pour un emploi industriel.

Elle ne fait, en effet, qu'opérer sur le marché du hassani au même titre qu'un acheteur privé : elle reçoit du hassani dont elle se débarrasse le lendemain, puisqu'elle n'en a pas besoin.

M. Berti. — M. Katz dit : La douane perçoit en hassani, va à la Banque pour le changer en francs. Ce n'est pas tout à fait ainsi que se passent les choses.

M. Katz. — Vous êtes obligé de payer les coupons de vos actionnaires en francs.

M. Berti. — La douane ou plutôt le Contrôle de la Dette n'opère pas ainsi : il verse son hassani à la Banque d'État qui, elle, a un contrat avec le Gouvernement Marocain, aux termes duquel elle transforme les pesetas qui lui ont été versées par la douane ou d'autres services en francs, afin d'assurer le service des emprunts.

M. l'Intendant Général Lallier du Coudray. — Nous allons examiner la question et si la chose est possible, nous pouvons vous assurer que nous ferons le nécessaire.

M. de Tarde. — Au sujet de la question monétaire, je trouve qu'il y aurait une certaine hypocrisie, une fois la question engagée d'une façon générale à Paris, d'essayer de la résoudre par de petites mesures partielles. Le paiement des droits de douane en francs est une question, en effet, intimement liée à la grosse question monétaire, car le fait que les treize millions de pesetas qui sont actuellement versées à la douane seraient payées en francs causerait la disparition subite de treize millions de pesetas du marché et c'est là un poids énorme dans la balance.

La question monétaire générale est traitée à Paris en ce moment-ci. Qu'elle soit arrêtée définitivement, qu'on choisisse donc définitivement entre le franc et la peseta, par un ensemble de mesures générales. Nous verrons alors si la douane doit changer son mode d'encaissement.

M. Berti. — Il est très souhaitable, personne ne peut le contester, qu'il y ait une monnaie fixe. Qu'elle s'appelle franc, qu'elle s'appelle autrement, cela n'a pas d'importance. Il est préférable évidemment que ce soit le franc, mais enfin, comme le disait tout à l'heure M. de Tarde, la question de la réforme monétaire est à l'étude. Il y a plusieurs façons d'arriver à assainir la question monétaire ; il y a plusieurs procédures : celle qui consiste à substituer complètement le franc à la peseta ; il y a la procédure qui consiste à donner à la peseta une valeur déterminée et selon que l'on choisira l'une ou l'autre de ces procédures, il faudra suivre telle ou telle politique monétaire. Or, le paiement des droits de douane en francs est un des éléments les plus importants de cette politique. C'est pourquoi, comme le disait M. de Tarde, la question de savoir si on doit payer les droits de douane en francs est intimement liée à la question de cette réforme monétaire.

M. BERTI, étant demandé par le RÉSIDENT GÉNÉRAL, se retire.

M. BRUSTEAU. — Une amélioration qui peut être apportée momentanément est celle-ci : le taux de la taxe à payer serait déterminé en monnaie hassani comme cela se fait actuellement. Seulement, ce qui pourrait se faire, c'est que le client soit autorisé à payer à la douane en monnaie française, mais au cours fixé d'accord entre la Banque d'État et la Douane. Seulement, une entente serait nécessaire entre celles-ci pour fixer le cours chaque matin. (*Approbations.*)

M. l'Intendant Général LALLIER DU COUDRAY. — Je partage entièrement la manière de voir de M. Brusteau et je ferai tout ce qui dépendra de moi pour réaliser l'amélioration qu'il préconise.

Création de Commissions du port.

Cette matière étant épuisée, M. THOMAS donne lecture d'une note demandant la création d'une commission des ports telle qu'elle existe en France (Comité de Rabat, Commission du Commerce [1]).

M. DELURE. — La création d'une commission du port me semblerait peu judicieuse dans les ports où il existe déjà une Chambre de commerce. Ce dernier organe, en effet, est tout qualifié pour connaître des questions maritimes. Dans les endroits où il n'y a pas de Chambre de commerce, on pourrait

1. Voir plus haut, p. 79.

peut-être envisager la constitution d'une commission du port
Je ne vois pas, au fond, la nécessité d'avoir une Chambre de
commerce et une commission de port dans la même ville,
d'autant que ces deux groupements seront presque forcément
composés des mêmes personnes.

Concession de l'aconage à Casablanca.

M. Grenier. — Le travail que j'avais présenté suivait un
programme qui avait été soumis par M. le Directeur Général
des Travaux Publics à propos de la concession de l'Aconage
de Casablanca. Or, d'après certains renseignements, il ressort
que M. le Directeur Général des Travaux Publics a modifié le
projet qui avait été soumis. Dans ces conditions, il ne m'est
pas possible de vous présenter nos observations avant d'avoir
entendu celles de M. Delure.

M. Delure. — Je vais tâcher d'exposer aussi clairement
que possible la grosse question de l'aconage de Casablanca. Je
vais le faire très franchement, la franchise devant être la règle
que nous avions tous promis d'observer dans nos réunions.

Nous allons étudier la situation telle qu'elle se pose et telle
qu'il ne dépend pas de nous de la modifier.

Elle se résume en deux points : d'une part, l'aconage nous
cause à l'heure qu'il est dans le budget un déficit qui, pour cette
année, atteindra au moins deux millions, et qui sera peut-être
supérieur. Dans ce déficit, Casablanca a la plus grande part,
puisque c'est là que se font les plus grandes dépenses.

D'autre part, vous savez quelle est notre situation financière. Nous sommes obligés de dire au Parlement ou au Gouvernement : vous avez déjà consenti un emprunt très important de 170 millions ; nous vous demandons, pour faire face
à des nécessités que nous croyons immédiates, d'augmenter
cet emprunt de 72 millions. Naturellement, il faudra que
vous le garantissiez, sinon, nous ne trouverons pas d'argent.
Mais encore, nous vous demandons deux millions pour com-
penser le déficit de l'aconage. En plus, il faudra que vous
augmentiez d'autant l'annuité que vous nous donnez.

Eh bien, comme vous le comprendrez, Messieurs, ce serait
une situation pénible que de venir dire à la France à l'heure

qu'il est, que non seulement elle doit faire des sacrifices, mais encore que ces sacrifices dépasseront ceux qui sont indispensables, une fois réalisées toutes les économies qui nous sont possibles. Je crois que cela ne se peut pas. Nous sommes obligés, et strictement, de venir dire : Nous demandons votre aide parce que nous ne pouvons pas nous suffire et payer la somme que représente l'emprunt pour nos travaux, mais nous ne demandons que l'indispensable, et nous avons commencé par réaliser chez nous toutes les économies possibles afin de vous demander aussi le moins possible.

Je crois que c'est la seule manière de poser la question pour la faire aboutir. Et quand nous aurons vu ce que nous pouvons faire, quand nous aurons supprimé toutes nos dépenses inutiles, alors nous verrons à établir un projet d'emprunt.

Pour supprimer cette dépense que représente le déficit de l'aconage, quels moyens avons-nous ?

Le problème du relèvement des taxes est inséparable du coût de la concession. Il est clair qu'il y aurait là déjà une forte atténuation du déficit. Mais, je vous le dis toujours avec la même franchise, vous ne pouvez demander à l'État d'assurer un service absolument commercial. Ce n'est pas son rôle. D'autre part, la perception des taxes, aussi libérale qu'elle soit, quelque large qu'elle puisse être dans l'interprétation des règlements, est toujours liée par ces règlements, même dans une mesure beaucoup plus grande qu'elle le voudrait...

C'est une théorie que, pour ma part, j'apporte dans l'examen de toutes les affaires, qu'elles aient trait aux chemins de fer, aux ports ou qu'elles soient de toute autre nature. Il y a des cas où c'est l'initiative individuelle et l'effort personnel qui est la condition nécessaire d'un service régulier. Je crois que pour gérer l'aconage dans les meilleures conditions possibles, il faut l'initiative privée.

M. Guernier a, en particulier, indiqué deux systèmes : d'abord l'aconage libre et en second lieu l'aconage sous la dépendance de la Chambre de commerce. Je suis absolument partisan des Chambres de commerce. Ce sera un des meilleurs souvenirs de ma vie administrative que celui des quinze ans où j'ai travaillé dans une collaboration intime avec une Chambre de commerce et grâce à ce concours et à cette étroite collaboration, nous avons pu faire passer le trafic du port qu'elle représentait de 600.000 tonnes à un million, et je reconnais très bien que, en principe, si la Chambre de commerce était constituée comme une Chambre de commerce de France, c'est à elle que devrait aller la concession de l'aconage. Mais elle n'est pas encore constituée, puisqu'elle ne pourrait encore avoir des ressources. Elle ne pourrait donc pas être partie prenante de l'Administration d'un port.

M. Guernier disait que l'intervention de la Chambre de commerce était impossible aujourd'hui ; prenons donc un moyen terme qui pourrait être celui-ci : le Service de l'Aconage n'effectuerait pas lui-même le transport ; il le transformerait en un service de location de remorqueurs et de barcasses qu'il livrerait à qui se présenterait pour les prendre en un lieu et pour un temps à déterminer, moyennant un prix à déterminer également, et ce serait alors, soit la Compagnie de Navigation, soit les aconiers particuliers qui feraient l'aconage chacun pour la partie qui l'intéresserait. Ce serait en somme un régime d'aconage libre, avec faculté, pour tous ceux qui n'ont pas le matériel nécessaire, de s'adresser à une administration en lui disant : ce matériel et ce personnel que je n'ai pas, livrez-les moi à des prix débattus à l'avance.

Il faut reconnaître que ce système pourrait donner lieu à bien des difficultés. Je crois qu'en effet, il serait absolument inapplicable dans les circonstances présentes, et ce que nous avons pris pour une réforme ne pourrait être que la cause d'une augmentation du trouble et des insuffisances actuelles. Cette théorie, d'après laquelle fonctionneront à la fois des aconages multiples, Compagnies de navigation qui feraient par leurs propres moyens presque tout l'aconage, et tous les aconiers libres qui seraient à la disposition de tous les bateaux qui ne seraient pas desservis par les Compagnies de navigation, n'aurait pas les mêmes moyens d'application. Il faudrait que tout cela jouât simultanément ; il faudrait indiquer à chacun son poste et son tour d'opération.

Je crois qu'il y aurait là une cause de complication permanente parce que le désordre naîtrait sur tous les points à la fois sous des directions différentes.

Il y aurait encore beaucoup d'autres difficultés : vous nous demandez de livrer des barcasses et des remorqueurs à qui viendra les prendre. Seront-ils livrés avec leur personnel et leur fournira-t-on également leur matière de consommation ? Ou bien, alors, il nous faudra conserver le personnel dont le quart ou la moitié sera inoccupé et que nous paierons à ne rien faire. Ou bien, on n'aura pas de personnel et alors le matériel sera la plupart du temps abandonné sans gardien, négligé. Voilà un outillage dont personne ne sera responsable, et qui, forcément, se détériorera. Je crois que là encore, nous aurions des difficultés énormes qui se traduiraient par des pertes d'argent.

M. Guernier a dit que le service fonctionnerait non pas sous la surveillance et la direction de la Chambre de commerce, mais sous le contrôle d'un Comité directeur nommé par elle. Je vous avoue que je ne partage pas cet avis. Autant je comprends un Comité directeur qui donne son avis dans les grandes questions intéressant une entreprise quelconque, autant je vois mal ce Comité directeur intervenant dans les détails d'administration de tous les jours en réglant les petits incidents et les petites difficultés qui peuvent se présenter. On ne peut pas agir avec des directoires; il faut qu'il y en ait pour dicter les grandes lignes et prendre les grandes décisions, c'est entendu, mais les questions journalières ne peuvent être réglées que par quelqu'un qui a pour lui-même l'autorité nécessaire pour cela et qui est responsable ensuite devant le Comité directeur. Et encore cette fois pour le fonctionnement et l'installation de ce Comité directeur, des difficultés qui ne sont pas négligeables se présenteront.

Après avoir reconnu toutes les gênes et toutes les indécisions qui pourraient survenir de ce mode d'application à déterminer, il est bien possible que le service, dans ces conditions, devienne plus onéreux encore qu'à l'heure actuelle. Mais le Protectorat nous viendrait alors en aide par une subvention qui pourrait être, par exemple, de 500.000 francs. Ici encore, nous ne dégrevons pas le budget. Les 500.000 francs sont d'ailleurs une hypothèse, ce sera peut-être un million, mais dans tous les cas, dût-on se limiter à 500.000 francs, le déficit apparaîtrait dans un autre budget.

Nous en venons donc à la concession, et toujours avec la même franchise, je vous dirai très nettement que, dans vos objections, il y en avait une qui portait, une que nous avons longuement examinée avant de nous résoudre à l'écarter : c'est celle de la durée de la concession ; nous la portons à une durée de vingt-cinq ans, c'est un minimum, parce qu'il n'y a pas une compagnie sérieuse — et nous voulons surtout ne traiter qu'avec des compagnies sérieuses — qui consente à engager des capitaux dans une affaire si elle n'a pas comme durée d'amortissement une période de vingt-cinq ans au moins, et la plupart du temps de trente à quarante ans.

Nous considérons cette condition comme nécessaire pour aboutir et nous pensons d'autre part qu'avec certaines modalités on arriverait à supprimer la plupart de ces inconvénients.

Ces modalités, je vais vous les dire : d'abord, il est évident que d'ici à l'expiration des vingt-cinq ans, le régime du port aura changé, du moins nous l'espérons tous. L'aconage aura vécu ou presque : il ne s'appliquera plus qu'à l'état d'exception. On abordera à quai, et dès lors, il est évident que les conditions du trafic auront changé et que les mêmes tarifs ne s'appliqueront pas. C'est pour faire face à cette situation nouvelle qu'à côté des tarifs de l'aconage proprement dit, nous avons prévu des tarifs de chargement et de déchargement à quai, naturellement très inférieurs, et qui joueront le jour où tous nos ouvrages seront entrés en service.

Ensuite, évidemment, nous autorisons le concessionnaire à percevoir des tarifs à titre de maximum. Eh bien, il est clair qu'il serait très regrettable que, le jour où le développement de ces affaires lui permettra de réduire ses tarifs, il ne voulût pas le faire. C'est pour obvier à la crainte, qui paraît être légitime à cet égard, que nous avons stipulé qu'à partir du moment où les recettes atteindraient un certain chiffre, le tarif serait obligatoirement abaissé d'un dixième, et d'un nouveau dixième lorsqu'un bénéfice supérieur aurait été réalisé. Mais après cet abaissement du tarif, il se pourrait encore que l'entreprise soit trop brillante et qu'on nous dise : « Mais, si vous aviez un peu mieux examiné votre affaire avant de la traiter, vous auriez vu qu'elle avait des perspectives d'avenir très larges et vous n'auriez pas donné à une société particulière le moyen de s'enrichir, en somme, au détriment de l'intérêt général ».

Eh bien, là encore, nous avons stipulé qu'à partir d'un certain moment, il y aurait partage de bénéfices entre le concessionnaire et le Protectorat, et que la part attribuée au Protectorat serait consacrée à des améliorations au port.

J'arrive à la dernière garantie : c'est celle du rachat. Au bout de trois ans, vous pouvez racheter et vous rachèterez suivant l'un de ces deux systèmes. Supposez que l'affaire tourne mal et ne donne même pas au concessionnaire les sommes nécessaires pour couvrir ses frais d'exploitation et payer en même temps l'annuité de ses emprunts. Dans ce cas, c'est très simple : nous lui payons ce qu'il a dépensé en somme pour mettre son outillage en état. Nous lui payons intégralement, uniquement, les sommes qui auraient été à notre charge si nous avions pris l'affaire nous-mêmes. Dans ce cas, nous n'aurons rien perdu. Nous reprendrons une affaire qui ne nous coûtera pas plus qu'elle ne nous aurait coûté et nous retrouverons notre liberté d'action.

Ou l'affaire sera avantageuse, et comme toute affaire avantageuse, elle aura des bénéfices dont la progression s'accentuera très rapidement.

Dans ce cas, il y a également la question du rachat. Nous pourrons reprendre par conséquent une affaire qui donne des bénéfices et qui doit en donner davantage. Nous pourrons l'arrêter à notre profit au moment où le gain qu'elle réaliserait serait en progression constante, et nous sommes sûrs de toucher en somme plus que nous ne donnons au concessionnaire ancien pour le dédommager de la reprise.

On peut avoir à ce sujet toutes espèces de tranquillité et l'on est bien sûr que le jour où nous voudrons sortir d'une situation par trop défavorable, ou par trop favorable, et recouvrer notre liberté d'action, nous aurons le droit et le moyen de le faire dans des conditions parfaitement acceptables. Remarquez qu'à ce moment-là, il sera parfaitement possible d'examiner — lorsque la Chambre de commerce de Casablanca sera constituée, qu'elle aura son budget, son organisme — la question de la concession de l'aconage à la Chambre de commerce qui pourra alors, soit racheter si la chose lui convient, soit prendre la concession à son compte et laisser le concessionnaire continuer ses opérations.

Voilà, Messieurs, pourquoi je vous demande, ayant eu des apaisements au sujet des conséquences possibles de la concession, de vouloir bien renoncer à toutes protestations contre son principe. La Chambre de commerce, dans une de ses réunions précédentes, a déjà examiné le détail du contrat, et elle a fait à son sujet certaines observations ; je demande la permission de ne pas m'arrêter ici sur ces observations. Je n'en retiendrai pour l'instant que deux. Dans la première, on dit : « Vous ne concédez pas seulement l'outillage, vous concédez le port. »

Eh bien, non, nous ne concédons pas le port. En relisant le texte donné, je crois pouvoir vous montrer très nettement qu'il ne s'agit absolument que d'une concession portant sur une question de manutention et non sur autre chose.

J'en reviens encore à la question qui a été déjà traitée tout à l'heure et qui consiste à exclure des concessionnaires futurs une certaine catégorie de personnes en raison des intérêts qu'elles pourraient avoir dans le port, les armateurs par exemple.

Eh bien, Messieurs, pour l'aconage de Casablanca qui est une grosse affaire, nous demandons la constitution d'une société spéciale qui ne fera que cela. Ce ne sera pas par conséquent une société de navigation existante et elle ne pourra pas davantage se transformer dans l'avenir en société de navigation, ni en société de construction ou d'entreprise, puisque ses comptes devront être limités strictement à l'aconage.

Maintenant, que, dans le conseil d'administration de cette société, il puisse y avoir des armateurs, des individualités de toutes sortes, permettez-moi de vous dire qu'il serait profondément regrettable que l'on commençât par les évincer. Pourquoi voulez-vous priver cette société du concours financier des grosses maisons d'armement ? L'essentiel est que tous les intérêts soient nettement séparés et que l'on se serve de gens dont la compétence est absolument établie. Remarquez enfin que vous retrouverez toujours les mêmes noms dans les Conseils d'administration de la Métropole ou presque les mêmes.

Il est évident que le jour où l'Administration d'une Compagnie de Chemin de fer, le Nord par exemple — ce n'est pas une personnalité que je fais, c'est un exemple théorique que l'on peut appliquer dans bien des circonstances — serait également un administrateur des Mines d'Anzin, on pourrait aussi bien lui dire : « Mais, Monsieur, vous vous livrez à vous-même des wagons pour faciliter les transports de la société des Mines d'Anzin. »

Il faut bien s'en remettre à la bonne foi des gens qui tiennent à dégager nettement leur responsabilité administrative et qui ne songent pas à profiter de leur situation dans deux situations différentes pour bénéficier de l'une au détriment de l'intérêt général.

Du moment où il y aura dans cette entreprise des représentants de l'une ou de l'autre des entreprises pouvant exister au Maroc, elle pourra fonctionner à la satisfaction de tous et concilier des intérêts qui divergent quelquefois. La Chambre de commerce pourra d'ailleurs jouer un rôle d'arbitre qui sera au bénéfice de la concession d'abord et du port de Casablanca ensuite.

Hier, vous avez, avec une aménité qui nous a beaucoup touchés, considéré qu'en matière de travaux publics, personne ne pouvait avoir satisfaction complète et qu'il devait y avoir précisément des sacrifices faits par chaque intérêt particulier au bénéfice de l'intérêt général. C'est un intérêt général que je vous signale ici, un intérêt majeur, qui consiste, encore une fois, à ce que nous arrivions vers le Gouvernement en lui disant : « Nous demandons votre aide, même dans les circonstances présentes où nous savons quelle est la grandeur de vos dépenses et la limitation de vos ressources, mais nous la demandons dans la mesure qui nous est strictement nécessaire et après avoir fait nous-mêmes tout l'effort possible pour réduire nos dépenses ! » Voilà pourquoi je vous demande, Messieurs, de vouloir bien nous permettre de porter cette déclaration à Paris et de cesser vos premières protestations contre le régime de la concession.

M. Guernier. — M. Delure a commencé en demandant au Comité d'Études de bien vouloir lui apporter sa collaboration et sa franchise. A ce point de vue, je tiens, étant donné non pas les protestations, mais les observations que j'ai eu à faire, je tiens à déclarer devant M. Delure que je les ai faites précisément dans un but de collaboration. D'ailleurs, je ne crois pas qu'au Maroc on puisse trouver une collaboration plus typique que la manifestation d'aujourd'hui, que cette Exposition qui nous ouvre à tous une si large hospitalité. Monsieur le Directeur des Travaux Publics, je vous donne ma parole que les quelques observations que je vais présenter encore le seront avec toute la franchise possible. Vous avez fait avec une modération à laquelle je tiens à rendre hommage, la critique d'un système que j'avais proposé. Je ne reviendrai pas sur ce système. Toutefois, au point de vue des difficultés que vous avez soulevées et en particulier sur la location des engins fixes et mobiles, vous savez certainement que la question a été résolue en France par avis du Conseil d'État du 31 juillet 1883, qui a encore force de loi dans tous les ports.

Les observations principales que nous avions présentées ne sont pas des objections absolues. Nous les avions présentées parce que nous avions cru devoir signaler un péril : celui qui consistait à donner le monopole du port de Casablanca à des armateurs. Nous sommes certains que le groupe que vous choisirez sera sérieux, nous n'en doutons pas, mais nous craignons que son monopole soit pour lui, non pas une fin mais un moyen. Lorsque vous aurez donné le monopole du département et de l'embarquement des marchandises à des Compagnies de navigation précises et définies, nous craignons que ces Compagnies de navigation s'en fassent un moyen pour se mieux servir elles-mêmes au détriment des autres Compagnies qui pourraient être appelées dans l'avenir au port de Casablanca.

Vous savez très bien, en France, quelles sont les façons de procéder des Compagnies de navigation qui, d'ailleurs, je dois le déclarer, n'ont peut-être pas donné à la marine marchande le développement auquel elle avait droit.

Il s'est constitué un comité central des armateurs. Au sein de ce comité, on s'est efforcé, lorsqu'un gâteau s'est présenté, non pas de se le disputer, mais de se le partager. Eh bien ! je crains que les Compagnies de navigation qui entreront dans la concession de l'aconage de Casablanca se partagent ce gâteau, superbe d'ailleurs pour elles, au détriment de toutes les autres. Je sais bien que vous répondrez à cela que cette Compagnie sera soumise à un contrôle, ce n'est pas douteux, mais vous savez combien les manipulations d'aconage dans le port de Casablanca sont difficultueuses, vous savez très bien que la rade de Casablanca est une rade foraine, qu'il est impossible d'assigner tel ou tel poste à tel ou tel bateau et que pour la distribution des barcasses, on peut très bien avantager tel ou tel navire, et qu'il sera très difficile de le contrôler.

Voilà la première crainte que nous avions eue, je vous la résume dans son ensemble.

Le deuxième sujet de contestation était celui-ci : Pouvait-on très sincèrement, en présence des conditions actuelles où toutes les conditions économiques sont détaxées, où toutes les précisions et tous les pronostics échouent toujours devant des faits nouveaux auxquels personne n'a songé, pouvait-on alors engager tout l'avenir du port de Casablanca pour une durée aussi longue que celle dont vous avez parlé? D'autre part, nous craignons que si un groupe financier accepte avec une telle gaieté de cœur de prendre le service de l'aconage, ce soit qu'il fasse, ce n'est pas douteux, une affaire, et une très grosse affaire.

La Chambre de commerce de Casablanca — je crois que c'est l'esprit des Chambres de commerce en France — ne doit pas faire d'affaires, et le port de Casablanca ne doit pas être une affaire. Il y a là un service public qui doit être dirigé par une Chambre de commerce, mais celle-ci ne doit pas avoir de bénéfice. Voici la règle qui a été imposée aux Chambres de commerce aujourd'hui. Une exploitation, soit ! de bénéfice, point ! Je le répète, les objections que nous faisons maintenant ne sont pas de nature à apporter obstacle aux projets que vous pouvez avoir : Nous nous inclinerons devant la décision que vous croirez devoir prendre ; nous regretterons peut-être qu'elle ne soit pas conforme à nos desiderata. Je prends ici une responsabilité tout entière, mais je suis sûr d'être suivi par tous mes collègues. Nous étions tous préparés à accepter dans une très large mesure la surélévation des taxes, mais à la condition que vous opéreriez de votre côté une révision de vos frais généraux en vue d'améliorer les conditions de l'aconage. Sur cette base, en attendant des conditions meilleures, plus stables, mieux définies, nous aurions voulu attendre le retour des choses normales, la fin de la guerre, pour voir plus clairement.

Nous nous inclinons devant la décision que vous croyez devoir prendre et vous assurons que dans l'avenir, dans le système que vous aurez créé, nous vous apporterons toujours notre collaboration loyale et franche.

M. Delure. — M. Guernier me permettra de le remercier de cette déclaration ; je n'attendais pas moins de sa loyauté et de la collaboration fidèle qu'il nous a toujours apportée jusqu'ici.

Qu'il me permette de lui dire cependant, et ceci uniquement pour le rassurer et lui rendre peut-être le sacrifice un peu moins amer, qu'il semble qu'il ait poussé le tableau un peu au noir. Il n'est pas dit d'abord que les Compagnies de navigation aient la majorité dans le sein du conseil d'administration. Elles ne l'auront pas, mais enfin, en tous cas, ces Compagnies de navigation ne se réserveront pas l'usage exclusif du port. Il y aura des règlements que nous serons chargés de contrôler pour la répartition des barcasses, leur fonctionnement, etc...

Le contrôle est parfois difficile à exercer, et à un moment donné on ne sait plus très bien qui a tort ou raison après un échange d'observations qui peut se prolonger. Mais ce que l'on ne sait pas tout de suite, on le voit très bien dans l'ensemble, peu à peu, et si, après avoir mal réglé une question un jour déterminé, on se trouve le lendemain en présence d'une imperfection qui se renouvelle le surlendemain, il est alors certain qu'il existe un état de choses auquel il faut remédier. Ou bien on rappelle à l'ordre la Compagnie de navigation qui reconnaît son méfait ; ou, si la situation devient trop aiguë, on en arrive au rachat. Je ne parle pas de la déchéance sévère et brutale que l'on ne peut appliquer que pour des causes absolument exceptionnelles ; mais il y a dans tous les cas le rachat.

Il y a aussi les petits ennuis quotidiens que l'Administration est à même de causer à une entreprise et qui sont peut-être égaux en gravité à ceux que cette même entreprise peut occasionner à des concurrents qui lui déplaisent. De sorte que là-dessus je crois que vous ne voyez pas l'avenir assez en rose.

Quant aux objections que j'ai à faire aux autres solutions que vous avez présentées, je suis bien obligé de les maintenir parce que vous nous dites qu'un service de location de matériel pourra très bien fonctionner sur les bases que vous indiquez. Je dis qu'en pratique il aura de très gros inconvénients, et ce n'est pas l'arrêt de 1883 qui, le jour où les remorqueurs seront détériorés, viendra les payer.

De telle sorte que je crois réellement que le système que

vous avez proposé serait difficile à mettre en pratique. Il pourrait l'être comme toute chose peut être faite, mais je crois qu'il entraînerait bien des frottements, bien des dépenses, bien des erreurs.

Voulez-vous me permettre d'ajouter un mot? Il y a une série d'observations (en dehors de celles plus générales, que j'ai émises à propos de l'aconage) faites par la Chambre de commerce de Casablanca. Je répète qu'il ne me paraît guère utile en ce moment de les traiter ici, car elles n'intéresseraient pas tout le monde ; mais je serais très désireux de revoir la Chambre de commerce et de m'entretenir avec elle de ces différentes questions.

M. le Colonel Calmel. — Nous pourrions nous réunir dans ce but demain à cinq heures de l'après-midi dans le pavillon de l'Afrique Occidentale, si vous le voulez bien, Monsieur le Directeur Général.

Aconage dans les ports de Mazagan, Saffi et Mogador.

M. l'Intendant Général Lallier du Coudray. — La discussion sur l'aconage du port de Casablanca étant close, quelqu'un demande-t-il la parole ?

M. Allouche. — Quel est le système d'aconage qui sera employé pour les ports du Sud ?

M. Delure. — Je ne puis vous répondre, pour l'excellente raison que je n'en sais rien. Il sera appliqué pour les ports du Sud le même système qu'à Casablanca, si vous en êtes partisans. Si vous trouvez un concessionnaire, adressez-nous-le, nous ne demandons qu'à le voir.

M. Allouche. — En attendant de trouver un concessionnaire, il y a une situation à laquelle il faut trouver un remède. Nos barcasses sont en très mauvais état à Saffi, et elles menacent d'être bientôt hors d'usage.

M. le Commandant Faure. — Les barcasses sont en mauvais état, étant donné qu'elles restent un mois ou deux sur le sable, sans servir. Elles sèchent, et quelques travaux d'entretien qu'on fasse, lorsqu'on remet ces barcasses à la mer, elles font de l'eau. Le matériel n'est plus jeune.

M. l'Intendant Général Lallier du Coudray. — Il faudrait

tâcher de remédier à cette situation. M. de Billy, qui va se rendre prochainement en mission dans les ports du Sud, examinera le matériel et tâchera d'améliorer l'état de choses existant. Mais ce qui serait souhaitable, c'est que vous trouviez un concessionnaire.

M. ALLOUCHE. — Il y a un candidat, c'est la Société commerciale marocaine.

M. l'Intendant Général LALLIER DU COUDRAY. — A-t-elle fait des offres?

M. ALLOUCHE. — Elle a l'intention d'en faire.

M. DELURE. — Très bien, elle sera la bienvenue! Nous ne sommes pas opposés à traiter pour la concession de l'aconage à Safi, et si nous avons des propositions, nous les examinerons.

M. BOUVIER. — La concession du port de Safi et de l'aconage devrait consister en une sorte d'adjudication restreinte, mais très largement ouverte à tous les concurrents. Quand il y a des pourparlers entre les services publics et un groupe de personnes, on aurait avantage à élargir la discussion et à laisser tous les gens intéressés faire des propositions. On aurait dû agir ainsi pour la concession de l'aconage à Casablanca.

M. DELURE. — Mais on a laissé tous les intéressés faire des propositions. Ce n'est pas seulement avec un groupe que nous avons eu des pourparlers, mais avec plusieurs.

M. BOUVIER. — J'ai toujours vu les entreprises par sociétés donner des résultats plus ou moins bons. Je crois qu'elles sont loin de donner les résultats d'une affaire menée par une seule personne capable de la diriger sur place.

Je me demande si une société ayant son conseil d'administration en France donnera de meilleurs résultats que ce qui existe actuellement.

M. DELURE. — Cette affaire mise en société peut marcher très normalement, donner des intérêts convenables dont les actionnaires se contenteront.

M. BOUVIER. — J'ai toujours entendu dire que dans une société financière, les actionnaires étaient les derniers à qui l'on donne quelque chose. (*Rires.*)

M. l'Intendant Général LALLIER DU COUDRAY. — Je crois qu'en l'espèce la question a été suffisamment mise au jour pour que tous ceux qui ont pu désirer présenter des offres pour l'aconage de Casablanca aient été à même de le faire.

M. Bouvier. — Le système actuel de régie, c'est-à-dire le *statu quo*, ne pourrait-il pas être maintenu jusqu'à la fin de la guerre?

M. Delure. — Avec déficit, assurément oui ; sans déficit, non !

M. l'Intendant Général Lallier du Coudray. — La discussion sur l'aconage étant complètement close et personne ne demandant plus la parole, nous allons passer à la question du magasinage.

Magasinage.

M. l'Intendant Général Lallier du Coudray donne lecture du rapport du Comité de Casablanca (Commission du Commerce [1]) sur le magasinage et signale que les mêmes vœux ont été émis à Rabat (Commission du Commerce [2]).

M. Bouvier — Quels sont les délais du magasinage ?

M. Thomas. — 10 jours pour l'importation, et nous demanderions qu'il soit porté à 20 jours.

M. Delure. — Si les marchandises ne sont pas encombrantes et nombreuses, la chose peut se faire, mais si le magasin est plein au bout de 10 jours, où voulez-vous loger la marchandise?

Je vous avouerai franchement que je suis persuadé que si vous donnez à tout le monde le délai de 20 jours pour ces marchandises, on en abusera et on n'enlèvera les marchandises que le 19e jour. Vous donneriez 30 jours que ce serait la même chose, on viendrait les chercher le 29e.

Quand on aura des raisons sérieuses de voir prolonger un délai de 10 jours, il sera accordé. Je préfère m'en tenir à cette mesure que de vous donner un délai de 20 jours une fois pour toutes.

M. l'Intendant Général Lallier du Coudray. — Ceci est très exact pour la marchandise importée. Mais pour les marchandises d'exportation, l'inconvénient est moins grave, les négociants ayant intérêt à se débarrasser de leurs marchandises et à ce que celles-ci soient expédiées le plus rapidement possible. Ce n'est qu'en l'absence de navires sur rade qu'ils solliciteront des prolongations de délai.

1. Voir plus haut, p. 31.
2. Voir plus haut, p. 77.

M. Thomas. — Est-ce que le délai de 15 jours, sans être obligé de demander au bout de 10 jours que les marchandises restent quelques jours de plus, ne pourrait pas être envisagé?

M. Delure. — C'est une transaction que vous me proposez. Je ne vois pas, en somme, de très grave inconvénient à ce que satisfaction vous soit donnée. Le délai de 15 jours que vous demandez vous sera accordé.

M. Chanson. — Nous ne demandons par pour Saffi l'extension des mesures prises dans les autres ports, mais puisqu'il est accordé 15 jours aux autres ports, nous demandons pour le port de Saffi que 48 heures de délai de magasinage à l'exportation nous soient accordées, et ce n'est pas trop demander.

M. l'Intendant Général Lallier du Coudray. — Nous faisons même plus. Nous vous accordons 15 jours, comme aux autres ports.

M. Katz. — Il serait souhaitable qu'on accordât aux maisons de commerce, sur les terrains du port de Casablanca, des surfaces proportionnées à la place dont on peut disposer.

M. Guernier. — La Chambre de commerce avait demandé précisément, dans le traité de concession de l'aconage, de réserver la question, étant donné qu'on donnait la concession pour un laps de temps très long.

M. Delure. — Nous avons prévu dans la concession, que l'on réserverait des terre-pleins, qui seraient des annexes des magasins du concessionnaire. C'est sur ces terre-pleins, d'usage public, que plus tard on pourrait créer des dépôts à l'usage des maisons de commerce, mais je crois que ce serait aujourd'hui prématuré. Nous ne pouvons pas aliéner les emplacements qui seraient peut-être nécessaires demain au service du port, ou même à des maisons nouvelles; il faut attendre pour cela que nous ayons plus de terre-pleins.

Je crois que la question à envisager est de réserver très nettement les terre-pleins à l'usage public, quitte à réserver plus tard les emplacements dont vous parlez, mais je voudrais que cela puisse se faire sans léser l'intérêt général.

Affectation des taxes perçues au titre de la Caisse spéciale des Travaux Publics.

M. l'Intendant Général Lallier du Coudray. — Messieurs,

la question est traitée. Nous allons aborder maintenant celle de la Caisse spéciale.

M. l'Intendant Général LALLIER DU COUDRAY donne lecture d'un vœu exprimé à ce sujet par le Comité de Casablanca (Commission Financière [1]).

M. DELURE. — Le vœu dont vous parlez a reçu satisfaction complète. Nous sommes allés traiter, au mois de juillet dernier, M. Porché et moi, à Madrid, la question de la liquidation de la Caisse spéciale. Il est évident que des objections graves peuvent être faites sur la manière de procéder actuelle, car réellement nous y perdons. En effet, jusqu'ici on a encaissé une taxe de 2 1 2 dans la zone française, espagnole et tangéroise, et on l'a versée à un Comité spécial qui vote les travaux qui lui conviennent, de telle façon qu'au cours de ces dernières années, Tanger a employé un peu plus de 50 % des recettes perçues dans le Maroc tout entier. Je félicite Tanger qui en a profité, mais enfin les plaisanteries les plus longues ne sont pas toujours les meilleures, et il est indispensable d'arrêter ces errements. Il a donc été entendu qu'à partir du 30 juin 1915, les recettes de chaque zone seraient encaissées par la zone elle-même, qui les appliquerait aux travaux qui lui plairaient, sous cette réserve que le projet, avant son exécution, serait soumis à l'agrément du Comité spécial, à Tanger.

Établissement d'une carte sous-marine des fonds côtiers du Maroc.

(Voir le rapport sur les pêches du Comité de Rabat, Commission industrielle [2].)

Cette question étant traitée, M. l'Intendant Général LALLIER DU COUDRAY donne lecture d'un rapport du Comité de Rabat sur les pêcheries au Maroc. Le rapport préconise entre autres choses l'établissement d'une carte sous-marine aux abords des ports marocains.

M. DELURE. — La pêche au Maroc est très intéressante, car les côtes de France sont dépeuplées et les chalutiers français viennent déjà sur le littoral marocain. Mais l'établissement

1. Voir plus haut, p. 66.
2. Voir plus haut, p. 102.

d'une carte sous-marine nécessite un personnel et un matériel spéciaux dont nous ne disposons pas actuellement.

M. l'Intendant Général LALLIER DU COUDRAY. — Je crois qu'après la guerre on pourrait demander au Ministre de la Marine l'envoi d'une mission hydrographique qui viendrait faire l'étude des fonds du Maroc. On a procédé ainsi au Tonkin, à Madagascar et dans la plupart des colonies françaises. Je ne crois pas, en effet, que le service de l'aconage soit en mesure de faire des études sérieuses des fonds sous-marins.

M. le Commandant FAURE. — Cela nécessite un outillage que nous n'avons pas.

Adductions d'eau et irrigation hydraulique.

M. l'Intendant Général LALLIER DU COUDRAY donne ensuite lecture des rapports des Comités de Mazagan (Rapport général[1]) et de Marrakech (Commission du Commerce et de l'Agriculture[2]), relatifs aux irrigations hydrauliques.

M. l'Intendant Général LALLIER DU COUDRAY. — Je vous donne l'assurance que la question sera mise sérieusement à l'étude, et nous ne demandons qu'une chose, c'est qu'elle aboutisse.

M. DELURE. — Il est bien évident que sur tous les points où on nous signalera qu'il y a intérêt à faire établir un groupe de petits barrages, des canaux d'irrigations nécessaires à la culture intensive des pays environnants, nous ne refuserons pas d'étudier les projets qui nous seront soumis. Des travaux d'irrigation, nous ne l'ignorons pas, sont indispensables en ce pays agricole. En dehors de ces travaux locaux, il est certain qu'il y a à envisager de très grosses entreprises d'irrigations. Pour faire face aux dépenses qu'elles nécessiteront, il faudrait songer à réclamer à l'Emprunt des ressources nouvelles.

Je crois que pour mener à bien l'étude de cette partie de notre emprunt et afin de n'engager que des dépenses susceptibles du plus gros rapport possible, il est nécessaire de combiner l'utilisation des cours d'eau de façon à lui donner son plus fort rendement tant pour ce qui concerne l'irrigation que

1. Voir plus haut, p. 108.
2. Voir plus haut, p. 172.

pour l'utilisation de la force hydraulique, et peut-être même pourrait-on songer en certains cas à combiner les barrages de telle façon que l'eau captée puisse servir à l'alimentation en eau potable des centres urbains voisins. Je vois en particulier deux points où il y aurait intérêt à faire des travaux d'études en premier lieu : tout d'abord l'Oum er Rebia, qui traverse des endroits très riches et qui pourrait fournir une force de 5.000 chevaux et en même temps l'eau nécessaire à l'irrigation d'un territoire très grand. Je sais que plusieurs sociétés ont déjà étudié l'utilisation de ce fleuve. Plusieurs projets ont été produits. Ils ont besoin d'être mûris et ils ne pourront peut-être être mis au point qu'après la guerre, mais enfin, ces travaux sont pour ainsi dire amorcés.

J'en dirai autant pour Marrakech qui a derrière lui l'Atlas, grand réservoir d'eau et de force, et dont on pourrait faire servir les cours d'eau à la culture des plaines méridionales. En résumé, je crois pouvoir vous dire que nous espérons aboutir, dans un avenir relativement prochain, à l'utilisation complète des eaux du Maroc.

M. l'Intendant Général LALLIER DU COUDRAY. — Nous en avons fini avec les questions intéressant M. DELURE : nous ne pouvons que lui exprimer notre gratitude pour ses explications si claires et si nettes, ainsi que pour la part si grande et si personnelle qu'il prend au développement du Maroc. (*Applaudissements prolongés.*)

Magasins généraux et entrepôts réels.

M. ALLOUCHE donne ensuite lecture d'un rapport du Comité de Saffi, relatif aux magasins généraux (Commission du Commerce [1]).

M. DE TARDE. — Un Dahir réglant la création et le fonctionnement des magasins généraux au Maroc a été soumis à l'appréciation des Chambres de commerce de Casablanca et de Rabat, et de la Chambre d'Agriculture de Rabat. Ce Dahir a été publié au *Bulletin Officiel*, en juillet dernier. On a institué ici le régime des magasins généraux sur le principe des entreprises particulières et libres. Par conséquent, pour le

1. Voir plus haut, p. 142.

port de Saffi, en particulier, lorsqu'il se trouvera quelqu'un pour entreprendre la création de magasins généraux locaux, il sera facile de les créer, leur fonctionnement légal étant prévu par un Dahir dont je viens de parler.

M. Allouche. — Nous avons demandé des magasins généraux pour l'exportation et l'entrepôt réel pour l'importation.

Je crois que pour Saffi les deux choses sont conciliables. Nous demandons la réalisation de ce vœu.

Est-ce qu'on peut faire un entrepôt réel et des magasins généraux en même temps?

Est-ce que des concessionnaires peuvent se présenter pour les magasins généraux de Saffi?

M. de Tarde. — Le régime légal des magasins généraux, c'est l'autorisation par l'Etat, sous certaines conditions qui sont stipulées dans le Dahir du mois de juillet. Le régime du Maroc est exactement celui qui existe en France et en Tunisie. L'entrepôt réel nécessite une autorisation spéciale, une concession particulière. Vous pouvez combiner les deux choses dans une même demande.

Ce qu'il nous manque au Maroc, c'est une législation de l'entrepôt réel.

M. Allouche. — C'est bien ce que nous demandons.

M. l'Intendant Général Lallier du Coudray. — Cette question fera l'objet d'une étude des services compétents.

Transports commerciaux par la voie ferrée militaire.

Nous allons aborder maintenant la question des transports commerciaux par la voie ferrée militaire. Il y a un vœu émis pour que les chemins de fer militaires soient mis davantage à la disposition des particuliers (Comité de Casablanca, Commission du Commerce [1]).

M. le Commandant de Magy. — Dans la réglementation adoptée par M. le Résident Général pour les services civils, il y a comme principe initial, fondamental, que ces transports doivent être exécutés sans nuire aux transports militaires. C'est tout à fait logique, puisque le chemin de fer, étant stratégique, doit avant tout répondre aux besoins des transports

1. V. p. 51.

militaires qui sont immédiatement fonction des intentions du commandement. Je vais vous expliquer comment, avec le service existant, nous appliquons cette prescription.

Nous avons cherché à imposer à tous les transports en général, ce que j'appellerai la discipline la plus rigoureuse, estimant que c'était le seul moyen d'obtenir un rendement maximum.

Dans ce but, nous imposons à tous les chefs de service, aux commandants des subdivisions, non seulement des prévisions périodiques qui nous permettent de comparer les besoins entre eux afin de les classer par ordre d'urgence, et nous faisant connaître le tonnage dont nous avons besoin, mais chaque mois les grands chefs de service, les commandants de subdivision adressent à l'Etat-major leurs demandes de transports pour le mois suivant. Nous avons cherché à faire entrer dans les prévisions périodiques, le maximum de transports possible ; toutes ces demandes sont centralisées par la Direction des Etapes où elles sont comparées, afin de les satisfaire dans l'ordre d'urgence. Ce travail consiste plus à sélectionner ceux que l'on ne peut pas satisfaire, qu'à choisir ceux qu'on satisfait. Nous nous imposons comme règle que nous ne nous arrêtons qu'au moment de léser des intérêts capitaux. En général, presque toutes les demandes sont comprimées dans la limite du possible, sont rognées de façon à ce que le total n'excède pas la capacité des transports de voie ferrée.

Pour appliquer cette méthode, je vais vous signaler les difficultés en présence desquelles nous nous trouvons : les principaux transports sont naturellement réservés d'abord au service de l'Intendance pour le ravitaillement ; les transports de ravitaillement sont considérables ; il ne s'agit pas seulement de transporter la ration quotidienne des troupes, il faut aussi constituer l'approvisionnement important qui garantit au commandant de colonne sa liberté d'action, et quelquefois pour le même effectif, il faut avoir des approvisionnements en deux points différents pour qu'une colonne en déplacement puisse manger aujourd'hui ici, et plus tard là, ce qui double les transports.

Il faut donc que nous ayons transporté dans les grands centres d'approvisionnement des quantites importantes, pour des dates déterminées. Cette nécessité de transport dans des périodes prévues impose un effort considérable aux chemins de fer ; malgré cela, si vous faisiez le total de ce qui est nécessaire, — je ne parle que pour les subdivisions du Nord — vous vous apercevriez que déjà cela dépasse de beaucoup la capacité de la voie ferrée. Nous ne réalisons donc le ravitaillement qu'au prix de ce que j'appellerai des mesures spéciales. Nous imposons, nous, État-Major, au Service de l'Intendance, de nous débarrasser d'une certaine quantité de transport en achetant sur place plus qu'il n'aurait l'intention de le faire. Nous arrivons à faire des économies de transport en rognant les rations — pas des hommes, parce que ceux-là réclament — mais des animaux qui, eux, ne disent rien, et nous économisons par suite une capacité de transport.

Dans ces conditions, on parvient à donner satisfaction à l'Intendance tout en économisant le tonnage qui lui est réservé. Le Génie nous impose aussi des transports considérables et, comme nous nous sommes trouvés en présence de toutes ces nécessités, nous arrivons à voir que le total du tonnage nécessaire se rapproche tout à fait du tonnage possible. Ainsi le train rend à peu près une moyenne de 180 tonnes par jour. Sur ce chiffre, il faut déjà en sacrifier un certain nombre qui est absolument nécessaire au service du chemin de fer lui-même, pour transborder son charbon, continuer ses travaux, alimenter son personnel, etc.

On ne met à la disposition du Service des Étapes que 150 à 160 tonnes en moyenne. Pour les raisons que je viens d'exposer, le service de ravitaillement en absorbe déjà plus de 100. Si l'on tient compte de l'encombrement, il absorbe davantahe. Les services Artillerie, Génie, Santé absorbent facilement le reste, de sorte que c'est en comprimant chacun que nous arrivons à réaliser un certain tonnage que nous attribuons aux transports civils.

A quel résultat ceci a-t-il conduit ? Dans toute la période de la fin de 1914 et du début de 1915, nous avons pu, sur le réseau Sud, à cause de l'importance du matériel, donner satisfaction à presque tous les besoins des transports civils demandés. Sur le réseau Nord, nous ne dépassons pas une moyenne de 4 à 5 tonnes par jour. Nous ne pouvions pas faire davantage, mais, préoccupés par le souci de donner de plus en plus satisfaction aux commerçants, nous avons pu accroître encore cette quantité chaque fois que nous en avons eu l'occasion ; dès que le chemin de fer a augmenté son matériel, nous avons fait bénéficier le commerce d'une part de cette augmentation. Enfin, toutes les augmentations de rendement qui ont été possibles ont été accordées au commerce, et nous sommes arrivés à réaliser actuellement une vingtaine de tonnes par jour sur le réseau le plus encombré.

M. l'Intendant Général LALLIER DU COUDRAY. — Serait-il possible de faire davantage ? On exprime ici dans un rapport l'idée qu'une collaboration étroite entre les chemins de fer et le Service des Etapes pourrait peut-être permettre de réserver aux transports commerciaux une part plus grande.

M. le Commandant DE MAGY. — La collaboration entre le chemin de fer et le Service des Etapes existe aussi étroitement que possible, le chemin de fer étant absolument subordonné aux Etapes.

M. l'Intendant Général LALLIER DU COUDRAY. — Enfin, est-il possible d'augmenter le rendement ?

M. le Commandant DE MAGY. — C'est chose impossible à l'heure actuelle, la question étant subordonnée à l'augmentation du matériel. Pour augmenter le rendement, il faut mettre des plateformes et des voitures de plus sur les rails.

M. le Colonel CALMEL. — Nous avons fait des demandes d'achat de matériel qui vont être satisfaites sous peu. A ce moment-là, nous comptons augmenter d'une vingtaine de tonnes les transports sur Fez et Meknès et, dans les mêmes proportions à peu près, sur Marrakech. L'année prochaine, nous espérons, si l'on satisfait à notre demande d'augmentation de matériel, pouvoir transporter sur la ligne Salé-Kénitra-Fez-Meknès environ 200 tonnes quotidiennes pour les civils, en dehors du tonnage militaire. (*Applaudissements.*)

M. BOUVIER. — Ne pourrait-on pas, pour accroître le rendement, faire marcher des trains de nuit ? (*Rires.*)

M. l'Intendant Général LALLIER DU COUDRAY. — On signale, parmi les défectuosités du service des chemins de fer, l'obligation pour l'expéditeur de revenir cinq ou six fois aux Bureaux des Étapes, pour savoir quand il pourra expédier ses marchandises.

M. le Commandant DE MAGY. — Il faut reconnaître que, dans l'état actuel, les formalités sont extrêmement compliquées. Ceci est dû à ce que ni le chemin de fer ni le Service des Etapes ne disposent de fonctionnaires susceptibles de faire des encaissements et contrôler les recettes.

M. l'Intendant Général LALLIER DU COUDRAY. — On pourrait créer un agent spécial à cet effet, et si ce n'est que cela, la question est facile à résoudre.

M. le Commandant DE MAGY. — Le bénéficiaire d'une autorisation est obligé de se présenter au Commandant d'Étapes. Le Commandant d'Etapes, qui est chargé de l'exécution des transports, est lui-même saisi d'une série d'ordres, etc..., et il est souvent victime des circonstances locales. Très fréquemment, les expéditions n'ont pas été faites dans l'ordre indiqué ; il arrive même que des commerçants autorisés ont manqué le rendez-vous ; enfin, il arrive que le service des chemins de fer exploite avec de telles difficultés dues à l'utilisation intensive du matériel qu'on ne peut constituer les trains que quand le matériel a été libéré à l'arrivée et est revenu à son point de départ. Nous ne savons pas le soir combien de trains partiront le lendemain et de combien de voitures ils seront composés.

Une amélioration se produira immédiatement dès que le programme que nous a signalé le Colonel Calmel aura été réalisé.

Pour faire disparaître les formalités, il y a un progrès qui peut se réaliser dès maintenant. Dès que l'augmentation du matériel dont a parlé M. le Colonel Calmel se produira, une question pourra être solutionnée, celle du transport des voyageurs payants. On pourra l'organiser aussitôt qu'on pourra leur garantir un départ. Comme on ne peut pas imposer aux voyageurs payants des formalités aussi compliquées que pour les autres, ce progrès ne pourra être réalisé qu'en mettant à la disposition des services de chemin de fer le personnel nécessaire pour percevoir des recettes. Le jour où on aura des agents pour faire les encaissements des billets de voyageurs, ils seront tout qualifiés pour percevoir également le prix du transport des marchandises, et toute personne autorisée à transporter n'aura qu'à se présenter à la gare et à payer.

M. DE TARDE. — Autrefois, si je m'en souviens bien, les demandes de transport pouvaient être faites soit par l'expéditeur, soit par le destinataire. Est-ce que cela continue ainsi ?

M. le Commandant de Magy. — Oui.

M. de Tarde. — La demande de transport peut donc être faite soit par l'expéditeur dans un port, soit par le destinataire de l'intérieur. Et c'est le Commandant de région du demandeur — dans le premier cas du port, dans le second cas de l'intérieur — qui est appelé à donner son avis sur l'utilité et l'urgence du transport. Or, quel est le Commandant de région qui est compétent en l'occurrence ? Évidemment celui du destinataire. Supposez une demande faite par les expéditeurs : les Étapes la reçoivent, cela ne suffit pas. Il faut demander l'avis du Commandant de région du destinataire et c'est là une cause de lenteur. Je proposerais pour ma part qu'on instituât par exemple cette règle : 1° Dans tous les cas, la demande devrait être faite par le destinataire (destinataire et expéditeur correspondraient par dépêche, l'expéditeur dirait au destinataire : Faites une demande de X tonnes) ; 2° Le Commandant de région du destinataire grouperait les demandes qu'il recevrait, dresserait son plan de transports civils mensuel, après avoir rejeté les demandes qui ne lui paraîtraient pas susceptibles d'une suite favorable, et l'enverrait aux Étapes. Ceci éviterait un double emploi.

M. le Commandant de Magy. — La réponse est très simple : ce système existe pour toutes les régions de l'intérieur sur la ligne de Casablanca-Rabat, le rendement est assez considérable pour qu'on puisse donner satisfaction à presque toutes les demandes, et nous n'avons pas à imposer de réglementation plus étroite : on les satisfait au fur et à mesure qu'elles se présentent. Il n'en a pas été de même pour le réseau Nord. Nous nous sommes aperçus, dès le premier jour de l'application de l'instruction sur les transports civils, qu'on accordait une demande parce qu'il y avait de la place sur les trains, et qu'on en refusait une autre un ou deux jours après parce qu'il n'y avait plus de place, et on constatait alors qu'il y aurait eu plus d'intérêt à transporter la deuxième que la première. Par conséquent, à la suite d'une entente intervenue entre le Service des Etapes et la Subdivision de Meknès et de Fez, il a été entendu qu'une liste de demandes leur serait présentée le 15 de chaque mois pour le mois suivant. Elles sont étudiées par la Subdivision, classées par ordre d'urgence, sont adressées à ce Service des Étapes et passent par le Secrétariat

Général du Protectorat qui les ratifie. Les Étapes font alors le total du tonnage à prévoir, le comparent avec le tonnage disponible et éliminent la différence. Or, jusqu'à maintenant, ces travaux des Subdivisions ont été faits avec une telle précision que je n'ai jamais été appelé à éliminer un transport. Par conséquent, on peut dire que nous donnons un maximum de satisfaction.

M. l'Intendant Général LALLIER DU COUDRAY. — Je vous promets d'examiner la possibilité de doter les chemins de fer militaires du personnel nécessaire pour assurer le service de l'exploitation, et notamment la perception des taxes de transport.

Service sanitaire dans les ports.

M. THOMAS donne lecture d'un rapport du Comité de Rabat relatif à la police sanitaire dans les ports (Commission du Commerce [1]).

M. THOMAS. — Il se passe des choses qu'on peut qualifier d'extraordinaires. Tout à l'heure on parlait de droits de douane payés en hassani, maintenant nous allons parler de droits perçus en pesetas espagnoles.

Dans certains ports du Maroc, le Service de santé existe d'une façon un peu trop rudimentaire, ou n'existe pas du tout. On nous compte, à nous, armateurs, des droits de patente, les frais de déplacement des canots qui vont chercher les papiers à bord, alors qu'il est notoire que l'agent que devrait transporter ce canot n'a jamais visité un bateau et qu'il n'habite même pas Rabat.

Nous, armateurs, nous payons, mais nos versements doivent être la rémunération des services rendus. Or, si par hasard un de nos matelots est blessé ou malade, nous ne savons pas à qui nous adresser. En somme, le Service de santé n'existe pas et nous payons pour son fonctionnement des frais très élevés et en pesetas espagnoles.

M. DE SORBIER. — On me dispensera d'entrer dans certains détails, mais je crois que d'ici quelques semaines nous serons

1. V. p. 79.

en mesure de remédier à toutes ces défectuosités, relevées avec raison.

Le nouveau régime du Service de santé s'inspirera de la réglementation tunisienne, qui a fait ses preuves, et des améliorations suggérées par les conclusions d'une étude très complète, faite au Ministère de l'Intérieur en 1911, des réglementations similaires actuellement en vigueur dans les différents pays. La question pourra, je l'espère, être définitivement réglée au 1er janvier 1916.

M THOMAS. — Nous n'aurons plus à payer en pesetas espagnoles ?

M. l'Intendant Général LALLIER DU COUDRAY. — Mais non, puisqu'on va placer la police sanitaire des ports de la zone française sous l'autorité du Protectorat.

Suppression du Contrôle de la Dette marocaine.

M. l'Intendant Général LALLIER DU COUDRAY. — Nous allons maintenant aborder devant vous l'une de ces questions que le Résident Général, au début de ce Congrès, avait rayées du programme de nos débats, en considération de l'impossibilité absolue où se trouve le Gouvernement du Protectorat de les solutionner. Je veux parler de l'Administration du Contrôle de la Dette et de sa suppression demandée par le Comité de Casablanca.

M. de Sorbier va nous donner sur ce point quelques indications.

M. DE SORBIER. — Je crois que, à la base du vœu de Casablanca, il y a un peu cette idée que le Contrôle est une administration internationale. Si ce malentendu existe, il faut le dissiper : la Dette n'est pas une institution internationale ; elle a été créée par deux accords, en 1904 et 1910, entre le Gouvernement Français et le Gouvernement Chérifien. Elle trouvait sa raison d'être dans la nécessité d'assurer le paiement des intérêts des emprunts effectués par le Gouvernement Marocain, paiement auquel furent affectés les revenus des douanes, puis d'autres revenus d'État donnés en garantie. Il fallait que l'administration de ce gage et la perception de ces revenus soient entre des mains qui donnassent toute sécurité aux porteurs de titres, et il était difficile alors de les laisser dans les mains des agents du Makhzen. On a donc créé le Contrôle de la Dette, mais cette Administration est chérifienne. Vous pouvez, d'ailleurs, voir le drapeau chérifien flotter sur tous les bâtiments et sur tous les bateaux de la Dette.

Cette Administration est même, à plus proprement parler, franco-chérifienne. En effet, le Délégué des porteurs de titres est Français, et les Directeurs sont des Français. Je n'ai pas besoin de vous les nommer, vous les connaissez tous et vous avez pu voir, à l'occasion même de l'Exposition, qu'ils coopéraient activement avec vous, en vue du développement des intérêts français, et payaient de leur personne en France et au Maroc. Le Contrôle de la Dette n'a donc rien d'international. En ce qui concerne la question du rachat, nous ne sommes pas dans une période ni dans une situation financière qui nous permette de nous lancer dans cette aventure. Si vous avez des observations à faire au sujet de la gestion de la Dette, de la douane en particulier, nous sommes en très bonne posture pour les recevoir et les faire admettre par la Direction des Douanes, car il existe une collaboration cordiale entre l'Administration de la Dette et celle des Finances du Protectorat. Par conséquent, si vous avez des améliorations à demander au point de vue de la gestion, il en sera tenu le plus grand compte, et vos propositions examinées avec bienveillance seront admises chaque fois que cela sera possible.

Réduction du nombre des fonctionnaires indigènes
de contrôle dans les Douanes.

M. Thomas. — Je ne sais pas s'il vous est arrivé de passer en douane pour effectuer une opération quelconque. Il me semble qu'il est exagéré de passer devant huit ou dix employés musulmans, oumanas ou autres, qui prennent votre temps et n'emploient pas beaucoup le leur. Au lieu de passer devant sept ou huit fonctionnaires, un seul ou deux suffiraient, et s'il y a des économies à réaliser dans le service des douanes, il me semble que c'est par là qu'on devrait commencer.

On me dit : c'est un service de contrôle. Ils doivent, en effet, se contrôler les uns les autres. Il me semble que moins de personnages seraient suffisants pour assurer le contrôle des taxes versées.

M. Croze. — On devrait demander la suppression de la traduction en arabe qu'on est obligé de faire rédiger sur toutes les déclarations en douane.

M. de Sorbier. — Il y a très vraisemblablement une mise au point administrative à effectuer. On nous parlait d'indigènes gros et gras. Nous pouvons et devons nous en réjouir s'ils sont de bons serviteurs de l'Administration ; qu'ils aient à moderniser leur méthode de travail, je n'en disconviens pas, mais nous ne pouvons pas, du jour au lendemain, abolir de très vieilles coutumes, et nous avons à ménager des situations acquises.

Budget du Contrôle de la Dette.

M. Veyre. — Je voudrais poser une question : Est-ce que les dépenses et les frais généraux du Contrôle de la Dette sont limités? Je pose cette question parce qu'il serait à désirer que le Protectorat, qui probablement un jour prendra la place du Contrôle de la Dette, n'ait pas à hériter de plus d'employés qu'il n'en faut.

M. de Tarde. — Cela revient à la question du Contrôle dont il était question tout à l'heure. Il est évident que le budget du Contrôle de la Dette est indépendant du nôtre, mais il nous est absolument soumis.

Le contrôle d'ailleurs existe en fait, grâce à des conversations continuelles entre les dirigeants du Protectorat et ceux de la Dette.

M. l'Intendant Général Lallier du Coudray. — Monsieur Veyre, nous prenons note du désir que vous exprimez et qui sera inscrit au procès-verbal. Vous pouvez être assuré qu'en ce qui concerne les dépenses du Contrôle de la Dette, nous les examinerons avec le plus grand soin et que si certaines d'entre elles vous semblaient excessives, nous ne manquerons de les signaler à M. Duréault.

Personne ne demandant plus la parole et l'ordre du jour étant épuisé, la séance est levée à 12 h. 30.

Cinquième Séance (*26 octobre au soir*).

Le 26 octobre 1915, à 15 heures 30, le Congrès des Études Économiques a tenu sa cinquième séance dans la salle des Conférences de l'Exposition Franco-Marocaine à Casablanca.

Étaient présents : MM. l'Intendant Général LALLIER DU COUDRAY, Secrétaire Général du Protectorat, Président ; DE TARDE, Secrétaire Général adjoint du Protectorat, Vice-Président; MALET, Directeur de l'Agriculture, du Commerce et de la Colonisation, Vice-Président ; BERNAUDAT, Assesseur ; COUSINIERY, Assesseur ; GAILLARD, Secrétaire Général du Gouvernement Chérifien ; BERGE, Premier Président de la Cour d'Appel de Rabat; DE SORBIER DE POUGNADORESSE, Chef du Cabinet Diplomatique ; LOTH, Chef des Services de l'Enseignement ; Colonel BERRIAU, Directeur des Renseignements ; RENÉ-LECLERC, Chef du Service des Études Économiques ; TRANCHANT DE LUNEL, Chef du Service des Beaux-Arts ; ROUSSEL, Conservateur de la Propriété Foncière ; ROBLOT, Directeur p. i. de l'Office des Postes ;

Au Bureau du Secrétariat : MM. LASVIGNE, Rédacteur à la Résidence, Secrétaire du Congrès ; GOULVEN, Chef du Bureau Économique de Casablanca ; BEAUJOLIN, Rédacteur à la Résidence Générale ;

Les Membres des Comités régionaux d'Études Économiques dont les noms suivent :

Comité de Rabat : MM. BERNAUDAT, FRANCESCHI, THOMAS, TETARD, BIARNAY, CUINET, DE LASSERRE, OBERT, LEGARD, DU PEYROUX, DURAND, JACQUIER.

Comité de Casablanca : MM. PHILIP, CHAMPFORAN, ALLIER, VEYRE, AUDIBERT, MAGNIER, COUSIN, FOURNIER, DE MAZIÈRES, ANDRIEUX, BRUSTEAU, BUSSET, CROZE, DAMEY, DEBONO, DECHAUX, JUILLARD, GUYOT, BLAISE, KATZ, PARADIS, RAVOTTI, DARMET, SANTOL.

Comité de Mazagan : MM. Donzella, Hedelin, Jacquetty, Jeannin, Plouard.

Comité de Saffi : MM. André, Allouche, Chanson, Colliot, Penicaud, Legrand, Cousinery.

Comité de Marrakech : MM. Pitois, Lambret, Boulle, Guirauden.

Étaient excusés : MM. Boisset, Dubois-Carrière, Massiou, Croizeau, Théry, Bigaré, Séré de Rivière, Lassallas.

La séance est ouverte à 15 heures 15, sous la présidence de M. l'Intendant Général Lallier du Coudray.

L'ordre du jour porte d'abord sur les

RÉFORMES JUDICIAIRES

Tribunaux de Commerce.

M. l'Intendant Général Lallier du Coudray. — Trois rapports ont été déposés, concernant l'institution de Tribunaux de commerce, par les Comités de Rabat (Commission du Commerce [1]) et de Saffi (Commission du Commerce [2]).

Il est incontestable que les vœux qui y sont exprimés recevront satisfaction, tout au moins en principe, dans un avenir plus ou moins rapproché.

Il ne semble pas, cependant, que des Tribunaux de commerce, institués sur le modèle de ceux de France, s'adapteraient exactement aux besoins et aux contingences du Maroc.

Il serait préférable, à mon avis, que nous nous inspirions du système adopté en Tunisie et qui consiste à confier la présidence d'un tribunal composé de commerçants et de colons à un magistrat de carrière. On ne peut, en effet, demander aux commerçants du Maroc, très absorbés par leurs affaires, de s'occuper avec assiduité de la partie administrative du fonctionnement d'un tribunal de commerce, et de consacrer une très grande part de leur temps à régler les nombreuses et délicates questions qui sont dans la compétence d'un président de tribunal ; M. Berge est, d'ailleurs, plus autorisé que

1. Voir plus haut, p. 73.
2. Voir plus haut, p. 144.

moi pour vous donner sur ce sujet des explications détaillées et techniques.

M. Berge. — La question qui vient d'être posée a été traitée en quelques mots d'une façon tout à fait lumineuse par M. le Secrétaire Général Lallier du Coudray, et je n'ai que quelques mots à ajouter pour préciser l'obstacle qui fait qu'actuellement il n'est pas possible de songer aux vœux qui ont été exprimés.

En effet, voici quelle est la situation où se trouve le Maroc au point de vue de la Justice. La France négocie encore avec les Puissances ; elle a établi une organisation judiciaire qui est ce qu'elle est et qu'elle a soumise aux Puissances étrangères en leur disant : « Si vous renoncez à vos juridictions consulaires, la compétence qu'elles possèdent sera déférée, non pas au Makhzen qui en a fait la concession autrefois, mais à ces tribunaux que la France vient d'établir au Maroc ».

Ces négociations ainsi commencées ont abouti auprès d'un certain nombre de Puissances, mais pas encore auprès de toutes.

Or, il n'est pas possible que la France vienne dire aujourd'hui à ceux qui n'ont pas encore traité avec elle : « L'organisation judiciaire que je vous ai soumise ne me donne pas complète satisfaction ; je vais la modifier sur un point très important, en créant des tribunaux de commerce dans lesquels il y aura des commerçants français qui seront assesseurs. » La réponse ne sera pas longue ; les Puissances qui ont déjà adhéré à la combinaison se plaindront. « Pardon, diront-elles, nous avons signé un accord en vue d'une certaine organisation judiciaire que vous m'avez présentée ; si vous me retirez les garanties qu'elle m'assurait, vous violez notre convention et je la dénonce. »

Quant aux Puissances qui n'ont pas encore adhéré, on peut leur prêter ce langage : « Voyons, ce n'est pas sérieux, vous modifiez une organisation que vous avez présentée comme bonne, avant même que nous ayons eu le temps de vous répondre ; si elle ne vous satisfait pas vous-même, comment voulez-vous qu'elle puisse nous plaire ? »

Jamais le Gouvernement français ne consentira à provoquer de pareilles complications dans l'action diplomatique qu'il poursuit actuellement et à compromettre les premiers résultats obtenus. Il est donc certain que si le Gouvernement du Protectorat proposait à la France une pareille combinaison, elle serait rejetée. La création des tribunaux de commerce est, par conséquent, une proposition prématurée et elle restera telle tant qu'il sera question de tribunaux consulaires et de capitulations.

M. Lallier du Coudray vous disait, il y a quelques instants : « Il y a un système tunisien proposé et accepté par les Colonies françaises de Tunisie, qui consiste à donner la présidence des tribunaux de commerce à un magistrat de carrière et à lui donner des assesseurs commerçants. L'un assure la régularité des procédures et les autres apportent leur expérience de commerçants. » La combinaison a paru bonne à tout le monde, mais elle n'a pas encore été mise en pratique, et le Ministre des Affaires Étrangères s'est refusé pendant de longues années à en faire l'essai. Je connais bien ce projet-là, puisqu'il est un peu mon enfant. Or, lorsqu'il est venu au monde, les Italiens ont dit au Gouvernement français : « Vous voulez établir des assesseurs au commerce ; nous trouvons la combinaison excellente. Seulement, quand il y aura parmi les plaideurs un Italien, un des assesseurs au moins devra être Italien. » On essayait ainsi de nous introduire dans la voie des tribunaux internationaux. Ce danger existait en Tunisie dix ou quinze ans après l'abrogation des tribunaux consulaires, combien il serait menaçant dans l'évolution que nous accomplissons ! Véritablement, ce serait commettre une grande imprudence que de s'y exposer.

Je dois ajouter que le jour où il sera possible de tenter un essai de cette nature, non seulement nous, magistrats, n'y verrons aucun inconvénient, mais — et je crois parler au nom de tous mes collègues — nous serons enchantés de sa réussite.

Frais de justice.

M. l'Intendant Général Lallier du Coudray. — Messieurs, nous aborderons maintenant la question des frais de justice.

M. Busset donne lecture d'un rapport du Comité de Casablanca, relatif à l'élévation des frais de justice au Maroc (Commission Financière [1]).

1. Voir plus haut, p. 52.

M. l'Intendant Général LALLIER DU COUDRAY. — Le Comité de Casablanca s'est élevé, d'une part, contre l'élévation des sommes à consigner lors des procès, et d'autre part, contre l'élévation en général des frais de justice.

M. le Premier Président va répondre à ces objections.

M. BUSSET. — Je voudrais simplement dire deux mots. Il n'est nullement dans notre intention de critiquer l'organisation judiciaire du Protectorat. J'ai, d'ailleurs, le plus grand respect pour l'éminent magistrat qui a doté le Maroc d'un régime judiciaire à qui tout le monde rend hommage. Néanmoins, dans l'application de ce régime, il a pu se glisser quelques lacunes. Ce sont ces lacunes que nous voulons vous exposer aujourd'hui. Nous n'attaquons nullement le régime, mais des dispositions accessoires qui ont leur importance vis-à-vis de la colonisation.

Nous voulons d'abord parler des frais de consignation : ces frais de consignation sont très élevés en matière de justice de paix.

Est-ce qu'il n'y aurait pas moyen d'empêcher ces consignations? Je trouve qu'elles sont justifiées en matière civile, mais en justice de paix, on pourrait peut-être éviter une ouverture de compte dont le règlement est très retardé par suite de l'encombrement des rôles.

C'est une question que je pose à M. le Premier Président. N'y aurait-il pas possibilité d'empêcher cette ouverture de comptes en justice de paix?

M. BERGE. — Voulez-vous faire un bloc de toutes vos observations et je répondrai sur toutes à la fois, à moins que vous ne trouviez que cette manière de procéder ne soit pas bonne ? Seulement, il y a une certaine connexité entre toutes les questions que vous nous avez soumises et elles donneront lieu de ma part à certaines observations préalables, de sorte que j'aimerais mieux, quand le terrain de la discussion aura été bien déterminé par l'Assemblée, pouvoir faire une réponse d'ensemble.

M. BUSSET donne lecture du rapport du Comité de Casablanca sur les frais de justice.

M. BERGE. — Je suis profondément reconnaissant à M. le Résident Général et au Gouvernement du Protectorat de m'avoir permis de venir à cette séance m'expliquer d'une façon catégorique sur un certain nombre de difficultés qui ont paru s'élever dans l'esprit de ceux qui composent la Colonie française au Maroc. Je leur en suis tout à fait reconnaissant, parce que je suis sûr que je vais dissiper d'une façon définitive des malentendus qui se sont établis entre nos justiciables et nous-mêmes.

Le système judiciaire qui a été choisi par le Gouvernement français au Maroc est un système nouveau qui était nécessairement voué à l'opposition considérable de certains intérêts qu'il devait léser. Je me rappelle que, lorsque j'ai débarqué, il y a un peu plus de deux ans, sur la terre marocaine, j'avais à peine eu le temps de reprendre mon équilibre sur le sol que j'étais entouré par des personnes qui sont venues me dire : « Ah ! Monsieur le Premier Président, nous sommes très heureux de vous souhaiter la bienvenue et nous vous la souhaitons tout de suite parce que nous avons une déclaration à vous faire. Nous avons à vous dire que nous occupons près des juridictions consulaires une situation acquise qui constitue pour nous un droit ; agréés par tous les Consuls, c'est toujours par nous qu'il faut passer pour arriver jusqu'aux magistrats. Nous tenons à vous faire cette déclaration, pour qu'avant que vous n'ayez eu le temps de rien faire, vous vous soyez bien persuadé que vous avez devant vous des situations auxquelles vous ne devez pas toucher. »

J'ai été, je l'avoue, plus estomaqué par cette réception que par les balancements de la barcasse qui m'avait amené. Il me fallut un peu de temps pour retrouver mon équilibre. Mais, quand j'ai pu redevenir maître de mes idées, j'ai déclaré que nous arrivions avec l'obligation de mettre en pratique un système nouveau d'organisation judiciaire ; que nous nous attacherions fermement à l'accomplissement de cette tâche et que tout ce qui serait en contradiction avec elle serait nécessairement mis à néant ; qu'en particulier un privilège de défenseur près de nos tribunaux était absolument incompatible avec les principes mêmes de l'organisation de ceux-ci.

Je n'ai pas été très bien accueilli quand j'ai fait des déclarations aussi catégoriques. Mais on a espéré que l'avenir aurait raison de notre belle assurance ; on a pensé que ce que nous avions à faire était assez difficile pour que nous succombions à la peine et on a attendu. L'attente a été vaine, puisque le succès a couronné nos efforts et que nous courons à la victoire. Alors, on tente de persuader au public que notre système est extrêmement défectueux et qu'il a pour résultat de faire peser sur les justiciables des charges beaucoup plus élevées que celles de France ; dès lors, conclut-on, il devient évident qu'on s'est trompé, que le Gouvernement poursuit des chimères et qu'il vaudrait bien mieux y renoncer pour rendre au public un système qui était plus avantageux que les innovations imprudentes qui ont été apportées au Maroc.

Voici ce que je réponds : on veut tromper le public et ce sont des intermédiaires de justice qui commettent cette mauvaise action dans un intérêt privé et qui n'est pas avouable. Lorsque des plaideurs vont trouver des intermédiaires, ceux-ci leur parlent tout de suite de ces frais de justice si onéreux : « Il va falloir, leur disent-ils, verser au Secrétaire-Greffier une provision considérable ; il a l'habitude de demander des sommes énormes ; remettez-les-nous et nous ferons le nécessaire. »

Dernièrement, à Rabat, un justiciable avait affaire à un de ces intermédiaires ; celui-ci lui déclara : « Vous auriez grand intérêt à en appeler de la décision du Tribunal de Première Instance qui a mal statué ; seulement, cela va vous coûter cher. Commencez par me remettre 1.500 francs pour le Secrétaire-Greffier et 500 francs d'acompte sur mes honoraires. » Le justiciable fit la grimace, puis eut l'idée de venir demander au Secrétariat ce qu'on lui prendrait s'il présentait un appel. Notre Secrétaire-Greffier, qui est aussi fiscal que ses collègues, a examiné l'affaire et lui a dit : « Si vous faites appel, il faudra que vous dépensiez 150 francs. » Je vous laisse à penser, Messieurs, ce que serait devenu le surplus de la provision.

Eh bien, Messieurs, nous sommes au vif de la question, parce qu'entre vous, justiciables, et nous, juges, il y a toujours le spectre de ces intermédiaires qui essayent de brouiller les cartes, qui font des campagnes de presse, qui publient dans les journaux des articles que je trouve reproduits tout entiers dans la note qui a été imprimée et qui est présentée par M. Busset et ses collègues. Je vous prie de croire que pas une minute je n'ai eu la pensée d'imputer à ces derniers les comptes qui s'y trouvent. Ils ne sont pas des professionnels et ce sont des comptes de professionnels. Je dois ajouter, pour être franc et dire tout, que ce sont des comptes de mauvaise foi. Dire qu'ils sont faux, cela ne serait pas suffisant ; ils ont été volontairement truqués, pour tromper tout le monde et je vais le démontrer ; c'est un petit travail très curieux.

On a présenté d'abord un état comparatif de ce que coûte une affaire de justice de paix au Maroc et de ce qu'elle coûte en France. « En France, nous dit-on, elle coûte 0 fr. 90, plus 4 fr. 25. Cela fait 5 fr. 15. Au Maroc, elle coûte 41 francs. » Si ces faits étaient exacts, ils devraient être considérés comme la faillite complète de notre système et il faudrait dire que, malgré toute notre bonne volonté, nous n'avons rien pu ou rien su faire de bien. Or, ce n'est pas du tout comme cela que les choses se passent.

Dans le document que nous avons ici, on nous parle d'une affaire R. contre L. qui a eu lieu au Maroc. Je n'ai pas eu de peine à me le procurer ; j'ai le jugement, j'ai la procédure. On nous représente cette affaire comme ayant coûté 41 fr. 70 de frais et se rapportant à un paiement de 85 francs ; or, cette affaire concerne bien un paiement de 85 francs, mais aussi autre chose qu'on a omis. Voici comment est libellée la demande :

R. réclame à L. : 1° 45 francs : 2° 40 francs ; 3° l'enlèvement d'un écriteau.

Cette affaire touchait donc, en plus d'une somme de 85 francs, une matière indéterminée, un enlèvement d'écriteau qui peut valoir beaucoup d'argent. Voilà déjà une première inexactitude.

Si cette affaire s'était produite en France, elle n'aurait pas coûté 5 fr. 15 ; elle aurait entraîné, en supposant qu'elle ait pu être de la compétence d'un juge de paix 121 francs de frais ; d'autre part, elle n'a pas coûté au Maroc 41 francs, comme on nous le dit, mais 37 fr. 12 centimes.

Voilà donc une comparaison qui a été truquée de trois manières différentes : 1° on nous a annoncé que l'affaire citée concernait un litige de 85 francs ; ce n'est pas vrai ; 2° on a déclaré qu'elle a coûté 41 francs ; ce n'est pas vrai ; 3° on nous dit : « Si elle avait été jugée en France, elle aurait coûté 5 fr. 15 » ; ce n'est pas vrai ; le chiffre exact est de 121 francs.

Quand je vous disais tout à l'heure que je trouvais dans cet exemple trois inexactitudes, j'oubliais une quatrième..... disons erreur, une petite omission qui n'a l'air de rien, mais qui a son importance.

On a oublié de nous dire, qu'en l'espèce, l'assignation avait été faite à Settat, c'est-à-dire à 65 kilomètres de Casablanca, car c'est devant le tribunal de paix de Casablanca que l'affaire s'est jugée. Or, en France, le transport d'huissier sur une distance de 65 kilomètres aurait coûté 26 francs ; dans notre système, cela ne coûte rien du tout. Des transports d'huissier, il n'y en a pas.

Comment voulez-vous que j'accepte un pareil faisceau d'inexactitudes comme une argumentation de bonne foi ?

Je dois ajouter que si ladite affaire était venue en France, elle n'aurait pas été de la compétence du juge de paix ; elle aurait été engagée devant un tribunal de première instance. Nous allons voir ce que la procédure vaut devant un tribunal de première instance.

Veuillez me pardonner d'entrer maintenant dans des détails un peu longs ; vous allez voir qu'ils ne sont pas sans intérêt. On nous dit : « Prenons une affaire simple de 1.500 francs ; ici, elle donnera lieu à 130 francs de frais ; en France, elle ne vaudrait que 85 francs. » Dans cet exemple encore on nous trompe : l'état de frais que l'on apporte n'est pas un état de France ; c'est un état de frais de Tunisie ; c'est même un mauvais état de frais de Tunisie qui a été aussi arrangé plus ou moins, car il n'est pas complet.

Rectifions :

Au Maroc, une affaire simple de 1.500 francs vaut 75 fr. 50, plus 44 fr. 80, soit 120 fr. 30 (et non pas 130 francs comme il est annoncé).

Pour la France, c'est plus compliqué ; il y a, en effet, deux manières de calculer les frais ; on les appelle, l'une la taxation sommaire, l'autre la taxation ordinaire.

La taxation sommaire, la voici. Il y a trois tarifs, le tarif de Paris, le tarif du chef-lieu de Cour et le tarif du ressort, c'est-à-dire de tous les tribunaux qui ne sont pas dans un chef-lieu de Cour. A Paris, l'affaire, dont nous parlons, coûterait 140 francs, dans les chefs-lieux de Cour 134 francs et dans le ressort 129 francs. Mais la règle, c'est la taxation ordinaire qui a aussi trois types. Dans celui qui s'appliquerait au tribunal de Casablanca, s'il était en France, le procès dont il s'agit exigerait 169 fr. 95, soit en chiffres ronds, 170 francs. C'est 41.66 % de plus qu'au Maroc.

J'avais besoin, Messieurs, de vous donner cette explication préliminaire afin d'écarter d'une façon complète et définitive un élément de mauvais aloi qui n'est pas fait pour une assemblée comme la vôtre.

Je l'admirais, votre assemblée, à sa séance de ce matin ; on la sentait inspirée d'un souci du bien public, d'un élan de patriotisme, d'un esprit généreux de haute moralité qui permettent d'en augurer des résultats splendides. Aussi, est-ce par inadvertance qu'on a introduit dans ses travaux un élément qui n'était pas pur.

Il m'a bien fallu en faire justice ; d'abord, il faut que vous soyez éclairés sur ces choses ; ensuite, il faut les détruire à cause du mal qu'elles peuvent faire à notre chère patrie.

En effet, tandis que la France propose aux étrangers, comme je l'ai dit au début de cette séance, l'adoption de ses tribunaux, on vient, dans l'intérêt particulier que j'ai indiqué, écrire dans des journaux français les inexactitudes que je viens de relever. Ces assertions passent sous les yeux des Consuls des Puissances étrangères. Les pays qu'ils représentent pourraient donc nous dire : « Qui allons-nous croire ? le Gouvernement français qui nous propose une justice qu'il nous dit bonne, ou la Colonie française qui s'en plaint, parce qu'elle coûte plus cher qu'en France ? » Si vous croyez que l'action du Protectorat, qui fait tous ses efforts pour solutionner la question des juridictions consulaires au Maroc, sera facilitée par ces attaques publiques, injustifiées et tendancieuses, vous vous trompez fort.

Faisons donc litière de tout cela et parlons de nos affaires communes comme de braves gens que nous sommes.

Suppression des provisions.

Les vœux qui ont été présentés par M. Busset, au nom de la Commission, méritent d'être considérés avec la plus grande attention.

Il faudrait supprimer les provisions.

Messieurs, je ne crois pas que l'on puisse supprimer les provisions et je ne conçois pas notre système judiciaire sans dépôt de provisions. En effet, s'il n'y en avait pas, nous serions fatalement conduits à poursuivre les justiciables pour le paiement des frais dus à l'État et nous aurions ainsi à supporter un nouveau contentieux fort onéreux pour les redevables, qui constituerait pour nous une complication terrible et qui donnerait à notre action les couleurs les plus fâcheuses. Le remède serait pire que le mal.

M. Busset disait : « Mais enfin, on pourrait tout au moins les supprimer en justice de paix. » Qu'est-ce donc que la justice de paix ? En France, c'est une juridiction d'une importance relativement faible. Au contraire, nos tribunaux de paix, car nous n'avons pas voulu les appeler « justice de paix », sont des juridictions considérables. Ils jugent jusqu'à 500 fr. en dernier ressort et jusqu'à 1.000 fr. à charge d'appel. Les affaires de 1.000 fr. sont du ressort des tribunaux de première instance en France. De plus, il y a beaucoup de matières dans lesquelles les juges de paix sont compétents quelle que soit la valeur du litige qui leur est présenté. On demanderait en ces matières au juge de paix de juger un litige portant sur 10 ou 20.000 fr. qu'il serait toujours compétent. De sorte que les affaires qui passent devant les tribunaux de paix du Maroc peuvent être fort grosses.

On ne trouve donc pas dans la nature des litiges, qui se produisent devant nos tribunaux ⌐inférieurs, un caractère qui permette de renoncer, en ce qui les concerne, aux avantages du système des provisions.

Liquidations des comptes de provisions.

Toutefois, je ne nie pas que ce système ait produit jusqu'ici certains effets pénibles pour les justiciables ; je trouve très légitime que ces derniers les signalent aux pouvoirs publics et je suis tout disposé à étudier les moyens de les atténuer.

Cela est certainement possible.

Ainsi, il y a des cas où on demande, au début d'une instance, une provision globale qui représente une somme assez importante. On pourrait essayer de trouver une combinaison qui permettrait au demandeur de verser des provisions successives au fur et à mesure des différentes phases juridiques de son affaire ; et le fractionnement de l'avance des frais allègerait la charge du demandeur. Cela se fait déjà, mais peut-être pas aussi amplement que possible. Prenons un exemple pour préciser l'idée que je viens d'exprimer : en matière de conciliation, nous n'avons pas le système de France qui constitue une procédure préliminaire assez peu efficace, mais tous nos magistrats doivent recevoir d'abord les parties et essayer de les arranger. C'est le premier acte de l'instance ; il coûte très peu de chose et s'il y a conciliation, il n'y a pas d'autres frais. On peut donc concevoir une petite consignation au début de l'instance et une autre après l'échec de la tentative de conciliation. Il semble que cela pourra se faire dès que les conditions, actuellement précaires, de notre fonctionnement nous permettront de ne plus redouter les complications administratives.

On pourrait trouver d'autres améliorations de même nature.

Je ne veux pas être trop long en les passant avec vous en revue. Vous admettrez d'ailleurs qu'une machine comme la nôtre ne se monte pas instantanément. On pare au plus pressé et puis on s'occupe du détail.

Croyez bien que notre zèle, notre attention, notre vigilance ne sont pas en défaut ; mais il faut considérer que nous ne sommes pas actuellement très favorisés par les circonstances. Nous avons juste deux ans d'existence. Notre première année a été consacrée à notre installation et à notre organisation parmi toutes les difficultés inhérentes au pays que vous connaissez. Nous étions à peine arrivés au terme de cette période que la guerre éclatait : ce personnel si difficile à recruter et à former, que nous étions arrivés à réunir, était dispersé par la mobilisation. Et savez-vous ce qui est arrivé ? Quelque chose de véritablement merveilleux : le Maroc a continué à se développer dans des conditions tellement extraordinaires que notre chiffre d'affaires, tombé à rien au moment de la mobilisation, s'est relevé suffisamment pour que notre seconde année d'existence marque une augmentation qui va de 30 à 40 $^o/_o$ sur les résultats de la première. Pendant ce temps-là, nous avions le quart de notre personnel dehors.

Il est évident que notre gestion a été rendue extrêmement difficile par ces événements.

Si donc on constate que nos comptes de provision, qui devraient être liquidés aussitôt que l'affaire est finie, sont en retard, si on remarque que les exécutions de jugement se font trop attendre, je déplore ces faits qui ne devraient pas exister, et je les explique en disant que c'est là une des conséquences fâcheuses de la guerre.

Je fais mieux ; je vous annonce qu'ils vont disparaître sous la poussée énergique de nos efforts.

M. le Président Randet, qui dirige, avec la compétence et l'autorité que vous savez, la circonscription judiciaire de Casablanca, me disait : « Les dispositions prises sont de telle nature qu'avant la fin de l'année, tout sera au courant ; il n'y aura plus de jugements en retard et tous les comptes seront liquidés. »

Eh bien, Messieurs, je vous prie de nous faire crédit jusqu'à la fin de l'année, et de compter sur notre bonne volonté.

Avant d'abandonner cette question des provisions, j'ajouterai un mot sur certains détails qui ont donné lieu, je ne dirai pas à des critiques, puisque M. Busset a eu l'amabilité de déclarer que ce n'était pas dans un esprit de critique qu'il parlait, mais à des remarques.

Paiement des frais d'assignation par le demandeur.

Premièrement, on a dit que nous forcions les demandeurs à faire provision pour les frais exposés par les défendeurs.

Ceci exige une précision.

Personne n'est forcé de consentir à payer des frais qui incombent seulement au défendeur ; seulement, si le défendeur envoie un mémoire et qu'on ne le signifie pas au demandeur, le litige n'est pas lié et la procédure est retardée ; peut-être les affaires du demandeur ne seront pas en aussi bon état que si l'on avait pris, sur la provision qu'il a déposé, quelque 2 fr. 50 nécessaires pour faire la signification. De sorte que les juges-rapporteurs ont parfois pensé, en toute bienveillance, qu'il valait mieux lier le débat en prenant les frais sur la provision de celui qui poursuit l'instance. C'est dans son intérêt qu'on l'a fait ; personne n'est forcé de l'accepter.

*Paiement du mandataire du gagnant d'un procès
par le perdant de ce procès.*

Secondement, on voudrait que celui qui perd le procès soit toujours condamné à payer le mandataire de son adversaire.

Nous admettons très bien un intermédiaire de justice facultatif, mais nous ne sommes pas disposés à poser le principe des intermédiaires obligatoires, et la proposition conduit tout simplement à les créer. Je pourrais même avancer, sans trop risquer de me tromper, que ce serait sa seule utilité, car le droit actuel permet à tout plaideur d'obtenir le remboursement de tout le préjudice que lui occasionne un procès, s'il le gagne et s'il prouve ce préjudice.

Il peut arriver que dans une affaire délicate, difficile, un justiciable aura eu recours, non pas à un de ces intermédiaires qui savent beaucoup de bons tours et peu de droit, mais à un de ces avocats sérieux, bons jurisconsultes, sages conseils, hommes de bien, dont, je me plais à le proclamer, le Maroc ne manque pas ; il lui suffira de prendre des conclusions tendant à l'allocation de dommages et intérêts pour le préjudice qui a été occasionné par le procès, et il ne se trouvera pas un tribunal pour refuser de tenir compte, dans le relevé de ces dommages et intérêts, de ce qu'il aura été légitime de payer à un avocat utile. Nous pensons que cela est suffisant et nous refusons d'aller plus loin, afin de continuer à protéger nos justiciables contre les appétits de ces intermédiaires coûteux, nocifs et inutiles qui tentent de s'imposer par tous les procédés possibles. Sûrement, vous nous aiderez à résister à leurs efforts.

*Le Secrétariat-Greffe devrait être soustrait à l'autorité des
Magistrats pour être placé sous celle d'un chef responsable
et indépendant.*

Messieurs, cette proposition est admirable dans son genre. Comme actuellement les secrétariats-greffes sont sous la direction de chefs responsables, on sent très bien qu'on tente de les soustraire tout simplement à l'autorité et à la surveillance du magistrat qui, lui, est chargé de la conduite des procédures.

Messieurs, il y a parmi vous beaucoup de commerçants et d'industriels. Je suppose qu'on vienne leur dire : « Vous avez des comptables, des ouvriers, des contremaîtres, des gens de toute espèce qui vous aident à la marche technique, commerciale ou industrielle de votre affaire, cela n'est pas bien, cela ne vaut rien ; vous voudrez bien désormais vous désintéresser de ce que font tous ces gens ; on va leur donner un chef pris en dehors de vous, on va dire que ces comptables, secrétaires, etc..., obéiront à un chef à eux et n'auront plus rien à faire avec vous. C'est comme cela que cela doit être. »

Je m'imagine que vous trouveriez absurde une telle proposition. Or, c'est exactement ce système subversif qu'on veut imposer à la justice. On veut pouvoir dire à un Président de tribunal, qui se préoccupera de la bonne marche de sa juridiction : « De quoi vous occupez-vous ? Vous voulez diriger le greffe ? Vous n'êtes pas fait pour cela ; vous vous y prenez trop mal ; on va trouver en dehors un Monsieur qui ne sera pas sous vos ordres, qui fera tout ce qui lui plaira sous sa responsabilité et auquel vous n'aurez rien à demander ni à commander, alors tout marchera très bien. »

Vous me permettrez de trouver au contraire que cela marchera très mal, parce que le magistrat n'aura plus aucun moyen d'exécuter les obligations qui lui ont été imposées par le législateur.

Je n'insiste pas. Nous acceptons la responsabilité qui nous incombe, quelque lourde qu'elle soit, mais nous voulons être maîtres de notre affaire : laissez-nous la dans les mains, je vous garantis qu'elle ira bien.

M. l'Intendant général LALLIER DU COUDRAY. — Je crois que M. le Premier Président a remis les choses tout à fait au point. Il a confirmé d'une façon péremptoire que les frais de justice au Maroc étaient moins élevés que partout ailleurs et qu'il était tout disposé, chaque fois qu'on lui présentera une imperfection, à s'efforcer d'y remédier.

Création d'interprètes judiciaires assermentés.

M. BLAISE. — Je m'excuse de prendre la parole. Je n'y étais pas prêt et je n'ai pas de chiffres à citer. Il y a un point sur lequel nous sommes tous d'accord : nous n'avons pas du tout l'intention de contester les efforts qui ont été faits pour établir au Maroc une justice large et normale. Cependant, il y a dans le détail d'application certaines petites difficultés qui se sont élevées et dont nous avons souffert, nous et ceux que nous poursuivons.

Il nous serait très agréable d'avoir des éclaircissements sur certains petits détails, qu'il serait réellement avantageux de mettre au point. Je n'ai pas, je vous dis, de chiffres exacts à vous citer : cependant, j'ai eu l'occasion, comme directeur de banque, d'avoir quelques affaires, comme tout le monde, et parfois des affaires de très minime importance, qui étaient justiciables des tribunaux de paix. Je puis vous citer un cas personnel que je tiens à la disposition de la justice, où un débiteur, poursuivi pour un effet de 150 et quelques francs, a dû payer en justice de paix 60 et quelques francs. Ce n'est pas nous qui les avons payés, et par conséquent, nous sommes absolument indépendants de la question, mais c'était un débiteur indigène ; l'effet était une traite tirée par un négociant sur un de ses clients indigènes ; l'effet était revêtu de l'acceptation du tiré et signé en arabe. Ce sont là des points de détail, il est vrai, mais il n'existe pas, je crois, actuellement tout au moins, au tribunal de Casablanca, d'interprète assermenté, en sorte que pour des effets acceptés par un arabe et signés par lui, il faut commettre un interprète, lequel doit prêter serment, et après cette formalité, il faut qu'il traduise et qu'il affirme que la signature apposée sur le billet est bien celle du tiré. C'est un petit détail, me direz-vous, mais je crois que la prestation de serment représente une somme assez élevée. Est-ce que l'on ne pourrait pas obtenir qu'un interprète assermenté fût adjoint au Tribunal et que ces frais — 15 francs, je crois — fussent supprimés ?

M. BERGE. — Vous avez tout à fait raison et je puis vous donner la bonne nouvelle que c'est fait.

Suppression de la conciliation en matière commerciale.

M. BLAISE. — Je ne le savais pas encore et je suis heureux d'enregistrer cette déclaration de M. le Premier Président.

Je m'excuse d'insister encore. Les assurances qui nous ont été données sur les facilités qui seront accordées pour le versement des provisions sont très intéressantes. Cependant, il serait souhaitable que la conciliation qui précède les litiges présentés en justice de paix et qui exigent le versement d'une certaine somme, peu élevée, j'en conviens, et qui dépend de l'affaire engagée, fût supprimée en matière commerciale.

N'y aurait-il pas moyen, sur ce point également, de trouver une solution qui satisfît l'organisation juridique actuelle du Maroc ?

M. BERGE. — En matière commerciale, au début de l'instance, il y a une conciliation. Si elle réussit, il y a des frais de conciliation qui sont extrêmement minimes et tous frais de justice sont évités, sauf cependant la convocation. Si, au contraire, il n'y a pas conciliation, cette tentative n'a pas coûté autre chose que la convocation des parties.

Ce que nous pourrions faire et ce que nous tentons de faire, c'est d'augmenter les attributions, les préoccupations du juge conciliateur. Nous avons le juge de paix auquel nous disons : « Vous allez tâcher de mettre les plaideurs d'accord. » Nous avons dans nos tribunaux les juges-rapporteurs qui ont la même mission et le juge des référés qui fait appeler les parties devant lui et leur fait toutes les observations utiles pour tenter d'éviter un procès. Ce sont là des germes excellents.

Vous dire qu'ils ont déjà produit une moisson aussi abondante que nous l'aurions voulu serait inexact. Là encore, nous avons besoin d'une pratique meilleure ; il faut vous dire, Messieurs, que lorsqu'on organise une justice sur des bases nouvelles comme nous l'avons fait, il ne serait pas raisonnable de croire qu'elle va donner immédiatement tous les résultats qu'on en attend. Il faut d'abord que les secrétariats se fassent un personnel d'agents expérimentés. De son côté, le justiciable ne sait pas comment nous aborder ; il s'arrête trop souvent encore à la porte du tribunal sans oser entrer. S'il venait demander des conseils aux magistrats ou même simplement aux secrétaires-greffiers, il serait souvent conduit dans la voie de la conciliation.

Mais vos observations sont justes : nous ne demandons pas mieux que d'en tenir compte et c'est un de nos plus grands désirs que l'esprit de conciliation se manifeste d'une façon plus ample que jusqu'à présent.

Le juge français, savez-vous ce que c'est? C'est un Monsieur qui se met derrière une table et qui attend qu'on lui apporte à juger des procès tout prêts, j'allais dire des alouettes toutes rôties.

Au juge du Maroc, nous demandons une autre activité ; nous exigeons qu'il reçoive les plaideurs, qu'il mette le procès en état d'être jugé ; et, quand il a fallu faire passer les Magistrats de ce rôle passif de France au rôle actif du Maroc, nous avons rencontré des résistances. Elles ne proviennent pas, croyez-le bien, de mauvaises volontés, car vous n'en rencontrerez pas chez nous ; elles sont la conséquence d'habitudes professionnelles, et c'est contre elles que nous luttons.

Vous voyez avec quelle franchise je vous parle. Je vous dépeins en ce moment l'âme de nos Magistrats, et je vous dis : « Ayez confiance dans leur désir de bien faire; dans l'avenir, nous pourrons, je l'espère, donner satisfaction à vos desiderata dont nous proclamons la justesse. »

Enregistrement des pièces présentées pour l'intelligence d'un procès.

M. Blaise. — Nous sommes certainement très heureux d'entendre ces déclarations d'une bouche aussi autorisée. Pour en terminer, je vais me permettre quelques petites observations. Ce ne sont toujours que des points de détail.

J'ai cru comprendre, d'après vos déclarations, Monsieur le Premier Président, qu'en ce qui concerne les provisions et ensuite l'enregistrement des pièces produites, vous envisagez le moyen de réduire les frais de la conciliation préalable à leur minimum, en ne faisant verser les provisions qu'au fur et à mesure des frais de l'instance, et ensuite de n'enregistrer que les pièces qui seront définitivement retenues au procès. Cela ne se fait pas actuellement. Est-ce exact ?

M. Berge. — Il y a encore ici un petit malentendu. Il n'est pas exact que l'on demande l'enregistrement sur tous les papiers qui sont présentés par les justiciables ; on ne l'exige que pour les pièces qui ont servi au procès.

Par conséquent, nous n'avons de ce côté rien à réformer.

Versement préalable des provisions.

En ce qui concerne la provision, je vais vous exposer ce qui s'est passé.

Quand nous avons ouvert nos tribunaux, nous avons mis à la tête de nos Secrétariats des agents de l'enregistrement, et nous ne regrettons pas d'avoir agi ainsi ; ils ont été parfaits ; seulement, ils nous ont apporté avec leurs qualités, un peu de leurs habitudes professionnelles, c'est-à-dire l'habitude de gens qui ont coutume de percevoir. Et ils avaient tellement peur que cette machine judiciaire qu'on leur confiait ne produise des frais extraordinaires, qu'ils appréhendaient toujours de manquer de numéraire. Remarquez qu'on ne savait pas très bien, au début (il y avait des calculs de probabilités et des théories, mais on n'avait aucune expérience pratique), ce que pouvait coûter un procès. Nous avons eu, en particulier, certain secrétaire en chef qui, lui, demandait des provisions excessives. C'est justement celui qui n'a pas encore liquidé ses comptes de frais. Il a été débordé ; il en a 2.000 à terminer ; mais remarquez que si nous avons 2.000 comptes à liquider sur 13.000 affaires qui sont venues, c'est que nous avons bien travaillé tout de même.

Au début, on demandait 150 francs de provision pour telle affaire déterminée. Je ne dis pas qu'on soit arrivé à la limite raisonnable en demandant aujourd'hui 100 francs pour le même litige. Peut-être pourra-t-on être encore un peu moins prévoyant, ne l'être que tout juste ce qu'il faut. Je crois que vos désirs seront satisfaits par l'application du système des provisions successives. Au lieu de demander au plaideur, au début de son affaire, 150 francs par exemple, nous lui demanderons 30 ou 40 francs, puis, lorsque son affaire sera prête à aboutir, lorsqu'il se trouvera en face des résultats, nous lui déclarerons : « Si vous ne donnez pas d'autres provisions, votre affaire ne suivra pas son cours, elle ne pourra pas continuer. » Il lui sera alors moins amer de verser un complément.

Je vous promets de faire tous mes efforts dans ce sens et je vous assure qu'à la prochaine réunion du Congrès vous pourrez vous dire satisfaits des résultats que nous aurons obtenus.

*Perception des droits d'enregistrement sur les valeurs
en litige.*

M. Paradis. — Permettez-moi de poser une petite question
de détail : Sur une créance à fournir au Tribunal, est-il perçu
des droits d'enregistrement sur le montant de la créance, ou
sur le reliquat ?

M. Berge. — Ceci n'est plus une question judiciaire, c'est
une question d'enregistrement. On pourrait demander à M. le
Receveur de l'Enregistrement de nous fournir des explications
sur ce point.

M. le Receveur de l'Enregistrement de Casablanca. — La
formalité ne peut pas être supprimée en vertu de l'article 5 du
Dahir.

M. Berge. — Je crois qu'il serait extrêmement équitable et
désirable qu'une réforme fût réalisée dans ce sens. Voilà une
obligation de 10.000 francs qui a été payée jusqu'à concurrence de 8.000 francs ; parce que le débiteur ne paye pas les
2.000 francs qui restent, l'Administration de l'Enregistrement dit : « Je suis obligée d'enregistrer sur 10.000 francs. »
Or, le titre ne vaut plus que 2.000 francs. Il serait désirable
qu'au moyen d'un Dahir, on arrivât à permettre au Receveur
de l'Enregistrement de ne toucher que sur la différence.

Ventes à option.

M. l'Intendant Général Lallier du Coudray. — Je m'associe pleinement aux idées de M. le Premier Président et nous
allons passer à la question de la vente par option.

M. Croze. — Bien que je ne veuille pas tomber dans une
discussion sur le principe, je désirerais tout de même donner
connaissance, si on veut me le permettre, de trois articles du
Code de procédure civile.

(Lecture des articles 603, 604 et 608.)

Je crois que le délai de trente jours pour la vente à option
sur les immeubles est un peu court et que celui de cinq jours
sur la vente à option des objets mobiliers est encore bien
plus court, car si nous avons une affaire au Maroc et que nous

soyons obligés de télégraphier en France à son sujet, il peut bien se faire que par suite de retard dans sa communication, le télégramme n'arrive pas assez tôt et que nous ne parvenions pas à donner à temps la réponse, et de ce fait, notre option se trouve frappée de déchéance.

M. BERGE. — Cela est de la législation et non pas de l'administration judiciaire. Toutefois, il n'y a pas d'inconvénient à parler de la question.

Les articles qui viennent d'être cités par l'honorable préopinant se trouvent dans le *Code des Obligations et des Contrats* et non pas dans le Code de procédure civile. C'est ce que l'on appelle la loi du lieu et cela concerne exclusivement les contrats passés au Maroc et non régis par la loi française.

La brièveté des délais a été introduite par le législateur pour faire obstacle à l'abus des contrats d'option qui a eu parfois pour résultat de mettre hors du commerce des quantités de biens et de favoriser ainsi des spéculations de mauvais aloi.

Mais tous les contrats à exécuter au Maroc ne se trouvent pas nécessairement sous l'empire de la loi du lieu.

Création de nouveaux tribunaux de paix.

M. l'Intendant Général LALLIER DU COUDRAY. — Le Comité de Rabat a émis un vœu concernant la création de nouveaux tribunaux de paix.

M. BERGE. — Nous pouvons créer des tribunaux de paix partout où il nous plaît, et rapprocher le juge des justiciables en mettant des juges partout où il en est besoin. Il nous suffit d'obtenir pour cela l'assentiment du Gouvernement français.

Nous avons mis un tribunal de paix à Saffi, c'est le moins occupé du littoral ; il a bien par an 50 affaires commerciales ; on trouvera sans doute que cela ne dénote pas des besoins très étendus. Si sur un point quelconque du territoire apparaissait la nécessité d'un tribunal de paix, il serait créé. Lorsque l'on peut se contenter d'instances foraines, nous préférons recourir à ce moyen. Au Maroc, c'est très simple et il suffit d'une ordonnance du Premier Président pour créer une audience foraine.

On nous dit : « Augmentez la compétence du juge de paix. »
Ce matin, l'un d'entre vous, Messieurs, me faisait une petite
confidence ; il disait : « J'ai confié au tribunal de paix
une affaire qui me tenait à cœur : j'ai perdu mon procès ; ce
procès est jugé en dernier ressort et je ne sais plus que faire. »
Je lui ai répondu : « Faites un pourvoi en cassation, c'est le
seul moyen. » Il a trouvé que c'était un peu dur.

Je vous ferai remarquer que mon interlocuteur se plaignait
d'une compétence trop étendue du juge de paix et qu'il pro-
testerait si on l'augmentait encore.

En fait, elle est fort considérable et il serait peut-être
imprudent d'aller au delà avant une expérience plus complète
de nos institutions actuelles.

N'oublions pas qu'au tribunal de paix nous avons le juge
unique. On ne peut pas espérer que le juge unique sera toujours un juge excellent ; ce serait trop beau. Les juges sont,
comme tous les hommes, sujets à la fatigue, à la maladie ; ils
sont exposés à subir des influences d'ambiance et de climat.

Au surplus, pour certaines matières, les plus usuelles, la
compétence des tribunaux de paix est déjà illimitée ; pour les
autres, elle va jusqu'à 1.000 francs. Trouvez-vous que c'est un
peu court, en matière commerciale ? Fractionnez vos créances
en autant d'effets de commerce inférieurs à 1.001 francs que ce
sera nécessaire et vous vous procurerez la décentralisation
judiciaire que vous souhaitez.

Droit maritime.

M. l'Intendant Général LALLIER DU COUDRAY. — Nous passons maintenant aux questions de droit maritime.

M. l'Intendant Général LALLIER DU COUDRAY donne lecture
du rapport du Comité de Rabat concernant la compétence des
tribunaux ordinaires en matière de droit maritime (Commission du Commerce [1]) et du rapport du Comité de Mazagan
(Commission du Commerce [2]).

1. Voir plus haut, p. 79.
2. Voir plus haut, p. 119.

Validité des clauses des connaissements.

M. Berge. — Messieurs, on se plaint de ce que les tribunaux français du Maroc refuseraient de reconnaître la validité des clauses de connaissements. On m'a en effet parlé ce matin d'un jugement en ce sens.

J'ai apporté ici une publication de droit, une brochure que nous avons fait publier, — car nous avons soin de nous créer dans la mesure du possible, une jurisprudence — et qui contient un jugement du tribunal de première instance de Casablanca, en date du 19 novembre 1913, rendu dans une affaire S..... contre une Compagnie de navigation, où les tribunaux ont déclaré que toutes les clauses des connaissements étaient valables et devaient être respectées. Veuillez donc considérer que la jurisprudence est fixée en ce sens.

Assimilation du code des transports maritimes au code des transports terrestres.

On se plaint aussi de l'application de certaines règles de notre code de commerce aux transports maritimes. Ce ne peut être que par erreur qu'on aurait fait cette application. Nous avons une loi, un code qui contient un chapitre extrêmement intéressant sur les transports terrestres. Rien n'est exempt de critiques, mais je puis vous donner une indication qui a sa valeur ; il a été rédigé par un ancien membre du Conseil d'État qui est le Président du Conseil d'Administration d'une de nos Compagnies de chemins de fer de France, M. Teissier, qui est peut-être l'homme le mieux documenté en pareille matière ; il a bien voulu rédiger, en ce qui concerne les transports terrestres, le chapitre en question, et lui, chef d'une Administration de chemin de fer, a déclaré être satisfait de ses résultats.

Élaboration d'un code des transports maritimes.

Mais un règlement de transports terrestres ne peut s'appliquer aux transports maritimes.

Nous n'avons pas de législation sur les transports maritimes et je vais vous dire pourquoi. La Commission d'organisation judiciaire du Maroc, qui était présidée par M. Louis Renault, savant professeur de droit, qui est, on peut dire, l'homme le plus écouté en matière commerciale dans le monde entier, a décidé qu'il n'y avait pas lieu pour ladite Commission de faire une législation maritime, parce qu'on se trouvait dans des conditions où l'on n'était pas suffisamment documenté. La Commission a suivi cet avis et a ainsi statué : « Nous ne nous sentons pas suffisamment éclairés ; nous ne voulons pas prendre le Code de commerce français purement et simplement, parce que nous ne savons pas si ce serait bon ou mauvais, et nous réservons l'étude de cette question au Gouvernement du Protectorat. » On a répété cela dans les communications qu'on a faites aux Puissances : c'était là un champ d'action d'études qu'on se réservait ; par conséquent, nous sommes libres de faire une législation des transports maritimes quand nous voudrons.

Il faudra s'y mettre ; on fera un projet qui sera communiqué à toutes les Chambres de commerce et à toutes les institutions qui s'occupent ici de questions commerciales, sociales et économiques ; tout le monde fera des observations ; il en sera tenu compte et on élaborera ainsi une législation appropriée aux besoins du pays.

Mais ne croyez pas que nos tribunaux appliquent des règles de transports terrestres aux transports maritimes ; il n'en est rien. Savez-vous comment se règlent les affaires maritimes ? C'est bien simple : il n'y en a pas et je vais vous dire pourquoi. C'est parce que toutes les Compagnies de navigation stipulent dans leurs connaissements des clauses attribuant la juridiction au tribunal du port d'attache du navire.

Quand une affaire maritime se présentera et que nous serons compétents, il y aura le contrat qui fera foi, dans lequel nous trouverons les bases d'une décision. Il vaudrait cependant mieux avoir une législation ; voilà un accident qui se produit dans la rade de Casablanca : cet accident peut ne pas être régi par le connaissement, par exemple, s'il y a collision entre deux navires. Là, il faudrait une législation.

M. Thomas. — Nous remercions M. le Premier Président de l'assurance qu'il nous donne en ce qui concerne les clauses relatives aux contrats terrestres qui ne sont pas applicables aux transports maritimes. Cependant, à ce sujet, deux faits se sont produits, basés sur le même motif. Il est dit dans le Code de commerce que le transporteur est tenu d'avertir dans les 48 heures celui dont il transporte les marchandises de l'arrivée de ces marchandises. On a appliqué ce principe dans les tribunaux en matière maritime. En effet, il s'est produit dans une Compagnie de navigation le fait suivant : un destinataire n'a pas été averti que sa marchandise était arrivée ; il a attendu sept ou huit jours, et, comme sa marchandise ne lui plaisait pas, il l'a refusée et l'a laissée à la Compagnie maritime ; donc, voilà un article du code terrestre qui s'applique à un fait maritime.

M. BERGE. — Si les juges ne se trompaient jamais, il ne serait plus nécessaire d'avoir des juges, parce que l'humanité serait tellement parfaite qu'il n'y aurait plus de procès ; mais malheureusement il y a des juges qui se trompent, c'est pourquoi on ménage des facultés d'appel.

QUESTIONS FONCIÈRES

Cette matière étant épuisée, on passe aux questions foncières.

Immatriculation.

M. l'Intendant Général LALLIER DU COUDRAY fait distribuer des fascicules édités par la Conservation de la Propriété foncière, mentionnant les textes portant organisation du système de la Propriété foncière de l'immatriculation.

M. l'Intendant Général LALLIER DU COUDRAY. — Messieurs, le rapport le plus complet sur la matière a été rédigé par M. Cuinet qui va vous en donner lecture.

M. CUINET donne lecture du rapport du Comité de Rabat sur l'immatriculation (Commission de l'Agriculture [1]).

1. Voir plus haut, p. 85.

M. l'Intendant Général Lallier du Coudray donne ensuite lecture de vœux émis par le Comité de Mazagan (Rapport général [1]), sur la même matière.

M. l'Intendant Général Lallier du Coudray. — Le rapport de Rabat résume, en somme, les vœux émis par les autres Comités. Nous nous contenterons donc de le discuter.

M. Gaillard. — L'administration est disposée à faire examiner les vœux émis par le Comité de Rabat avec la plus grande largeur de vue. Mais je ferai remarquer que l'administration n'a pas à contester ou à consacrer la valeur des titres de propriété. C'est là le rôle des tribunaux. Généralement, les difficultés que rencontrent les colons proviennent de litiges. C'est l'immatriculation qui pourra faire cesser ces litiges d'une façon définitive et surtout donner à l'acte d'achat l'autorité qui lui manque dans le droit musulman.

Ce que pourra faire l'Administration, et elle est disposée à le faire par tous les moyens possibles, c'est de faciliter les phases préliminaires à l'immatriculation.

Commission arbitrale des litiges fonciers.

Nous avions déjà cet hiver, surtout pour le Rarb, une commission d'arbitrage qui avait pour but de faciliter le règlement préalable de certains litiges.

M. Bernaudat. — Je demanderai à M. le Secrétaire Général si cette commission qui a fonctionné l'hiver dernier est encore en fonctions et si nous pouvons y avoir recours, le cas échéant.

M. Gaillard. — Elle est toujours en fonctions et vous pouvez y avoir recours. Comme vous le savez, on peut s'adresser à elle pour régler les litiges par voie d'arbitrage et son fonctionnement est très souple. Si le colon ne veut pas de l'arbitrage direct de la commission, il peut parfaitement désigner un arbitre, son adversaire, un autre, et ils peuvent demander un tiers arbitre pour les départager, qui sera désigné soit par la commission d'arbitrage, soit par le Résident Général, à leur choix.

1. Voir plus haut, p. 106.

Litiges portant sur les biens collectifs.

M. BERNAUDAT. — Je vais vous poser une question, au sujet de la propriété collective. Les premiers acquéreurs, et ils sont nombreux, ont pu, par inadvertance, acquérir des propriétés, des biens de tribu. Ils ignoraient que ces biens étaient inaliénables et se trouvent à l'heure actuelle, par le fait même de l'immatriculation, dépossédés de terres qu'ils n'auraient pas achetées s'ils avaient su qu'elles étaient inaliénables.

Quelles sont les intentions du Gouvernement du Protectorat au sujet de ces achats ?

M. GAILLARD. — Il fera tout son possible pour faciliter les achats, pour faire régulariser les ventes : seulement, je dois vous prévenir qu'il y aura quelques difficultés. Lorsque des terres collectives ont été vendues par quelqu'un qui n'en était pas propriétaire, puisqu'elles appartiennent à une collectivité, mais par quelqu'un qui en avait la jouissance en vertu d'un droit d'usage bien établi, il n'y aura aucune difficulté. L'administration est disposée à faire lever par le Makhzen l'obstacle qui résulte du fait de la collectivité. Mais le litige, très souvent, se passera autrement : une personnalité ou quelques indigènes d'une tribu auront vendu des terres beaucoup plus considérables que celles dont ils avaient en réalité la jouissance. Alors, interviendront des indigènes, qui revendiqueront la propriété ou le droit d'usage, ou même des Européens qui auront acheté, eux, à d'autres indigènes, les mêmes terrains déjà vendus. Là, ce ne serait plus l'affaire de l'Administration et il ne suffira pas de faire lever l'obstacle de la collectivité. Il faudra, en outre, plaider, faire un procès.

M. BERNAUDAT. — Oui, mais alors, nous demanderons à l'Administration de vouloir bien examiner le cas, les conditions dans lesquelles l'achat s'est fait, voir si les indigènes ne revendiquent pas des biens qui ne sont pas à eux, qu'ils savaient avoir été achetés et s'ils ne soulèvent pas des questions qu'ils ont laissées dans l'ombre jusqu'à la régularisation.

M. GAILLARD. — A ce point de vue là, la Commission sera à votre disposition et fera tout son possible pour amener des règlements amiables dans le sens que vous dites.

M. Bernaudat. — Je vous remercie beaucoup, Monsieur le Secrétaire Général, cela évitera bien des litiges.

M. Gaillard. — La commission n'a pas pouvoir souverain ; elle s'entremet simplement entre les parties en cause, et tente une conciliation.

M. Bernaudat. — Par le fait même que la commission se transportera sur les lieux et que les indigènes verront que l'on examine la question de bonne foi, de part et d'autre, les litiges se liquideront avec plus de facilité.

M. Gaillard. — Lorsque les indigènes auront vendu sciemment de mauvaise foi, nous leur ferons rembourser les prix de la vente.

Droits du dernier occupant.

M. Cuinet. — Est-ce que le fait pour le dernier occupant d'avoir cultivé depuis leur achat les. terres qui pourraient être revendiquées ne constituerait pas un droit en sa faveur ?

M. Gaillard. — Je ne peux pas vous répondre d'une façon absolue ; c'est une question à résoudre par un juge ; c'est à lui ou au Cadi à démêler s'il y a prescription depuis la vente précédente ; c'est l'un d'eux qui décidera s'il y a usage de la terre pendant un laps de temps assez long pour entraîner la possession légale et la priorité dans l'achat.

Notariat indigène.

M. Cuinet. — Il serait désirable que l'Administration réglemente l'exercice du notariat indigène sur la base de la responsabilité individuelle des adouls.

M. Gaillard. — Les notaires de tribu sont inexpérimentés et savent à peine lire et écrire. Mais nous avons exercé, depuis le début du Protectorat, une surveillance sur les actes publics des Cadis ; vous savez qu'ils ne peuvent plus établir d'actes que dans les ressorts de leur circonscription. On a désigné des adouls spéciaux qui s'occupent de la propriété immobilière.

En ce qui concerne la responsabilité, lorsqu'un notaire indigène a affaire avec un Européen, s'il commet des fautes professionnelles, l'Administration peut lui infliger une peine disciplinaire, la révocation, par exemple. Mais en outre, en vertu du Dahir organisant la justice française, il appartient au Français qui est lésé d'attaquer devant la justice française même un fonctionnaire indigène. Vous pouvez toujours, par exemple, attaquer devant le tribunal français le notaire indigène qui s'est rendu coupable d'une falsification de titre.

Concession aux colons des terres « siba. ».

M. Cuinet. — L'un des vœux émis par le Comité de Rabat propose que des terres « siba » soient mises en réserves à l'intention des agriculteurs européens (Comité de Rabat, Commission agricole [1]).

M. le Lieutenant-Colonel Berriau. — Les terres dites « siba » sont des terres confisquées à des individualités indigènes ou à des collectivités qui, poussées en dissidence, se sont momentanément soustraites à l'autorité française. On appose d'abord le séquestre provisoire, qui ne devient définitif qu'au bout d'un certain temps. Le Makhzen ne peut, je crois, en l'état actuel, examiner favorablement le vœu émis par M. Cuinet. Les terres « siba » se trouvent tout à fait sur le front de notre armature, loin du réseau des voies ferrées et des routes et, dans ces conditions, on risquerait de créer là des centres de colonisation européenne noyés dans la masse indigène, isolés, privés de toutes communications.

D'autre part, ce séquestre est un des moyens politiques les plus puissants que nous ayons pour faire rentrer de dissidence des tribus qui se sont momentanément éloignées de nous ; nous avons donc intérêt à maintenir le plus longtemps possible l'état de séquestre et à ne pas couper les ponts avec les rebelles par une aliénation définitive de leurs biens. Depuis trois ans, nous avons eu plusieurs fois à nous servir de ce moyen politique extrêmement fructueux, notamment dans la région de Meknès et de Fez, et nous avons vu avec satisfaction les tribus revenir, attirées par leurs intérêts. J'estime que dans ces conditions, le séquestre définitif ne saurait être prononcé que le plus tard possible, c'est-à-dire presque jamais.

1. Voir plus haut, p. 91.

*Fonctionnement des Services de la Conservation foncière
et modalités de l'Immatriculation.*

M. Cuinet. — Il faudrait que le Service d'Immatriculation soit pourvu d'un personnel suffisant pour assurer son bon fonctionnement.

M. Roussel. — Tant que la guerre durera, nous aurons des difficultés pour recruter notre personnel.

Nous faisons tout notre possible pour augmenter ce personnel. Le personnel topographe a été recruté sur place et il a fallu l'éduquer ; nous n'avions aucun géomètre connaissant l'immatriculation ; il a été indispensable de lui montrer, dès le début, tout ce qu'il fallait faire. Il est certain que la création de conservations régionales rendrait les plus grands services à la colonisation en n'obligeant pas le colon à faire de longs voyages, pour inscrire une hypothèque, pour accomplir un acte immobilier.

Le cinquième vœu demande que le bornage et l'immatriculation soient faits pour donner une valeur réelle, pour consacrer officiellement la propriété.

Il y a une distinction entre le bornage et l'immatriculation. Cette dernière est, en effet, la consécration du bornage. L'immatriculation est l'inscription sur les livres fonciers de la propriété, à laquelle est constitué un véritable état civil. Du jour où cette inscription a eu lieu, elle est inattaquable d'une façon absolue. Même s'il y a eu une erreur, même si quelqu'un a été lésé, on ne peut pas lui rendre la propriété : il est trop tard. En France, vous pouvez encore plaider après les opérations cadastrales. Ici, vous ne pouvez plus. L'immatriculation d'un immeuble peut donner lieu à une succession d'actes divers de procédure, dont le bornage. Après la publication des extraits de réquisition au *Bulletin Officiel,* la date de bornage est fixée et l'opération s'effectue, que les personnes convoquées y assistent ou non. C'est pour cela que le bornage ne peut pas être immédiatement définitif. Il y a, en effet, des gens qui ne peuvent assister au bornage le jour fixé. Le bornage a donc toujours lieu, ne serait-ce que sur les dires du requérant. Ce n'est pas au vu d'un titre arabe qu'on peut délimiter exactement une propriété et en établir un lever. Une touffe de palmier nain, un bambou ou un figuier ne sont pas des points de repère suffisamment précis. Ce n'est que lorsque les bornes ont été placées que l'on peut déterminer la configuration et l'étendue exacte du terrain dont l'immatriculation est requise.

Il faut qu'à la suite de ce bornage un plan soit levé pour que toutes les personnes qui n'ont pu assister au bornage puissent le consulter et se transporter si elles le désirent au jour et à l'heure qui leur conviendront pour prendre connaissance du bornage. A cette fin, le public est prévenu par un avis inséré au *Bulletin Officiel* qu'il a encore deux mois pendant lesquels il lui est permis de critiquer encore le bornage s'il lui semble erroné. Il est, en effet, absolument indispensable qu'avant d'établir un droit imprescriptible de propriété, le bornage préliminaire soit soumis à tous les examens et à toutes les oppositions.

Il ne faut donc pas croire que l'immatriculation puisse se faire d'une manière rapide ; c'est une procédure très longue, justement parce qu'elle doit être inattaquable.

M. OBERT. — S'il se présente une contestation de bornage, la partie qui conteste est-elle obligée de faire établir un bornage ? Et au compte de qui est fait le bornage ?

M. ROUSSEL. — En principe, ce bornage de revendication devrait être fait aux frais de l'opposant, mais en fait, il faut bien se faire à cette idée que le requérant étant pressé d'avoir son titre, il a intérêt plus que tout autre à ce que les opérations se fassent rapidement. Supposons qu'il ait à débourser 20 à 30 francs de bornes ; il aura évidemment intérêt à les fournir immédiatement. Ce bornage de revendication peut, au reste, consister en la pose de pierres brutes ou de simples piquets en bois puisqu'ils ne resteront en place que cinq ou six mois, jusqu'à la décision judiciaire à intervenir.

Droit de parcours.

M. l'Intendant Général LALLIER DU COUDRAY. — Le sixième vœu du Comité de Rabat porte sur l'exercice des droits de parcours.

M. GAILLARD. — Il ne faut pas évidemment que l'exercice du droit de parcours puisse nuire à la propriété privée de l'Européen. Quand il y aura déprédation sur la propriété, chaque cas d'espèce devra être examiné par les autorités de contrôle voisines, et l'auteur des déprédations sera obligé, le cas échéant, à des réparations par dommages-intérêts. Mais il est impossible d'aborder la question de principe et de supprimer le droit de parcours qui existe dans toute l'Afrique du Nord.

Propriété des sources.

M. l'Intendant Général LALLIER DU COUDRAY. — Le septième vœu du Comité de Rabat demande à ce que les eaux de source ne donnant pas naissance à un cours d'eau puissent être utilisées au gré de l'occupant du terrain dans lequel se trouve la source et à ce que, dans le cas où les eaux coulent sur une propriété voisine, elles puissent être utilisées par le voisin, sans que ce dernier ait à payer un droit de partage.

M. GAILLARD. — Beaucoup de points d'eau au Maroc sont frappés de droits d'usage et de servitude. Il est évident que si un colon fore un puits au milieu de sa propriété, ou possède une source qui ne soit pas l'abreuvoir habituel des animaux de la contrée, ces points d'eau lui appartiennent en propre.

Mais il y a beaucoup de points d'eau qui ne sont pas dans ce cas, et sur lesquels existent des servitudes traditionnelles qu'on doit respecter. Ce sont des cas d'espèce à étudier. Je dirai comme je l'ai dit tout à l'heure pour les terrains de parcours, l'usage de ce point d'eau donne droit à des réparations, s'il y a eu des déprédations.

Dans le cas de déprédations, il est facile de faire constater par des Européens voisins ou des indigènes et de faire appel à leur témoignage pour appuyer une réclamation.

Pouvoirs judiciaires des Officiers des Bureaux de Renseignements.

M. CUINET. — Nous demandons à ce que les Officiers des Bureaux de Renseignements soient munis de pouvoirs qui leur permettent une répression immédiate en certains cas.

Un échange de vues se produit à ce sujet entre plusieurs assistants sans amener de conclusion à cette question.

M. Franceschi. — Je demande si on a le droit d'avoir des gardes particuliers assermentés ?

M. l'Intendant Général Lallier du Coudray. — Vous n'avez pas émis ce vœu et nous ne pouvons pas vous répondre sans examen préalable. Il serait peut-être bon que vous adressiez une lettre dans ce sens à la Résidence Générale.

M. Franceschi. — J'adresserai donc une lettre.

Responsabilité collective des douars ou tribus en cas de méfaits.

M. l'Intendant Général Lallier du Coudray donne lecture du neuvième vœu tendant à rendre les douars collectivement responsables des méfaits qui se produisent dans leur territoire, et à les munir d'extincteurs automatiques en cas d'incendies.

M. Gaillard. — Le principe de la responsabilité collective n'est applicable que dans un état inorganisé comme l'était le Maroc avant le Protectorat. A l'heure actuelle, le Gouvernement a pris les mesures administratives et militaires qu'il lui était possible de prendre. On ne peut pas admettre en cet état de choses le principe absolu de la responsabilité collective des douars ou des tribus.

Il est exact, cependant, que lorsqu'il y a des vols de bétail et des incendies de récoltes, les indigènes des douars les plus voisins sont très souvent au courant de ce qui s'est passé et ne le disent pas parce qu'ils craignent des vengeances ou parce qu'ils y sont intéressés. L'Administration est disposée à faire tout son possible pour obvier à cet inconvénient et à demander au Sultan, non pas d'admettre d'une façon absolue ce principe de la responsabilité collective, mais de l'admettre à titre exceptionnel. S'il y a, par exemple, un incendie de récolte ou un vol de bétail, des faits de pillage, à l'exclusion naturellement des larcins qui peuvent passer inaperçus, il serait possible de rendre les douars voisins collectivement responsables si, après enquête, il apparaissait difficile que le délit ait pu avoir lieu sans que les indigènes du douar voisin aient pu en avoir connaissance. Après enquête, on pourrait admettre cette responsabilité et frapper d'amende cette agglomération indigène la plus voisine du délit commis. Dans ce cas, l'amende dont seraient frappés les indigènes serait une amende et non pas une indemnité.

M. Cuinet. — Le volé n'aurait alors aucune compensation ?

M. Gaillard. — Si on pouvait découvrir le coupable, le volé pourrait rentrer dans les fonds que pourrait encore posséder le voleur, car, dans ce cas, il disposerait des recours ordinaires.

M. Cuinet. — Le volé ne pourrait-il pas, dans une partie tout au moins, partager avec le Trésor, avoir une petite compensation sur le vol commis ?

M. Gaillard. — Ce serait, je crois, difficile ; il serait peut-être possible d'admettre cette thèse à titre exceptionnel.

Services maritimes postaux subventionnés.

M. l'Intendant Général Lallier du Coudray donne ensuite lecture d'un rapport du Comité de Mazagan (Commission du Commerce [1]), concernant les Postes et Télégraphes et particulièrement la passation de contrats avec les Compagnies de navigation pour le service de la Poste.

M. l'Intendant Général Lallier du Coudray. — Les renseignements que nous possédons au sujet de la Commission qui s'est réunie à Paris, pour étudier le renouvellement de concessions des services postaux sur l'Afrique du Nord, sont très vagues. Cependant, comme la Commission ne comprenait qu'un seul membre connaissant le Maroc, et même le Maroc d'autrefois plutôt que celui d'aujourd'hui puisqu'il l'a quitté depuis plusieurs années, M. de Beaumarchais, nous avons demandé au Ministre des Affaires Étrangères qu'il veuille bien désigner, pour siéger dans cette Commission, M. Terrier, Directeur de l'Office du Gouvernement Chérifien, et également que si un haut fonctionnaire du Protectorat est présent en France, au moment de la réunion de la Commission, il soit convoqué à titre consultatif.

Il nous a été répondu : « Nous sommes tout disposés à augmenter le nombre des membres de la Commission et, en présence de cette réponse, nous allons faire de nouvelles propositions dans ce sens. » Voilà tous les renseignements que je peux vous donner.

1. Voir plus haut, p. 119.

Postes et Télégraphes.

M. l'Intendant Général Lallier du Coudray donne ensuite lecture du rapport du Comité de Mazagan, au sujet de l'insuffisance du personnel au Bureau de poste de Mazagan.

M. Roblot. — La situation du bureau de Mazagan est la même que celle de tous les bureaux. Le personnel est insuffisant partout : nous n'avons pu, malgré toutes nos démarches, réussir à l'augmenter. Mazagan est, d'ailleurs, un des bureaux les mieux dotés ; son personnel comporte cinq agents et un receveur.

M. Plouard. — Je n'incrimine pas le service postal, mais je constate que le matin, à l'arrivée du courrier, les employés sont occupés à le trier. Une vingtaine de personnes attendent pour des lettres recommandées ou pour acheter des timbres. Très souvent, il n'y a qu'un employé au guichet ; un autre est au télégraphe et les autres occupés à dépouiller le courrier.

M. Roblot. — Mais pas du matin au soir.

M. Plouard. — Cela dure très longtemps.

M. Roblot. — Il y a à peine une heure dans la journée où il n'y a qu'un seul agent au guichet, en raison du peu de courrier à trier.

M. l'Intendant Général Lallier du Coudray. — Je vais prendre note de votre observation et l'adresser au Receveur de Mazagan pour qu'il y remédie dans toute la mesure du possible.

M. Roblot. — En ce qui concerne la ligne télégraphique et téléphonique de Saffi à Marrakech, le manque de matériel et d'ouvriers ne nous permet pas d'envisager actuellement sa construction. Il nous est impossible de nous procurer du matériel et des ouvriers. Mais 162.000 francs sont prévus pour cette construction qui sera entreprise dès que les circonstances le permettront.

Vous vous plaignez déjà d'attendre au guichet ; or, comme nous ne pouvons augmenter le personnel, si nous installons un réseau téléphonique, vous ne pourrez pas avoir les communications aussi rapidement que vous le désireriez.

M. Plouard. — Nous demandons simplement que l'on prenne note du vœu pour lui donner satisfaction, après la guerre, et faciliter ainsi les opérations commerciales.

Colis postaux.

M. Roblot. — L'Office a l'intention de faire assurer le service des colis postaux dès qu'il disposera des locaux et du personnel nécessaires.

M. Martin (Vice-Consul de France à Marrakech). — La ville de Marrakech demande que les colis postaux voyagent toujours par la même voie.

Actuellement, on ne sait jamais par quel port arrivent les colis postaux : par Saffi, par Mazagan, ou par Casablanca. S'il y avait un port désigné, ce service serait bien plus facile. Serait-il possible de mettre cette question à l'étude ? On y tient beaucoup à Marrakech.

M. Cuinet. — Ne serait-il pas possible de faire transporter les colis postaux gratuitement par l'Administration militaire et qu'ils ne soient pas grevés d'une façon exagérée des frais de transport ? J'ai reçu dernièrement un colis postal de 3 francs qui m'a coûté 5 francs de port. Il avait une valeur marchande de 8 francs.

M. l'Intendant Général Lallier du Coudray. — Qu'est-ce qui grève ainsi un colis postal de frais de transports ?

M. Cuinet. — On vous avise que votre colis est à Casablanca ; à ce moment-là, il faut le faire venir et ce sont des frais de transitaire qui le grèvent, car les frais de transports sont à la charge du destinataire à partir du débarquement à terre.

M. René-Leclerc. — Pour ce qui concerne le service de Rabat, les colis postaux y arrivent tantôt par la Compagnie Paquet de Marseille, tantôt par Bordeaux. Or, ceux qui nous viennent par la voie de Bordeaux débarquent à Casablanca. Il serait facile de demander à l'Administration française qu'elle dirigeât sur Marseille tous les colis à destination de Rabat, de façon qu'ils puissent être embarqués à bord d'un bateau desservant directement Rabat.

M. l'Intendant Général Lallier du Coudray. — Il n'y aurait, en effet, qu'à attirer l'attention de l'Administration française, qui dirigerait sur Marseille les colis à destination de Rabat.

M. Croze. — Dans ces conditions, j'estime qu'on devrait faire, pour ceux qui reçoivent les colis postaux soit à Rabat soit à Marrakech, comme pour les colis postaux militaires qui sont déposés à la base de ravitaillement, qui les achemine gratuitement par chemin de fer. On devrait faire la même chose pour Ber Rechid et les autres centres desservis par la voie ferrée.

Il est évident que lorsque l'Administration de la poste prendra elle-même le service des colis postaux, dans six mois, je crois, ce sera chose faite et tout ira beaucoup mieux. Pour le moment, il n'y a que les chemins de fer militaires.

M. le Colonel DE LAMOTHE. — Il me semble que l'Administration des Postes, qui a déjà passé un marché avec une entreprise automobile pour les transports, pourrait également faire transporter les colis postaux par camions automobiles en prenant un concessionnaire.

M. l'Intendant Général LALLIER DU COUDRAY. — Ceci est une question qui est extrêmement intéressante et que nous allons mettre à l'étude.

Je crois que M. le Résident Général assistera à la fin de la séance de demain de façon à pouvoir vous adresser quelques paroles et je vous serais reconnaissant de bien vouloir en aviser ceux de vos collègues qui n'ont pas pu assister à la réunion d'aujourd'hui.

La séance est levée à 19 heures.

Sixième Séance *(27 octobre au matin)*.

Le 27 octobre 1915, à 9 heures 15, le Congrès des Études Économiques a tenu sa sixième et dernière séance, dans la salle des conférences de l'Exposition franco-marocaine, sous la présidence d'honneur de M. le Général LYAUTEY, Commissaire Résident Général, et sous la présidence de M. l'Intendant Général LALLIER DU COUDRAY, Secrétaire Général du Protectorat.

Étaient présents : MM. le Général LYAUTEY, Commissaire Résident Général ; l'Intendant Général LALLIER DU COUDRAY, Secrétaire Général du Protectorat, Président ; DE TARDE, Secrétaire Général adjoint du Protectorat, Vice-Président ; MALET, Directeur de l'Agriculture, du Commerce et de la Colonisation, Vice-Président ; BERNAUDAT, Assesseur ; COUSINIERY, Assesseur ; DE SORBIER DE POUGNADORESSE, Chef du Cabinet Diplomatique ; M. le Vétérinaire MONOD ; LOTH, Chef des Services de l'Enseignement ; RENÉ-LECLERC, Chef du Service des Études Économiques ; RICARD, Délégué par le Service des Beaux-Arts dans la région de Fez ; les autorités civiles et militaires des Régions, ou leurs représentants :

Au Bureau du Secrétariat : MM. LASVIGNE, Secrétaire du Congrès ; GOULVEN, Chef du Bureau Économique de Casablanca ; BEAUJOLIN, Rédacteur au Service Économique ;

Les membres des Comités régionaux d'Études Économiques dont les noms suivent :

Comité de Rabat : MM. BERNAUDAT, THOMAS, GUILLOUX, BIARNAY, CUINET, DE LASSERRE, OBERT, LESTRE DE REY, DU PEYROUD, DURAND, JACQUIER.

Comité de Casablanca : MM. PHILIP, CHANFORAN, GUERNIER, ALLIER, VEYRE, AUDIBERT, MAGNIER, COUSIN, FOURNIER, SERE DE RIVIÈRE, DE MAZIÈRES, ALEXANDRE, ALTARAS, ANDRIEUX, BRUSTEAU, BUSSET, CROZE, DAMEY, DEBONO, JUILLARD, GUYOT,

Blaise, Katz, Paradis, Ravotti, Guérard, Darmet, Santol.

Comité de Mazagan : MM. Donzella, Hedelin, Jacquetty, Jeannin, Plouard.

Comité de Saffi : MM. André, Allouche, Chamson, Colliot, Penicaud, Legrand, Cousiniery.

Comité de Marrakech : MM. le Lieutenant Schacher, Pitois, Lambret, Boulle, Guiraudec.

Étaient excusés : MM. Massiou, Croizeau, Théry, Bigaré, Lassallas.

Enseignement professionnel.

La séance est ouverte à 9 heures 15.

M. l'Intendant Général Lallier du Coudray donne lecture des rapports fournis sur la question de l'Enseignement professionnel par les Comités de Casablanca (Commission de l'Industrie) [1], de Mazagan (Commission de l'Industrie) [2], de Saffi (Commission de l'Industrie [3]), de Marrakech (Commission de l'Industrie) [4].

M. l'Intendant général Lallier du Coudray. — M. le Chef des Services de l'Enseignement va vous exposer les projets de l'Administration, sur la création d'écoles indigènes professionnelles ou d'apprentissage.

M. Loth. — Messieurs, j'ai déjà eu l'occasion tout récemment, à la suite d'un vœu émis par le Comité d'Etudes Économiques de Casablanca, de vous donner quelques précisions à cet égard. Il m'a été, je dois vous le dire, particulièrement agréable de voir que vous n'excluiez pas des préoccupations qui vous assaillent cette question des écoles professionnelles.

L'enseignement professionnel est l'un des problémes qui se posent au Maroc. En cette matière, peut-être plus que pour toutes les autres questions administratives, nous sommes plutôt en face d'espérances qu'en face de résultats. Il ne peut pas en être autrement. D'abord, parce que, ainsi que vous l'a dit ici M. le Résident Général, il est nécessaire de sérier les questions

1. Voir plus haut, p. 70.
2. Voir plus haut, p. 126.
3. Voir plus haut, p. 163.
4. Voir plus haut, p. 174.

et aussi, pour me servir d'une image déjà employée par M. le Premier Président, parce que, lorsqu'on met en branle une lourde machine, on ne peut pas arriver d'un coup à graisser tous les rouages, et qu'il se produit forcément quelques grincements avant que la marche de la machine soit parfaite. Or, l'Enseignement, comme la Justice, est une grosse machine qu'il s'agit de mettre en branle, qui doit servir à l'éducation de plusieurs milliers d'enfants, et elle nécessite des centaines de maîtres et d'institutrices.

Quelle a donc été notre obligation lorsqu'il s'est agi de créer l'enseignement dans ce pays ? En premier lieu, de faire en sorte qu'aucun Français ne fût exposé à ce que son enfant ne reçoive pas le minimum d'éducation qu'on pouvait lui donner dans un Protectorat. Nous avons recueilli tous les enfants qui se présentaient à nous, d'abord dans les locaux provisoires, puis, au fur et à mesure des disponibilités budgétaires, dans des bâtiments comme ceux qui s'élèvent en ce moment même à Casablanca. Toutes les autres villes de la côte vont recevoir sans trop tarder de pareilles institutions, et je puis dire, en somme, que nous avons parcouru le premier stade.

En ce qui concerne les indigènes, notre préoccupation était de savoir si, dans certains cas, ils voudraient venir écouter la parole de nos maîtres ; nos essais ont réussi ; nous savons maintenant que partout les écoliers européens et indigènes ne demandent qu'à suivre l'enseignement qui leur est offert.

Pour ce qui concerne la délicate question de l'enseignement professionnel que vous abordez dans vos vœux, je ne vous dirai pas, Messieurs, que nous n'avons rien fait ; nous avons déjà, en matière professionnelle, donné quelques coups de sonde qui tendent, comme le demande le vœu exprimé par le Comité de Saffi, à l'amélioration des conditions de la vie économique musulmane.

Pour ne vous citer qu'un exemple, à Fez, M. Bel, aidé dans son entreprise par un inspecteur primaire, a fait installer dans une école de la ville toute une série de petits organismes qui donneront, dans un bref délai j'espère, à la vie commerciale de Fez, un aspect nouveau.

Les maîtres apprennent aux jeunes indigènes la sténodactylographie et la comptabilité, selon la méthode que l'on peut appliquer à la vie commerçante des indigènes : voilà un premier essai. Nous sommes également, à Fez, en train de rechercher le moyen de donner aux indigènes une direction artistique, ou, plutôt, de maintenir, par la création d'une école d'arts décoratifs, les indigènes dans la tradition artistique de leurs ancêtres, de façon que nous puissions conserver des céramistes, des stucateurs et des ouvriers d'arts. A Salé, nous avons essayé de vivifier l'industrie du meuble et de la natte. Dans cette tâche, l'Administration a trouvé une aide extrêmement précieuse dans la collaboration de M. le Capitaine Marion, qui était ici tout à l'heure et qui a été le premier artisan de cette œuvre.

Enfin, sur d'autres points encore, notre attention est déjà attirée, à Saffi par exemple, sur ce qui concerne les poteries. Nous n'ignorons pas qu'il y a, au point de vue de la restauration des arts indigènes, tout un ensemble d'innovations à envisager.

Vous voyez donc bien que ces questions n'échappent pas à notre attention. Avec la collaboration des Services des Beaux-Arts, nous nous proposons de développer chez les indigènes, dans tous les anciens centres de leur civilisation, le goût de leurs arts propres.

En ce qui concerne l'intérieur, l'hinterland des principales villes de la côte, nous sommes en face d'un problème d'ordre différent : c'est le problème de l'enseignement agricole. J'ajoute, Messieurs, que pour le moment, très peu de chose a été fait. Je ne puis guère signaler à votre attention que la petite école de Dar Zrari, voisine de Petitjean, où un instituteur a organisé un jardin et s'efforce de donner à sa clientèle d'écoliers des petites leçons d'horticulture pouvant convenir au pays. Du reste, l'Administration a fait appel aux inspecteurs de l'agriculture ; tout récemment encore, un de ces fonctionnaires est passé à Dar Zrari. Vous le voyez donc, nous ne négligeons pas ce côté de l'enseignement pratique indigène ; nous désirons être sur ce point en collaboration très étroite avec les services techniques qui sont autorisés pour donner au service de l'enseignement tous les conseils dont il pourrait avoir besoin.

Voici ce que je puis dire en ce qui concerne les indigènes considérés en eux-mêmes ; mais ce n'est pas notre seule préoccupation ; vous estimez avec raison que la vie indigène doit être considérée dans ses rapports avec la vie européenne.

J'ai bien souvent entendu à Casablanca et ailleurs exprimer le vœu que les industriels français, les commerçants et les agriculteurs puissent trouver dans l'élément indigène une main-d'œuvre méthodique plus souple, leur rendant des services plus productifs que ceux qu'ils peuvent en attendre en ce moment. Là encore, je crois que l'enseignement professionnel peut intervenir et rendre quelques services à la colonisation. C'est dans ce sens, du reste, si j'ai bonne mémoire, que le Comité d'Études Économiques de Casablanca a émis le vœu de voir à Casablanca même s'élever une école d'apprentissage où des jeunes Français, peut-être même de jeunes représentants des colonies étrangères venus à nous, élevés dans nos écoles, pourraient recevoir un enseignement suffisant pour devenir, non seulement de bons ouvriers, mais surtout de bons contre-maîtres et, dans ces mêmes établissements, une section indigène recevrait aussi un certain nombre de jeunes musulmans qui seraient appelés à devenir des ouvriers, adjoints naturels de ces contremaîtres. La question de l'institution d'un semblable établissement à Casablanca est à l'étude et la réalisation en est prochaine. Si nous réussissons à Casablanca à obtenir de bons résultats, nous rechercherons ensuite sur quels autres points du Maroc il sera possible de faire quelque chose sinon de semblable, du moins d'approchant. En attendant, nous faisons une petite expérience de l'éducation élémentaire que nous pouvons donner aux enfants en matière professionnelle.

A Rabat par exemple, en ce moment même, nous sommes en train d'organiser à l'école du Boulevard El Alou deux petits ateliers : l'un pour le bois, l'autre pour le fer. Ce n'est pas l'apprentissage proprement dit, c'est ce que j'appellerai le préapprentissage. Les enfants qui ont 10 à 11 ans sont habitués à l'usage de la lime, de l'établi, et lorsqu'ils sortent de l'école avec leur certificat d'études primaires, ils peuvent alors devenir apprentis.

Et puisque je prononce ce mot d'apprentissage, laissez-moi vous dire très nettement que je ne pense pas, expérience faite, qu'on puisse faire à l'école, sauf dans quelques établissements spéciaux comme celui dont je vous parlais tout à l'heure, de bons apprentis. A mon avis, l'apprentissage doit être fait à l'atelier; il faut donc faire appel aux industries déjà existantes ; il faut qu'il y ait une collaboration étroite entre les chefs d'industrie et nous-mêmes, et il faut que de petits groupes de jeunes gens puissent faire leur apprentissage dans des usines déjà établies. L'organisation pratique de la question reste entre les mains du chef d'industrie, l'organisation théorique entre nos mains. Le chef d'industrie surveille l'évolution de son apprenti au point de vue de la pratique dans le métier, et nous lui donnons, à cet apprenti, tout un ensemble de notions théoriques, qui viennent fort heureusement compléter ce que ce jeune homme a déjà appris dans l'atelier.

C'est pourquoi, si ces formules peuvent trouver ici une réalisation, il faut que nous soyons assurés de votre concours tout entier. Je dois reconnaître qu'à Casablanca, vous nous l'avez fort aimablement offert ; je citerai notamment M. Katz, M. Magnier, M. Andrieux, qui nous ont beaucoup aidés.

Je crois, pour cette organisation, qu'il ne faut pas prendre dès maintenant des décisions générales ; il ne faut commencer à se mettre à l'œuvre que sur des points choisis. Je conçois l'organisation, à côté de toutes les villes où nous avons la possibilité de créer de petites institutions de ce genre, écoles d'apprentissages, etc., de comités qui seraient composés en majeure partie des industriels ou des commerçants de l'endroit, qui seraient en contact constant avec l'Administration et qui lui donneraient tous les conseils que lui suggérerait leur expérience.

En terminant, je voudrais, Messieurs, vous assurer que nous nous sommes bien gardés de n'envisager ces questions d'enseignement spécial qu'au point de vue de l'éducation des jeunes garçons. On néglige trop souvent en effet, en pareille matière, toute une partie de l'enseignement qui doit s'adresser aux fillettes. Je n'hésiterai pas à vous exposer nettement mes sentiments sur ce point. L'enseignement donné d'après les programmes de la Métropole, l'enseignement tel que je l'ai vu fonctionner dans un très grand nombre d'écoles de fillettes, me paraît susceptible de recevoir de nombreux perfectionnements. Sans doute, on a donné à ces fillettes une petite éducation d'ordre intellectuel : mais on ne les a pas suffisamment habituées à des occupations ménagères, on ne les a pas préparées au rôle qu'elles auront à remplir dans la famille. D'accord avec M. le Résident Général, avec tous mes collègues qui sont ici présents, j'ai pensé qu'il fallait donner un coup de barre et remonter ce courant dans les conditions suivantes : réserver dans les études primaires une place très large à l'enseignement ménager, donner à toutes les fillettes qui fréquenteront nos écoles des notions de couture, non pas pour leur apprendre à faire de petites babioles inutiles, mais toute une série d'objets qui peuvent ensuite être utilisés ; leur donner des notions de repassage, de cuisine, en un mot, en faire de petites femmes de ménage, et je peux vous dire que là peut-être plus qu'ailleurs nous sommes arrivés à des résultats appréciables. Si vous avez l'occasion de jeter un coup d'œil sur une de nos écoles de Casablanca, vous verriez que les cuisines établies pour la préparation des aliments destinés aux cantines scolaires sont gérées par une femme de charge, assistée de quatre ou cinq fillettes qui, chaque jour, vont avec cette femme au marché, y discutent leurs achats, reviennent avec la femme de ménage et préparent les aliments qui doivent se consommer à midi.

En ce qui concerne les fillettes musulmanes, tout particulièrement, la question est beaucoup plus délicate ; nous sommes là dans un monde fermé et vous nous permettrez de dire simplement, sans rentrer dans le détail du sujet, que nous avons tenté quelques expériences à Salé, Fez et Rabat, qui ont donné des résultats. Je n'insiste pas.

J'ai voulu vous laisser entendre simplement que les problèmes de l'éducation de la femme musulmane sont aussi l'objet de nos préoccupations. C'est tout ce que je puis me permettre de vous dire sur ce côté de notre enseignement professionnel.

Les indications d'ordre général que je viens de vous donner répondent à vos vœux. J'espère que chaque fois que vous le pourrez, vous voudrez bien nous donner quelques conseils, quelques avis, qui nous aideront à suivre la bonne route.

M. l'Intendant Général Lallier du Coudray. — Est-ce que le programme que vient de vous tracer M. le Chef des Services de l'Enseignement vous donne satisfaction ?

M. Thomas. — M. Loth vient de nous donner l'assurance que des écoles professionnelles vont être établies ; nous serons très heureux de ces résultats, mais si j'ai bien compris les explications de M. le Chef des Services de l'Enseignement, ce serait plutôt à l'élément français actuellement employé dans les usines et ateliers, que serait donné un surcroît d'instruction dans ces écoles professionnelles, probablement suivant le principe de l'école d'Oran qui donne des résultats merveilleux. Mais la question n'est peut-être pas au Maroc tout à fait la même en ce qui concerne le côté pratique en général. Nous aimerions voir former des indigènes, surtout en raison de la cherté de la main-d'œuvre européenne. Nous payons à l'heure actuelle les ouvriers d'art européens : charrons, forgerons, bourreliers, de 11 à 14 francs par jour. Les tailleurs de pierre, 25 francs par jour. Il est évident que l'élément indigène pourrait peut-être nous fournir dans une certaine mesure, après une éducation professionnelle appropriée, une main-d'œuvre moins onéreuse.

Cet enseignement devrait porter sur l'éducation de l'élément indigène : or, il me paraît, d'après l'exposé que vous avez bien voulu nous faire, que l'on s'est plutôt occupé de l'élément européen.

M. Loth. — Je me serais donc mal exprimé ; je crois, comme vous, en effet, que tous, industriels, commerçants ou agriculteurs, avez besoin de l'élément indigène. C'est bien dans ce sens, soyez-en sûrs, que vont mes préoccupations. Mais si j'ai parlé de l'élément européen, j'ai envisagé surtout la question au point de vue Casablancais. Il est urgent de former ici un certain nombre d'ouvriers français, futurs contre-maîtres, mais je n'oublie pas qu'il importe précisément de dresser une main-d'œuvre indigène qui complétera ces cadres européens. Nous sommes donc absolument d'accord. (*Applaudissements.*)

M. Thomas. — Nous vous remercions de ces déclarations.

Cette matière étant épuisée, et personne ne demandant plus la parole, on aborde les questions agricoles et de colonisation, par l'examen de deux rapports du Comité de Rabat.

Enseignement agricole.

M. Bernaudat donne lecture de son rapport, et de celui de M. Croizeau, absent.

M. Malet, Directeur de l'Agriculture, du Commerce et de la Colonisation, tient d'abord à confirmer son entière adhésion aux considérations développées par M. Loth en matière d'enseignement agricole. En ce qui concerne plus spécialement l'élément rural de la population, qui est le nombre au Maroc, il convient d'éviter de faire des déclassés en quête de situations subalternes dans l'Administration. A cette fin, l'enseignement primaire des écoles du bled doit revêtir un caractère essentiellement pratique et s'attacher à développer dans les milieux indigènes le désir d'améliorer les conditions d'existence par un travail mieux approprié aux ressources naturelles des différentes régions. C'est pour cela que, par des exercices de leçons de choses méthodiquement gradués et judicieusement choisis, l'instituteur a le devoir d'éveiller chez l'enfant la vocation de la carrière agricole, l'aptitude au travail manuel et le sens d'observation ; il doit emprunter les sujets des leçons et des devoirs à la nature même, aux affaires de la vie courante et donner à son enseignement une portée concrète par l'installation d'un petit jardin scolaire. Dans la suite, les élèves qui, à l'âge de 11 ou 12 ans, manifesteront de réelles aptitudes professionnelles, seront admis en qualité d'apprentis dans les jardins d'essais et les fermes d'expériences, et l'Administration s'emploiera même à confier quelques-uns d'entre eux aux exploitations agricoles européennes qui seront à même de les recevoir et d'assurer leur apprentissage sous le contrôle de techniciens de la Direction de l'Agriculture. C'est ainsi qu'on arrivera le plus sûrement à former d'excellents ouvriers et voire même des moniteurs et des contremaitres. Pour l'instant, il ne semble pas justifié d'aller au delà, et d'envisager la création d'établissements d'enseignement technique, tels que fermes-écoles ou écoles pratiques d'agriculture, dont le recrutement suppose l'évolution préalable de la société indigène.

Abordant l'examen des questions qui se rattachent plus spécialement à la colonisation, M. Malet s'associe volontiers aux conclusions des rapports de MM. Bernaudat et Croizeau, tendant à faciliter l'installation d'agriculteurs français au Maroc occidental. Il est heureux également de souligner l'adhésion de la Chambre d'Agriculture du Gharb, par l'organe de M. Cuinet, à la politique dite « d'association », qui s'adapte particulièrement bien à la formule du Protectorat et qui doit solidariser, par la collaboration des efforts et des intérêts, l'élément européen et l'élément indigène, tous deux également attachés au développement économique du pays. Cette conception, admise par tous ici, est exclusive de tout projet de refoulement des indigènes ou de spoliation de biens leur appartenant soit à titre privé, soit à titre collectif; mais elle n'est pas inconciliable, ainsi qu'il sera précisé plus loin, avec la possibilité de faciliter ou d'assurer la création d'exploitations françaises dont la réussite est désirable et utile à beaucoup d'égards.

Le colon doit être l'éducateur et le bienfaiteur de l'indigène marocain que ses qualités natives d'observation et de souplesse prédisposent à devenir un bon ouvrier agricole ou un fellah progressiste, suivant sa situation sociale. Et ce rôle, dont l'expérience des colonies voisines a déjà révélé toute l'efficacité, ne saurait manquer d'être apprécié et secondé par les pouvoirs publics. Au surplus, la colonie agricole a reçu, à maintes reprises, des témoignages de la sollicitude de la Résidence générale et le programme de grands travaux publics, qui a été précédemment exposé, est une nouvelle garantie d'expansion et de protection économique dont elle bénéficiera dans une très grande mesure. Ces considérations générales étant développées, M. Malet observe qu'on ne saurait être surpris de constater que l'Administration ne s'est pas encore engagée dans la voie de la création de centres de colonisation, qui a pour objet de fixer dans le pays des agriculteurs de métier, pour la plupart de condition modeste et, par cela même, appelés à tirer leurs revenus de la culture directe. Celle-ci, en effet, ne saurait trouver de chances de réussite suffisantes avant la création de l'outillage économique et surtout avant l'ouverture de routes de grande communication et l'aménagement de chemins d'intérêt régional qui diminueront très sensiblement, dans un avenir prochain, les frais de transport des matériaux, de l'outillage et des récoltes et desserviront les centres ruraux dans des conditions favorables aux exploitations agricoles.

En outre, la mise en application d'un système de colonisation comporte inévitablement la création de lotissements si, comme la colonie française en exprime le désir, la question de peuplement doit être tenue pour essentielle. Or, cette conception suppose dès l'abord l'existence d'un patrimoine domanial nettement délimité et purgé des revendications et des charges qui sont si fréquentes en pays arabe, et dont le domaine privé de l'État n'est pas plus exempt — bien au contraire — que les propriétés particulières, dont les difficultés d'acquisition sont connues de tous. La reconnaissance de ces biens makhzen est poursuivie avec activité par le Service des Domaines de la Résidence générale et l'immatriculation en sera également réalisée avec toute la célérité désirable. En attendant, les terres domaniales de culture font l'objet de locations annuelles pour les terres non irrigables et de locations bisannuelles pour les terres irrigables. Sans doute, ce mode d'exploitation est inconciliable avec toute entreprise d'avenir, l'adjudicataire n'ayant pas la possibilité d'amortir en un ou deux ans les dépenses que comporteraient des améliorations foncières; à ce point de vue, la location à long terme serait une solution préférable, mais M. Malet — d'accord en cela avec M. Croizeau — considère qu'il y a mieux à faire encore et qu'il convient d'utiliser celles de ces terres qui présenteront les aptitudes voulues à la constitution de centres ruraux dont les parcelles seront vendues avec facilités de paiement et sous condition de mise en valeur, suivant des modalités qu'il sera facile de déterminer. Pour différentes considérations, le mode d'aliénation par concession gratuite est dès maintenant écarté.

D'une façon générale, et sous réserve de certains cas d'espèce, il semble que trois formules sont susceptibles d'être envisagées en matière de création de lotissements domaniaux se prêtant à la culture :

1° Autour des grandes villes, en vue du ravitaillement des marchés urbains, les lotissements auraient pour objet la constitution de lots de culture maraîchère d'une surface variant de 2 à 6 hectares, suivant la situation et la qualité du sol. Un projet de cette nature est envisagé pour la ville de Kenitra;

2° Aux environs des futures gares et des marchés ruraux, les lots seraient d'une superficie plus grande, de 10 à 15 hectares par exemple, et ils se prêteraient par suite à la création de vergers et d'industries accessoires de la ferme (aviculture, apiculture, etc.);

3° Dans le bled, et autant que possible au voisinage des

réseaux de routes et de voies ferrées qui sont projetés, il serait constitué des groupes de fermes de 100 à 150 hectares chacune, qui répondraient aux besoins d'une exploitation ordinaire. Le Directeur de l'Agriculture ne croit pas s'avancer beaucoup en indiquant qu'il entre dans les projets de l'Administration de procéder, dès la fin des hostilités, à la création d'un groupe de cette catégorie dans la région de Sidi Kacem des Cherarda, au voisinage du centre urbain en création qui sera prochainement desservi par une route le reliant à la côte, et plus tard par la voie ferrée de Kenitra-Meknès-Fez. Pour l'ouverture des chemins de desserte intérieure des centres de colonisation, pour l'exécution des travaux d'adduction et d'édilité, pour la construction des premiers bâtiments publics, une dotation spéciale d'un million de francs a été prévue dans les propositions de l'emprunt complémentaire.

Ainsi, un intéressant programme de colonisation peut être amorcé dans un avenir assez prochain. Une décision récente de M. le Résident général a précisé que, désormais, les propriétés makhzen de culture, dont la situation juridique aura été apurée et qui, après enquête, seront reconnues susceptibles de se prêter à la création de centres ruraux, seront remises par le Service des Domaines à la Direction de l'Agriculture qui procédera à leur utilisation en vue de leur vente ou de leur location, suivant les cas. Autant qu'il soit possible, en ce moment, de fournir une indication, l'importance des terres de culture du domaine privé de l'État ne paraît pas devoir excéder 100.000 hectares, et encore faut-il noter que cette évaluation comprend des propriétés situées dans les circonscriptions, comme le Haouz de Marrakech et le Tadla, où, pour des considérations de politique indigène, l'installation de centres sera de quelque temps inopportune. Au surplus, encore faut-il tenir compte, en déduction, des surfaces nécessitées par les lotissements que l'Administration a le devoir et le projet de créer au profit d'agriculteurs arabes, en vue d'améliorer leur condition d'existence. Il est vrai que de ces deux causes de diminution du patrimoine de l'État immédiatement utilisable pour les besoins de la colonisation, il faut rapprocher — comme augmentation — le contingent des terres qui résulteront des déclassements opérés par le domaine forestier et des opérations de régularisation sur les terres guich.

L'aliénation, dans les conditions qui viennent d'être indiquées, des terres de colonisation, se traduira par l'encaissement d'annuités de vente qui seront reprises à un compte spécial et formeront un fonds de roulement appelé à faire face à des achats d'enclaves et même de propriétés particulières ; ce fonds de remploi se reconstituera automatiquement par le jeu des opérations de lotissement.

Telle paraît devoir être l'intervention de l'État. A côté d'elle, il faut signaler l'action de l'Administration des Habous qui s'exerce dans le même sens. Cette Administration procède, en effet, par la voie de l'adjudication publique à la location à long terme de ses immeubles ruraux qui, sous condition d'exécution de certains travaux d'amélioration foncière, peuvent rester à la disposition des preneurs pendant trois périodes décennales consécutives. En ce cas, la durée des baux est de nature à permettre la récupération, par amortissement, des dépenses de premier établissement et la rémunération des capitaux engagés par le colon.

La grande colonisation agricole, qui est l'œuvre de sociétés financières ou de capitalistes, est également digne de la sollicitude des pouvoirs publics ; mais cette sollicitude ne saurait se manifester par l'extension des mesures d'assistance qui viennent d'être précisées et dont le bénéfice entraînera d'ailleurs des obligations d'installation et de mise en valeur immédiate beaucoup plus compatibles avec la colonisation familiale. Le concours prêté à la grande propriété se manifestera par la création de l'outillage économique, par l'exécution de recherches expérimentales qui éviteront aux agriculteurs des mécomptes et des essais dispendieux, par l'organisation, à l'heure opportune, des institutions de mutualité et de crédit agricole, etc., etc.

Enfin, pour compléter son exposé et répondre à la question relative à l'utilisation des terres collectives de tribu, M. Malet déclare être le porte-parole de M. Gaillard, absent de la séance, en indiquant que ces terres sont et doivent rester inaliénables, mais que le Secrétariat général chérifien étudiera la possibilité d'autoriser les tribus à consentir leur location, en certains cas, pour une période de trois ans. Une solution en ce sens ne manquerait certainement pas d'intéresser les colons dont les installations sont à proximité de ces terres et de faciliter, entre eux et les indigènes, des opérations d'association pour la culture et pour l'élevage. (*Applaudissements.*)

M. Bernaudat. — Je remercie M. le Directeur de l'Agriculture, du Commerce et de la Colonisation d'avoir donné des explications qui répondent si bien à tous les vœux et aux aspirations de tous les colons du Maroc. (*Vifs applaudissements.*)

M. l'Intendant général Lallier du Coudray donne lecture du rapport du Comité de Saffi demandant la création de pépinières.

M. Malet. — Nous avons déjà créé trois jardins d'essais à Rabat, Meknès et Marrakech auxquels sont annexées des pépinières. Si l'occasion s'en présente, nous en créerons de nouveaux dans d'autres centres ; Mazagan, notamment, recevra prochainement satisfaction, car nous créons entre cette ville et Azemmour une ferme d'expériences qui comportera la création de pépinières, d'arbres fruitiers et de boisement. Le jardin d'essais de Rabat sera en mesure de livrer, dès la prochaine campagne agricole, 12.000 plants d'essences fruitières et de boisement.

Je demande aux représentants de Saffi de ne pas insister actuellement pour avoir une création de ce genre en raison des difficultés de recrutement du personnel technique ; aussi bien, les colons de Saffi peuvent-ils adresser leurs demandes d'arbres au jardin d'essais de Rabat.

M. Chanson. — Nous demanderions, pour notre part, qu'il nous fût envoyé des appareils de sondage, et que soit constituée à Saffi une Chambre d'Agriculture.

M. Malet. — Il ne faut pas, je crois, établir un parallélisme étroit entre les Chambres d'Agriculture et les Chambres de Commerce ; les deux organismes doivent être fusionnés en un seul, à la manière des Chambres mixtes d'agriculture, de commerce et d'industrie de Sfax et de Sousse, en Tunisie, tout autant que les intérêts professionnels ne sont pas nettement différenciés, comme cela se produit à l'heure actuelle dans les Doukkala et les Abda, où les colons sont à la fois agriculteurs et commerçants. Quoi qu'il en soit, pour l'avenir, il semble qu'il serait indiqué de prévoir une Chambre de Commerce dans chaque port important et seulement trois

Chambres d'Agriculture pour les trois grandes régions du Nord, du Centre et du Sud. La première de ces régions a déjà sa représentation agricole par la Chambre d'Agriculture du Gharb et des Beni-Ahsen et le moment est peut-être venu de doter la Chaouïa d'un organisme analogue ; à l'heure opportune, on étudiera la même question pour le Sud.

M. CHANSON. — A côté de la Chambre d'Agriculture, il y a la Chambre de Commerce ; nous n'avons ni l'une ni l'autre ; nous n'avons pas de Chambres à Saffi, c'est la seule ville qui n'en ait pas.

M. MALET. — Vous recevriez satisfaction si on créait à Saffi une Chambre mixte dont je viens de parler. Nous prenons note de votre vœu sur ce point.

M. ALLOUCHE. — Nous demanderions que, pendant la guerre, le Maroc soit traité sur le même pied que l'Algérie et la Tunisie et que nous bénéficions du même régime en ce qui concerne les droits de douane sur les blés.

M. l'Intendant général LALLIER DU COUDRAY. — Je vais soumettre vos desiderata au Gouvernement français, mais je ne puis pas répondre de l'accueil qui leur sera fait. La seule chose que je puisse vous promettre, c'est de nous y associer de tout cœur.

M. ALLOUCHE. — Dans le vœu de Saffi, au sujet des exportations, nous avons émis un désir : celui de bénéficier du régime de l'Algérie et de la Tunisie.

M. DE TARDE. — Il semble, en effet, logique que pendant l'état de guerre, le Maroc soit considéré comme territoire français.

On a admis en France le principe que le Maroc doit être traité au point de vue des exportations, comme territoire français, et nous ne manquerons pas de demander au Gouvernement d'admettre en franchise certains de nos produits naturels.

M. l'Intendant général LALLIER DU COUDRAY. — J'ai bataillé pendant plus de trente ans pour que les produits coloniaux puissent entrer en franchise dans la Métropole, bien entendu en ce qui concerne les produits provenant des colonies, auxquelles le Gouvernement imposait l'application du tarif général des douanes métropolitaines. L'équité commandait qu'il y eût réciprocité. C'est seulement tout récemment qu'il nous a été donné satisfaction.

M. Allouche. — Dans un autre ordre d'idées, nous demanderions quelques appareils de sondage.

M. Malet. — Si l'on crée une Chambre mixte, je ne vois pas d'inconvénient à ce que cette Chambre soit dépositaire d'un ou deux appareils de sondage, qui seront prêtés dans des conditions déterminées.

M. l'Intendant général Lallier du Coudray donne ensuite lecture du rapport du Comité de Saffi sur la question des poids et mesures et des fraudes.

M. Malet. — Messieurs, dans l'intérêt du commerce, l'Administration est aussi désireuse que quiconque de réaliser l'unification des poids et mesures et de généraliser l'usage du système métrique décimal ; mais c'est encore là une question d'opportunité et il est permis de se demander si les milieux indigènes sont préparés à cette innovation. Je crois savoir que dans la région de Marrakech, en particulier, les tentatives de la municipalité ont donné des résultats peu satisfaisants.

M. le colonel de Lamothe. — Nous avons déjà essayé, en effet, mais il faudrait vérifier très souvent les poids et mesures en usage.

M. Malet. — C'est bien là, en effet, la difficulté. L'emploi de balances et de bascules comporte nécessairement, au bout d'un certain temps, la vérification de la sensibilité et de la justesse des appareils. Rien ne servirait d'imposer l'usage des poids légaux si ceux-ci devaient être employés avec une balance fausse, car la tromperie sur la quantité de la marchandise vendue n'en subsisterait pas moins. Il est donc indispensable de créer un service de vérification et d'imposer le poinçonnage périodique. Nous pourrions établir un texte organique et l'appliquer aux différentes régions au fur et à mesure que celles-ci se révèleraient préparées à l'adoption du système métrique décimal et à la vérification qu'elle entraîne.

M. de Tarde. — Des règlements locaux ont déjà établi des tableaux d'équivalence.

Mais il y aurait peut-être lieu de faire un texte organique, très souple, applicable dans chaque région par Arrêté Viziriel. Plusieurs régions, et celle de Rabat est dans ce cas, avaient demandé l'institution progressive du système métrique.

M. l'Intendant général Lallier du Coudray. — Mais Salé et Rabat ont fait des réserves.

M. Malet. — La ville de Casablanca a créé un poids public et c'est avec empressement que l'Administration centrale a facilité la réalisation de cette heureuse initiative.

M. Bernaudat. — Nous avons demandé qu'il soit mis dans les villes de l'intérieur, pour habituer les indigènes, des bascules qui serviraient à volonté au gré du vendeur ou de l'acheteur.

M. Malet. — Elles seraient faussées au bout de six mois d'usage. Il est préférable, en ce moment, de vulgariser l'emploi des mesures dont les causes d'altération sont moins fréquentes.

M. Bernaudat. — Si on les mettait sous la surveillance des colons, ils s'en chargeraient très volontiers à tour de rôle.

M. de Tarde. — La première mesure que nous pourrions peut-être prendre serait d'adopter le principe du système métrique par un Dahir, et d'interdire l'entrée au Maroc des mesures qui ne sont pas du système métrique.

M. de Sorbier. — Il ne serait pas judicieux de rendre les mesures métriques obligatoires, il suffirait de les reconnaître officiellement, et elles s'imposeront ici, comme ailleurs, par l'usage.

D'ailleurs, je crois qu'en dehors des mesures indigènes, il n'existe guère au Maroc d'autres mesures que celles du système métrique, sauf pour certains articles d'importation.

M. René-Leclerc. — Il y a les poids et mesures anglais, pour les tissus par exemple.

M. Thomas. — Il y a un fait très piquant : une manufacture française vendant les produits fabriqués en France à une maison française du Maroc établit les poids en livres anglaises, de telle sorte que, lorsque l'acheteur croit acheter un produit français mesuré en métrique, il achète une marchandise dont le poids est de 10 % moins élevé.

M. Allouche. — Dans les Doukkala et les Abda, on a introduit l'emploi du double décalitre, et les indigènes s'en servent volontiers, mais ils emploient cette mesure en négligeant de l'araser. Nous demandons que les indigènes soient incités à éviter d'en revenir à leur usage du chapeau dans l'emploi des mesures métriques.

M. l'Intendant Général Lallier du Coudray. — Il sera pris note de vos désirs. Nous passons maintenant à la question des fraudes.

M. Malet. — Messieurs, les relevés des analyses effectuées par le Laboratoire Officiel de Chimie démontrent qu'à l'importation 7 °/₀ des produits alimentaires sont fraudés et qu'à l'intérieur du territoire ce taux s'élève à 28 °/₀. La fraude est donc surtout le fait de certains commerçants et négociants du pays même dont il faut réprimer avec énergie les dangereuses pratiques.

La législation marocaine sur la répression des fraudes se propose d'assurer dans la vente des denrées alimentaires la loyauté des transactions et de sauvegarder les intérêts du consommateur et cette surveillance peut parfaitement s'exercer sans porter préjudice aux opérations du commerce loyal. Dans ce but, les formalités sont simpliiées dans toute la mesure du possible et les analyses exécutées avec toute la célérité désirable. Par exemple, à l'importation, le Service de la Douane prélève des échantillons qui sont adressés au Laboratoire et dont les résultats d'analyse sont transmis télégraphiquement. Deux cas se présentent : ou le produit est normal et il est immédiatement dédouané et remis à son destinataire, ou le produit est suspect et il donne lieu à de nouveaux prélèvements par un officier de police juciciaire, le commissaire de police en général, et suivant les dispositions des Dahirs ou Arrêtés en vigueur. La nouvelle analyse, plus complète que la première, permet de formuler une opinion définitive. Le chimiste opère en toute impartialité car il ignore les noms des propriétaires des denrées ou produits qu'il examine.

M. Gauvry, Directeur du Laboratoire Officiel de Chimie. — Le délai d'analyse est réduit au minimum ; sauf pour les cas de produits suspects, il ne dépasse jamais trois ou quatre jours entre le moment où l'échantillon est parvenu de Saffi, par exemple, et celui où le télégramme transmet le résultat de la première analyse de triage. Pour Rabat, au bout de 48 heures, le résultat est connu.

M. Malet. — La pratique nous révèle tous les jours des améliorations au fonctionnement de ce Service, et nous prenons des dispositions en conséquence. Exemple : pour les produits de marques connues et déposées qui présentent toutes garanties de loyauté, nous supprimons les prélèvements d'échantillons à l'importation, mais nous continuons à exercer notre surveillance sur ces mêmes produits au moment de leur mise à la consommation chez le débitant.

M. Chanson. — Il y a un Dahir qui prévoit une répression des fraudes introduites par les indigènes dans les produits marocains, sur les laines, les cumins, etc., malheureusement, il est difficile de réprimer complètement les falsifications. A Marrakech, par exemple, nous demandons qu'après les hostilités on procède comme en Algérie, où j'ai vu, sur le marché, saisir des laines et les brûler. Nous demandons que l'on prenne note de ce vœu tout au moins pour plus tard.

M. le Colonel de Lamothe. — La question s'est posée à Marrakech ; il a été établi que lorsqu'un commerçant avait à se plaindre, il devait s'adresser aux Services Municipaux ; malheureusement, nous ne savons les fraudes qui se produisent que trop longtemps après, à un moment où il nous est impossible de les réprimer.

Nous avons demandé au Comité des Études Économiques que les colons nous signalent ces fraudes immédiatement ; qu'ils prévoient ces fraudes et qu'ils imposent aux gens avec lesquels ils font des affaires de préciser les conditions de toutes natures dans lesquelles la marchandise doit leur être livrée.

Nous avons un exemple concluant : celui des achats faits par l'Intendance militaire ; elle impose aux vendeurs des conditions parfois draconiennes auxquelles les indigènes se soumettent sans aucune difficulté.

Je dis et je répète ce qui a été dit au Comité des Études Économiques : nous sommes tous prêts à donner toute l'aide possible, à une condition, c'est qu'on nous prévienne assez tôt.

M. Chanson. — Quand nous achetons aux indigènes de votre place, nous n'acceptons que des marchandises pures, mais à Mazagan, l'indigène vend à d'autres intermédiaires et le négociant indigène peut se trouver lui-même possesseur des marchandises fraudées. La répression des fraudes devrait s'exercer à l'entrée en ville des marchandises, et l'indigène n'apporterait plus de marchandises fraudées ; c'est, en somme, une éducation de l'indigène à faire.

M. de Tarde. — Ce qu'on appelle fraude, c'est l'intention frauduleuse d'un commerçant qui dissimule la qualité véritable d'un objet et le donne pour un autre. Dans le cas que nous cite M. Chanson, on se trouve en présence d'une marchandise que tout le monde connaît. On l'achète ou on ne l'achète pas ; on peut supposer que l'acheteur précisément a fait entrer dans l'évaluation de son prix l'impureté de la marchandise. La limitation des fraudes doit porter sur un autre point.

M. MALET. — En effet, il est bien difficile d'intervenir quand il ne s'agit pas de vice caché, de fraude occulte, comme c'est le cas des céréales, des laines dont on peut apprécier apparemment le degré de pureté et de qualité.

C'est l'éducation du commerce indigène qu'il faut faire par l'intermédiaire des autorités régionales et en faisant subir des réfactions de prix aux marchandises fraudées.

M. CHANSON. — Il est évident que lorsque nous passons des contrats avec les indigènes de la place, nous stipulons le refus des marchandises impures ; mais l'indigène de l'intérieur vend à d'autres indigènes ; le négociant indigène qui tient sa marchandise frelatée de seconde main ne pourra pas la vendre ; il faudrait donc que cette répression des fraudes soit faite comme en Algérie, où l'on saisit les marchandises impures.

M. DE TARDE. — Il est pratiquement impossible de déterminer dans une loi à partir de quelle proportion commence l'impureté d'un produit. Il semble préférable d'attendre que la probité commerciale des indigènes soit éduquée par ses rapports constants avec l'européen.

(*Arrivée du Résident Général.*)

M. GUERNIER. — Je crois que cette question se rattache à celle des peseurs jurés. J'admets très bien qu'à l'heure actuelle il soit difficile de créer cet organisme, mais nous pensons qu'il y a peut-être lieu d'attirer votre attention sur les fraudes pour les raisons suivantes : le commerce d'exportation du Maroc, en particulier sur Marseille, a pâti pendant longtemps d'une assez mauvaise réputation parce qu'il y avait imprécision d'abord sur la quantité de la marchandise et ensuite sur la qualité.

Il y a une deuxième raison : c'est que le commerçant qui a une marchandise exportable se trouve gêné par ces deux imprécisions qualificatives et quantitatives, ayant sa traite documentaire en banque.

La création des peseurs jurés s'impose ; il serait nécessaire de prendre les mesures propres à assurer l'organisation de ce Service dans le plus bref délai possible.

M. l'Intendant Général LALLIER DU COUDRAY. — Nous allons aborder maintenant la création des musées commerciaux.

M. DE TARDE. — C'est une question sur laquelle nous voudrions votre opinion ; c'est le prolongement, en somme, de l'Exposition. L'œuvre de l'Exposition a besoin d'être perpétuée et rendue durable.

Le but de l'Administration est de susciter, guider, coordonner l'initiative privée sans laquelle il est impossible d'accomplir quoi que ce soit.

Nous avons à la Résidence Générale le Service Économique qui a groupé une documentation extrêmement sérieuse et abondante. Seulement, il reste à organiser l'*action commerciale*. En France, il existe un organisme qui sera naturellement le centre de la propagande commerciale du Maroc : c'est l'Office du Gouvernement Chérifien, sous la direction de M. Terrier. Dans chaque région du Maroc — je vous expose ici le programme très général du Protectorat — nous avons prévu l'organisation d'un musée économique, qui, déjà, est amorcé à Casablanca et à Rabat. Ces musées comprendront des échantillons des produits d'importation et d'exportation de chaque région. Ils ne devront pas être conçus, à mon avis, comme des musées d'art dans lesquels on va se promener pour passer son temps, mais comme des *magasins à entrée libre*, destinés à aguicher l'indigène, qui verra les produits d'importation qui l'intéressent, et, en même temps, à éclairer les commerçants français qui viendraient visiter le Maroc, sur les produits d'exportation de chaque région. C'est là, si je puis dire, la *propagande sur place*.

M. le RÉSIDENT GÉNÉRAL. — Ces musées, et particulièrement celui de Casablanca, seront un peu des offices commerciaux, ils devront être en quelque sorte les antichambres du Maroc commercial. Le commerçant devra y trouver en débarquant tous les renseignements utiles.

M. DE TARDE. — Le musée de Casablanca sera en même temps un Office de placement pour canaliser l'immigration, car il est à prévoir qu'après la guerre, nous recevrons le même contingent d'immigrés qu'auparavant : il sera donc intéressant d'avoir un Office de placement centralisant les besoins et les disponibilités de main-d'œuvre.

M. le Résident Général. — Ce devra être un Office de renseignements dans toute l'acception du mot, de façon, par exemple, qu'une personne arrivant ici sache où trouver son logement. J'ai demandé à ces Messieurs de faire ce projet le plus rapidement possible. Je voudrais que nous le commencions tout de suite de manière à ce qu'il fonctionne au plus vite.

M. de Tarde. — Ce musée commercial sera un lieu de documentation par l'image concrète ; mais il faut compléter cette œuvre par le travail actif d'un agent qui soit le porte-parole de la région auprès de nous et auprès du commerce français et qui, en même temps, centralise tous les renseignements et signale les imperfections auxquelles nous pourrions remédier. Ce serait comme le commis-voyageur de la région.

Cette organisation ne peut être établie qu'en collaboration étroite avec les Chambres de commerce. Les musées régionaux pourraient être confiés à un Comité de direction composé de membres de la Chambre de commerce, avec un agent de l'administration, le même dont nous parlions plus haut et qui pourrait être en même temps secrétaire de cette Chambre.

Je crois qu'il serait utile que les Comités régionaux réfléchissent à ce programme et nous fassent connaître leur manière de voir en la matière.

M. Chanson. — M. de Tarde vient de nous expliquer avec beaucoup de précision de quelle façon il entendait installer à Casablanca un musée économique. Vous me permettrez d'émettre un avis : Ne serait-il pas possible, par exemple, de déposer à l'Office Chérifien à Paris, un double exact des musées économiques de chaque région du Maroc, Rabat, Casablanca, Saffi, etc. ? Les échantillons qui se trouveraient à la fois dans les musées régionaux et dans le musée de l'Office Chérifien porteraient un numéro correspondant, de telle sorte qu'un négociant qui se présenterait au musée de Paris et verrait un échantillon n° 36, par exemple, pourrait écrire à ses correspondants du Maroc de lui adresser des marchandises correspondantes à l'échantillon n° 36 de Rabat, par exemple. Le correspondant de Rabat irait voir au musée l'échantillon n° 36, et pourrait satisfaire immédiatement l'importateur métropolitain. On éviterait ainsi bien des retards, des frais de poste et des complications.

M. DE TARDE. — Il faut, en effet, que l'Office Chérifien à Paris soit le double des musées régionaux : l'idée de l'Exposition, vous le savez, est née d'abord sous la forme d'un musée régional. Le Contrôle de la Dette avait fait, à cette époque, un rapport complété par un échantillonnage des produits d'importation et d'exportation au Maroc. Le rapport et l'échantillonnage devaient rester ici et un duplicata du tout devait être envoyé à Paris ; mais nous n'avions pas songé au parallélisme des numéros ; cette proposition est très intéressante.

M. le Capitaine COMBARNOUS. — Les membres du Comité des Études Économiques de Rabat me chargent de vous dire ce qui a été fait dans l'ordre d'idées développé en ce moment au point de vue de la création des musées commerciaux. Il y a déjà plus de six mois que nous eûmes l'idée, à Rabat, de la création d'un musée commercial. 1.500 lettres environ furent envoyées dans ce but aux différents négociants de France, pour leur demander un échantillonnage.

Sur ces 1.500 lettres, nous reçûmes à peu près un millier de réponses. Sur ces mille réponses, plus de la moitié furent favorables à nos propositions. Nous avions joint à notre lettre un questionnaire demandant à chacun des industriels français le détail exact des produits qu'il fabriquait, leurs prix, et surtout, chose très importante, les conditions de vente qu'il appliquait. Notre questionnaire comportait, en outre, une question dans laquelle nous demandions s'il désirait trouver des Agents au Maroc. Nous reçûmes environ 500 réponses favorables, représentant largement les éléments d'un musée commercial très important.

Seulement, sur les 500 industriels qui nous avaient répondu, environ 300 nous disaient qu'étant donné l'état de guerre, leur usine ne marchait pas, et qu'ils ne pouvaient pas, momentanément, nous envoyer d'échantillons. Bref, 200 industriels français furent en mesure de nous envoyer soit des échantillons, soit des catalogues.

Sur ces entrefaites, l'idée de l'Exposition franco-marocaine à Casablanca prit corps. Nous envoyâmes alors une lettre à chacun de nos adhérents, que je vous demande la permission de vous lire parce qu'elle résumera la question. (*Lecture de la lettre, datée de fin mai.*)

L'envoi de cette nouvelle circulaire donna lieu à une cinquantaine de réponses favorables, parmi lesquelles trois nous parvenaient de Chambres de commerce qui, à elles seules, centralisaient un grand nombre d'adhérents.

Donc, sitôt l'Exposition terminée, Rabat pourra dans un délai restreint avoir son musée commercial qui sera composé de tous les renseignements dont les acheteurs pourront avoir besoin : échantillons, prix, conditions de vente, etc.

Ce travail fait, et qui sera très vite terminé, pourra servir aux autres musées régionaux, non seulement par les renseignements que nous pourrons donner, mais même au besoin par la cession de ceux de nos échantillons qu'il nous sera possible de partager.

M. DE TARDE. — M. le Capitaine Combarnous vient de nous exposer l'initiative, très louable en soi, qu'a prise la Municipalité de Rabat. Qu'il me permette de le lui dire, il faut que chacun des musées prenne l'initiative des mesures qui intéressent sa région, c'est entendu, mais il faut qu'il nous tienne au courant, qu'il nous avertisse, qu'il nous signale les campagnes qu'il peut faire ; dans le cas contraire, il risquerait de se produire une dispersion d'efforts extrêmement fâcheuse au point de vue du résultat lui-même. C'est ce qui s'est passé pour la campagne des lettres dont parle M. le Capitaine Combarnous : M. Terrier a reçu des lettres de commerçants lui demandant ce que signifiaient les lettres de Rabat leur parvenant en même temps que celles de l'Office Chérifien et lui demandant « à laquelle faut-il répondre ; nous ne savons pas ? » Il s'agit donc de discipliner l'initiative privée et de coordonner des efforts qui, isolés ou divergents, resteraient stériles. Ainsi, dans le cas dont nous parle M. le Capitaine Combarnous, il eût été utile de nous mettre au courant, afin que nous puissions écrire à Paris : « Faites attention, voilà ce qui a été fait. »

M. COMBARNOUS. — Nous avons bien avisé la Résidence de nos démarches.

M. DE TARDE. — Oui, mais trop tard.

M. DE SORBIER. — Dans cet ordre d'idées, M. de Tarde a

touché un côté très important de la question : il ne s'agit pas seulement, en effet, en vue d'exporter nos produits marocains, de constituer des échantillonnages de ces produits d'exportation, il faut aussi faire venir des échantillons de produits français au Maroc, de façon à en augmenter la vente. Or, vous n'obtiendrez pas des collections d'échantillons complètes à la fois pour Rabat, Mazagan et Saffi, si chacune de ces villes les demande individuellement.

Elles s'adresseront, en effet, forcément aux mêmes négociants ou producteurs de France, et ceux-ci finiront par ne plus savoir à qui répondre de préférence et s'abstiendront.

Il vaut mieux que M. Terrier ou le Protectorat centralise ces échantillons et les disperse ensuite au mieux des besoins entre les différents musées commerciaux du Maroc.

M. THOMAS. — La propagande peut se faire de deux façons différentes, d'abord par nos musées régionaux et par un musée commercial à Paris qui serait leur synthèse, mais il est aussi nécessaire qu'on en fasse également par la diffusion de brochures. En effet, un négociant de Nancy, Dijon ou ailleurs, n'a pas toujours sous les yeux le musée commercial de Paris. Or, il a été justement fait dans ce sens un travail remarquable dû au Contrôle de la Dette, et je voudrais confirmer ici un vœu que j'ai émis à Rabat : Ce travail est déposé dans certaines Chambres de commerce à Alger et en France, et les journaux ont annoncé que les négociants pourraient se rendre à la Chambre de commerce pour en prendre connaissance.

Ce n'est pas un bon moyen, car les intéressés consentiront difficilement à effectuer de longs et coûteux déplacements dans le but de prendre connaissance d'un ouvrage pour si documenté qu'il soit. Il faudrait que l'intérêt que les commerçants portent à ces questions soit stimulé. J'avais demandé, dans cet esprit, qu'on fasse des extraits de ces travaux et qu'on répande des brochures de propagande, dans la mesure du possible.

M. DE TARDE. — Le rapport du Contrôle de la Dette a été tiré à 3.000 exemplaires.

M. KATZ. — L'idée de l'organisation de musées commerciaux est très intéressante. Ces organes seront propres à mettre le producteur en face du consommateur ; ne croyez-vous pas que nous pourrions essayer d'adopter le même système que les Allemands, en créant ici des foires annuelles d'échantillons comme celle de Leipzig, ou des foires régionales tous les six mois ? Une publicité adroite en France inciterait le consommateur à se déplacer et à venir trouver le producteur et à discuter avec lui leurs affaires communes dans ces jours périodiques. Le client pourrait demander également au producteur tous les éléments dont il pourrait avoir besoin et je crois qu'on pourrait arriver ainsi à de très bons résultats.

Le musée est très intéressant en soi, mais il faut que surtout le fournisseur voie le client et que le client voie le fournisseur.

M. DE TARDE. — Je crois que ce très intéressant projet que vous nous proposez est possible à réaliser ; mais il demande mûre réflexion.

M. le RÉSIDENT GÉNÉRAL. — L'idée est très répandue : c'était déjà celle de MM. Terrier et Lichtenberger ; il est alors absolument nécessaire de la mettre sur pied dès que possible.

M. BERNAUDAT. — Pour la propagande par le moyen de brochures, il serait nécessaire de faire ce que faisaient les Allemands : faire imprimer ces brochures, d'une part en espagnol parce que la langue espagnole est très répandue au Maroc, même dans le Protectorat, tant dans l'élément espagnol que parmi les israélites, d'autre part en arabe pour ceux qui savent lire leur langue.

M. le RÉSIDENT GÉNÉRAL. — Nous l'avons fait pour la propagande agricole ; il faut que la propagande commerciale soit faite aussi en plusieurs langues, et il faut surtout qu'il sorte de cette discussion l'organisation, à la Résidence Générale, d'une agence de propagande commerciale, agricole et de colonisation ; il faudra qu'un fonctionnaire en soit chargé, et qu'il ne s'occupe que de cela, de manière à ce que nous prenions très sérieusement en mains l'organisation matérielle active de cette propagande.

M. l'Intendant Général LALLIER DU COUDRAY. — Messieurs, nous allons aborder maintenant la question de la cherté de la vie au Maroc.

M. GUERNIER donne lecture du rapport du Comité de Casablanca sur cette matière.

M. l'Intendant Général LALLIER DU COUDRAY. — Le rapport de M. Guernier signale un accroissement rapide du prix des vivres. On paye la viande jusqu'à 6 francs le kilo ; le pain, 0 fr. 80 le kilo ; le lait est rare et de mauvaise qualité.

Pour ce qui concerne le prix de la viande, je constate que des demandes nous ont été adressées précédemment tendant à réduire les droits de sortie sur le bétail ; on nous demande maintenant d'en interdire l'exportation. En présence de ces désirs contradictoires, il y aurait lieu de rechercher si le bétail existant suffit aux besoins locaux, et, dans le cas contraire, de maintenir les droits de sortie.

M. DE LASSERRE. — Le bétail marocain ne manque jamais sur le marché ; il y en a toujours plus qu'il n'en faut.

M. GUERNIER. — Pourquoi la viande est-elle si chère, alors qu'à l'Intendance, MM. les Officiers payent à l'Administration militaire la viande 1 fr. 32 le kilo, alors qu'elle vaut jusqu'à 6 francs en ville ? Pourquoi une telle différence ?

M. l'Intendant Général LALLIER DU COUDRAY. — Le bas prix signalé par M. Guernier provient surtout de ce que le prix dont bénéficie la troupe s'applique à l'animal entier, y compris les morceaux de deuxième et troisième choix, tandis que la viande vendue dans le commerce 6 francs le kilo ne comprend que les morceaux de premier choix. Néanmoins, la différence est très forte, et il semble que le prix commercial de la viande pourrait être sensiblement diminué.

M. BERNAUDAT. — Il y a une grande différence au point de vue de la production du bétail entre les régions nord et sud du Protectorat. Dans le nord, en général, le bétail est abondant, mais dans le sud, il y a un déficit considérable qui ne fait que s'accroître dans de fortes proportions depuis deux ans. Alors qu'à Casablanca ou Mazagan on vend un bœuf médiocre 90 douros, on achète dans le nord, pour le même prix, des bêtes très charnues pesant 400 kilos et pouvant donner au moins 200 kilos de viande. M. de Lasserre a sans doute voulu parler du nord du Protectorat et M. Guernier, de la région de Casablanca, où le bétail est beaucoup plus rare et plus cher.

M. DE LASSERRE. — Quand les voies de communications le permettront, les agriculteurs du nord pourront amener leur bétail sur les marchés du centre ; actuellement, ils ne peuvent les amener. Il y a parfois des différences de prix très sensibles d'un marché à l'autre.

M. Guyot. — Quoique cette assertion semble paradoxale, je crois que la suppression des droits sur les exportations amènera une augmentation numérique du cheptel marocain, car l'exportation encourage l'éleveur à augmenter le nombre de ses bêtes.

M. Katz. — Il existe ici des chambres frigorifiques privées à la Société Sumica et chez M. Leplanquais.

M. Guernier. — Pour en revenir au problème de la vie chère en général, le prix de 80 centimes le kilo que j'ai indiqué pour le pain n'avait rien d'exagéré. Bien mieux, le prix du kilo de pain dit « de fantaisie » revient à 1 fr. 20 en calculant d'après le poids. Il est tout de même extraordinaire qu'à Casablanca on paye le pain 1 fr. 20 le kilo alors qu'à Berlin et à Vienne il n'est pas plus cher actuellement.

M. l'Intendant Général Lallier du Coudray. — La Commission municipale peut très bien examiner la question ; à Paris même, on vient de réglementer le poids du pain de fantaisie.

M. Malet. — Une réglementation serait très facile à établir ; connaissant le prix du blé sur place, il serait possible de limiter le prix du pain comme les Municipalités ont le droit de le faire en France et en Algérie.

M. Bernaudat. — Les boulangers ne se refusent pas précisément à diminuer leurs prix, mais ils font certaines difficultés pour se servir de farine de blé dur, qu'ils ne font entrer dans le pain que dans une faible proportion. Le pain étant fait de farine de blé de France, ils diront que c'est du pain de luxe et feront payer à des prix non tarifés.

M. Malet. — Les viandes frigorifiées ne sont pas comparables aux viandes fraîches : ce sont des viandes de seconde qualité quant à la saveur : je ne dis pas pour cela qu'elles soient moins nutritives. Il est possible que le pays ait intérêt à exporter des bœufs et à importer des viandes frigorifiées.

M. Guernier. — Le fait se produisait d'ailleurs déjà en France ; alors que nos bœufs étaient très estimés en Allemagne et en Autriche, on consommait à Paris, dans les grands restaurants, de la viande frigorifiée de l'Amérique du Sud. Il y aurait lieu, à mon avis, d'étudier la création d'entrepôts frigorifiques.

M. l'Intendant Général LALLIER DU COUDRAY. — Il y aurait avantage à avoir un frigorifique à Casablanca.

M. MONOD. — Cette question a été posée au moment où on a parlé de l'abattoir de Casablanca : seulement, l'entrepreneur chargé de cette installation nous a déclaré qu'il était impossible de songer à la mettre en pratique dès maintenant, en raison des difficultés d'acquisition de l'outillage ; mais le projet est à retenir pour la période qui suivra la guerre actuelle.

Le blé dur coûte 24 francs au Maroc ; le blé tendre est plus cher, j'en conviens, mais les deux réunis ne donnent pas un chiffre qui oblige à vendre le pain de 0 fr. 90 à 1 fr. 20 le kilo. Nous demandons une réglementation du prix du pain.

M. l'Intendant Général LALLIER DU COUDRAY. — La Commission municipale devra étudier cette question.

M. GUYOT. — Il serait intéressant également de faciliter la fabrication sur place du beurre au goût des Européens, pour diminuer le prix de cette denrée.

M. MALET. — Les beurres indigènes ne feront jamais que du beurre de cuisine parce qu'ils sont mal fabriqués et les Européens ne pourront jamais s'en accommoder comme beurre de table.

M. GUERNIER. — J'en ai cependant mangé d'excellents.

M. MALET. — Son mauvais goût provient de ce qu'il est généralement mal baratté et malaxé.

M. GUYOT. — Le beurre indigène est généralement aussi cher que celui que vous faites venir de Marseille.

M. MALET. — Le seul remède est d'organiser l'achat du lait aux indigènes ou de constituer des coopératives utilisant les méthodes et matériel modernes.

M. DE LASSERRE. — Pour ce qui concerne le prix des légumes, on pourrait arriver à le diminuer en organisant des ventes à la criée comme cela se pratique aux halles de Paris. Les marchandises sont mises par lots, vendues à des revendeurs et ensuite cédées au détail.

Au marché, les acheteurs qui sont passés les premiers ont accaparé le tout et le vendent ensuite très cher à la population.

M. DE TARDE. — La principale raison de la cherté de la vie ici, est qu'on s'est trouvé en face d'une immigration très rapide, beaucoup plus rapide que le développement de la culture maraîchère qui est très réduite le long de la côte ; c'est dans le développement de la culture maraîchère aux environs des villes que me paraît être le nœud de la question.

M. le RÉSIDENT GÉNÉRAL. — Nous étudierons toutes les mesures susceptibles d'apporter des améliorations à cette situation.

Cette matière étant épuisée, on aborde la question des relations du Maroc avec l'Afrique Occidentale.

M. RENÉ-LECLERC. — Cette question se lie naturellement à celle de la navigation générale qui est actuellement à l'étude. La Commission qui s'est réunie à Paris pour étudier le renouvellement de la concession des services subventionnés entre la France et l'Afrique du Nord s'en occupe précisément.

La Compagnie Paquet assure d'ailleurs un service régulier entre Dakar et Casablanca. Pour améliorer la situation actuelle, l'intervention du Gouvernement Français est nécessaire. D'ailleurs, ainsi que je viens de le dire, il s'en occupe en ce moment, puisque toutes ces questions d'amélioration des relations maritimes avec l'Afrique du Nord sont traitées à la Commission de renouvellement des concessions de services subventionnés.

M. DE TARDE. — Les conclusions du rapport de M. Court ont été soumises à cette Commission.

L'Intendant Général LALLIER DU COUDRAY et le RÉSIDENT GÉNÉRAL prononcent alors les discours qui ont été insérés plus haut [1] et qui clôturent la session de 1915 du Congrès des Comités d'Études Économiques.

1. Voir plus haut, p. 22.

TABLE DES MATIÈRES

PREMIÈRE PARTIE

DEUXIÈME PARTIE

Rapports des comités d'études économiques :

I. — Rapports du Comité de Casablanca :

TROISIÈME PARTIE

MACON, PROTAT FRÈRES, IMPRIMEURS.